21世纪经济管理新形态教材·公共基础课系列

大学生学习与职业生涯规划

（第二版）

雷育胜　张振刚 ◎ 编著

清華大学出版社
北 京

内 容 简 介

本书是针对大学教师教学和学生学习需要编写的普及版。本书有别于传统的职业规划类教科书，通过将职业生涯规划经典理论和大学生职业生涯教育实践紧密结合，从构建精神世界、探索知识世界、开创生活世界三个方面对大学生如何规划学习与职业生涯进行了系统而详细的阐述。书中紧密联系大学生实际，穿插大量大学学习、生活的真实案例，以帮助读者理解，引发共鸣和思考。

图书在版编目（CIP）数据

大学生学习与职业生涯规划/雷育胜，张振刚编著. —2版. —北京：清华大学出版社，2020.9
21世纪经济管理新形态教材. 公共基础课系列
ISBN 978-7-302-56183-5

Ⅰ.①大… Ⅱ.①雷… ②张… Ⅲ.①大学生－学习方法－高等学校－教材 ②大学生－职业
选择－高等学校－教材 Ⅳ.①G642.46 ②G647.38

中国版本图书馆CIP数据核字(2020)第143467号

责任编辑：杜　星
封面设计：李伯骥
责任校对：宋玉莲
责任印制：杨　艳

出版发行：清华大学出版社
　　　网　　　址：http://www.tup.com.cn, http://www.wqbook.com
　　　地　　　址：北京清华大学学研大厦A座　　　　　邮　　编：100084
　　　社　总　机：010-62770175　　　　　　　　　　　邮　　购：010-62786544
　　　投稿与读者服务：010-62776969, c-service@tup.tsinghua.edu.cn
　　　质　量　反　馈：010-62772015, zhiliang@tup.tsinghua.edu.cn
　　　课　件　下　载：http://www.tup.com.cn, 010-83470158
印 装 者：大厂回族自治县彩虹印刷有限公司
经　　销：全国新华书店
开　　本：185mm×260mm　　　　印　张：19.5　　字　　数：446千字
版　　次：2014年2月第1版　　2020年9月第2版　　印　　次：2020年9月第1次印刷
定　　价：45.00元

产品编号：089998-01

　　万家灯火，就业相依。就业是民生之本，也是财富之源，它关乎每一个家庭的和谐与福祉。古人曾说：人生天地间，若白驹过隙，忽然而已。在有限的生命旅途中，职业生涯往往有着非常重要的意义。不为明天做准备的人永远不会有未来，在短短的几十年里，我们将怎样规划好自己的人生和职业发展，从而使我们的人生更加精彩呢？

　　当今时代，是人才频出的时代，也是人才竞争空前激烈的时代。经济发展一日千里，创新创业如火如荼，我们面临的工作岗位日新月异。5年前，特斯拉公司在推特和微博上发布招聘信息，寻找"那些从未存在过的人"，如超级充电方案研究员、产品交付体验师等，而今天，这些已经是行业领域内非常成熟的职业了。

　　与此同时，人才知识、能力较量不断升级，高校毕业生规模持续增长，经济发展处于调速阶段，中美贸易摩擦持续升级，也为大学生顺利求职增加了难度。2019年中央经济工作会议更是将"稳就业"作为经济工作的重点，毕业生人数的增加、经济的调整、宏观环境的恶化等诸多因素都客观上要求大学生将做好职业生涯规划放到更加重要的位置。

　　一生的时间不可以重复，人如果缺乏生涯规划，就如同没有方向的船、没有根的浮萍，只能随波逐流，碌碌无为地过此一生。大学阶段是人生的重要转折点，也是从校园步入社会最为关键的一步。大学生踌躇满志，对未来充满无限美好的向往。大学生渴求获得更多的知识，思想活跃，兴趣广泛，具有很强的可塑性。但由于对专业状况和就业前景知识的缺乏，没有清晰的职业生涯规划，容易陷入"大一迷茫、大二无序、大三无奈、大四无望"的困境之中。归根到底，是因为无法感受到社会职业发展对人才提出的更高要求，从而缺乏清晰的职业定位。这种现象也经常发生在硕士乃至博士毕业生身上，也更加凸显在中国开展职业生涯规划教育的必要性。

　　大学生做好职业生涯规划，本身就是一个自我审视、自我定位、自我完善的过程，通过借助职业生涯规划的工具窥探自己内心的真正需求，从而找准职业方位。大学阶段，理应给自己"剩下来"一些有益的东西。这些东西，就是大学生要树立坚定的理想信念，形成良好的行为规范，培养健全的情感人格，构建丰盈完整的精神世界；这些东西，也是大学生要掌握科学的学习和研究方法，学会正确地设问与应答，去探索智慧浩瀚的知识世界；这些东西，还是大学生要培养起对生活的热爱，对自己、他人以及自然的关爱和责任，开创丰富充实的生活世界。

相比第一版，笔者根据近年来职业生涯领域出现的新热点与新问题，在咨询案例、职业生涯技巧等方面进行了大量的更新，希望用一个个真实的案例、奋斗的故事引导每一位读者自强不息、追求卓越。此外，增加了选调生等方面的内容，希望大家多了解基层，多感受基层对人才的渴望，希望有更多的大学生将个人职业选择与国家的前途命运结合起来；为了尽可能避免大学生在求职过程中合法利益被侵犯，本书还特地增加了就业法律方面的内容。

本书的编撰过程，恰逢新型冠状病毒肺炎的爆发。从风月同光到万千逆行，人性在其中依然闪光夺目，我们感受到许多坚守的力量与逆行的勇敢，但也更理性地看到缺乏对未来的思考，很大可能会遇到很多意料不到的麻烦。作为一位多年从事就业工作的一线高校老师，希望各位读者在翻阅本书后，亲身实践，全面"体检"，根据书中的理论与方法进行学习、领会与应用，找到自己内心的"月亮"，为自己的前途认真思考与努力付出，用心走好自己职业生涯的每一步。

本书的第一版，得到了众多学校的支持，许多知名高校将其作为就业指导课的唯一教材和指导用书，也成为莘莘学子规划大学生活、获得理想职业的指南。本书的再版，由雷育胜负责策划，制订写作计划以及审核定稿，张振刚教授为再版提供了富有创见的指导和逻辑缜密的设计。白争辉、杨春、吴耀华、邹敏、周恒洋、彭尧、刘妍君、邓晶、吴少杰、何骁宇、张郡等人参与编写工作，参编者均是华南理工大学"生涯规划与求职技巧"课程的校内外骨干授课教师，他们有的是就业指导课的专职老师，有的是就业指导中心工作人员，有的是具有丰富学生工作经验的一线辅导员，还有的是富有智慧和激情的年轻企业家，都有着十分丰富的简历指导、求职面试和生涯规划经验。本书的再版，得到了广东省教育厅副巡视员邱克楠、广东省高等学校毕业生就业指导中心主任陈东海、广州市高校毕业生就业指导中心主任何全穗，广州千叶水设备有限公司叶小灵、广东万户泉环保科技有限公司林性雄、广州市源裕巨投资有限公司许俊华等领导和专家的大力支持和指导，在此谨表示衷心的感谢！

雷育胜

2020 年 3 月

目录

第一章

大学生职业生涯规划概述

【本章导读】

　　小韩目前是工商管理专业大三的学生，即将进入大四。他出生在江苏南京，家庭经济状况良好，父母开明，在他求学路上给了他很多物质上和精神上的支持。他从小担任学习委员、班长等职务，多次获得"三好学生"，但高考时发挥得不好，未能如愿进入自己喜欢的专业学习。小韩一开始很不适应大学与高中完全不同的学习、生活方式，加上不太喜欢工商管理这个专业，学习劲头不足，导致大一上学期成绩不理想。后来，他通过学院的讲座偶然了解到职业生涯规划的理念，也找老师进行了深入详细的咨询，及时调整，在大一下学期就考进了专业大类的前 8 名。同时，他也开始活跃于各类学科竞赛及创业比赛，参加社团活动，将生活安排得丰富紧凑。现在的他目标清晰，干劲十足，正准备报考研究生。

　　初入大学的大学生往往感到疑惑：在大学里到底应该做些什么？不同的人对此有不同的答案。大学是学习的重要场所，大学生要掌握科学的学习方法，打下坚实的理论基础。但大学的任务不仅仅是学习。美国教育学家 B.F.斯金纳（B. F. Skinner）曾说，教育的本质，是将学过的所有东西忘得一干二净以后剩下来的。因此在知识之外，大学生还要给自己"剩下来"一些东西。这些东西，包括树立坚定的理想信念，形成良好的行为规范，培养健全的情感人格，构建丰盈完整的精神世界；这些东西，还包括掌握科学的学习和研究方法，学会正确地设问和应答，去探索智慧浩瀚的知识世界；这些东西，还包括要培养起对生活的热爱，对自己、他人以及自然的关爱和责任，开创丰富充实的生活世界。

　　大学是未来职业人生的重要准备阶段。大学生既要规划好学习生活，也要规划好未来的职业生涯，将大学的学习与将来的职业规划有机结合起来。奥地利心理学家阿德勒（Alfred Adler）认为，人生有五个必须完成的任务：职业发展、爱情美好、信仰坚定、社会支持、自我完善。① 在所有任务中，职业发展是大学生最关注的，其他所有的任务都可以统合在对职业生涯的规划和对美好未来的追求之中。职业生涯规划的成功，源自大学期间制定的科学规划和成功实践。

第一节　职业生涯规划的概念和意义

一、职业生涯规划的历史与发展

　　职业生涯规划的兴起得益于 19 世纪 70 年代的第二次工业革命。在工业革命推动下，

---

① Nadene Peterson，Roberto Cortéz González. 职业咨询心理学[M]. 时勘，等译. 北京：中国轻工业出版社，2005.

科学技术突飞猛进，层出不穷的新技术、新发明被迅速应用于工业生产，大大促进了经济发展。机器化的生产代替了原来的手工劳动，使得社会分工越来越细，职业种类也越来越多，许多人不能适应这种发展变化，最初的职业指导和职业教育在美国应运而生。

1905 年，美国波士顿大学教授帕森斯发现青年人离校后失业，并不是因为他们没有能力，而是找不到适合自己的职业，于是帕森斯创办了波士顿职业指导局，迈出了使职业规划活动科学化和系统化的重要一步。1909 年，帕森斯的《选择一个职业》一书出版，第一次系统阐述了科学的职业选择理论，即通常所说的人职匹配理论。这个理论对今天的职业生涯规划仍具有现实的指导意义。正是由于帕森斯开拓性的工作及其所产生的深远影响，他被后人尊称为"职业生涯规划之父"。

此后在心理学、教育学、社会学等多学科发展基础上，在人力资源管理实践的推动下，职业规划的理论与技术都有了进一步发展。1905 年，比奈（Binet）和西蒙（Simon）出版了智力测试；1927 年，斯特朗（Strong）出版了兴趣量表；1928 年，纳尔（Null）出版了性向测试等。这些崭新的心理测量工具，为职业规划提供了全新的辅助手段。[1]但应用得并不多，此时的规划仍更注重人职匹配和对职业资料的分析，是"职业规划"而非"职业生涯规划"。

心理测评技术和工具的发展促进了人们对人格特征与个体差异的认识，职业规划开始更加关注个人发展。1951 年，舒伯（Super）挑战了传统职业规划中的"匹配"论，他引入"生涯"的概念，在规划中将个人层面与职业层面相结合，强调人的自我了解与接纳，扩大了"职业规划"概念的内涵和外延，将传统的"职业规划"变成了"职业生涯规划"。这一时期大量有关职业生涯规划的理论也开始涌现，尤其是 20 世纪 60 年代前后，除了金斯伯格（Ginsibeger）、舒伯（Super）的生涯发展理论外，罗伊（Roe）的人格理论、鲍丁（Bordin）的心理动力理论、霍兰德（Holland）的类型论、克朗伯兹（Kromboltz）的社会学习理论和斯列皮兹（Slipitaz）的认知发展理论都在这一时期得到发展和成型。

20 世纪 70 年代，职业生涯规划以前所未有的速度向社会各个领域推广，尤为突出的是在教育领域的发展。各高校生涯规划教育方兴未艾，大学、学院纷纷设立"生涯规划"的学分制课程供学生选修，希望学生能够通过课程的学习，将自我探索与未来工作相结合，帮助学生了解教育的目的与机会，领会工作的选择与适应之间的关系。"生涯教育"活动的内容包括生涯觉察、生涯探索、生涯决策、生涯规划、生涯准备等不同阶段的生涯技巧。

我国的职业生涯规划教育最早可追溯到 20 世纪初。1916 年，清华大学校长周诒春先生把心理测试的手段应用在学生选择职业中，并开设了生涯规划相关的课程辅导。1920 年，中环职业教育社设立了职业指导部，从介绍西方经验入手结合实践开展了一系列探索。后来因为战争兴起、社会动荡等因素，我国的职业指导研究和实践被迫中断。

中华人民共和国成立后，国家实行计划经济，工作分配，根本不需要职业规划。直到 20 世纪 80 年代社会经济结构发生了变化，劳动人事制度进行改革后，职业生涯规划才重新进入人们的视野。

---

① 许枚，张生妹. 大学生如何进行生涯规划[M]. 上海：复旦大学出版社，2006：3.

20 世纪 90 年代，随着经济体制改革的不断深入，政府开始对劳动人事制度进行改革。为了打破"铁饭碗"，引入竞争机制和市场机制，国家对毕业生就业制度进行了大刀阔斧的改革，建立了毕业生与用人单位双向选择、自由流动的机制。高校的毕业生工作分配部门的角色也逐渐向就业指导转化。随着市场经济的发展，人们不再满足于找到一份工作，更希望找到一份能够成就自我的工作。此时职业生涯规划不仅成为可能，更是一种必要。各高校开始学习和推广国外前沿的职业生涯规划理论和做法。职业生涯教育也逐渐取代了就业指导的地位，为各界所重视，职业生涯规划从此在国内兴起。[1]

二、职业生涯规划的基本概念

生涯最早见于庄子《逍遥游》中的"吾生也有涯"。在这里生即生命，涯即边际，合起来就是生命的边际，按我们现在的理解就是指人的经历。生涯的英文词"Career"来源于拉丁文"Carus"，原为古代战车之意，后来引申为道路。牛津词典（Oxford English Dictionary）中对生涯解释为"一个人生命的历程"。按照"生涯"概念的提出者舒伯的定义，"生涯是个体一生中各种事件的演进方向和历程，是个人通过所从事的工作创作出的一种有目的的、持续的生活模式。它统合了人一生中的各种职业和生活角色，由此表现出个人独特的自我发展形态"。[2]

为了理解这个概念，首先需要区分几个容易混淆的概念：工作、职业和事业。

（一）工作

对于工作，不同学者有不同的定义。台湾学者张天洲（1993）这样定义工作：工作是个人所从事的活动或任务，是为进行某种活动或完成某项任务需要扮演的某些角色及所分配的若干职位。霍特（Hoyt，1991）给工作的定义是：工作是有意识的努力，其目的在于为自己和他人创造效益。舒伯（Super，1980）认为，工作是人们对自己认为有价值的或他人所希望的目标所做的系统追求过程，该过程是目标定向的，连续的，需要付出努力。[3]还有学者把工作看作能够为自己或他人创造价值的一种活动。因此他们所指的工作不仅包括有报酬的工作，也包括没有报酬的工作。由此可见，中西方对工作的定义没有太大差异。借用 Tolbert（1980）的定义，工作是"一种有目的性、心理的、生理的或身心结合的活动，这种活动创造经济价值，也为他人提供服务"。[4]

（二）职业

《现代汉语词典》（第 7 版）将"职业"定义为"个人在社会中所从事的作为主要生活来源的工作"。国外专家的定义也基本类似，美国社会学家塞尔兹认为，职业是一个人为了不断取得个人收入而连续从事的具有市场价值的特殊活动。美国著名哲学家、教育家杜威认为，职业是人们从中可以得到利益的一种"生活活动"。因此我们认为，职业就是发生在

---

① 王莎佳，钱文彬. 我国大学生职业生涯规划教育的兴起、发展与挑战[J]. 教育与职业，2011（8）.

② 沈之菲. 生涯心理辅导[M]. 上海：上海教育出版社，2000：3.

③ 侯志瑾. 职业辅导[M]. 北京：北京大学医学出版社，2008：1.

④ Nadene 等. 职业咨询心理学[M]. 时勘，等译. 2 版. 中国轻工业出版社，2007：2.

不同工作背景下的工作行为。人们利用专门的知识和技能进行工作，为社会创造财富，获取合理报酬，作为物质生活来源，并满足精神需求。

（三）事业

《易·系辞上》曰："是故形而上者谓之道，形而下者谓之器，化而裁之谓之变，推而行之谓之通，举而措之天下之民，谓之事业。""事业"这个概念至少包含三层含义：首先，事业是一种职业，是一个人长期从事的一项相对稳定的专门工作。其次，事业是一种专业。专业不仅是一种专门化的技术性工作，还包括责任、自律和良知等规范性的要求。最后，事业体现了个人的信仰和价值追求及其不断实现的过程。[①]

可以看出，以上几个概念都不同于生涯，但又与生涯密切相关。我们可以简单地理解为，职业是存在于不同行业和组织中相似的一组职位，而工作是完成这些职位的要求并获得报酬，事业是对职业不倦追求的过程及收获。生涯的概念更大，它包含了个人在一生中所从事的一系列与个人工作有关的所有活动。

要理解生涯的概念，还需要知道，"生活模式"（lifestyle）和"角色"意味着什么。

生活模式是一个内容相当广泛的概念，包括人们在衣、食、住、行、劳动工作、休息娱乐、社会交往、待人接物等物质生活和精神生活的活动形式与行为特征。例如有人喜欢悠闲，有人向往忙碌，有人喜欢多些交际应酬，这就是不同的生活模式。一种职业，一份工作就意味着一种生活模式。不同的职业之间的差别不仅在于工作内容，工作给从事它的人带来的生活上的影响也不同。有的职业是高投入高回报，工作时间长，工作压力大，相应的收入也高。而有些职业工作生活之间则较为平衡。因此，职业生涯规划的关注点是理想中的生涯而非职业。不管选择什么样的职业或工作，每个人最终都希望能够实现理想中的生活模式，成就梦想。

另外，生涯和人的角色是相关的。"角色"原是戏剧中的名词，它原指演员所扮演的剧中人物，后来被学者引入社会学领域，并发展成为社会学研究的基本范畴。社会角色是指与人们的某种社会地位、身份相一致的一整套权利、义务的规范与行为模式，每个人在一生中都同时扮演着多重角色，因而往往成为多个社会角色汇集的角色集。按照社会角色是否与职业相关，角色可分为职业角色和非职业角色。

生涯发展是一个在众多个人因素和社会因素之间不断交融与相互影响的互动性过程。人在不同阶段会扮演不同的角色，有儿童、学生、休闲者、工作者、家庭照顾者、公民等。个人在各类工作或生活角色之间的选择，对一生发展有着深远的影响。这个过程是互动的，各种因素之间互相关联。生涯是人的职业角色与生活角色的统合，这就意味着在职业生涯规划中，对不同时期的角色是有考量的，并不只关注找一份工作。比如40岁左右的时候人承担的责任最多，不仅有工作职责，还可能承担着对父母和子女的双重责任，是人生中一个压力很大的阶段。在对未来的规划中考虑角色因素，无疑能增加对未来的把握，促进个人的职业发展和个人幸福。

由此可以看出，工作、职业是在人之外独立存在的，而生涯则是和个体息息相关，非常个性化的。

[①] 张振刚. 论促进大学生事业发展之三要素[J]. 高校辅导员，2013（2）.

理解了生涯，那什么是"职业生涯"？其实职业生涯在英文中同样是"career"。顾名思义，职业生涯是一个人终生的职业历程。但这个历程并不仅指工作阶段的历程，还包含了求学经历、工作经历和退休生活。一个人一生中与职业相联系的行为与活动，以及相关的态度、价值观、愿望等连续性经历的过程，都是职业生涯的构成部分。职业生涯是一个动态发展的过程，每个工作着的人都有自己的职业生涯。孔子在两千多年前提出的"吾十五而有志于学，三十而立，四十而不惑，五十而知天命，六十而耳顺，七十而从心随欲，不逾矩"大概可算我国关于职业生涯最早的描述。

职业生涯规划就是对个人职业生涯进行的规划。中外学者对职业生涯规划给出了很多不同见解，在此我们借用著名管理专家诺斯威尔的定义：职业生涯规划是一个人结合自身情况及眼前制约因素为实现一生的职业理想而确定行动的目标、方向、时间和方案，并进行相关努力的过程。[①]

三、职业生涯规划的重要意义

职业生涯规划之所以重要，是因为生涯存在着路径依赖。所谓路径依赖，是指人类社会中的某些演进和变迁有类似于物理学中的惯性，一旦选择进入某一路径，惯性的力量会使这一选择不断自我强化，让人难以轻易走出。职业方向也是如此。俗话说，"隔行如隔山"。一旦进入某个行业或职业，想再改换就需要付出更多的努力。因此在一开始就有意识地进行职业生涯规划更有利于个人积累，有利于职业发展。

扩展阅读

航天飞机与马屁股的宽度[②]

美国铁路两条铁轨之间的标准距离是 4 英尺 8.5 英寸，这是一个很奇怪的标准，究竟是从何而来的呢？

原来这是英国的铁路标准，而美国的铁路原先是由英国人建的。那么为什么英国人用这个标准呢？原来英国的铁路是由建电车轨道的人所设计的，而这正是电车所用的标准。电车的铁轨标准又是从哪里来的呢？原来最先造电车的人以前是造马车的，而他们沿用了马车的轮宽标准。那么马车为什么要用这个轮距标准呢？因为那时候的马车用任何其他轮距的话，马车的轮子很快会在英国凹陷的路辙上撞坏。为什么？因为这些路上辙迹的宽度是 4 英尺 8.5 英寸。这些辙迹又是从何而来的呢？答案是古罗马人所定的，因为在欧洲，包括英国的长途老路都是由罗马人为他们的军队所铺的，4 英尺 8.5 英寸正是罗马战车的宽度。那么，罗马人为什么以 4 英尺 8.5 英寸为战车的轮距宽度呢？原因很简单，这是战车的两匹马屁股的宽度。

故事到此还没有完结，下次你在电视上看到美国航天飞机立在发射台上的雄姿时，你

---

① 王沛. 大学生职业决策与职业生涯规划[M]. 北京：科学出版社，2007：63.

② 吉尔登. 选对池塘钓大鱼[M]. 彭书淮，编译. 北京：机械工业出版社，2004.

留意看看在它的燃料箱的两旁有两个火箭推进器，这些推进器是由一家公司设在犹他州的工厂所提供的。如果可能的话，这家公司的工程师希望把这些推进器造得胖一点，这样容量就可以大一些，但是不可以，为什么？因为这些推进器造好之后需要用火车从工厂运送到发射点，路上要通过一些隧道，而这些隧道的宽度只是比火车轨宽一点，然而我们不要忘记火车轨道的宽度是由马的屁股的宽度所决定的。因此，我们可以断言：今天世界上最先进的运输系统的设计，可能两千年前便由两匹马的屁股宽度决定了。这就是路径依赖，看起来有几许悖谬与幽默，但却是事实。

可见职业生涯规划的意义多么重大，一旦我们选择了"马屁股"，我们的人生轨道可能就只有 4 英尺 8.5 英寸宽。虽然我们并不满意这个宽度，但是却很难从惯性中抽身而出。

对大学生而言，职业生涯规划的意义不仅如此。

从国外职业教育的经验和职业发展研究可以知道，职业兴趣培养和职业生涯教育是一个长期实践的过程。很多西方国家的职业教育从小学就开始了，而且教育形式多样。例如，职业日、职业兴趣测试、社会实习等，他们非常注重学生对社会工作经验的积累，每隔一段时间都会邀请从事各种职业的人到学校介绍各自的工作；学校还定期组织一系列的模拟实践活动：年满 14 岁的则可以利用业余时间到校外打工，积累宝贵的工作资本。

而在我国，大部分学生直到大学才开始考虑职业的问题，而且很多学生是被动地作出生涯决策，以至于大学阶段的短短四年成为漫长职业人生的准备阶段，也是跨入社会前最后的缓冲阶段。这个阶段能否处理好，大学生对自己的职业生涯能否进行很好的规划，十分关键。笔者认识的几个学生，他们在大学期间参加了很多的社团活动，表现很不错，获得了不少文化活动奖励。但是，他们忽视了一些基础课的学习，以至于考试挂科。到了大四的时候，忽然想继续深造读研究生，才发现，自己许多方面的条件都够了，就某一个条件不符合要求，达不到学校推荐免试研究生的录取条件，留下了许多遗憾。可见，大学生要做好学习规划，将参加校园文化活动、课程学习和社会实践有机结合起来，才能够更好地实现人生的目标。

职业生涯规划有利于学生正确分析和评价自己。规划之前，学生首先要对自己职业生涯的主客观条件进行测定，并综合分析个人的兴趣爱好和能力特点，之后才能确定一个最佳的职业奋斗目标。在职业生涯规划设计的过程中，学生对自己的性格、兴趣、能力、核心价值观念等方面必须有一个全面的审视与评价。

职业生涯规划有利于学生正确认识工作世界。在进行规划之前，学生还要对未来的职业环境有一个认识，只有"知己"，才能"知彼"。工作世界是一个人实现其生涯理想的外部平台。对工作世界的认识，可以帮助学生预测未来可能发生的情况，为此做好心理准备。

职业规划有利于学生树立正确的生涯目标。经过对自我探索和工作世界的探索，学生需要综合两个方面的信息，进行初步的职业抉择，为自己的生涯设立目标，确定大体的发展方向。职业规划也能帮助学生反思自己在重大问题上常用的决策风格，从而能够自主决策，为自己的生涯发展设立长远目标和近期目标，并制订切实可行的行动计划。

职业生涯规划还有助于学生明确学习目的、端正学习态度，避免学习的被动性和盲目性；职业生涯规划能使学生不断探索并明确职业目标和实施策略，从宏观上予以调整和掌控，在职业发展中少走弯路，节省时间和精力；职业生涯规划也是一种内在激励，能激发学生自我约束、自我管理的积极性，成为学生学习、实践、不断提升自身综合素质的动力。

第二节　职业生涯规划理论概述

一、职业规划理论的发展

职业规划理论始于帕森斯（Frank Parsons, 1854—1908）。1905年，帕森斯提出了"人职匹配"职业指导理念，强调个体对自身认知、社会职业认知，进而在整合两种认知的基础上，指导个体找到与自身性格、能力等特征相符合的职业。从此，人职匹配理念在很长时间内一直是美国各级教育机构开展职业指导的主导理念，从20世纪初期到20世纪40年代末期都具有广泛影响。

第二次世界大战后，美国联邦政府开始关注人力资源素质开发和管理对经济发展的促进作用。在这样的时代背景下，美国高校以帕森斯人职匹配理念为核心的职业指导逐渐显出了疲态。20世纪50年代初期，生涯发展理论应运而生，标志着美国职业指导理念向生涯发展理论转变。

1951年，学者金斯伯格（Eli Ginzberg）受到"生命阶段"学说的启发，提出了自己的发展理论。他指出：①职业选择是一个长期的过程；②职业选择的过程不可缺少且不可逆转；③最后作出的职业选择显示了个体在职业理想与可获得的现实可能性中作出的妥协；④整个职业选择的过程由一系列起决定性作用的阶段构成。[1]金斯伯格的发展理论认为职业选择是一个动态的阶段积累过程。同年，心理学者罗伊（Anne Roe）依据心理分析理论提出了职业选择理念。罗伊认为通过强调个体早期需求的满足，父母对子女的生活经验传承可以影响个体的职业选择。他指出"家长与儿童的关系情况，会影响个体的基本人生态度、兴趣、能力倾向的形成与发展，进而塑造个体的人际关系、情感、行为模式，最终影响其职业选择"。[2]罗伊的这一理论认为，家庭因素与个体的需求等级发展之间具有直接的因果关系，进而会导致职业选择的发生及变化。

在金斯伯格的生涯阶段划分理论的基础上，舒伯（Donald Edwin Super, 1910—1994）将个体的生涯发展分为五个阶段，即成长阶段、探索阶段、建立阶段、维持阶段和衰退阶段，并且基于对生涯发展阶段的划分，最终提出了生涯发展理论。舒伯的生涯发展理论突出"自我概念"，他认为"自我的概念不仅是个体作为社会角色的重要组成部分，同时也是个体职业选择的决定性因素"。[3]舒伯强调职业指导是一个动态变化的发展过程，而非只是以个体的性格认知与社会职业认知为基础的静态匹配过程。

舒伯的生涯发展理论彻底改变了帕森斯人职匹配职业指导理念在美国一统天下的局

---

① ISAACSON L E. Career information in counseling and teaching[M]. Boston：Allyn and Bacon，1977：47.

② ROE A. The psychology of occupation[M]. New York：Wiley and Sons，1966：217.

③ SUPER D E. Vocational Development：A Framework of Research[M]. New York：Columbia University Bureau of Publication，1957：46-47.

面。在舒伯生涯发展理论的影响下，20世纪60年代末到70年代初，美国诞生了许多颇有影响的生涯理论。例如，霍兰德（John Holland）的生涯类型论、克朗伯兹（John Krumboltz）的社会学习理论、克内菲尔坎姆（Knefelkamp）和斯列皮兹（Slipitza）的生涯认知发展理论等。

此后生涯理论继续向前发展。与早期相比，后期这些理论的特点是更加体现动态、开放的过程，更加能够整合职业生涯理论中的多种因素，突出了职业生涯中的非理性成分，强调个人力量，关注情绪、情感成分在职业选择过程中的作用。

本节将重点讲述几个在职业规划中经典的、具有广泛影响力和使用价值的理论。根据里尔顿（Reardon）的观点，目前有关生涯选择和发展的理论可以分为两类——结构取向理论和过程取向理论。结构取向理论把生涯问题和决策看作在一个时间点上发生的事件，即在个人生活当中某一时刻所发生的事。这类理论强调将个人与环境相匹配，强调选择本身。过程取向理论把生涯问题和决策看作各种事件和选择在一生中的发展过程，这一发展过程随着个人年龄增长而变得日渐复杂。这类理论强调个人的选择是为了指向将来的某一目标。[①]如选择新闻作为专业，是为了将来成为一名记者，这种认为现在的选择关乎未来的理论就是过程取向理论。依据这一观点，在具有代表性的职业规划理论中，帕森斯生涯特质论、明尼苏达工作适应论以及霍兰德生涯类型论属于结构取向理论，因为它们都更关注某个时间点上的问题和决策；而舒伯的生涯发展理论、生涯的社会学习理论以及生涯的认知信息加工理论属于过程取向的理论，因为它们都将生涯问题看作一个发展过程。本书将根据这一分类对以上理论进行简要介绍。

二、结构取向的规划理论

（一）帕森斯生涯特质论

帕森斯的生涯特质论是最早的生涯规划理论。帕森斯在其《选择一个职业》著述中，明确阐明职业选择的三大要素或条件：①应清楚地了解自己的外表、兴趣、智谋、能力、局限和其他特征；②应清楚地了解职业选择成功的条件，所需知识，在不同职业工作岗位上所占有的优势、不利、机会和前途。③分析前面两部分事实之间的关系，以求达到上述两个条件的平衡。[②]帕森斯的理论内涵就是在清楚认识、了解个人的主观条件和社会职业岗位需求条件基础上，将主客观条件与社会职业岗位（对自己有一定实现可能的）相对照、相匹配，最后选择一个与个人匹配相当的职业。其实质就是人职匹配。

帕森斯所指的人职匹配，分为两种类型：①专业因素匹配，指所需专门技术和专业知识的职业与掌握该种特殊技能和专业知识的择业者相匹配。例如，给病人做内科手术的职业，需要接受过严格的医学训练的医生才能与之匹配。而物理教师这一职业，也需要掌握物理知识且接受过教书育人方面的专业培训。②个性特性匹配。例如具有敏感、易动感情、不守常规、个性强、理想主义等人格特性的人，可能宜从事审美性、自我情感表达的艺术创作等类型的职业。

---

① REARDON，等. 职业生涯发展与规划[M]. 侯志瑾，等译. 北京：高等教育出版社，2005.

② PARSONS F. Choosing a vocation[M]. Boston：Houghton Miffin，1909.

帕森斯生涯特质论重视个体差异，重视对个人提供有关的职业咨询，这些对生涯辅导的程序产生了巨大的影响。此外，由于使用生涯特质论进行职业规划，首先要对特质进行评估，因此其后相关的研究促进了大量评价方法和技术的发展，同时促进了对职业信息收集的重视。这些直到今天仍然部分应用于生涯规划的实践当中。但是帕森斯的理论把职业选择看成在客观资料的基础上进行的认知过程，对主体的心理过程以及情境因素几乎没有考虑。只关注了现状，没有关注现状的成因，也没有考虑发展的问题。而且他在对个人的了解方面过于倚重测评，但测验并不是万能的。

（二）明尼苏达工作适应论

工作适应论是由明尼苏达大学的戴维斯、罗圭斯特（Dawis and Lofquist, 1964）及其同事们提出的。该理论的目的是预测工作适应。工作适应论认为，选择职业或生涯发展固然重要，但就业后的适应问题更值得注意。基于这种考虑，戴维斯等人开始从工作适应的角度，分析影响适应的因素。他们将工作适应定义为"工作者寻求和保持与工作环境相一致的连续和动态过程"。因此工作适应是以工作的时间长度以及是否在一种工作上一直进行下去为指标的。

工作适应论中有两个基本概念，满意（satisfaction）和令人满意（satisfactoriness）。满意是指工作者对工作的总体满意程度以及对工作环境各个方面的满意程度。包括工作是否满足个人需要，是否能够实现自己的抱负和期望等方面的评估。令人满意是指工作的上级、同事、公司和机构对工作者个人的工作产出和工作效率是否满意。也就是说，满意是工作者个人的主观评价，而令人满意是所工作的机构对工作者工作状况的评价。

工作适应论假设：作为生物体的人有很多需求要满足，人有能力使其满足需求。运用这些能力，人从环境中获得自己所需要的强化物；而工作机构对工作者也有一定的要求。当个人的需要得到满足，个体产生满足感的同时，个体又能满足工作上的要求，这时个人与环境就达到了匹配即工作适应。

个体的需要和环境的要求都是动态发展的。因此人和工作环境是否一致是一个互动过程。如果工作的要求发生变化，或者个体的需要发生改变，都要求双方作出一定的调整，这样才能保持双方的满意，否则都可能会导致工作者工作状态的改变。

工作适应论从本质上来讲也属于匹配论的范畴，但重点是个人在工作情境中的适应问题，强调就业后个人需要的满足，以及能否达到工作环境的要求。前者主要涉及个人需求，需要考察的要素包括价值观、需求、能力、技巧等，即用以评量个人的价值观与心理需求（包括安全、舒适、进展、利他、成就以及自主性）。而后者涉及工作任务与条件的分析以及环境所提供的增强系统，因此需要对于工作环境进行评估。相关评估工具有《明尼苏达重要性问卷》《明尼苏达满意感问卷》《职业性向模式》《职业强化模式等》。

（三）霍兰德生涯类型论

霍兰德是美国著名的职业指导专家。他认为，人的职业选择是其人格在职业世界中的表达。职业选择反映了人的动机、知识、人格和能力。职业代表一种生活方式、生活环节，而不仅仅是一些工作职能和技巧。例如做一个木匠不仅意味着要使用工具，而且意味着特定地位、社会角色和生活模式。

霍兰德相信人们对职业保有固定的乃至刻板的印象，而这一印象具有可靠的、重要的心理学和社会学意义。就像我们会根据一个人结交的朋友、衣着或行为表现来判断一个人，我们也会根据职业来判断一个人。对于各种职业的人的特征，我们会从日常生活中得出一些未必准确但有用的判断。我们会认为会计比较严谨刻板，商人能言善辩，科学家拙于言辞等，这些看法并不都是正确的，但也有一定的适用性。

霍兰德认为，这种类似性是普遍的。同一种类型职业群体中的成员有类似的人格特征和人格发展史。因此，他们将以类似的方式对许多情境和问题作出反应，并创造出特有的人际环境。个人的职业满意度、稳定性和成就取决于个人人格与其工作环境之间的适配性。

霍兰德假定大多数人可以归为六种类型：实用型、研究型、艺术型、社会型、企业型和事务型。而工作环境类型也可以相应地分为这六种。人们将寻找可以让他们施展才能、表达他们的态度和价值观、解决他们愿意解决的问题，并适合他们的工作角色。

我们可以用霍兰德的理论来考察人和环境之间的匹配性。霍兰德设计了一个自我定向问卷（self-directed search）来测试个人的类型，现在我国也有标准化的测验可以对霍兰德的人格类型进行测试。本书在第二章自我探索部分会对霍兰德的理论做更详细的介绍。

霍兰德生涯类型论的提出引发了大量的研究，包括许多跨文化研究，该理论成为目前普遍使用的多种测量工具的基础，被认为是最流行的理论之一。但是本质上来讲，霍兰德的理论同帕森斯的理论类似，仍然是人职匹配的问题，只是把人和职业的特征用类型来区分，因此帕森斯理论的不足之处霍兰德的理论仍然没有解决。

三、过程取向的规划理论

（一）舒伯的生涯发展理论

舒伯（Donald Edwin Super）是美国职业生涯规划领域最具影响力的人物之一。20 世纪 50 年代，舒伯基于对"生涯"概念的最初界定，即"个体一生中各种事件的演进方向和历程"，以及对个体生涯的规划、发展阶段、测评方式、心理适应、心理成熟等多领域长时间的综合研究，提出了一套与传统的静态匹配视角的理论不同的完整理论。舒伯的生涯发展理论有以下三个核心的主题。

1. 自我概念

舒伯的理论非常重视自我概念在职业中所起的作用。他认为职业生涯发展是实现自我概念的过程，个人从工作中所获得的满意感，取决于其实践自我概念的程度。所谓自我概念，就是个体对自己的认知，包括对自己的外表、兴趣、能力、价值观、人格特征、社会接受性等方面。自我概念不是静态的，而是随时间持续发展，并在青少年晚期之后逐渐稳定和成熟。个体的职业选择必须符合自我概念，才能感到满意。举例来说，如果一个大学生的自我概念是性格比较内向，不善言谈，那他可能会有意识地避免类似销售这样的工作，而不去管他的能力特征是否与职业真正匹配。由于自我概念是对自我的一种认知，可能是错误的，也会不断地发生变化。例如某位同学刚上大学的时候，性格腼腆、内向，不善于在众人面前表达，甚至缺乏自信。后来，他参加了学生社团，担任了班干部和学生会干部。经过锻炼，他的自我认知有了很大的改变，变得更加自信和从容了。大四的时候，他能够从容地在全校学生活动乃至上千人的集会上作为先进代表发言。因此，了解自己的自我概念和发展合适的自我概念就变得非常重要。同时，由于自我概念的发展性，职业生涯发展也是一个变化的动态过程。

练习

了解自我概念——我的自画像

自画像是一种自我了解。拿出一张白纸，在纸上画下任何一个你认为可以代表自己的东西。可以是人，也可以是动物、植物或任何其他的事物。画完以后试着解释为什么你会用这个东西来代表自己。注意你在解释时所用的描述性语句，它们就是自我概念的呈现。

找一个同伴，互相交换自画像，然后向对方讲述自己的理由。在此过程中，如果你向对方的解释或者画上的内容觉得感兴趣或者不理解，可以随时向对方提问。相互交流的目的是从旁观者的角度对自我概念进行澄清。当然，这样的分享要以你自己觉得舒适为原则。

2. 生涯发展阶段和任务

舒伯认为，生涯发展是一个有序、具有固定形态的过程，因此每个阶段的发展都可预测。[①]由于自我概念的发展性，生涯发展也有阶段性，分为成长、探索、建立、维持与衰退五个阶段。每一阶段都有一些特定的发展任务需要完成，每一阶段需达到一定的发展水准或成就水准，而且前一阶段发展任务的达成与否关系到后一阶段的发展。而在各个阶段内部同样要面对成长、探索、建立、维持和衰退的问题，因而形成"成长—探索—建立—维持—衰退"的小循环。具体如图 1-1 所示。

	探索 14～24 岁	建立 25～44 岁	维持 45～65 岁	衰退 65 岁以上
成长阶段	发展适合的 自我概念	学习与他人 建立关系	接纳个人的 限制	发展非职业性 的角色
探索阶段	从许多机会 中学习	寻找心仪的 工作机会	辨识新问题 设法解决	寻找合适的 退休处所
建立阶段	在选定的领域 中起步	投入所选定 的工作	发展新的 应对技能	从事未完成 的梦想
维持阶段	确定目前 所做的选择	维持工作的稳定	巩固自我 防备竞争	维持生活乐趣
衰退阶段	减少休闲 活动时间	减少体能 活动时间	专注于必要 的活动	减少工作时间

图 1-1 舒伯的生涯发展理论

---

① 吴武典. 学校辅导工作[M]. 台北：张老师文化事业股份有限公司，1994.

大学生处在整个职业生涯发展过程的探索阶段。这一阶段的个体大部分为学生身份，通过对自身天资、能力的客观评价，现实性地考虑、探索可能的职业选择，并根据未来的职业选择作出相应的教育决策。探索阶段也可以分为三个时期，即结合自身兴趣、需求能力等因素对职业进行尝试性选择的试验期（15～17 岁），以实现自我概念为核心，进入就业市场或接受专业训练确定职业选择目标的转变期（18～21 岁），正式进入某个职业领域，对该职业对自身生涯发展目标实现的可行性进行判断的尝试期（22～24 岁）。探索阶段发展的主要任务是，确定明确、具体的职业偏好并取得实现。

在生涯发展理论的基础上，舒伯进一步提出了生涯成熟度（career maturity）的概念。所谓生涯成熟度，是指在生活的不同阶段发展适合的态度、形成相应的行为并完成对应的任务。掌握某个职业发展阶段的特定任务通常都会带来更多的职业上的成熟并促进下一阶段的发展。[①]而自然地，某个阶段的发展任务延迟完成，则会影响到之后的生涯。因此大学生大学期间应当完成职业生涯探索阶段相应的任务，为一生的职业发展打下良好的基础。

3. 生命广度、生活空间的生涯发展观

20 世纪 70 年代，伴随着生涯教育改革在美国的大规模开展，舒伯在其生涯发展理论基础上，进一步加入个体生涯角色的概念，提出在生活广度（life span）和生活空间（life space）的视角下研究生涯发展的理念。其后舒伯又提出了个体生涯彩虹图（life career rainbow，LCR）的理论。在个体生涯彩虹图理论中，舒伯将个体生涯的发展分为横向的生涯发展阶段与纵向的生涯发展角色两个维度，进而绘制出了一个两维度相互影响的生涯发展综合图形（图 1-2）。

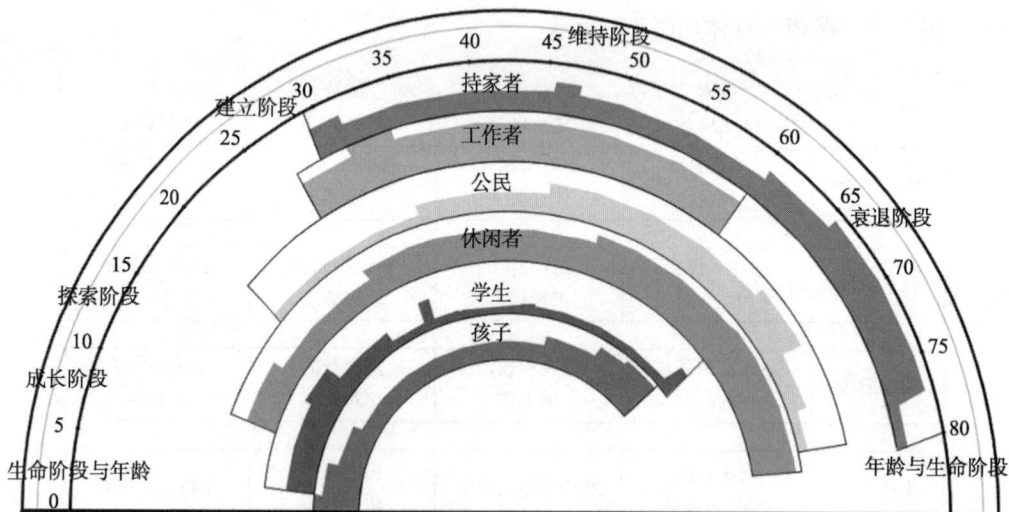

图 1-2　个体生涯彩虹图[②]

生涯彩虹图是舒伯生命广度和生活空间生涯发展理论的重要标志。在舒伯看来，个体

---

① 杜映梅. 职业生涯管理[M]. 北京：中国发展出版社，2006：17.
② 金树人. 生计发展与辅导[M]. 台北：天马文化事业有限公司，1988：49.

通过生涯发展的成长、探索、建立、维持和衰退五个阶段主要任务的完成来进行生涯发展决策。生涯发展阶段涵盖了包括个体儿童期、青少年期、成年期、中年期、老年期在内的整个生命过程，进而构成了彩虹图上生涯发展的横向维度。而彩虹图的纵向维度是由个体的角色与职位构成的生活空间。舒伯认为，"个体在其一生之中，通常会在家庭、学校、社区、工作场所四个主要场所中扮演儿童、学生、休闲者、公民、夫妻、家长、持家者、工作者和退休者九个主要的角色"。[①]

通过生涯彩虹图，舒伯详细地描绘了个体由儿童（成长期）至老年（衰退期）整个生涯发展过程中，扮演每一种角色的具体时期。为了个体生涯的高效发展，舒伯在其生涯彩虹图中加入一个重要的概念——"显著角色"（role salience），即在不同的生涯发展阶段中最为重要的角色。例如，成长阶段的显著角色是儿童，探索阶段的显著角色是学生，成长阶段的显著角色是家长与工作者等。显著角色对个体生涯规划的开展具有极为重要的意义。当前，对标准化显著角色评价工具的研究，在生涯发展理论研究中颇受重视。

生涯彩虹图对大学生具有很强的实用性。彩虹图中的生涯发展角色具有相互的作用，某一个角色的成功往往会带动其他角色的成功。大学生的显著角色是学生，由于个体性格、兴趣、能力倾向等方面的差异，不同的大学生个体对职业生涯发展方向往往具有不同的选择，生涯彩虹图可以帮助大学生个体进一步明确各阶段生涯发展显著角色的相互替换和作用，从而更为客观、清晰地认识自我和社会对个体发展任务的期待以及职业生涯发展中可能会碰到的问题、困难，进而更具针对性、可行性地开展职业生涯发展的规划。

练习

我的生涯彩虹图

生涯彩虹图是职业规划过程中用于自我了解的有用工具，常常用在职业规划的课程教学当中，也可自己进行练习。在实际操作中常常这样来进行。

（1）准备一张如图 1-3 所示的空白的职业生涯彩虹图。

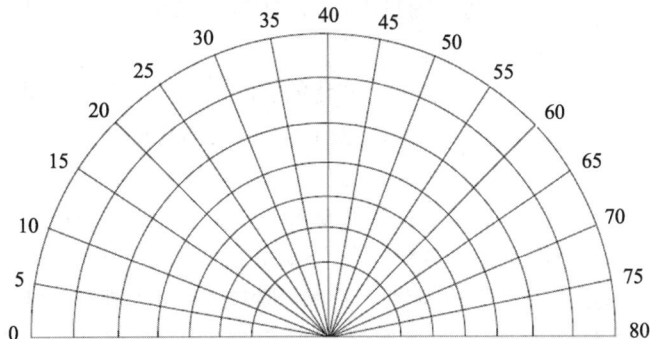

图 1-3　职业生涯彩虹图

---

① SUPER D E. A life-span, life-space approach to career development[J]. Journal of vocational behavior, 1980(16): 282.

（2）图 1-3 的要点是：按照出生到生命终结（可以自己确定，也可以取 80 岁）按 5 年一段对圆周进行划分，代表人生的某个时间段，而扇面上被同心圆的弧形分割的部分代表不同的角色。角色可以按自己的情况选定，通常有孩童、学生/学习者、工作者、父母、丈夫/妻子、持家者、休闲者、公民等。

（3）用彩笔在图中画出自己所扮演的角色，一种颜色代表一种角色。按照在某个年龄段扮演某个角色的多少来决定需要把格子涂多满。

（4）生涯彩虹图的目的是引起学生对"角色"及人生安排的思索，因此在完成彩虹图后，需要回答以下几个问题。

①你的彩虹图中，哪个年龄段看上去内容最多？哪部分的空白比较多？这意味着什么，需要调整吗？

②现阶段的角色分配是你理想的状态吗？为什么？

③未来 5 年会发生什么变化，面临哪些问题？你做好准备了吗？

（二）生涯的社会学习理论

人职匹配的理论和舒伯的生涯发展理论都不能单独解释个体的生涯发展，因为选择的内容（选择什么）和选择过程（如何选择）之间存在着相互作用。早期的理论并没有把二者的相互作用看成重要的因素。而社会学习理论则提出，在选择的过程中个体变量和环境变量对生涯发展的影响。并且二者的影响存在着相互作用。

社会学习理论是克朗伯兹及其同事提出的。该理论的基本假设是：一个人的人格和行为都可以最有效地用他们独特的学习经验加以解释。这些经验受先天因素和发展过程的影响。这一理论认为，人是有智慧的、能够解决问题的生命体，他们努力了解周围环境的各种可能性，并反过来控制环境以适应人类的目的和需要。

社会学习理论认为，影响职业决策和职业发展的因素有四类：遗传天赋与特殊能力、环境条件与事件、学习经验和任务取向技能。

（1）遗传天赋与特殊能力：遗传因素包括种族、性别、身体外貌、身体残疾以及其他一些特性。特殊能力包括智力、艺术天赋或者肌肉协调能力等。个人得自遗传的一些特质，在一定程度上限制了个人职业选择的自由。这些因素包括种族、性别、外在的仪表和特征等。

（2）环境条件与事件：包括社会的、文化的、政治的、经济的力量以及自然灾害和自然资源。这些因素是人控制之外的因素，包括工作机会的数量及性质、培训机会的数量及性质、选择培训对象和工作者的社会政策与步骤、各种职业的经济的和社会的奖赏、劳动法律和工会规则；自然灾害、对自然资源的要求和可能性、技术发展、社会机构的变化、家庭培训经验及社会和经济资源、教育体制、邻居和社区影响等。

（3）学习经验：是第三类影响因素。该理论假定每一个人都有独特的学习经验模式，这些学习经验导致最终的职业选择路径。学习经验分为两种，一种是工具性学习（instrumental learning），或者说是直接学习经验。社会学习理论认为，人们倾向于重复那些得到正强化的行为，以便获得更多的正强化。例如，学生刻苦学习英语，考试取得了好成绩，受到了父母和老师的表扬，他/她就会更加努力学习。在工具性学习过程中，个体的技能越来越熟练，行为本身也开始变成内在的兴趣，并且不再需要外在的强化物来保持行为。也就是说，当人们是从他们行为的结果中学习的时候，他们参与的是工具性学习。另一种是关联性学习（associative learning）。这种学习发生在人们把一些先前的中性事件或刺激与一个充满情绪的事件或刺激相联系。那种经验可能是直接的或者间接的。关联性学习还可能发生在间接的或者替代性的学习过程中，通过外界环境刺激而产生的正面的或者负面的态度和信念。例如，一个男生看到学习小学教育专业的男生常常被他人误解甚至嘲讽，于是就决定不再考虑把小学教师作为自己未来的选择，并且产生小学老师是女性的职业这样的信念。克朗伯兹认为，我们对职业所形成的刻板印象大部分都是关联性学习的产物，而且这些刻板印象非常难以改变，因而可能影响到个人对某些职业的选择。

（4）任务取向技能：学习经验、遗传特征和特殊能力以及环境影响的交互作用导致不同的任务取向技能。任务取向技能包括价值观、工作标准和习惯、知觉和认知过程、心理状况、情绪反应。每个人都有自己独特的学习历史，其可能使人们选择某种职业路径。通常人们可能不记得这些学习经验的特定特征和结果，但他们往往从这些学习经验中得出概括性的结论。[①]

四种影响因素的复杂相互作用产生四种结果：自我类推、世界观类推、任务取向技能和行动。自我类推是指人们按照自己的标准或他人的标准观察自己并评价自己的表现。他们会对自己能力的特性以及技能的范围作出类推。这些自我观察的类推可能是内在的或外在的，兴趣是一种自我观察类推，关于个人价值的自我观察也是一种自我类推。世界观类推是指人们通过对自己生活环境所做的观察，推论或预测未来及其他环境中将发生什么。无论是自我类推还是世界观类推都是通过学习习得的。任务取向技能是指在职业抉择过程中，习得的认知和操作能力以及情绪倾向，用以应对环境，解释环境和自我观察与世界观类推的关系，作出关于未来事件的外在的和内在的预测。第四种结果是行动，即实施职业选择的具体行为。

社会学习理论表明，有时候大学生所存在的职业生涯规划问题，如生涯方向不确定、生涯犹豫等，有可能是因为个体尚未学到系统而有步骤的职业生涯规划方法。因此出现问题时没必要为此愧疚或忧郁，可以通过学习，积累自己的经验。

（三）生涯的认知信息加工理论

认知信息加工理论是学者彼得森（Gary Peterson）、桑普森（James Sampson）和里尔登（Robert Reardon）在1991年的著作《生涯开发和服务：认知途径》中提出。

认知信息加工（CIP）理论的基础是：在问题解决和决策的过程中，我们的大脑就犹如计算机加工信息那样，对信息进行输入、编码、储存和使用。认知信息加工理论关注的是职业决策的过程。基于对个体信息加工的认知过程研究，CIP理论提出了认知信息加工的金字塔模型（图1-4）来诠释人的决策过程。

认知信息加工模型是由执行领域即元认知、决策领域和知识领域组成的三层结构金字塔模型。金字塔的底层是知识层面，由自身知识和职业知识两部分组成。自我知识包括个体对自身性格、气质、兴趣、能力倾向、价值观等内在特质的客观了解，职业知识包括职

---

① KRUMBOLTZ J D. A social learning theory of career selection[J]. The counseling psychologist, 1976, 6(1): 71-81.

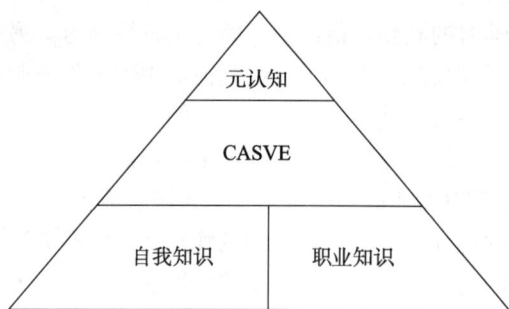

图 1-4　认知信息加工的金字塔模型

业类型、职业需求、职业发展前景等相关外在职业环境的了解。

金字塔的中间层是决策领域，即基于知识领域对自我以及职业信息的了解，进一步加工信息，作出职业生涯决策。这个过程包括以下五个阶段。

（1）确认需求的沟通（communication）阶段：个体开始意识到理想与现实之间存在的差距，产生合理选择职业的需求感。

（2）将问题的各组成部分相互联系起来的分析（analysis）阶段：对所有的信息进行分析。

（3）形成选项的综合（synthesis）阶段：形成可能的解决方法并寻求实际的解决方法。

（4）评估选项的评估（valuing）阶段：评估每种选项的优劣，评出先后顺序。

（5）实施策略的执行（execution）阶段：依照选择的方案做出行动。[①]

通过信息加工五个阶段（CASVE）的循环，个体可以完善与职业生涯发展相关的决策。位于金字塔中间的这个决策层是 CIP 理论的核心。CASVE 是一个循环过程，如图 1-5 所示，表示将决策过程分解为从沟通—分析—综合—评估—执行五个阶段，每个阶段对应着相应的决策状态和问题以及相应的解决方法，有助于更好地理解决策和决策问题。本书会在第七章职业决策中对这个循环进行详细阐述。

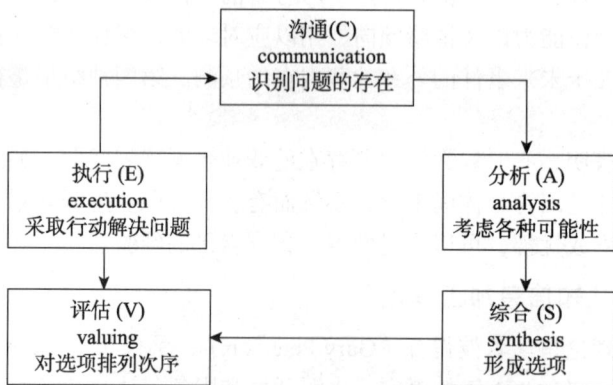

图 1-5　信息加工技能的 CASVE 循环[②]

金字塔的最上层为执行层面，是个体认知职业生涯发展决策的过程，又被称为元认知。所谓元认知就是"对认知的认知"，即我们对上述两个层面加工过程的认知。用计算机来比喻，知识层面的内容好比计算机硬盘上的各种资料和文件。唯一不同的是计算机的数据文件储存的是个别独立的数据，而知识在人类的记忆中是以动态的、有结构的模型形式存在

---

① 里尔登，伦兹. 职业生涯发展与规划[M]. 北京：中国人民大学出版社，2010：68.

② Reardon，等. 职业生涯发展与规划[M]. 侯志瑾，等译，北京：高等教育出版社，2005：18.

着；决策层面好比计算机的操作系统和软件，它们被用来处理我们的各种知识信息；而执行过程层面就好比操作计算机的人。他决定分析哪部分信息，是否需要收集信息，何时前进，何时停止等。

认知信息加工理论的金字塔模型对个体职业生涯发展的完善提供了理论指导与支持。首先，自我知识和职业知识构成的知识领域是个体合理规划其职业生涯发展的基础，没有全面准确的知识基础，个体不可能作出客观的职业生涯发展规划。其次，生涯水平的高低与决策水平相关。因此，决策领域是非常关键的，CASVE 循环理论为个体提供了优化职业生涯发展决策的途径，通过 CASVE 循环个体可以不断进行有效、恰当的职业生涯决策，以确保其职业生涯发展的正确方向，进而个体也获得了生涯决策能力的提升。最后，元认知是对认知过程的认知，实际就是指"学习如何学习"，是一种学习的策略。元认知领对决策领域具有调节、控制的作用。因此，元认知能力的完善会直接提高个体解决相关职业生涯发展问题的能力，进而促进个体职业生涯发展的完善，也是认知信息加工理论有别于其他职业生涯理论的重要特征。

第三节　职业发展的基本要素[①]

职业生涯规划的目的是实现个人的职业发展和人生价值。而这个目的受到多种因素的影响。从外部环境来看，组织的企业文化、管理架构、发展战略等都会对个体的职业发展带来影响；而从个体自身来说，年龄、健康水平、心理状况、受教育程度等个体差异也会成为职业发展的重要影响因素。在所有的因素中，与个体相关的内因对事物发展起着决定性的作用，也是我们最为关注的方面。

成功的职业发展需要拥有敬业精神、乐业态度和专业素养三个基本要素，进而实现人的事业的全面发展和进步。

一、心怀敬业精神

心怀敬业精神，是保证事业正确发展之基。敬业，是尊崇自己的职业，对工作、他人和集体承担责任，以一种尊敬、虔诚的心灵去对待自己所从事的职业。以敬业之心来对待职业，最早可以追溯到公元前 5 世纪古希腊医生希波克拉底关于医生对病人、对社会的责任及医生行为规范的誓言。随着时代的发展和进步，敬业的内涵和外延也在不断发展。

首先，敬业表现出一种崇高的使命感和神圣感。德国哲学家康德在他的《实践理性批判中》中说："有两样东西，我对它们的思考越是深沉和持久，它们在我心灵中唤起的惊奇和敬畏就会日新月异，不断增长，这就是我头上的浩瀚星空和心中的道德定律。"一个人如果对事业怀有若观浩瀚星空的惊奇之心，就会满怀着好奇和兴趣，去追寻和探索其中的奥妙。因为对事业怀有敬畏之情，就能够视自己的职业为天职，在心中唤起对职业的神圣感和使命感，把自己的生命理想与工作紧密地联系在一起。

其次，敬业源自道德和信念的坚守。道德，指衡量一个人的行为正当与否的社会意识

---

① 张振刚. 论促进大学生事业发展之三要素[J]. 高校辅导员，2013（2）.

和观念标准；信念指一个人为了实现远大目标而产生的坚定不移、无比强烈的思想感情和意识，包括对某种主张和主义的信服与尊崇，并把它奉为行为准则。信念和道德能够使人迸发出无穷的力量去克服和战胜困难。一个人因为心中有了道德，就会用自律和良知来约束自己，以勤俭奉公、廉洁从政、严守纪律的标准来要求自己。一个人因为心中有了信念，就会像热爱生命一样去热爱工作、关爱社会，自觉地以求真务实、忠于职守、追求卓越的作风去从容面对工作，完成每一项任务。

最后，敬业培养出不断学习、勇于创新的良好习惯。我们所处的环境在改变，工作所服务的对象在变化，所生活的社会在进步。这些变化的因素要求我们必须不断学习，以新的观念、新的知识和新的方式去认识与适应客观世界的改变。敬业不仅表现为一种状态，对工作严谨负责、一丝不苟；还应表现为一种方式，通过不断学习，勇于创新，努力学习新知识，掌握新方法，探索新规律，推进学习和工作的改善，促进效率和效益的提升。

二、胸怀乐业态度

胸怀乐业态度，是保持事业健康发展之策。乐业，是热爱工作，热爱生活，热爱生命，把追求事业进步当作生命的成长来体验，当作一种幸福来感受的过程。乐业的重要特征主要体现为生理和心理的健康，就是拥有一副健康的体魄和一个良好的心态。坚持锻炼身体是一种生活方式，享受事业之乐是一种工作态度。

乐业者注重以健康的心理状态面对工作，主要表现为对事业的热爱之情、对同事的友谊之情和对工作的愉悦之情。

其一，培养和满怀对事业的热爱之情。孔子说："知之者不如好之者，好之者不如乐之者。"热爱是最好的老师。首先善于在工作中发现乐趣，其次满怀对工作的热情，对同事和客户的爱心，带着热爱去工作，从而用活力、勇气和热忱去面对挑战、战胜困难，在克服困难的过程中享受成长之乐，在为服务社会的过程中享受收获之乐。

其二，建立和发展与同事的友谊之情。美国心理学家马斯洛在其著名的需求层次理论中，把归属和爱的需求置于自我实现和尊重两个需求之前。[①]这诠释了归属和爱对一个人事业发展的重要意义与基础性作用。对爱的获取和奉献是对立统一的辩证关系：要想获得同事之爱、家庭之爱、社会之爱，必须首先学会爱别人、爱家庭、爱社会，学会用真情去温暖，用温暖去感动。只有致力去培养并传递这种温暖和感动，才能建立和发展真诚的友谊。一个人一旦拥有了这种真诚和友谊，当他去面对挑战和困难的时候，就会有一个团结的集体与他并肩而行；当他取得成绩的时候，就会有一个温暖的集体与他共同分享。

其三，体验和享受追求事业的愉悦之情。德国哲学家黑格尔在其《美学》第一卷中指出，生命在于过程，人的生命的力量在于灵魂的力量，在于思想的力量，在于他不断地设立矛盾、忍受矛盾和克服矛盾的力量。其意蕴在于：一是生命之乐在于过程之乐。人生最大的快乐，不仅在于取得成功的时候，更在于为了追求事业所作出的不懈努力的过程之中。二是人生和事业的追求没有止境。一个乐业者对物质的欲求有所节制，对事业和知识的精神追求却没有止境。在对事业追求的过程当中，会遇到很多困难。但正因为困难，他的努

---

① DENNIS C. 心理学导论——思想与行为的认识之路[M]. 郑钢，等译. 北京：中国轻工业出版社，2007.

力才更有意义；正因为艰苦，他的成功才更有价值，这种意义和价值能够在他心中呈现出持续持久的愉悦与成就之美。

其四，乐业者乐于坚持锻炼身体，努力提高身体的强度、柔韧性和耐力，保持旺盛和充沛的精力，使自己的身体处于良好的健康状态。健康的体魄与成功的事业是密切联系在一起的。锻炼可以减少压力，保持良好的健康状况进而使个体在充满压力的时刻会表现出更少的紧张和自动唤起。锻炼还可以使得大脑的内啡肽这种神经递质增多，使个体变得镇静和情绪改善。[①]运动锻炼有个体式和群体式两种。个体式运动锻炼有利于培养一个人战胜自我的能力。通过跑步、登山、游泳等运动，可以使他把在每一次运动过程中忍受孤独、战胜疲劳和困难所获得的生理能量转化为心理能量，并迁移到工作和学习中，使思想变得更加有力。群体式运动有利于培养一个人的合作意识和竞争能力。通过参与、合作、竞争以及身体的碰撞，可以使人的身体变得更加强健，意志变得更加坚强。美国前总统小布什既是长跑爱好者，担任总统时能够以 6 分 45 秒跑完一英里；也是一位出色的棒球队员，担任过耶鲁大学棒球队投球手。美国前任总统奥巴马酷爱体育运动，他曾身穿 23 号球衣，率领普纳赫高中篮球队赢得了夏威夷州冠军。无疑，他们在运动中，通过与别人肌肉的摩擦和碰撞，能够感受到生命的力量；通过与别人的竞争，能够体会到胜利的快感；通过与队友的合作，能够体会到友谊的美好。这种体验会自然地被带入工作中，产生无尽的活力和动力，成就了他们的一生。

三、身怀专业素养

身怀专业素养，是推进事业持续发展之本。专业，是从经验、理论、方法论和哲学等方面来不断提高自己的职业专门化水平。

第一，总结工作经验。经验是体验或观察某一事物或某一事件后所获得的心得，包括知识和技能。经验可以使一个人能够以最快的速度、采用最有效的方法去应对工作和生活中遇到的问题。有的人可能经历丰富，但由于忽视对所经历过的事进行总结和反省，往往容易在同一件事上裹足不前，这是缺乏自律和自省的表现。有的人可能经历的事多了，自认为有了一些经验，不顾情况和条件的改变，只是凭经验进行简单的重复，轻则原地踏步，重则做不好工作甚至发生偏差，这是经验主义的表现。专业者总是注重并善于对工作进行理性的总结，从经验中寻找规律，用规律指导实践，在实践中提高水平。

第二，钻研专业理论。专业既表现为一种知识和技能水平，也是一种深入持久钻研、精益求精的过程。首先，从专业知识结构来看，应当在"一横"和"一竖"两方面取得平衡，其中"横"是指要有合理的知识结构和开阔的学术视野，"竖"是指要掌握精深的专业理论和熟练的专业技能。其次，从专业过程来看，一个人要在某一个领域取得成功，需要长期在该领域作出持久、深入、扎实甚至艰辛的探索和努力。一个人的专业优势，在于人有我优，人优我精。所谓"闻道有先后，术业有专攻"。没有长期坚持不懈的努力和积累，就难以成为优秀的专家，就不可能在事业上取得真正的成功。美国第一位经济学诺贝尔奖获得者，麻省理工学院教授萨缪尔森几乎用毕生的精力致力于一本教科书《经济学》的撰

---

① JAMES W K, MICHELLE N S. 情绪[M]. 周仁来，等译. 北京：中国轻工业出版社，2008.

20

写。该书已经出了 18 版，以概念清晰、图文并茂、语言优美、逻辑严谨、深入浅出等特色为其赢得了广泛赞誉，对世界各国的经济学学习者产生了重要影响。

第三，掌握方法论。方法论是关于认识和改造世界方法的系统化理论，帮助我们设计完成一项任务的一般途径和路线。在日常的工作和学习中，方法论为我们提供最一般的范式和框架。人们平常读书、写作和倾听都有方法论。例如，读书有方法论。心理学家发现，读书最有效的方法是 SQ4R。即概览（survey），提问（question），阅读（read），复述（recite），联系（relate）和复习（review）。怎么对一篇文章进行"概览"呢？首先读标题，其次读导言，再次读结论。怎么提问呢？可以用 5W1H（where，what，when，who，why，how）。写作有方法论。麦肯锡经典培训教材《金字塔原理》为我们呈现了表达和解决问题的逻辑，写作或表达时重点突出、思路清晰、主次分明，有助于让受众有兴趣、能理解、能接受、记得住。倾听有方法论，组织行为学家发现，如果用 HURIER（倾听 hear，理解 understand，记住 remember，解释 interpret，评估 evaluate，回应 respond）的方法进行倾听，能够取得更好的沟通效果。在学术研究和社会实践中，方法论可以指导我们如何提出命题，构建概念模型，并将理论模型应用于个体和团队所面临的学术问题或实践困境，进行演绎、归纳、分析、综合、类比以获得结论。专业者善于运用科学方法论进行系统思考，先构思，再决策，后实施。

第四，打下哲学基础。古往今来，一切有成就的政治家、科学家、企业家在某种程度上说，都是哲学爱好者或哲学家。一个人的思想只有闪耀着质量互变、对立统一和否定之否定规律等辩证法之光，才会更加深刻、更有力量。专业者正是通过哲学感悟来获取精神动力，通过哲学思考而判断事业发展的方向。[①]

在以上四个方面的专业要素中，哲学负责把握全局和价值判断，具有方向性的指导意义。方法论专注于问题初始态和目标态的界定及其问题解决的路径设计，具有规范性、系统性和普遍性的指导意义。方法侧重于运用理论解决某一个局部或某一领域的具体问题，具有专业性、理论性的指导意义。经验是在解决问题过程中的技能和知识，具有实践性、操作性示范意义。我们应当重视对经验、理论、方法论和哲学的总结、学习、掌握和运用，将其融会贯通，与专业学习、科学研究和工作实践结合起来。

四、实现全面发展

崇高的敬业精神、豁达的乐业态度和精深的专业素养，是全面促进事业成功发展的基本要求。人的事业要全面发展和进步，必须敬业、乐业和专业。

敬业主要基于思想层面。崇高的敬业精神是人的事业发展的核心价值追求，为我们的工作提供行为准则，为我们的思想提供道德规范，为我们的事业指明发展方向，其目标指向良好的社会效果。乐业主要基于生理和心理层面。豁达的乐业态度是我们永远保持乐观和从容，以健康积极的态度、饱满丰富的情感去强健体魄，面对挑战的一种生活方式和工作态度。能够让我们把对事业的向往和追求融入一个集体的共同理想和追求中去，从而使我们在工作中体会成长的快乐，同时得到更多的支持，获得更多的关爱，取得更大的工作

---

① 张振刚，论促进大学生事业发展之三要素[J]. 高校辅导员，2013（2）.

效能。专业主要基于技术层面。精深的专业学术素养是事业可持续发展的根本，它能够使我们运用正确的思想方法，沿着科学的工作途径，使用专门理论知识，按照专业的程序规范，去创造性地开展工作，进而获得高效率。

敬业体现为一种思想境界和行为规范，乐业呈现为一种身心状态和工作态度，专业表现为一种技术水平和职业素养。只有敬业没有专业，犹如无本之木、无源之水，敬业的理念和目标就如空中楼阁，工作起来就会力不从心，所收到的效果就会很有限度。只有专业而没有敬业，犹如一艘即将远航的轮船没有罗盘，一列整装待发的火车没有轨道，专业就不能很好发挥作用。只有专业和敬业，而没有乐业，犹如一部机器没有润滑剂，机器的各部件不能协调互动，运行起来就没有韵律和节奏，就不能高效持久地开展工作。

精神敬业、态度乐业和水平专业，分别从思想道德、生理心理、专业技术这三个方面构筑了一个人职业发展的思想基础、身心基础和技术基础。它们三足鼎立，相互依存，相互作用，相互影响，相得益彰，构成了一个人事业成功发展的必要条件体系。这三个要件都十分重要，不可或缺。人类敬业、乐业和专业的努力只有过程，没有终点。人类社会的进步，在于追求卓越，而非止于至善。对于一个优秀的民族，一个先进的组织，一所卓越的大学，一个追求职业发展进步的个体，都需要保持和发展这种精神，并以此作为一种信仰和信念，深深扎根于文化之中，古今中外，概莫能外。

第四节　职业生涯规划的内容和方法

一、职业生涯规划的内容

如果人生是一次旅程，职业生涯规划就可以比作为了拥有一次满意的旅行而进行准备的全过程。旅行前要考虑的事情很多，而首要的无疑是要确定自己的目的地。

我想要去哪里？这个念头可能会很清晰、很明确，也可能心中只有一个模糊的念头，并没有明确的目的地。这时候可能就要问问自己，是喜欢自然风光还是人文景观，想要的是休闲还是探险等。

生涯规划也是一样。我们要想过好自己的人生，要想在大学毕业的时候找到一份满意的工作，就需要先问自己：我到底想要过一种什么样的生活？我想要去做什么样的工作？我的人生所追求的是什么？这就是我们的愿景和目标，是职业规划的出发点和归宿。

（一）愿景/目标

职业规划中最重要的部分，是愿景/目标。

愿景是个人心中或脑海中所持有的意向或景象，它是一个特定的结果、一种期望的未来或意象。它根植于个人的价值取向，得到个体的深度关切，具有感召人心的力量。[1]愿景是每个人心目中的神秘岛，是最想去的地方。从词源上看，"vision"（愿景）这个词源于拉丁文的"videre"，原意包括视力、视觉；眼光、远见；想象力、洞察力；憧憬、梦幻、幻觉等多种意思，"vision"被译为"愿景"，愿景是指从某种意愿出发，必须以现实的场景和

---

① 彼得·圣吉. 第五项修炼——学习型组织的艺术与实务[M]. 郭进隆，译. 上海：上海三联书店，2003.

方式，来描绘所要创造的未来图像、境界。

目标也是个人的目的地，但在内涵上和愿景有所差别。"goal"（目标）一词的语源是"goeden"，原意就是妨碍、障碍等义，因此目标所体现的是人们在实现"愿景"过程中、在具体的各个阶段上所必须克服的众多"障碍"，它代表的是人们设定的或承诺的一定时期内应当完成的工作量。[①]

愿景是我们想要的未来图像，目标是我们为实现愿景而必须克服的障碍。因此，愿景是未来导向的，它始终关注未来，寻求超越。目标是结果导向的，它的重点在于逐步攻克前进道路上的一个又一个的障碍，是对具体任务的逐一完成。目标是理性的，是战略的实施部分，总是伴随行动计划、承诺和控制跟进；而愿景是具象的，是与价值观联系的，是可以调动情感的。

但愿景和目标又有着密切的联系。愿景是理想，是在一个较长时间内设定的发展蓝图规划，愿景带来使命，使命是在愿景背景下，肩负的责任、追求的内容、努力的意义；而目标，就是为了达成愿景，完成使命，在一定时间限度内能够有效达成的可以测量效果的阶段性标志。愿景是理想的描述、目标是愿景落实到现实中之后一个明确的实施对象，愿景必须转化为目标，才能得以明确和实施。

在职业规划中，愿景/目标是规划的起点。没有愿景/目标，职业规划也无从谈起。在刘易斯·卡罗尔的《爱丽丝漫游仙境记》中有一段对话，充分说明了愿景和目标的重要性。

—— "请你告诉我，我该走哪条路？"

—— "那要看你想去哪里？"猫说。

—— "去哪儿无所谓。"爱丽丝说。

—— "那么走哪条路也就无所谓了。"猫说。

对大学生而言，了解自己的人生愿景和目标并不是一件易事，绝大多数大学生在进入大学的时候都会感到迷惘，自己未来的道路该如何去走。

案例思考

我的未来很迷茫

小夕是大二轻化工程专业的一名男生。这个专业是国家级特色专业、广东省名牌专业，却不是他喜欢的专业。高考时，他想考到外省去，但父母不同意，让他报考了省内的这所"双一流"大学。因高考成绩不具优势，被调剂录取到现在的专业。在新生入学教育关于专业和行业的介绍上，他了解到近几年本专业对口的行业处于萎缩状态，这让他有些气馁。过去两年里，他学习热情不高，经常上课睡觉或偷偷玩游戏，考试前临时抱佛脚，成绩一般。对于未来，他很迷茫和无助。因为就业方向不好，班里很多同学打算考研。看着同学们每天都很充实忙碌的样子，他开始焦虑，以目前的学习成绩和状态，考研对他来说有些难度。如果去就业，现在好工作不好找，找不到心仪的怎么办？他十分苦恼，不知道接下

---

① 王维. 学习型组织之路——关于"学习型组织"的思考与探索[M]. 上海：上海三联书店，2003：94-95.

来的两年里该怎么办才好。

思考：

1. 造成小夕今天的状况，最主要的原因是什么？

2. 要想改变这种境况，他首先应该明确的是什么？

3. 你认为小夕需要帮助吗？他可以向哪些人求助？

4. 要帮助小夕找到方向，还需要哪些关键的信息？

对于小夕这类没有找到发展方向的大学生而言，首先是要他们明确自己的生涯愿景，即自己到底想要什么。了解生涯愿景有很多方法，其中一种是生涯幻游。

练习

生 涯 幻 游

请大家按照以下指导语，尽可能将注意的焦点集中在心中想象的图像上。

现在，请闭上眼睛，深呼吸，尽可能放松自己，在你的座位上调整到一个让你觉得舒服的姿势。调整你的呼吸，吸气……吐气……轻轻地吸进来，慢慢地吐出去。保持这样平稳地呼吸，尽量放松下来。

现在，想象你乘坐时空机器来到了5年后的世界。那时你几岁了？这是5年后一个普通的工作日。你正躺在家里卧室的床上。这时候是清晨，和往常一样，你从睡梦中醒来。你是怎样醒来的？现在几点了？睁开眼你看到了什么？有人和你在一起吗？洗漱之后你准备去上班，开始考虑穿什么衣服。最后你穿了什么样的衣服呢？

你开始出门前往工作地点，你乘坐的是什么交通工具呢？路上你都看到了什么？

现在，你走进了自己工作的地方。想象一下这个地方，它在哪里？看起来是什么样子的？那里都有些什么人？你停下来和碰见的人打了招呼，想象一下这个情形。他们怎么称呼你？你还注意到他们正在做什么，或是你们正在交谈什么？

现在你开始工作。你和多少人在一起工作，他们在做什么？你又在做什么？尽可能仔细地想象你的工作内容。你和别人一起工作还是独自工作？你是在户外工作还是室内工作？

到了吃午饭的时间。你去哪里吃饭？和什么人一起？你们都谈论些什么？接下来回到下午的工作中。下午的工作和上午有什么区别吗？下班之前做的最后一件事情是什么？

你一天的工作结束了。到了傍晚的时间，你想直接回家吗？或者要先办些什么重要的事，或是做一些其他的活动？你的晚饭是在哪里吃的？有谁和你一起吗？晚饭后你又干些什么？当所有活动都结束，你躺在床上的时候，你想的是什么？你对这一天的生活满意吗？

你渐渐地进入梦乡。睡吧，10秒钟后我会叫醒你。10，9，8，…，3，2，1。

对于大学生而言，生涯幻游是非常有效的一种了解自己未来人生愿景的方式，利用这种方法可以大致感受到自己对未来生活的期待。但仅有生涯幻游可能还不够，愿景还需要立足现实来寻找。这时候就需要一些探索和发现。通过认识自己是个怎样的人，有怎样的兴趣、能力、价值观、性格等，来发现自己到底喜欢和适合做哪些工作；然后了解工作世界的具体情况，通过对工作情形的认识、理解和把握，综合起来为自己的未来作出初步的决定。例如李岩，他对专业不感兴趣而对与人打交道感兴趣。进一步地了解发现，他不喜欢常规的事务性的工作，比较喜欢有挑战性的。他最有成就感的事情，是从一个广告公司拉到了 2000 元的赞助。生涯幻游时，李岩想象的未来是有很多商务应酬的场景。这些都提示着，李岩或者可以去了解一下销售类的工作，也可以运用大学时间学习一些相关知识并进行实践。而学习也同样重要。尽管专业兴趣不是很浓，但理工科的专业背景能使李岩未来可能进入信息技术这类需要一定的专业背景支撑的行业。当了解到现在和未来之间的联系，制定了接下来的探索目标，李岩觉得自己对未来的职业生涯规划清晰了很多，也有了努力把学习搞好的动力。

　　所以生涯规划的第一步是愿景，然后我们就可以决定自己要通过什么样的道路、方式来达到这样的目标。比如是毕业后先工作取得一定工作经验，还是先攻读研究生以求得在学术研究方向上的进一步发展。道路明确了，接下来就要为不同的路径进行不同的准备工作了。希望毕业后去企业从事管理类工作的，就要致力于培养自己管理方面的技能；而打算术业有专攻在专业方向发展的，就特别要在技术上做到精深。职业生涯规划，就是在各种系统的理论和方法帮助下，让我们认识自我，认识职业世界，确定自己的选择（决策），并制订好计划按此行动，在此过程中不断评估和修正以实现生涯目标和自我成长的过程。

（二）职业生涯规划流程

　　一个系统的职业生涯规划（图 1-6）包括如下六方面内容：觉知与承诺、认识自我、探索职业世界、决策、行动和再评估/成长。而所有内容的核心，就是个人的愿景/目标——职业规划的出发点和归宿。

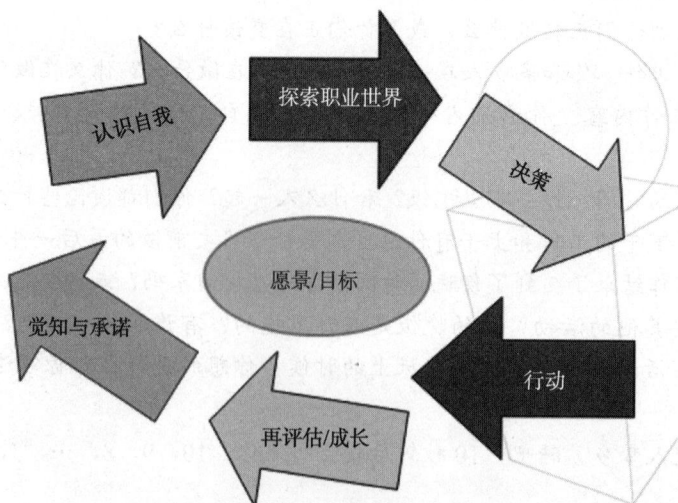

图 1-6　系统的职业生涯规划流程

1. 觉知与承诺

职业规划的第一步是个人认识到职业规划的重要性，愿意对自己的职业生涯负起责任，愿意花时间来规划自己的生涯。职业规划是一个过程，是一套系统的方法，是一种面对生涯的发展态度。它未必能立竿见影，未必能马上能带来自己理想的工作。它更像是播下一粒种子，未来才有机会发芽。只有理解了这一点，足够重视、全程投入，职业规划才能真正地发挥作用。这是开始职业规划前的一种正确的态度。

2. 认识自我

认识自我是职业规划的基础，因为人的所有决定和选择都是根据自己的情况、特点来进行的，系统化的生涯规划是一个"由内而外"的过程。本书第二章会对如何自我探索进行仔细的讲述。在此之前，个人可以诚实地问自己几个问题，看看对自己的了解到什么程度。

（1）我有哪些人格特质？

（2）我有些什么兴趣？

（3）哪些东西是我最看重的？是我生命中最不能缺少的？

（4）我有哪些技能？哪些是我的核心竞争力？

（5）对自我其他部分的认识（如健康、性别等）。它们如何影响职业规划？除了对自己提问，我们也可以借助活动来进行基本的自我探索。

练习

生 命 线

要规划自己的生涯需要我们先对自己有个基本的了解。这个活动可以帮助我们更好地了解自己，让我们通览整个生活和工作的框架。这个活动需要一张大的白纸、钢笔、铅笔、橡皮或水彩笔。

在纸上画一条线，代表你在生命中曾经的位置、你现在所处的地方和你将要去的地方。线的起点代表着出生，终点代表着死亡。两点之间的生命线意味着你生活中的好时光和坏时光、与他人的关系以及各种各样的经历。你的生命线可以是任意形状，并可以指向任意方向。你可以当它是大道、小径、江河、地图、物体、一条线或任何其他你能想到的东西。标出你现在的位置，不一定要有时间标志，但要表示出你的生活已经过去了多少，还剩下多少。

回顾过去，看看你曾经的经历。在生命线旁边写下一些关于过去的细节。注意生活中的一些重要事件。它们带给了你什么？对你有什么样的影响？

尽可能地预测一下你的未来。尝试描绘你将来会成为什么样子，可以使用符号、标记、图画、颜色、卡通、标签等。发挥你的创造性！未来之路可以伸向许多方向。你觉得你会走向哪里？想象着去走、去实验，看看会发生什么。

当你完成了这个练习，你会发现对于你自己的过去和未来，以及你这个人本身，都有了更清晰的了解。

练习

我 的 自 传

拿出 7 张（或者更多）的白纸。在每张纸的上端写上"我是谁"。在每张纸上，对这个问题给一个答案。例如，我比较注意别人的感受。然后，试着用半张纸的篇幅详细解释你的答案。看看你的回答和解释。在剩下半张纸中写上答案中吸引你的地方。最后，把这些回答"我是谁"的短文按你喜欢或感觉重要的程度从上到下叠放。

3. 探索职业世界

对职业世界的探索同样是职业规划中的重要内容，往往也是许多两耳不闻窗外事的大学生容易忽略的内容。自我认识和探索职业世界所收获的知识构成了职业规划中的个人知识部分。探索职业世界的目的是充分了解环境，分析职业环境因素对自己职业生涯发展的影响，分析环境条件的特点、发展变化情况，把握环境因素的优势与限制，了解本专业、本行业的地位、形势以及发展趋势。人们通过各种信息渠道全面了解目标职业的技能要求、工作特点、薪酬待遇、发展空间等各方面的信息，然后可以进一步通过生涯访谈、生涯追随等方法更细致全面地了解职业信息。对职业世界的了解包括如下方面。

（1）职业世界如何构成。

（2）职业世界的宏观发展趋势。

（3）个人所学专业与职业的关系。

（4）对个别职业的了解：职业对工作者的要求、条件和待遇。

（5）继续教育方面的选择。

4. 决策

决策是职业规划中对信息进行综合、整理、分析、评估的环节，把在认识自我和探索职业世界中得到的信息进行加工并作出选择的过程。决策需要综合考虑个人兴趣、技能、价值观、性格方面的情况以及个人对待职业、生活方面的各种准则。如果相关的信息不全面，就需要重新回到"认识自我"和"探索职业世界"两个环节，重新收集信息，明确认识。决策部分通常包括以下内容。

（1）综合与评估信息。

（2）目标设立与计划。

（3）制订个人决策的基本方法。

（4）处理决策过程中的各种问题：生涯信念、障碍。

5. 行动

行动为决策服务，通过行动将决策付诸实现。行动的内容和方向也是在"认识自我"和"探索职业世界"所得信息的基础上作出的增强与补充。例如，要实现的目标所需要的自我素质和能力与现实存在差距的话，就要针对这些缺失的方面进行有计划的培训和提升。职业规划中的行动主要包括以下内容。

（1）探索自我及职业世界。

（2）设立目标和行动计划。

（3）拓展知识面，提高能力素养。

（4）树立榜样/标杆并相应调整。

（5）进行求职尝试（写简历、面试）。

6. 再评估/成长

职业规划是一个循环往复的过程。在行动的过程中，我们可能沿着过去的规划路线继续前行，也有可能发现随着环境和自身的变化原有的规划已经不再合适自己，这时候就需要再次进行生涯探索，重新进行上述五项内容的工作。对个人职业规划的评估随时随地都可以进行，一旦发现存在问题，可以马上修正。评估—修正—成长—再评估，这是一个循环上升的过程，是每个人发展的必由之路。

二、职业生涯规划的方法

职业规划讲究方法。对待自己的职业规划，不同人采用了不同的方法。在系统、科学的职业规划方法之外，还有以下一些常见方法。

1. 自然发生法

一切顺其自然，让外在力量决定自己的人生和命运。在过去"统一分配工作"的年代这种方法很常见也很实用。而如今随着社会的发展、人性关注的回归，人们越来越希望可以自己为自己作出最好的选择，来体现自己的人生价值和意义。如果可以一直都"顺其自然"下去，永远能够做到"接纳现实，顺应外界要求"，自然发生法也不失为一种选择。

2. 目前趋势法

跟从热门的选择，大多数人怎样，自己也怎样。"从众心理"是人类自我保护的本能表现，所以才出现了"热门"以及"随大流"现象。目前趋势法，可以降低我们的外在风险，但是这个时候容易出现"盲目从众"，并且会忽略自己的个人感受。选择前，需要问问自己，"我究竟喜欢不喜欢，我究竟适合不适合？"因为"最适合的，才是最好的"。

3. 假手他人法

借助自己的人脉资源帮助个人职业发展。"人脉"常常在职业发展中发挥着重要作用。那些已经被我们意识到的人脉资源，要合理地整合与使用；如果自己还没有发现潜藏的人脉资源，要勇敢地发现和拓展，积极地开发和利用。虽然说"前人栽树后人乘凉"，我们也要为自己和自己的后人"种更多的树"，"维护好树"。

4. 最少努力法

选择需要的个人努力最少的职业发展方向。趋利避害是人性的本能。人们习惯性地选择捷径，习惯性地选择简便，这是可以理解的。当然，每种选择都有其利弊。如果在抉择之前能够对所做选择所带来的后果，做到理性地分析和勇敢地承担，做到无怨无悔，那么这也是务实可行的做法。

5. 拜金主义法

职业规划以对金钱的追求为绝对主导。合法合理地追求经济利益最大化，这一点本身没有错。但如果为金钱不顾一切，甚至打破道德伦理、违反法律法规，无论对于个人、家庭，还是社会、国家，都是不可取的。在追求金钱的同时，必须坚持基本的原则；在现实的社会里，保持清醒的头脑，并不是一件简单的事情。

6. 刻板印象法

以脑海中留存的刻板印象作为职业规划的依据。"刻板印象"指的是个人受社会影响而对某些人或事持固定不变的看法。它既有积极的一面，也有消极的一面。积极的一面表现为：在对于具有许多共同之处的事物进行选择的时候，不需要收集信息，直接以形成的固定看法得出结论，简化了认知过程，节省了时间和精力。消极的一面表现为：在有限认知的基础上作出带普遍性的结论，会忽视个体差异，以偏概全、一概而论，从而导致知觉错误，妨碍作出正确的评估和选择。

7. 橱窗游走法

漫无目的，随处转悠，无从下手。"橱窗游走"的状态，说明了个人还没有了解自己的愿景/目标。就像猴子掰玉米的故事那样，小猴子看到玉米结得大又多，就掰了一个；当它看见桃子长得大又红，就扔了玉米，去摘桃子；当它看到西瓜长得大又圆，就扔了桃子去摘西瓜；最后看到兔子蹦蹦跳跳，就扔了西瓜去追兔子，最后一无所获。如果不尽快确定自身的愿景/目标，那么终将会错失机会，一事无成。

以上的方法也许在某些时候奏效，但显然并不是最系统、科学的职业规划方法。正确的职业规划的方法应该是依照觉知与承诺、认识自我、探索职业世界、决策、行动和再评估/成长六个步骤，在自我认识和职业世界探索的基础上，经过分析与评估，确定了职业的奋斗目标，为了实现这一目标，作出行之有效的行动计划，开展提升自我的实践活动，不断地监控、评估、修正前进的方向。

对大学生而言，职业规划是为自己订下事业大计，筹划未来，拟订一生的方向。这种设计应该从大学入学之初就展开。如果在新生阶段不能合理地规划自己的职业生涯，打好思想、心理、专业知识与技能等方面的基础，就会白白浪费大好光阴，影响大学生的职业目标的实现和将来的职业发展。

对大学生来说，职业规划的具体方法包含以下几项内容。

（一）充分了解自我

充分了解自我对大学生职业规划有着尤其重要的意义。大学生尤其是低年级大学生，常常还未形成稳定的自我认识，对于自己的能力、兴趣、性格和价值观还不能作出清晰明确的判断，自己的专业和职业偏好也可能时常发生变化。因此，大学生应该有意识地通过各种途径积极探索自我。如积极参加各种活动来探索自己的性格特点，认真学习各类课程以发现自己的兴趣偏好，征询亲朋好友的意见以验证对自己的认识，完成恰当的心理测验来了解自己的内在特征。此外，大学生还需要探索自己喜欢怎样的人和环境，擅长什么样的活动，了解自己在从事什么工作时能体会到快乐和满足，还要了解自己认为什么样的工作最有价值，什么样的工作没有意义等。例如同样一份人力资源的工作，有人会很喜欢，因为他觉得自己喜欢与人打交道，也觉得招聘、选拔人很有价值；但也有人会觉得没意思，因为他不喜欢与别人有太多的交流，也不喜欢比较细致而常规化的工作。所以只有认识了自己，才能从大千世界的众多职业中挑选出适合自己的职业类型，才能选定适合自己发展的职业生涯路线，对自己的职业生涯目标作出最佳判断。

（二）了解所学专业对应的职业及发展前景

对于绝大多数大学生来说，专业方向与未来的职业发展方向关系非常密切。但由于教育早期的职业规划推广不够，很多大学生在填报志愿时准备不够，对专业的填报相对较为盲目，有时选择的专业自己并不熟悉。在进校学习之后，由于对专业不熟悉，加上有些专业课自己并不感兴趣，容易轻易作出"我不喜欢这个专业""这个专业和我的个人理想毫无关系"的结论。然而事实上，专业与职业的关系并不是一对一那么简单，同一个专业可能对应着很多种职业，每个人都有较大的选择空间。例如学习"数学与应用数学"专业的毕业生，毕业后可以做程序员，可以去知名外企做管理培训生，可以做统计人员、做数学老师，也可以做会计、公务员等。所有专业都是如此，都有广阔的空间和出路，总有一款适合你。大学生应当充分了解不同的职业及其发展前景，而不是想当然地认为只有某种职业适合自己，这是大学生的职业发展任务之一。

（三）了解目标职业对大学生能力和素质的要求

当大学生广泛地探索了各种职业之后，选定了某种职业作为个人发展的目标，此时就需要了解目标职业对于大学生能力和素质的要求，为实现目标做好准备。对目标职业的探索是贯穿大学生涯的重要任务。对目标职业的了解途径包括第一手资料和第二手资料。大学生需要通过实习，切身体验工作世界、目标职位情况，掌握相关的一手资料；更多的，大学生可以通过相关书籍、行业杂志、互联网、国家职业分类大典等查阅目标职位的状况，也可以通过与相关领域的个人进行交流，进行"生涯人物访谈"来获得职业信息。报纸上的招聘广告也是了解目标职业对大学生能力和素质要求的重要渠道。

（四）努力进行能力拓展，提升素质

个人的基本素质是用人单位招聘大学生的重要考量，也是大学生职业生涯成败的重要影响因素。素质是一个综合的概念，是完成某项活动所必需的基本条件，一个人的专业知识素养，身体的健康程度，思维、组织管理等能力以及智商、情商等都包含在内。大学生要拓展哪些能力，提升哪些素质，取决于社会和用人单位对个体的要求。因此一方面大学生需要关注一些普适的通用能力；另一方面，对所了解到的目标职业对大学生的具体能力要求，也应该有针对性地进行拓展。一般来说，大学生需要培养的能力范围很广，包括自学能力、操作能力、研究能力、表达能力、组织能力、社交能力、创造能力等。正如爱因斯坦所说："高等教育必须重视培养学生具备会思考、探索问题的本领。人们解决世上的所有问题是用大脑的思维能力和智慧，而不是搬书本。"

大学生也同样要注重素质提升，因为社会和用人单位对大学生所要求的不仅仅是能力，更希望大学培养的是人格完善、有责任心、树立了坚定理想信念、具备良好的行为规范的

个体。这些也是大学生需要在大学生活中着力培养的。这些能力和素质能够让他们在将来的职业生涯中受益无穷。

扩展阅读

大学生应该具备哪些素质？

从对大学生的普适性要求出发，华南理工大学学生就业指导中心对大学生和用人单位对能力和素质的重要性评价进行过对比研究（评价采用五点量表，1分代表非常不重要，5分代表非常重要）。结果如表1-1所示。

表1-1　大学生和用人单位对能力和素质重要性评价对比

评价项目	重要程度评价		差值
	大学生评价	用人单位评价	
知识和基本技能			
1. 专业知识理论	4.09	4.55	−0.46
2. 英文水平	3.99	3.9	0.09
3. 计算机应用能力	4.01	4.09	−0.08
4. 写作能力	3.76	3.7	0.06
5. 动手和操作能力	4.51	4.51	0
思维能力			
6. 学习能力	4.68	4.72	−0.04
7. 问题解决能力	4.78	4.71	0.07
8. 创新能力	4.39	4.59	−0.2
组织管理能力			
9. 沟通能力	4.79	4.56	0.23
10. 团队协作能力	4.6	4.57	0.03
11. 领导决策能力	4.2	3.98	0.22
12. 时间及资源管理能力	4.4	4.24	0.16
品质方面			
13. 诚实正直	4.41	4.67	−0.26
14. 敬业精神	4.46	4.68	−0.22
15. 主动性	4.59	4.62	−0.03
16. 挫折承受	4.54	4.42	0.12
其他			
17. 人文素养	4.1	4.18	−0.08
18. 全球视野	3.88	3.94	−0.06
19. 身体素质好	4.42	4.34	0.08
20. 有明确的职业目标	4.26	4.3	−0.04

从表中可以看出，大学生和用人单位对重要的能力和素质指标评价基本一致。对于问题解决能力、学习能力、沟通能力、团队协作能力等能力的重要性均给出了很高的评价。但用人单位和大学生在几个指标的重要性看法上出现了一定的差异，如专业知识理论，大

学生仅给出了 4.09 的平均分，而用人单位评价的重要性为 4.55 分，相差 0.46。而在诚实正直和敬业精神的评价上，大学生的评价也稍低于用人单位，显示用人单位对于个人品质相当看重，与一些基本能力相当。大学生对这些都应该引起重视。

（五）掌握知识体系建构的方法和艺术

学习是大学的重要任务。大学学习必须要掌握学习规律，相应地制订出学习规划，才能有计划地逐步完成预定的学习目标。然而大学生的任务不仅是要学会知识，更重要的是要掌握知识体系建构的方法和艺术。掌握知识体系建构的方法，不仅是为了学习本身，也是为了更好地进行职业生涯规划。

这是因为学习贯穿于职业生涯规划的始终。职业生涯规划的过程，无论是确立人生的目标和方向、准确评价个人特点、评估目标和现状间的差异还是作出职业决策并付诸行动，每一步都是在学习新知识并予以内化，不断吐故纳新，用新的自我来替代旧的自我的过程。这个过程就是知识体系建构的过程。掌握和运用好知识体系建构的方法是做好职业生涯规划的基础。

（六）积极参与校园活动，在实践中成长成熟

实践是大学生增长知识、开阔视野的有效手段。不仅如此，实践还有助于大学生不断修正自我定位，设定比较科学的职业目标，锻炼各项能力，提升个人素质，促进个人的成长成熟。这些对于大学生的职业生涯规划都有着积极的影响。

在所有的实践活动中，校园内的各种实践活动是学生最有机会参与的，也是最基本的实践活动。高校学生管理部门通常会致力于创新育人载体，精心组织活动，尽力为大学生搭建素质拓展平台。积极参与到这些经过精心设计的活动中，对大学生的成长有着积极的促进作用。

只有掌握了学习生涯规划的方法，在大学学习期间不断锻炼自身素质，加强自身修养，夯实学术基础，大学生才能在未来激烈的市场竞争中找到自己的位置，为自己未来的发展和事业腾飞打下坚实的基础。

核心概念

工作　职业　生涯　职业生涯规划　职业发展　愿景　目标

客观题

自学自测　扫描此码

自我探索——构建生涯发展与职业选择的基础

【本章导读】

小王是某重点大学 2015 级计算机科学与工程学院的本科生，报这个专业是因为高考填报志愿时他父母了解到互联网行业不愁找工作，而且收入高、待遇好，年薪可以轻松达到数十万元。小王家庭状况不好，家里还有一个妹妹在读高中，所以他一入学就申请了助学贷款，但他并未因此感到自卑，相反他性格一直很外向、活泼。大学三年下来，他努力学习，成绩也一直位列专业前三，还拿到过几次奖学金。与此同时，他非常注重提升自己的综合素质，积极参加班级和学校的社团活动，大一就当选了班长，大二时还当上了学院学生会的副主席。为了缓解家庭经济压力，他还在学校宣传部勤工俭学，做新媒体推送、拍照、撰写活动新闻稿等工作。随着对工作的熟悉，他非常喜欢这份工作，加上提出的一些想法经常得到老师肯定，他也非常有成就感。一次学校大型活动在做方案时，他提出用学生喜欢的短视频方式制作活动花絮来宣传。后来宣传取得了很好的成效，在学生中反响很大。在招聘季，凭借扎实的计算机编程基础，他顺利拿到了腾讯公司的 offer，与此同时，学校宣传部的老师也建议他留下来。小王陷入纠结之中……

一个人的工作满意度和生活满意度，取决于其个人如何为自身的兴趣、能力、人格、价值观寻找适当的出口，取决于个人能否认同并胜任某一工作的工作情境或生活方式。所以，在职业生涯规划中认识自我是一个关键的部分，知道自己适合做什么、喜欢做什么、能做什么、环境需要自己做什么、自己做什么才有成就感，其重要性远甚于获得一份工作的本身。大学生对自我了解得越多、越深，知道自己更适合选择哪一条道路，职业发展方向也就越明确。

第一节　自我探索的概念和方式

每一个对自己生命认真的人都会不停地问自己，我是谁？我从哪里来？我要到哪里去？从一个理想模式来看，所谓的生涯规划，是指个人在生涯发展历程中，对个人各种特质以及职业与教育环境资源进行探索，掌握环境资源，以逐渐发展个人的生涯认同，并建立生涯目标；在面对生涯选择的时候，有能力择其所爱，爱其所择，并承担选择的后果，以至生涯适应和自我实现。因此，自我探索是其他探索活动和生涯选择的基础。

一、自我探索的定义

很多人在高考报志愿时茫然，在考研和择业时困惑，即使进入工作岗位后依然彷徨和挣扎，究其原因是对自己不了解。

现在大学生为什么会出现上述问题？一个重要的原因就是没有找到"自我"。人本主义心理学家罗杰斯曾表达过一个精辟的观点：一个人只有深深地理解和接受自己，才会深深地理解和接受他人和世界。[①] 哲学家卡穆斯说："人一生全部努力，在于使自己相信，人生不是荒谬的。"所以人的一生都要定位自己、解释自己，从而找到生命意义所在。而这也正是自我探索的使命，对大学生而言，自我探索能帮助他们发现心灵的宝藏，用好属于自身的资源。

自我探索不像一个学术术语，更像一个生活用词，直接针对自我探索的研究至今还处于比较初步的发展阶段，对自我探索也没有形成一个规范、统一的认识。从词义上看，自我探索可以作为名词看待也可做动词理解。作为名词它与自我概念和自我同一性等有关，指的是个体对自己的了解，是一个结果，即对自我认识的状态如何，是深刻还是肤浅。作为动词，自我探索强调的是一个过程，即通过对自己的性格、能力、价值观、兴趣和气质等方面的认识，获得自我同一性并不断确认自己的一个过程，在这一过程中能逐渐解释自己和自己、他人、社会以及万物之间联系的意义，最终发现自身的价值。

自我探索有益于每一位学生的成长，能使他们认识到："我是什么样的人"，对自己概括性的认识；"我想做怎样的人"，对理想自我的认识；"我能做怎样的人"，对现实自我的认识；"环境允许我做怎样的人"，对现实环境和职业状况的客观分析及准备；"现实中我能做怎样的人"，整合自我、理想和现实的选择。

二、自我探索的内容

根据顾雪英对职业心理探索的理解[②]，自我探索的内容应该包括以下几个方面：动力系统，包括需要、兴趣、价值观；效能系统，包括智力、情商、一般能力倾向；风格系统，包括气质、性格。在本章中将从以下几个方面进行探索。

（1）了解自己的兴趣。无论是求学还是就业，能适合自己的兴趣，则效率高而且能保持身心愉快。做自己喜欢的事，会感受到生活的意义和自己价值所在。因此在专业选择和生涯规划中必须要考虑个人对各种事物或活动的喜好。

（2）了解自己的能力。自己目前能做什么，不能做什么，在哪些方面比较突出；过去和目前自己的哪些功课比较强，哪些比较弱。一般而言，社会上多数专门职业的就业能力都需要相当时间的训练。

（3）了解自己的性格。所谓性格，就是个人对人、对己、对事物各方面进行反应时，在其行为上所显示的独特个性。了解自己这些性格上的特征，甚至于个人的需求，将更有助于清楚且明智地选择职业。

---

① 罗杰斯. 个人形成论[M]. 杨广学，尤娜，潘福勤，译. 中国人民大学出版社，2004：16-20.
② 顾雪英. 大学生职业指导[M]. 北京：人民教育出版社，2005：29.

（4）了解自己的工作价值观及个人所追求的生活形态。对于工作你看中什么？是待遇的高低，升迁的机会，继续进修学习，空余的时间，还是充分兼顾家庭？个人所选择的职业会影响其生活形态，不同的职业决定个人在什么环境下工作、和什么样的人共事，以及每天的作息如何，休闲形态如何，家庭生活如何。因此，厘清自己对未来生活形态的理想，有助于主动作出选择。不同的职业，具有不同的人生价值，大学生希望在未来的职业当中得到什么，也是需要不断地探索的。

在自我探索的过程中，大学生需要完成职业目标、个人终生目标以及价值观的确立，既要学会对现实的适应和吸取成长的力量，又要逐渐从依附他人的关系中分离出来，将有关的经验和信息联结起来，形成一个恰当的关于自己的认识和调节系统，这是对自己的物质自我、社会自我和心理自我几个方面整合而成的一个思想和情感的信念系统。[①]

三、自我探索的方式

当前很多大学生不知道如何做才能真正地了解自己和认识自己，不知道自己要的是什么，自己的职业兴趣在哪里，面对自己的内在世界时，感到非常茫然；也有一些学生因为不能客观地认识自己，而出现过度地自我接纳或自我拒绝；甚至有的学生躲在自己的世界不肯出来，出现以自我为中心的倾向。在职业的选择中，客观的自我认识和积极的自我态度本身就是作出合适的职业选择的基础。为此，指导大学生使用一些自我探索工具非常重要。自我探索工具，也就是我们所说的职业测评量表或测试，主要包括两大类型：一种是正式测评，一类是非正式评估。非正式评估常用工具有：动机投射测验、职业分类卡、职业人物访谈、360度评估、生涯彩虹图、生涯自传、生涯生命线、职场认知游戏等。[②]

（1）职场认知体验。缺乏职场历练机会是大多数学生的现状，即使反复思考探索了自己的职业兴趣、能力、价值观等方面的情况，这种反思如果不能和某种具体的职业、岗位结合起来，其效果有如雾里看花、隔靴搔痒，始终不到点子上。人们在苦苦地寻觅自己的时候，很多人忘记了一个最质朴的方法，那就是在现实情境的释放中去认识自己。有些公司会安排求职者与面试者共同进餐或喝杯咖啡，这种活动的目的是在求职者不设防的情况下，暴露自己个人行为风格、素质修养、沟通交际能力的真实状态。到底想做什么性质的工作，在什么环境和氛围里工作，希望和什么样的同事共事，在工作中获得怎样的物质或精神回报，大学生需要通过间接或直接的职场认知活动在职业和自我探索之间建立起对应关系。职业分类卡、职业人物访谈等工具属于此类方法。

（2）从过去的成长经历中去认识自己。每个人的成长都是有积累的，每个人都是背负着成长的经历走到今天，每个人的过去一定给他的今天抹上一缕特殊的色彩。曾有一位心理学家形象地说："你现在的人际关系是你过去人际影响的全部总和的再现。"从这个角度去认识自己也不乏是一个很好的方法。人格的发展和其生命中重要他人之间的关系息息相关。生命中重要的他人不仅可以造成一个人的心理情绪失调和心理病理状态，也可以塑造一个人的正常心理功能、领导力和天才发展。生涯自传、生涯生命线等工具应用的就是这

① 肖海雁. 当代大学生自我同一性混乱的原因及整合[J]. 雁北师范学院学报，2005（6）：93-95.

② GCDF 中国培训中心. 全球职业规划师资格培训教程[M]. 北京：中国财政经济出版社. 2006：58-65.

种方法。

（3）适当地利用心理投射测验。在信息传播如此迅速的今天，也有一些大学生选择网络上的一些投射测验，或者是手机短信上的一些投射测验来了解自己，有部分同学对杂志上的投射测验非常感兴趣，但是投射测验应该需要严肃地进行选择、应用和解释。所有的心理测验都应该是经过中国心理测量委员会正式出版和声明有效的才可以使用。再者对心理测验结果的解释非常重要，如果解释不当，则会给人带来负面的暗示，引发负面的情绪。

（4）通过周边的评价来了解自己。美国社会心理学家库利（Charles Horton Cooley，1864—1929）提出镜像自我的概念，是指个体把别人当作镜子来进行自我感知。通过别人对自己的态度和行为方式来了解自己、判断自己，给出一个客观和公正的定位。每个人在社会生活中都会有人告诉你真实的声音。这些声音在个人的成长中是宝贵的。如果你有 10 个朋友，他们就像你的 10 面镜子，从不同的方向映射你，促进你的自我完善，不要害怕刺眼，勇敢地正视镜中的自己。自己设计 360 度评估问卷属于此类方法。

（5）通过正式评估工具——职业心理测评来了解自己。职业心理测评是心理测验的一个分支，在学术上被广泛认可的心理测验的定义是"行为样组的客观的标准的测量"。如果真的想借助职业测评达到了解自我的目的，应该选择科学的职业测评。科学的职业测评以特定的理论为基础，经过设计问卷、抽样、统计分析、建立常模等程序编制，必须符合三个条件：效度、信度和常模，前两者分别表示测验结果的准确性和稳定性，常模是指有代表性的样本在测验上的分数分布情形：每一位被试者的心理测验都有一个原始分数，通常情况下这个分数没有实际意义，除非这个分数能与别人比较。与此相关的标准便是常模。

职业心理测评已经得到了广泛的运用，不少杂志、网站、电视上也会出现各式各样的职业测评。但是我们应该清楚地知道，在传媒上看到的大多数都不是严格意义上的职业测评，只能将它们当作娱乐。

职业心理测评主要包括以下几种类型。

（1）智力倾向测验。智力倾向测验具有考察智力（能力）水平及其结构的双重目的。一方面，不同的人智力水平不同，企业选择高智商的人，可期望获得高绩效。另一方面，智力水平相近的人，其智力结构可能不同：有的人擅长言语理解、加工、表达，有的人擅长数字加工，有的人则擅长对形象的分析、加工。不同智力结构的人适应不同类型的工作。

（2）人格测验。人格测验用以测量求职个体与他人相区别的独特而稳定的思维方式和行为风格，这些特点可能影响求职者的工作绩效和工作方式及习惯。

（3）职业兴趣测验。不同人的工作生活兴趣可以按照对人、概念、材料这三大基本内容要素分类，而社会上的所有职业、工作也是围绕这三大要素展开的。基于这一理论思想设计的职业兴趣测验可以在个体兴趣与职业之间进行匹配。

（4）动机测验。动机是指由特定需要引起的，要满足这种需要的特殊心理状态和意愿。通过动机测验，可以了解个体的工作生活特点，从而找到激励他们积极性的依据和途径，并以此为依据安排相应的工作内容。

以上介绍的是职业心理测评中最基本、最常用的四大类测验。在进行职业心理测评的整个过程中，必须了解以下几点：心理测验只是了解自我的众多方法中的一种，如果个人确信对自我有全面深入的了解，可以不用心理测验；不确定是否要用心理测验时，应寻求专业职业咨询人员及心理学工作者的帮助，不要任意滥用；选择具有良好的效度、信度和合适的常模的心理测验，如果测验本身不具有良好的效度、信度，或者选择的常模不正确，测验的实施与解释都是浪费时间；如果没有办法判断效度、信度和常模，就选用在世界或国内知名的心理测验；测试的实施与解释应寻求专业职业咨询人员及心理学工作者的协助，尽量避免人为的误差；一次测验不要超过三个，过多会造成体力与心理的负担；测验以个人测验为佳，这样才能针对个人需要；当测验需要在安静的环境中凭第一印象完成；测验结果只是一个参考，当测验结果与自己的特质有明显不同时，有必要持怀疑态度；如果是通过专业咨询机构进行测试，测试结果是要保密的，任何人无权散布被测者的隐私。[①]

第二节　兴　趣　探　索

一、兴趣和职业兴趣

兴趣的含义不难理解，可以从成语和俗语中得到解释。如"兴趣盎然""妙趣横生"等，这些流传至今的俗语告诉我们，凡是有兴趣的事情，可以让人废寝忘食、锲而不舍，直到走向成功。我国古代教育家孔子说过："知之者不如好之者，好之者不如乐之者。"爱因斯坦也曾说过"兴趣是最好的老师"。获得诺贝尔物理学奖的华人丁肇中说过："兴趣比天才重要。"可见，古今中外凡是著名的科学家、文学家、数学家、艺术家以及发明家，几乎从小就产生了对自然、社会的某项事物一种强烈而浓厚的兴趣，兴趣是人们成才的内在动力和成功的最初起点。

可以为兴趣下这样的定义：兴趣是个人力求认识、探究某种活动的心理倾向，它以特定的事物、人或活动为对象，并产生积极的情绪。需要是兴趣产生和发展的基础，只有符合人们心理和生理需要的事物才会引发人们的兴趣，产生认识事物的内驱力。生理需要使人对某种对象所产生的兴趣是短暂的，如饥饿使人对食物产生的兴趣，口渴使人对水产生的兴趣，这种兴趣会随着需要的满足而逐渐递减。人们通常都在追求心理或精神上的满足，他们对自己感兴趣的对象常常给予特殊的注意。

当人的兴趣对象指向职业活动时，就形成了人的职业兴趣，职业兴趣主要是回答"我喜欢做什么"的问题。职业兴趣对人的职业活动有着重要的影响。一份符合自己兴趣的工作常常能够给自己带来愉悦感、满足感。在选择职业时，人们总会将自己是否对此有兴趣作为考虑因素之一。从感到有趣开始，到逐渐地形成更加稳定、持久的乐趣，进而再与自己的奋斗目标相结合，形成有着明确方向性和意志性的志趣，这是人的兴趣发展的过程。从事自己感兴趣的职业活动时，人们可以被激发出强烈的探索和创造的热情，可以在良好的体能、智能、情绪状态之下从事有意义的职业活动，激发自己全身心地投入而心甘情愿。从事自己感兴趣的职业活动可以使人比较容易适应变化的职业环境，可以使人在追求职业目标时表现出坚定有恒的意志力。可见职业兴趣是个人在进行职业设计时必须考虑的重要因素之一。

---

① GCDF 中国培训中心. 全球职业规划师资格培训教程[M]. 北京：中国财政经济出版社，2006：74.

二、霍兰德职业兴趣理论

约翰·霍兰德的职业兴趣理论可以说是生涯规划领域应用得最广泛的，也是最实用的职业理论之一。霍兰德假设，大多数人的职业兴趣可以归纳为六种类型：实用型，研究型，艺术型，社会型，企业型和事务型。大多数的职业环境也可以分为这样六种类型。当人们所选择的职业类型与个人的兴趣类型相匹配时，人们更能运用自己的特长，体现自己的价值并能在其中扮演令自己感觉愉快的角色。

（一）霍兰德的六种职业兴趣类型

（1）实用型：这一类型的人喜欢用手和工具制造或修理一些东西。与从事思想或人的工作相比较而言，他们更愿意从事实务性的工作。他们喜欢从事户外工作或操作机器，而不喜欢在办公室工作。这类人通常具有较强的实践性，身体强壮、粗犷、稳健，擅长机械和体力劳动。他们偏好的职业有木匠、工程师、飞机机械师、鱼类和野生动物专家、自动化技师、机械工（车工、钳工等）、电工、机械制图员等。有时候，实用型的人在需要运用言语表达情感时可能会存在困难。

（2）研究型：这一类型的人喜欢那些与思想有关的研究活动，如数学、物理、生物等。他们喜欢研究那些需要分析、思考的抽象问题。他们更愿意与观念而不是人和物打交道。研究型的人通常具有如下特点：聪明、好奇、有学问，具有创造性和批评性，有数学和科学天赋等。这一类型的人虽然隶属于某一研究团体，但他们喜欢独立工作。典型职业有气象学家、生物学家、天文学家、动物学家、化学家、植物学家、地质学家、数学家、科研人员、科技作者、程序设计员等。

（3）艺术型：这一类型的人喜欢自我表达，喜欢在写作、音乐、艺术和戏剧等方面进行艺术创造。他们通常会尽力避免那些过度模式化的环境，喜欢将自己完全投注在自己所制定的项目中。这样的人通常善于表达，有直觉力，具有想象力和创造力，具有表演、写作、音乐创造和讲演等天赋与天生的审美能力。他们从事的职业主要有室内装饰专家、摄影师、音乐教师、作家、演员、记者、诗人、作曲家、编剧、雕刻家、漫画家等。

（4）社会型：社会型的人喜欢与人合作，积极关心他人的幸福，喜欢为他人提供服务，愿意帮助他们解决困难。他们喜欢的是那些需要与人建立关系，与群体合作，与人相处以及通过谈话来解决问题和困难的工作环境。社会型的人通常容易合作、友好、随和、机智、善解人意。他们偏好的职业有社会学者、导游、福利机构工作者、咨询人员、社会工作者、社会科学教师、公共保健护士等。

（5）企业型：这一类型的人喜欢领导和控制别人，或为了达到个人或组织的目的而去说服别人。他们追求高出平均水平的收入。他们喜欢利用权力、关系、地位，希望成就一番事业。这样的人多从商或从政。企业型的人通常精力充沛、自负、热情、自信，有冒险精神，能控制形势，擅长表达和领导。他们大多会在政治或经济领域取得成就。适合这一类人的代表性职业有商业管理、律师、推销商、市场或销售经理、投资商、电视制片人、保险代理等。

（6）事务型：这一类型的人喜欢规范化的工作或活动。他们希望确切地知道别人希望他们干什么和怎么干。他们喜欢整洁有序。如果把事务型的人放在领导者的位置会让他们感到不适应，他们更愿意在一个大的机构当中处于从属地位，跟随大流。事务型的人大多具有细心、顺从、依赖、有条理、有毅力、效率高等特征。他们多擅长文书或数据类工作，通常会在商业事务类工作中取得成就。适合这一类人的典型职业有会计、银行出纳、记账员、法庭速记员、成本估算员、核算员、打字员、办公室职员、统计员、计算机操作员、秘书等。

霍兰德提出了这六种兴趣类型（职业环境类型），并且用一个六角型模型来解释了这六种职业兴趣类型（职业环境类型）之间的关系。如图 2-1 所示。

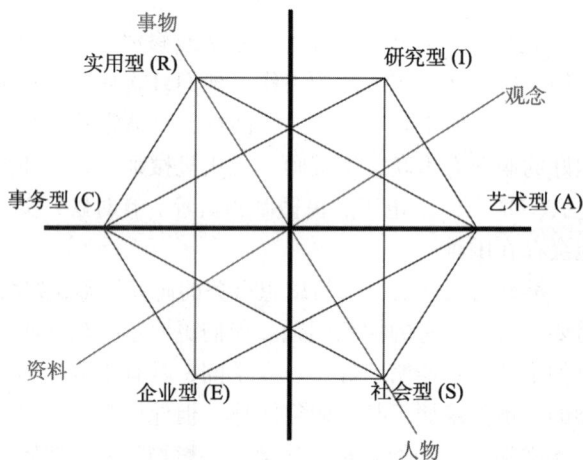

图 2-1　霍兰德职业兴趣模型①

从图 2-1 中可以看出，六种兴趣类型之间是存在联系的。在六角型模型中，任何两种职业类型之间的距离越近，其兴趣偏好的相似度越高。例如，企业型和社会型在六角型模型上的距离最近，它们的相似性也就最高，这两种类型的人都喜欢与人打交道。由相邻的两种到三种兴趣类型所组成的兴趣是稳定和一致的。而处于对角线位置上的两种兴趣类型，其一致性程度最低，如艺术型与事务型。此外，还可以用人物—事物、资料—观念这两组坐标与霍兰德的六角型模型进行叠加，从中即可以更清晰地看出六种兴趣类型本质的相似和差异之处其实在于到底喜欢与人还是物打交道，到底是善于根据资料还是观念来判断。

（二）职业环境的六种分类

除了把人的职业兴趣分为六种之外，霍兰德把职业环境也划分为同样的六种类型。霍兰德认为，一种职业环境就是一种职业氛围，而这种职业氛围又是由具有类似职业兴趣或者说人格特质的人创造出来的。这六种类型在不同的职业和环境中都或多或少地存在，只是其中两三种会占据主导地位。由于职业兴趣与职业环境是相匹配而存在的，因此霍兰德对职业环境的分类和描述基本与职业兴趣相一致。简要叙述如下。

实用型的职业通常是那些对物体、工具、机器、动物等进行操作的工作。

研究型的职业通常是对物理学、天文学、生物学或文化知识进行研究和探索的职业。

① 沈洁. 霍兰德职业兴趣理论及其应用述评[J]. 职业教育研究，2010（7）：9.

艺术型的职业通常指进行艺术、文学、音乐和戏剧创作的职业。

社会型的职业主要是与人打交道的职业，如教育、培训、治疗或启发人的心智等。

企业型的职业主要是通过控制、管理他人而达到个人或组织的目的的职业。

事务型的职业通常是指对数据和资料进行细致有序的系统处理的工作。

霍兰德认为，如果兴趣类型与职业环境类型匹配，例如艺术型的人从事工作的环境也是艺术型，就可能更容易取得优异的成绩，职业满意度和职业稳定性也会相应提升。相反，如果艺术型的人在事务型的职业环境里面工作，就可能产生较大的内心冲突。[①]

三、发现自己的职业兴趣

兴趣与职业的关系密切，但自己的职业兴趣究竟在哪里？可用什么方法来判断？从霍兰德对职业兴趣的描述中，大学生可能对自己的兴趣类型有了大概的了解，但如果想要更准确地认识，可以使用根据霍兰德的理论编制的兴趣量表进行测量。在国外这样的量表有很多，如《斯特朗兴趣问卷》（*The Strong Interest Inventory*，SII）、《职业偏好问卷》（*Vocational Preference Inventory*，VPI）、《自我指导探索量表》等。但在国内同类的标准化兴趣量表并不多见，主要是由于中国人与外国人之间存在差异，国外的量表难以本土化，而本土学者和研究机构起步较晚，暂时还未完善相关的研究。目前大学中比较常用的是全国高等学校学生信息咨询与就业指导中心和北京北森测评技术有限公司合作开发的吉讯（学生）职业生涯规划系统，里面有标准化的职业兴趣问卷可以选用。

经过兴趣量表的测量，所得出最高分的三个维度构成一个霍兰德兴趣代码组合，表示被测者身上占主导地位的三种兴趣类型。如最高分的三个维度分别为 E（28），A（19），S（12），那么代码表示为 EAS，表示管理、艺术、社会这三种兴趣类型在这个人身上占主导地位，这个类型的人可能具有较高的职业期望，善于管理和表达，愿意在企业环境中从事和人相关且有创造力的工作。在考察霍兰德兴趣代码时除了考虑不同的类型，也要考虑各个维度的不同分数。如同样是 EAS 码，E（22），A（21），S（19）就与 E（28），A（19），S（12）不同。因为前者三种兴趣类型之间区分度太低，可能还需要将额外的三种兴趣也纳入考虑之中。

量表测出的兴趣类型可以让被测者更清楚地了解到个人的职业偏好。这种兴趣代码可以与职业环境的相应代码进行匹配。西方国家已经建立了比较完善的职业分类体系，同时也为不同的职业建立了同样由三个字母组成的霍兰德代码，表示这种职业环境的人员结构中数目最多的三种兴趣类型。例如，学校的工作人员的组成可能遵循这一结构：40%的社会型人员，25%的研究型人员，15%的艺术型人员，10%的事务型人员，6%的实用型人员和4%的企业型人员，那么学校的代码就可用 SIACRE 来表示，通常为 SIA。在美国有《职业指南》（*Occupations Finder*，Holland，1994）或《霍兰德职业代码词典》（*Dictionary of Holland Occupational Codes*）这一类的相关工具书提供了霍兰德代码的查询。然而在中国，职业分类体系还比较薄弱，没有相应的工具可以使用。因此职业兴趣测验的结果可以作为了解个人兴趣的指标，而与其相应的职业环境信息，还需要通过其他的途径来了解。

---

① ROBERT D L. 把握你的职业发展方向[M]. 北京：中国轻工业出版社，2006：98-104.

职业兴趣量表是了解个人兴趣类型的一种简单快捷的方式，但是通过这种方式得到的结果并不一定是对自己情况最恰当的描述。因为量表通过六种兴趣类型以及占主导地位的三种兴趣来描述个体，所描述的六种兴趣类型的特征是每一种类型的理想的、典型的形式。而人是非常复杂的个体，通常会同时具有几个兴趣类型的特征，而对于这些特征的描述与表达，不同的人会有不同程度的理解，因此会造成测量分数组合间的微小差异。有时会出现某些人觉得测量结果"不准"，甚至与自己大相径庭的情况。另外，这类的量表都是采用自评的测量方式，会由此带来一定的局限性。因此我们不能对测量结果生搬硬套，教条死板地看待，而是应该将测验结果作为一种了解自我的特殊视角和定量手段。除了测验，我们还可以寻求其他非正式的方式和活动，帮助自己了解职业兴趣。

练习

我平常喜欢做的事

每个人都有自己喜欢做的事情，在日常生活中总有些事情我们会很自然地愿意去做，或者没事的时候常常会去做。回忆一下你平时喜欢做的事情，在做的过程中或者做过了以后让你感到愉悦和满足的事件。试试列出三个来。例如：我喜欢看书，我喜欢打游戏，我喜欢和人聊天等。

最近一个星期（或一个月），让我感到愉快的经验：

_____

_____

喜欢做的事情，可能分不同的种类，也有不同的原因。例如同样是打游戏，有些人喜欢的是搏击类的游戏，打倒他人取得胜利；有些人喜欢的是在游戏中和他人聊天，一起合作；还有些人仅仅是喜欢手操纵键盘的感觉。再如看书，每个人喜欢的种类不同。问问自己，你喜欢的是哪一类？为什么这件事情会让你感兴趣？这背后的原因是什么？

这些事件让我感到愉快的原因是：

_____

_____

综合来看，不同的生活兴趣背后，可能会存在一些共同的特征。例如都是和人相关的，或者都是和资料、数据分析相关的。找一下你平常喜欢做的事情的共同特征，并且在下面的线条中给这些事情标出适当的位置。

5	4	3	2	1	0	1	2	3	4	5
资料										观念

5	4	3	2	1	0	1	2	3	4	5
人物										事物

通过该练习，不仅可以大致知道自己的兴趣类型，还能够对自己真正感兴趣的东西有更深入的了解。

![练习图标] **练习**

我的成功体验

一个人的成长，是踩着过去的步伐，一步步地往前推演的。如果你觉得通过对现在的生活事件分析还不足以让你完整地了解自己的兴趣，你愿意花更多的时间来追溯自己生命的故事，那么你可以追溯自己以前的成功体验，从中发现自己的兴趣爱好，还能够了解自己的能力和价值观。

本活动，旨在帮你回顾一些快乐的、值得骄傲的、让你有信心的经验。你必须花上一到两个小时，把生命中的大事细细地回忆一遍，并依下列步骤完成活动。

步骤一：用下列的回忆表（表2-1）将生命阶段中值得回顾的事件简略地记录下来，如果你觉得回忆表的空格太小，可先将它影印放大或自行制作表格。

表2-1 回 忆 表

生命阶段	休闲		学习		工作	
	活动	成就	活动	成就	活动	成就
6岁以前						
小学						
初中						
高中						
大学						

步骤二：将印象最深刻的五件事，用一两段文字详细地在一张白纸中描述出来。描述时，请包括下列三个重点。

（1）活动：事情本身是有趣的、有挑战性或是你想学习的、创造的及制作的。

（2）工具或方法：完成该项活动所具有的物体、材料、工具、仪器；帮助你的关键人物；所掌握的重要资讯。

（3）成果：完成工作、解决问题、战胜挑战、制成成品。

每个人可能有多种不同的兴趣，其中的某些还可能发展成谋生的技能，但却不是所有的兴趣都行。那么，有必要对自己的兴趣做一个梳理，哪些兴趣是能够和职业挂起钩来的。

![练习图标] **练习**

兴趣和职业的关联

回想五件你在生活中感到快乐及骄傲的事，如果可以，你也可以写出七件、十件甚至更多。用本书中所介绍的兴趣类型将这些事件归类，再自问：这些事件是否和职业有关？如果有关，则列在表2-2中，你也可以和他人讨论自己的兴趣。

表2-2 兴趣职业关联表

五件让你感到快乐及骄傲的事	相关兴趣	工作或职业的名称

第三节 能力探索

在职业生涯规划领域里，自我认知的一个重要内容是对自我能力的探索。每个人会有这样或那样的工作偏好，但是兴趣是一回事，能不能胜任又是另一回事。一种极端的观点认为：每个人都可能在任何工作上获得成功，每种工作都可能由任何人做好。然而，这种观点是站不住脚的，很明显，色盲的人不可能成为一名画家或化验员。另一种极端的观点认为：对于每一个人来说，都存在着一种最佳职业，对于每一种工作来说，都存在着一类最佳人选。这种观点也是经不起推敲的。对于具有某种生理、心理特点的人来说，他可能会在若干种职业上都取得成功，因为这些职业对人的生理、心理特点有着相似的要求。例如，对于一个思维敏捷、长于言谈、性格外向、喜好与人交往、有感染力的人来说，他既可能在政治领域获得成功，成为一位著名的政治家，也可能在经济领域取得成果，成为一名出色的企业家。对于某一种特定的职业来说，也可能由具有截然不同的生理、心理特点的人来从事。例如，一个成功的军事家，既可能像苏沃洛夫那样具有暴躁、外向的性格，也可能像库图佐夫那样具有稳重、内向的性格。只有很少的人在几乎一切工作上都能得到满足和获得职业上的成功；也只有很少的工作是几乎任何人都可以胜任的，而且绝大多数人很难从这样的工作中获得职业满足感。对于大多数人来说，总有一些工作更适合他的特点；对于大多数工作来说，也总有一些更适于承担的人。为了获得职业上的成功，为了生活得更好，有必要更多地了解和更准确地认识自己的心理特点，更多地了解自己的长处和短处。

你有能力做好你感兴趣的事吗？你对自己的能力结构有全盘的掌握吗？你了解你的能力偏好吗？你会有意识地培养某些能力吗？在将来的求职过程中，当你面对自己心仪的公司时，你如何让面试者相信你具备应聘某个职位所需的能力？这些都是大学生在了解自身能力时应该澄清的问题。

一、能力的定义和分类

什么是能力？简单地说就是一个人可以胜任某件事情的资质。在心理学中，能力主要是指那些可以使任务得以顺利完成的心理特点，如反应速度、记忆力、运算速度、逻辑推理能力等。能力总是与活动联系在一起，它只有通过活动才能表现出来，并在活动中得到发展。可以肯定的是，每个人都拥有很多种能力，但是为什么有些能力在自己身上表现得很明显，而另一些可能一直潜藏，终身未曾得到发掘？

第一，能力可能来自遗传，个人从父母或祖先那里获得的基因特点。每个人都有先天的遗传优势和不足。人们可以识别出自己的优势并利用它。虽然先天的不足可以通过强烈的成就动机去征服、补偿和改变，历史上和现实生活中战胜先天缺陷而取得骄人成绩的也大有人在。不过，在职业选择中，我们要做的最主要的事情还是发现并使用自己最擅长的能力。

第二，个人的成长环境能够塑造其能力。例如，文化氛围通过人们生活的社会、社区、家庭对个体的能力发展发挥影响作用。武汉有个叫舟舟的智障儿童，出身于一个音乐家庭，因为经常观看乐团的排练而被发现他具有指挥方面的天赋。如果不是这种特定的环境，他可能这辈子只是一个智力水平在 5 岁左右的残障人士。除非是在行动或活动中，否则技能就是潜在的、未表现出来的。

第三，成长环境也可能是通过不同时期不同的能力评价标准影响能力的发展。在"学好数理化，走遍天下都不怕"的时代，父母往往鼓励孩子在这些功课上多花时间、苦下功夫。而 20 年后商业文化大行其道，许多家长则鼓励孩子去学习经济、金融和工商管理专业。在人们所处的成长环境中，如果某项能力被认为是有价值的，那么大家就会努力地培养和发展这种能力。如果社会认为某种能力是不重要的，即便具有那种天赋也可能是潜龙勿用了。

一个人的能力可以从各个角度去描述，如观察力、注意力、记忆力、理解力、反应速度、言语运用、计算速度等。心理学家通过能力的研究，逐渐发现了人的能力特点与职业成就之间存在关联的规律，构建了与职业成就感和职业满意度相关的能力概念结构，将能力分为三大类：可迁移能力、知识性能力和适应性能力。

（一）可迁移能力

可迁移能力是人们维持工作和生活运转所具备的能力，一般用行为动词来描述，例如沟通、组织、计划、装配、修理、调查、操作等。可迁移是指可以把完成某项活动所具有的能力迁移使用到其他工作中去。一名大学生通过 10 多年的生活与学习，已经获得和发展了许多可迁移能力。例如某个大学生也许只是将宿舍里的几个同学组织起来举行一次烧烤活动，但"组织"这个词里所包含的计划、准备、协调等能力是可以延伸到他未来的工作领域中去的，他可以利用这些能力圆满地完成其他任务，如科技创新和社会实践项目。

（二）知识性能力

知识性能力是大学生所拥有的帮助其在特定工作领域完成任务的知识和技能，一般用名词来描述，如语文、数学、英语、物理、化学等。要了解自己这方面的能力比较容易。每个大学生进入学校后，学习了许多具体的科目就是他所拥有的知识性能力，如食品安全检测、发动机如何运转、计算机编程等。这些能力能够帮助大学生在未来的工作领域当中从事专业性的工作，它们的特点是不容易迁移到其他工作中去。要具备知识性的技能一般需要通过有意识的、专门的培训，并通过记忆掌握特殊的词汇、程序和学科。譬如，一名日语专业的学生可能就没有办法参加机器人设计大赛。

练习

我最喜欢的课程

想想你曾经上过的或正在上的最有价值、感觉最愉快的学校课程，分析你在这些课程中获得的具体内容和专业知识。在纸上写下你所学的课程、讲座或其他培训的名称，每一项用单独一张纸写。然后，把每门课的内容拆分成更小的部分、单元、项目或章节，并问问自己："我学到的知识是我想在现在或未来的工作中使用的吗？"

（三）适应性能力

适应性能力是人们进行自我管理的一种能力。人们在面对许多问题时，都需要在情绪、情感信息的参与下解决。有些人能够很好地掌控情绪、情感的信息，进而圆满地解决问题；而有些人则力不从心，最后的结果就大相径庭了。这种对情绪、情感信息加工的能力，被称为情绪智力，又名情商，这是一种新的能力结构假设。一般认为情商由以下五个部分组成。

自我觉察：认识你自己，了解你的各种情绪状态要告诉你些什么。

自我调节：有能力管理和控制你自己的情绪状态。

动机：引导你的各种情绪，让你能够达成自己的目标。

同理心：能够识别、理解其他人的各种情绪。

社会性技能：与别人建立关系并影响他人。

这五个部分彼此之间相辅相成，作为一个系统而存在。首先，人们应该对自己有基本的认识和理解（自我觉察），逐渐读懂自己的各种情绪以及其背后的原因（自我觉察）；然后，慢慢地寻找那些能够恰当地掌控各种情绪的方法和技巧（自我调节），范仲淹的名句"不以物喜，不以己悲"反映的就是自我调节技能的最高境界；在自如掌控情绪的基础上，人们就能够以此为利器，让自己顺势而为（动机），实现自己的目标；有了对自我的充分认识，人们就能理解其他人的情绪状态（同理心），与他人建立友好、真诚的关系，而不是停留在表面的交往（社会性技能）。这就是情商所发挥的重要作用。

高情商的养成，关键是保持自我控制能力，它包括延迟评判以抑制冲动，搁置问题以转移注意力，坚定果断而非盛气凌人地表达自己的意见，保持灵活性和顺其自然，对事情不要过于强求，管理好非言语沟通。自我调节的大部分（但不是全部）都是防止人们在某一时刻突然情绪爆发，避免给他们带来一些负面的或者甚至是破坏性的结果，而同理心、自我觉察、社会性技能和动机则是有关如何建设性地使用一些相关技能，让自己与他人每天的交往变得更积极、更愉悦及更富有成效。

过去大家觉得在工作环境中只要有心理智力（智商）就够了，但实际上并不是这样。就拿职场中会遇到的事来说。总会有上司或者员工比较挑剔，如果你不满足他们的要求，他们就会很生气，甚至打击报复；有一些人非常敏感，总觉得别人与他对着干；更有一些人比较自我，难以与他人合作……如果一个员工只具备专业知识与技能，缺乏情商，那么他就无法摆脱负面情绪的困扰、积极调和与他人的关系，就算他拥有十八般武艺，也无法在"荆棘丛生"的职场中很好地生存和发展。

智商决定处理事务的能力高低，情商决定处理人际关系的能力高低，显然，要想在实际商务运作中获得成功，就必须同时具备高水平的处理事务的能力和处理人际关系的能力，也就是必须要同时具备很高的智商和情商，才能获得成功。高智商能够帮助你以专业人士的身份进入更高的平台，而高情商则帮助你以领导者的身份达到更高的位置。

二、个人能力澄清

调查数据显示，大学四年级的学生认为了解或比较了解自己的能力和特长占被调查者的70%以上，而大学一、二年级的学生则不到20%。低年级学生不知道自己想做什么、能做什么的并不少见。在自认为对自己的能力倾向有一定了解的人群中，有的人对自己的某一方面自视过高，有的人又对自己的某一方面妄自菲薄。人们所谓的了解带有很强的主观性，并不能客观、全面、正确地评价自己。当一个人无法确定自己的优势能力是什么，甚至认为自己一无所长的时候，需要通过做职业能力倾向测验来进行澄清并帮助自己建立信心。

美国的《一般能力倾向测验系列》（简称GATB）对一般学习能力、文字推理、机械推理、数字能力、空间关系、抽象推理、知觉速度和准确性、语言能力、词汇知识、运动协调10个与职业活动效率有关的能力倾向进行考察。通过该测验可以从个人在完成各种职业所必要的能力中提炼出各种职业对个人所要求的最有特征的2~3种能力，记分采用标准分数，各能力因素的原始分数转换为标准分数后便可绘制个人能力倾向剖析图，并与职业能力倾向类型相对照，被试者就可以从测验结果中知道能够充分发挥个人能力特性的职业活动领域。[①]

能力倾向考察的是日常工作中最常用的基本能力，是形成复合能力的基础。复合能力不像知识或技能一样可以在短期内经过培训就可以掌握，而是经过长期的努力才会有所提升，它在很大程度上代表了人们的发展潜力。人际协调能力、感染力、综合判断能力等，是获得职业成功的重要能力，属于高层次的复合能力。例如，在人际协调能力中包含着知觉速度、言语理解、言语运用、逻辑推理等多种基本能力因素。这些高层次的复合能力很难通过测验方式来考察和测量，通常只能借助面试、答辩、情境模拟等方式来考察。要在面试环节有出色的表现，你需要事前进行充分详尽的准备。在向别人展现自己的技能时，需要将可迁移能力、知识性能力和适应性能力整合在一起，用最能够表达出自己的才干、知识、效率和成就的语汇，组成一个简洁而全面的组合传达给面试者。

为什么要在澄清语汇上下功夫？因为求职者与面试者的交流建立在口头或书面的文字沟通上。面试者在对所有求职者情况均一无所知的情况下，谁向他传达的信息更全面、更清晰、更准确、更有说服力，谁获得工作机会的可能性就更大。要把这项信息传达工作做得细致、到位，求职者需要为自己开列一张能力清单。

---

① 职业能力倾向（自评）测验[EB/OL]. http://www.apesk.com/aptitude-self-tests/.

练习

技 能 问 卷

想想你曾做过的工作，包括兼职和暑期工，你的爱好、娱乐活动、休闲经历、社区活动、课外活动、志愿活动、家庭职责，或者你成长过程中所学到的任何东西，人生到此为止肯定有几件事情是你认为自己做得很不错的，甚至为之感到骄傲的，你可以通过以下技能问卷的练习，来初步建立自己的能力清单。

问卷（表2-3）列举了根据霍兰德六种人格类型和工作环境来分类的多种技能。请在技能问卷"成就名称"一栏，竖着写下曾让你感到愉快、骄傲的经历或活动名称，如果在这些经历或活动中用到了问卷左边列举的能力，就在相应的格子中打钩，做完以后，看看自己使用得最多的是哪一类或几类能力。

这是一个非常有趣的活动，可以让那些似是而非、只有一点记忆梗概的印象逐渐清晰起来，让面目模糊、难以分辨也不太善于冠之以名的各种能力一一归位，你会不会觉得稍微有了一些头绪，仿佛重新认识了自己？

表 2-3　技 能 问 卷①

成就名称	1	2	3	4	5
	改装家用水管路线	在全镇的文艺汇演上独唱	组织一次野炊	毕业论文被评为优秀论文	……
A. 第一类——实用型技能，我取得这项成就是因为我……					
1. 装配了……	✓				
2. 修建……					
3. 协调眼—手—足的运动					
4. 驾驶车辆（汽车/卡车/自行车）					
5. 种植植物，喂养动物					
6. 敏捷地处理事物	✓		✓		
7. 熟练地安装东西					
8. 抬/推/扛东西					
9. 操作机械或使用工具	✓				
10. 维修或安装	✓				
11. 野外生存			✓		
12. 使用体力和耐力					
B. 第二类——研究型技能，我取得这项成就是因为我……					
1. 分析和比较数据				✓	
2. 预测情况和问题					

---

① [美]ROBERT D L. 把握你的职业发展方向[M]. 钟谷兰，曾垂凯，时勘，等译. 北京：中国轻工业出版社，2006：266-268.

成就名称	1 改装家用水管路线	2 在全镇的文艺汇演上独唱	3 组织一次野炊	4 毕业论文被评为优秀论文	5 ……
3. 收集数据并将其分类				✓	
4. 分析/解决问题/作出决定				✓	
5. 评估思想/人/行为				✓	
6. 检查/审查数据/人/行为					
7. 用词汇/数字/符号表达思想				✓	
8. 改进/调整思想/方法					
9. 发明/创造新思想/事物					
10. 敏锐地观察数据/人/物					
11. 有逻辑地推理或思考				✓	
12. 回忆/使用良好的记忆力				✓	
C. 第三类——艺术型技能，我取得这项成就是因为我……					
1. 创作/形成思想/主题/音乐/艺术					
2. 装饰房间/建筑物					
3. 设计空间/建筑物/房间					
4. 绘画/着色/构思艺术作品					
5. 表达情感/戏剧情节					
6. 识别不同的颜色					
7. 感知模式					
8. 艺术性/音乐性表演		✓			
9. 识别美/平衡/和谐/协调					
10. 塑造/铸造事物					
11. 使概念/思想/事物形象化					
12. 写散文/论文/事情				✓	
D. 第四类——社会型技能，我取得这项成就是因为我……					
1. 劝告/咨询/指导他人					
2. 照顾/关心他人的需要			✓		
3. 耐心地对待他人					
4. 医治/治疗他人					
5. 帮助/服务于人			✓		
6. 改善人际关系					
7. 访问/会见他人				✓	
8. 有效地协商	✓		✓		
9. 倾听					
10. 以丰富的学识教育/指导他人					
11. 给予人们温暖和同情					
12. 机智/礼貌，减少冲突			✓		

第二章　自我探索——构建生涯发展与职业选择的基础

续表

成就名称	1 改装家用水管路线	2 在全镇的文艺汇演上独唱	3 组织一次野炊	4 毕业论文被评为优秀论文	5 ……
E. 第五类——企业型技能，我取得这项成就是因为我……					
1. 管理思想/人/物					
2. 宣传/销售产品/思想					
3. 维护领导/自我/思想					
4. 礼貌地挑战或应对他人					
5. 有效地指导一个团体或组织					
6. 成功地进行演示					
7. 发起行动或项目			✓		
8. 领导人会议，实施领导权					
9. 主管生产/人/项目					
10. 激励/鼓舞他人					
11. 说服别人听从自己的意见			✓		
12. 推广理念/思想/事物					
F. 第六类——事务型技能，我取得这项成就是因为我……					
1. 准确处理细节	✓			✓	
2. 正确地计算数字	✓				
3. 精确地复制、记录数据					
4. 仔细地制定/计划财政预算			✓		
5. 有效地将数据存档和提取					
6. 准确地遵守指示和命令					
7. 可信赖地履行职责					
8. 精确地清点、记录存货					
9. 仔细地/可靠地管理钱物					
10. 组织数据/人/物			✓		
11. 合乎逻辑地处理/准备好数据				✓	
12. 令人满意地总结信息					

但是，这样一个归类的练习还不足以证明你真的拥有这些能力，你需要细节来支持它们。

练习

证明你的能力

（1）在一张白纸的左边为你以上列举的成就经历写出尽量多的细节，并给出最后的结果。

（2）在文中圈出给你带来成就的能力，并在纸的右边列出。

（3）将你的能力分解成一个动宾结构的可迁移能力和知识性能力的组合，最后加上适应性技能以完成一个简短的、吸引人的技能描述，并将其按你的能力使用偏好进行排序。

举例如下。

为社团活动拉到一笔赞助[①]

我是一个学生社团的干部。社团的宗旨是为学生的职业生涯规划服务。我本人也非常关注职业信息的收集，订了一本相关的杂志，每期必看。

我觉得这本杂志可以让社团成员开阔视野，启发思路。于是我从杂志上找到公司的联系方式，希望对方为社团提供一些赞助。经过协商，对方愿意为每位成员提供全年杂志的合订本共 260 本，但要求得到不少于 50%社团成员的 E-mail。

我向社团主要干部通报了这一情况，并发动他们去征集成员的意见，是否同意将我们已经掌握的 E-mail 地址交给对方。最后在一天内得到了 50%成员的授权，将他们的 E-mail 提供给杂志。最终，我拉到了这笔价值 5 200 元的赞助，杂志受到了社团成员的欢迎。杂志社也很满意。

所识别的技能：

乐于为同学服务；

长期、系统地收集职业信息；

密切关注他人的成长和社团的发展；

主动寻找联系渠道；

在互利的基础上有效地与对方沟通并达成意向；

尊重他人隐私；

就意向与社团干部协商并形成解决方案；

迅速实施解决方案。

经个人思考后优势能力排序：

领导力；

主动有效沟通；

服务意识；

高效执行。

第四节　性　格　探　索

一、性格的定义

性格是人对现实的态度和行为方式中较稳定的个性心理特征，是个性的核心部分，最能表现个体差异。性格主要是通过人的不断的生活实践，在外界生活条件和人自身的心理活动相互作用之中形成与发展起来的。人的实践和人在每一当前时刻的内部世界都制约着

---

① 案例来源：根据《生涯规划与求职技巧》课程学生的回答整理。

性格的发展。实践活动的影响通过认识、情绪和意志活动在个体的反映机构里保存下来，固定下来，构成一定的态度体系，并以一定的形式表现在个体的行为之中，构成每个个体所特有的行为方式。这些对现实稳固的态度以及与之相适应的习惯了的行为方式，构成人的心理面貌的一个突出的方面，就是性格。①

人的性格是千差万别的。有的人诚实、正直、谦逊；有的人活泼、好动、善交际；有的人深沉、内向、多思；有的人悲观、厌世、孤僻等。性格和工作的关系是一种彼此制约又互相促进的关系。选择工作要尽量选择适合自己性格特点的工作。因为每一种工作都对从业者性格品质有特定的要求，要适应某一职业就必须具备这一职业要求的性格特征。性格和职业的最佳匹配使得我们能够成为更有焦点、更有效的工作者。在我们的周围也可以发现，同一职业类型或团体中往往聚集着性格相似的工作者，如销售行业的人多数性格外向，会计行业人比较细心，教师善于关心爱护他人，从政的人手腕比较强硬、执行力强。如果一个人所从事的职业与其性格类型是匹配的，则他工作起来就轻松愉快、得心应手、富有成就，反之则会不适应、困难重重，给个人的发展和组织造成影响。因此职业辅导中，帮助人们了解自己的性格特点，然后在对应的职业环境中寻找合适的职业，这样不仅缩小了人们职业选择的搜索范围，使职业选择的方向性更强，而且选中的职业与自己个性最为匹配，有利于个人才能发挥和价值的实现。

二、性格理论：类型论和特质论

目前对性格进行描述的理论可以分为两类：类型论和特质论。前者是通过有限的几种截然不同的类型对个体进行分类；后者是在不同特质上对个体用等级的方法进行评定。

（一）类型论

在同一类人身上所共有的某些性格特征的独特组合，称之为性格类型。按照一定原则和标准把性格加以分类，有助于了解一个人性格的主要特点和揭示性格的实质。类型论根据某种标准把性格划分为多个类型，性格类型是全或无的现象，而不是程度的问题；如果把一个人归类为某一类型，那该个体就不能被归类于该理论的其他类型中去。许多心理学家试图划分人的性格类型，由于理论观点不同以及人的性格的复杂性，至今还没有统一的分类标准。许多人喜欢在日常生活中使用性格类型，因为这能帮助他们将理解他人这种复杂的过程简单化。

早期的类型理论之一是公元前5世纪著名的医生希波克拉底提出的，他认为人体含有四种基本的体液，每种体液与一个特定的性格类型相对应。个体的性格是由体内何种体液占主导所决定的。希波克拉底将人划分为多血质、黏液质、抑郁质、胆汁质四种性格类型。虽然希波克拉底提出的这个理论没有经受住现代社会的考验，但它的确流行了几个世纪，影响一直延续到了中世纪。除了这种生物学的类型论之外，之后还出现了文化类型论、社会学类型论和心理学类型论。

---

① 曹日昌. 普通心理学[M]. PDF版，2004：517-518.

在心理学类型论中，以瑞士心理学家荣格（Carl G. Jung, 1875—1961）所提出的内倾型和外倾型性格最为著名。1913 年，荣格在慕尼黑国际精神分析会议上提出内倾型和外倾型的性格类型划分。后来，他又在 1921 年发表的《心理类型学》一书中充分阐明了这两种性格类型。他在该书中论述了性格的一般态度类型和机能类型。他认为人与周围世界发生联系时有两种指向，他称为定势。一种定势指向个体内在世界，称内倾。内倾者的性格是安静、富于想象、爱思考、退缩、害羞、防御性、对社会不感兴趣。另一种定势指向外部环境，称外倾。外倾者的性格是爱交际、好外出、坦率、随和、乐于助人、自信、冒险、易于适应环境。除了这种定势或一般倾向外，荣格还得出四种思想机能：感觉、思维、情感、直觉。荣格认为，思维和情感的机能是理性的，两者相互对立；感觉和直觉的机能是非理性的，两者也相互对立。最理想的状态是上述两种定势与四种机能相互协调、共同发挥作用。事实上，每个人都是一种机能和一种定势占优势，其他的则处于潜意识之中，发展程度较低。这两种定势和四种机能的组合，得到八种人格类型。[①]

（二）特质论

上述类型理论认为人可以划分成为不同的类型，这些类型是独立的、不连续的。而特质论推崇连续的维度，如智力和友谊等，用多个基本的特质来描述人的性格，每个特质都是对立两端联系起来所构成的一个维度，任何人都在这个维度上有一个确定的位置。特质是持久的品质和特征，这些品质或特征使个体在各种情况下的行为具有一致性。例如，某一天你可能会通过归还一个捡到的钱包来证明你的诚实，而另一天，你可能会通过考试中不作弊来证明这一点。一些特质理论家认为，特质是引起行为的先决条件，但是更加保守的理论家仅仅将特质作为描述性维度，用该维度简单地总结被观测到的行为模式。

20 世纪 60 年代，随着逻辑学和经验广义潮流的日益高涨，特质模式渐渐崭露头角，其代表人物有 G.W.奥尔波特、R.B.卡特尔、H.J.艾森克和 J.P.吉尔福特等人。[②]近年来运用较为广泛的描述人格结构的方法是五因素模型。在五因素模型中，特质被压缩成大约 200 个同义词类群，用于组成一个两极的特制维度：这些维度有一个最高的极点和一个最低的极点，如负责任和不负责任。下一步，要求被试者给他们或他人在两极维度上评分，用适当的统计方法来处理这些评分结果，以确定这些同义类群是如何相互联系的。运用这一方法，许多独立的研究小组得到了相同的结论：人们用来描述自己和他人的特质时仅有五个基本的维度。这五个维度是非常宽泛的，因为在每一个维度中都包含许多特质，这些特质有着各自独特的内涵，但又有一个共同的主题。人格的五个维度现在被称为五因素模型（表 2-4），或者用一种不太正式的称谓，叫作"大五"。

基于大五人格理论的基础，美国心理学家科斯塔（P.T.Costa）和麦克雷（R.R.McCrae）在 1987 年编制成大五人格量表，即 NEO 人格量表，后来进行了两次修订。该测验的中文版由中科院的心理学家张建新教授修订，多用于企业的人力资管理领域。

类型论与特质论的主要区别在于：类型论在每个人所具有的类型之间界限分明，没有中间过渡阶段，只能确认内倾和外倾两种类型，不能说明各类型之间的程度差异；而特质

---

① 田凌飞. 荣格心理类型理论与量表的历史发展研究[J]. 中国健康心理学杂志, 2009（6）: 746-747.

② 唐春勇. 大五个性和工作态度对关联绩效影响的实证研究[D]. 成都：西南交通大学, 2006: 33-36.

表 2-4　五因素模型及其相关特征①

高分者特征	特质量表	低分者特征
烦恼、紧张、情绪化、不安全、不准确、忧郁	**适应性（N）** 评鉴顺应与情绪不稳定，识别那些容易有心理烦恼、不现实的想法、过分的奢望式要求以及不良反应的个体	平静、放松、不情绪化、果敢、安全、自我陶醉
好社交、活跃、健谈、乐群、乐观、好玩乐、重感情	**外倾性（E）** 评鉴人际互动的数量和强度、活动水平、刺激需求程度和快乐的容量	谨慎、冷静、无精打采、冷淡、厌于做事、退让、话少
好奇、兴趣广泛、有创造力、有创新性、富于想象、非传统的	**开放性（O）** 评鉴对经验本身的积极寻求和欣赏；喜欢接受并探索不熟悉的经验	习俗化、讲实际、兴趣少、无艺术性、非分析性
心肠软、脾气好、信任人、助人、宽宏大量、易轻信、直率	**宜人性（A）** 评鉴某人思想、感情和行为方面在同情至敌对这一连续体上的人际取向的性质	愤世嫉俗、粗鲁、多疑、不合作、报复心重、残忍、易怒、好操纵别人
有条理、可靠、勤奋、自律、准时、细心、整洁、有抱负、有毅力	**认真性（C）** 评鉴个体在目标取向行为上的组织性、持久性和动力性的程度，把可靠的、严谨的人与那些懒散的、邋遢的人做对照	无目标、不可靠、懒惰、粗心、松懈、不检点、意志弱、享乐

论是用近似的正态曲线说明个性的差异，在内倾性和外倾性两极端的中间连续带上，可以找到每个人的位置。类型论强调人格整体性和统一性，把个体划入一定的类别，用特定术语描述为特定类型，认为个人的人格类型是能够被观察到的；特质论认为人格由许多特质要素构成，然后把这些特质进行因素分析，找出根源特质，这种根源特质是个人内部所有的，只有通过测验才能找到。

不管是类型论还是特质论，它们都假定个人的人格是某种相对稳定的东西，都可以加以描述。

三、迈尔斯—布里格斯类型指标

美国心理学家布里格斯（Katherine Cook Briggs）和迈尔斯（Isabel Briggs Myers）母女在荣格的两种定势和四种机能的基础上，又增加了判断和知觉两种类型，由此组成了个性的四维八极特征，它们彼此结合就构成了 16 种个性类型。经过 20 多年的研究，她们编制成了性格类型理论模型《迈尔斯—布里格斯类型指标》（*Myers-Briggs Type Indicator*，MBTI），从而把荣格的类型理论付诸应用。迈尔斯在荣格的优势功能和劣势功能、主导功能和从属功能等概念的基础上，进一步提出功能等级的概念，并有效地为每一种类型确定了其功能等级的次序，又提出了类型的终生发展理论，对心理类型理论的发展做出了贡献。

MBTI 向人们揭示了性格类型的多样性和由此导致的不同个体之间行为模式、价值取向的差异性：性格类型深刻影响着人们观察事物的角度、思考问题的方式、决策的动机、工作中的行事风格，乃至人际交往中的习惯与喜好。

---

① 过广宇，唐薇. 麦氏人格模型与大五人格模型的比较[J]. 心理科学，2003（3）：488.

不同性格的人在相同的境遇中或者面对相同问题时往往做出截然不同的反应，这很容易成为各种误解、矛盾的导火线，甚至引爆一场信任危机，严重危害团队的合作与绩效——如何看待人与人的差异，在工作中求同存异？如何突破人际交往的"性格壁垒"，因人而异地开展交流与沟通？

每一种性格类型都表现出独特的行为特征，为个人带来不同的能力优势与局限——怎样扬长避短，为最合适的人安排最合适的工作？每个人具有哪些能力优势与局限？怎样根据性格类型找到最佳的职业定位、规划未来的职业发展？

在一个团队中可能聚集着各种性格类型的成员，不同性格类型的碰撞与对话最终将合成整个团队的性格——领导者将如何优化团队成员的性格配置，组建一支精诚合作的高效团队？团队成员怎样才能更好地融入集体，避免性格冲突，提升工作绩效？

MBTI 从性格类型入手，引导人们认识自己、理解他人，在工作中建立自信并相互信任，从而更富成效地开展合作，也为个人发展铺就最佳途径。经过 50 多年的发展，MBTI 现已成为全球著名的性格测试之一，在教育界、人员招聘及培训、领袖训练及个人发展等领域均有广泛的应用。

（一）MBTI 的四维八极及其个性特征

理解心理类型理论首先要认识类型这一概念。类型就是指出现在许多个体形式中的一般态度的特殊模式。荣格认为："类型是一种样本，或范例，它以一种独特的方式再现种类或一般类别的特征。"在 16 种类型中每一种类型均在质上有别于其他类型。偏好是类型理论中的核心概念。它可以被理解为"最自然、轻松地去做"。类型理论经常使用利手的比喻来解释偏好的意义（利手，一个人日常生活中做技巧性活动时习惯使用的那只手）。利手的每一个动作都比不利手要自然、轻松、容易。而在运用不利手的时候就需要更多的注意和努力，因此更疲劳和更困难。这意味着个体在外部行为和内部心理过程中均可以采用不同的方式，但在每一个维度的两极中个体总是自然地倾向于使用某一极的方式。偏好和行为之间有着很高的相关，但并不完全一致。

1. 内倾（I）—外倾（E）维度

该维度用以表示个体心理能量的获得途径和与外界相互作用的程度，即个体的注意较多地指向于外部的客观环境还是内部的概念建构和思想观念。外倾型态度表现为个体的注意力和精力指向于外在环境，即在外部世界中获得支持并依赖于外在环境中发生的信息。外倾型个体需要通过经历来了解世界，所以他们更喜欢大量的活动，并偏好于通过谈话的方式来思考，在语言的交流中对信息予以加工。而内倾型态度表现为个体的注意力和精力指向于内部的精神世界，其心理能量通内部的思想、情绪等而获得。内倾型个体在内部世界中获得支持并看重发生的事件的概念、意义等，因此他们的许多活动是精神性的，他们倾向于在头脑内安静地思考以加工信息。外倾型个体经常先行动后思考，而内倾型个体经常思考而缺乏行动。

2. 感觉（S）—直觉（N）维度

该维度又称为非理性维度或知觉维度，表示个体在收集信息时注意的指向。即倾向于通过各种感官去注意现实的、直接的、实际的、可观察的事件还是对事件将来的各种可能性以及事件背后隐含的意义及符号和理论感兴趣。感觉型的个体倾向于接受能够衡量或有证据的任何事物，关注真实而有形的事件。他们相信感官能告诉他们关于外界的准确信息，也相信自己的经验。他们看重当下，关心某一刻发生的所有事情。而直觉型的个体自然地去辨认和寻找一切事物的含义，他们重视想象力，更注重将来，重视努力改变事物而不是维持它们的现状。直觉型的个体看到一个情境就想知道它的含义和结果可能如何。感觉型的个体被视为较具有实际意识，而直觉型个体被视为较有改革意识。感觉—直觉维度在问题解决过程中有重要作用。

3. 思维（T）—情感（F）维度

该维度又称为理性维度或判断维度。该维度用于表示个体在做决定时采用什么系统，即做决定和下结论的方法，是客观的逻辑推理还是主观的情感和价值。情感型的个体期望自己的情感与他人保持一致，他们做决定的基石是何者对他们自己和他人是重要的；其理性判断的依据是个人的价值观。而思维型的个体通过对情境做客观的、非个人的逻辑分析来决定，他们注重因果关系并寻求事实的客观尺度，因此较少受个人感情的影响。

4. 知觉（P）—判断（J）维度

该维度用以描述个体的生活方式，即倾向于以一种较固定的方式生活（或做决定）还是以一种更自然的方式生活（或收集信息）。这一维度是一种态度维度。虽然个体能够使用直觉和判断，但是这两极不能够同时被运用。多数个体会自然地发现采用某种生活方式时总是比另一种更加轻松，因此总是在和外部世界打交道时采用这种生活态度。判断型个体倾向于以一种有序的、有计划的方式对其生活加以控制，他们期望看到问题被解决，习惯于并喜欢做决定。而知觉型个体偏好于知觉经验，他们不断地收集信息以使其生活保持弹性和自然。他们努力使事件保持开放性，让其自然地变化，以便出现更好的事情。

以上是 MBTI 类型理论的四维八极，其基本个性特征汇总如表 2-5 所示。

心理类型理论认为，个体中存在着两种根本差异，即人们是如何收集信息和是如何加工所收集到的信息并作出决定。由此形成了第二、第三的认知功能维度，它们经常被视为最重要的维度；第一、四维度是态度维度，它们描述了人们对心理能量的处理以及如何面对外部世界。要注意的是，类型不存在好坏之分，个体会在不同的时间、场合使用所有的偏好。类型理论并不能解释一切，也不用于测试能力，它只是说明了个体在态度和功能上的倾向，定性而不定量。上述四维八极构成了 16 种不同的心理类型。如表 2-6 所示。

（二）MBTI 如何评估性格类型

MBTI 是当今世界上应用最广泛的性格测试工具之一。它已经被翻译成近 20 种世界主要语言，每年的使用者多达 200 多万。据有关统计，世界前 100 强公司中已有 89% 引入了 MBTI，用于员工和管理层的自我发展、提升组织绩效等各个领域。

MBTI 测试要求被测者始终处于轻松自如的状态下，既没有现实中工作、生活的压力，也避免受到量表本身可能含有的设计倾向的诱导。被测者必须正确实施每一个步骤，以便准确理解 MBTI 的测试结果。MBTI 量表的分值代表了被测者对自身性格类型的清楚

表 2-5　MBTI 各维度偏好特点[①]

外倾型	内倾型
对外界环境敏感	沉浸在自己的内心世界
喜欢通过交谈的方式和别人交流	喜欢通过写作的方式交流
通过交谈想出主意	通过自己思考想出主意
最好的学习方式是参与和讨论	最好的学习方式是反思、头脑中的"练习"
兴趣广泛	专注于某几个兴趣
社会化，爱表达	重隐私，低调
工作和活动的发起者	在情况和事务非常重要时才主动行动
感觉型	**直觉型**
着眼于现实	着眼于未来
实际、具体	具有想象力和创造力
关注真实具体的事物	关注事物的意义和模式
观察和记忆个别事物	记忆整体模式
谨慎、缜密地得出结论	快速得出结论，相信预感
通过实际应用理解观念和理论	在实际应用前先弄清观念和理论
相信实践经验	相信灵感
思维型	**情感型**
分析型的	易移情
使用因果推理	个人价值观指引
用逻辑解决问题	考虑决策对他人的影响
设立客观标准	致力于和谐、积极的互动
理智	富有同情心
坚定甚至固执	心肠软
公平，希望所有人被平等对待	公正，希望每个人都得到尊重
判断型	**直觉型**
有计划的	适应性的
组织自己的生活	灵活
系统化	随意
制订短期和长期的计划	随时准备变化
认真完成预设目标	在获取新信息的过程中不断改变目标
喜欢急着作出决定	对新信息开放，抱持"等等看"的态度
尽量避免期限的压力	喜欢把事情拖到最后一分钟完成

程度，而非其占有某种性格特征的完全程度或者表现强度；MBTI 提供的性格类型描述仅供被测者确定自己的性格类型之用，MBTI 的有效性取决于施测中是否规范、有序地执行每一个环节。

---

① 唐薇. 麦尔斯—碧瑞斯人格类型量表（MBTI）的理论及应用的初步研究[D]. 上海：华东师范大学，2003：10-11.

表 2-6 MBTI16 种心理类型[①]

ISTJ 内倾感觉思维判断	ISFJ 内倾感觉情感判断	INFJ 内倾直觉情感判断	INFP 内倾直觉情感知觉
ESTJ 外倾感觉思维判断	ESFJ 外倾感觉情感判断	ENFJ 外倾直觉情感判断	ENFP 外倾直觉情感知觉
ISTP 内倾感觉思维知觉	ISFP 内倾感觉情感知觉	INTJ 内倾直觉思维判断	INTP 内倾直觉思维知觉
ESTP 外倾感觉思维知觉	ESFP 外倾感觉情感知觉	ENTJ 外倾知觉思维判断	ENTP 外倾直觉思维知觉

MBTI 可以有效地评估性格类型；引导人们建立自信，信任并理解他人，进而在职业定位和发展、团队建设、领导力人格基础发展、人际工作关系、员工素质、组织内部沟通以及跨文化企业管理等领域提供前所未有的帮助——当然，前提是规范而富有技巧地使用MBTI，绝非随心所欲地滥用。MBTI 已经得到广泛应用而且在实践中行之有效，而这有赖于每一位测试者恪守施测流程和测试中的行为规范。

MBTI 可以帮助人们认清自己，但是并不剥夺他们认知的自由，把结论强加于人；MBTI的评估系统说到底就是不断引导人们暴露进而认清自我的本来面目。甚至量表得分也只是一种辅助或者参考，当测试结果与自评结果不一致时，MBTI 不会一味坚持量表的得分，然后拿出一纸对应的行为描述来说服被试者接受这样的结果。最清楚自己性格的当然就是自己——无论从理论上还是实践中都是如此——这也正是 MBTI 的理念。

练习

个人风格问卷

正如每个人有不同的指纹，每个人的人格也不一样，指纹无所谓好坏，性格也无所谓对错，这份问卷的目的是帮助你了解自己的性格类型，并找出与他人相异的地方，而与心理健康或心理困惑无关。下列每个问题都是以成对（A 与 B）的方式出现，A 与 B 各自代表你所具或不具的一种特质，请根据你的实际情况来确定你的偏好程度，即给予每题的 A与 B 各评定 0~5 分的分数。0 表示你从未有这种情形（也就是另一项总是发生），5 表示你总是有这样的情形（也就是另一项不发生）。

请注意：每题 A，B 评分之和必须等于 5（即 0 与 5，1 与 4，2 与 3，4 与 1，5 与 0），请不要使用分数（如 1/2），或小数（如 2.5）评分。

01. A（   ）先了解别人的想法，再下决定。B（   ）不和别人商量就下决定。

02. A（   ）被认为是一个富于想象或凭直觉的人。B（   ）被认为是一个追求精确、追求事实的人。

03. A（   ）根据现有的资料及情况的分析，对他人做判断。B（   ）运用同情心与感

① ROBERT D L. 把握你的职业发展方向[M]. 钟谷兰，曾垂凯，时勘，等译. 北京：中国轻工业出版社，2006：116-117.

觉了解他人的需要及价值观并以之为他人做判断。

04. A（　）顺着他们的意思作出承诺。B（　）做明确的承诺并加以实践。

05. A（　）有安静的独自思考的时间。B（　）与他人打成一片。

06. A（　）运用自我熟悉的方法解决当前的工作。B（　）尝试用新的方法来解决当前的工作。

07. A（　）以合乎逻辑的思考及按部就班的分析得到结论。B（　）根据过去的经验及信念来得到结论。

08. A（　）定下完成工作的最后期限。B（　）拟定时间表并严格执行。

09. A（　）和别人稍谈某个主题，即自我思考一番。B（　）和其他人畅谈某个主题，再自我思考。

10. A（　）设想各种可能发生的情况。B（　）按实际的情况处理问题。

11. A（　）被认为是一个长于思考的人。B（　）被认为是一个感觉敏锐的人。

12. A（　）事前详细地思考事情的可能性，事后反复思考。B（　）收集需要的数据，稍做考虑后，作出明快而坚定的决定

13. A（　）拥有内在的思想及感情，而不为他人所知。B（　）与他人共同参与某些活动或事件。

14. A（　）抽象与理论。B（　）具体或实际。

15. A（　）协助别人探索他们自己的感受。B（　）协助别人作出合理的决定。

16. A（　）问题的答案保持弹性，且可修改。B（　）问题的答案是明确的，可预知，或可预测。

17. A（　）很少表达内在的想法及感受。B（　）能自在地表达内在的想法及感受。

18. A（　）从大处着眼。B（　）从小处着手。

19. A（　）运用常识，凭着信念来做决定。B（　）运用资料分析事实来做决定。

20. A（　）事先详细计划。B（　）临时视需要而做计划。

21. A（　）结交新朋友。B（　）独处或只与熟者相交往。

22. A（　）重视概念。B（　）重视事实。

23. A（　）深信自己的想法。B（　）接收可验证结论。

24. A（　）尽可能在记事本上记下事情。B（　）尽可能少用记事本记下事情。

25. A（　）在团体中详细地讨论一个新奇而未解决的问题。B（　）自己先想出结论然后再和他人商量。

26. A（　）拟订详细的计划然后商榷执行。B（　）拟订计划但不一定执行。

27. A（　）是理性的。B（　）是感性的。

28. A（　）随心所欲地做某些事情。B（　）尽量事先了解别人期望自己做什么。

29. A（　）成为别人注意的焦点。B（　）退居幕后。

30. A（　）自由想象。B（　）检视事情。

31. A（　）体验感人的情景或事物。B（　）运用能力分析情况。

32. A（　）在预定的时间内开会。B（　）在一切妥当或适的情况下开会。

个人风格问卷答卷纸

请你将前面的答案与答案表对照，注意在适当的题号和项号（A，B）上记分，最后计算各类总分。

E（外向性）　　　I（内向性）　　　S（辨识性）　　　N（直觉性）　　　T（理性）

F（感性）　　　J（决断性）　　　P（熟思性）

01A＿＿＿	01B＿＿＿	02A＿＿＿	02B＿＿＿
03A＿＿＿	03B＿＿＿	04A＿＿＿	04B＿＿＿
05A＿＿＿	05B＿＿＿	06A＿＿＿	06B＿＿＿
07A＿＿＿	07B＿＿＿	08A＿＿＿	08B＿＿＿
09A＿＿＿	09B＿＿＿	10A＿＿＿	10B＿＿＿
11A＿＿＿	11B＿＿＿	12A＿＿＿	12B＿＿＿
13A＿＿＿	13B＿＿＿	14A＿＿＿	14B＿＿＿
15A＿＿＿	15B＿＿＿	16A＿＿＿	16B＿＿＿
17A＿＿＿	17B＿＿＿	18A＿＿＿	18B＿＿＿
19A＿＿＿	19B＿＿＿	20A＿＿＿	20B＿＿＿
21A＿＿＿	21B＿＿＿	22A＿＿＿	22B＿＿＿
23A＿＿＿	23B＿＿＿	24A＿＿＿	24B＿＿＿
25A＿＿＿	25B＿＿＿	26A＿＿＿	26B＿＿＿
27A＿＿＿	27B＿＿＿	28A＿＿＿	28B＿＿＿
29A＿＿＿	29B＿＿＿	30A＿＿＿	30B＿＿＿
31A＿＿＿	31B＿＿＿	32A＿＿＿	32B＿＿＿

合计 N＿＿＿　　合计 S＿＿＿　　合计 I＿＿＿　　合计 E＿＿＿　　合计 F＿＿＿

合计 T＿＿＿　　合计 P＿＿＿　　合计 J＿＿＿

第五节　价值观探索

一、价值观的定义

前文已经引导大学生探索了自己的兴趣，了解了自己的能力。现在，开始进入自我探索里面最深邃幽暗的领域，那就是价值观。说它深邃幽暗，是因为人们极少谈论它，如果不刻意地觉察，甚至很难感觉到它的存在。但它又实实在在地在那里，影响着自己的行为。

价值观（value）就是对事物的意义和重要性所赋予的评价与判断，是一套关于事物、行为的优劣、好坏的最基本的信念和判断。对各种事物的看法和评价在心目中的主次、轻重的排列次序，就是价值观体系。价值观和价值观体系是决定人的行为的心理基础。价值观通过人们的行为取向及对事物的评价、态度反映出来，是驱使人们行为的内部动力。例如在选择工作时，有些人考虑的重点是收入的多少，有些人则重视工作本身是否具有多样性和挑战性。在我们面临选择的时候，价值观常常是主导选择方向的主要因素。

价值观是通过社会化培养后天形成的。一个人的价值观是从出生开始，在家庭和社会的影响下，随着知识的增长和生活经验的积累而逐步形成与确立起来的。家庭、学校、所处社会环境等外部环境对个人价值观念的形成起着关键的作用。处于相同的自然环境和社会环境的人，会产生基本相同的价值观念、一些共同认可的普遍的价值标准，从而出现行为定式。

价值观一旦形成，是相对持久而稳定的，并且会在人的行为中表现出来，推动人作出与价值观相符的行为，甚至表现出一定的行为模式。然而价值观的这种影响，我们自己是不一定能够意识到的。例如有些人在一个公司干得很好，待遇也不错，但就是要放弃稳定的工作去开创自己的事业，这里面可能就有独立和成就这两项价值观在起作用。在职业选择中，选择不同的行业、职业、不同的公司，甚至不同的职位类型可能就意味着选择了不同的价值。要想工作得自在愉悦，就需要所从事的工作与自己的价值观相一致，至少是不违背的。一项工作不是自己的兴趣所在，或许还能忍耐；然而如果工作和自己的价值观相冲突，可能很快就无法忍耐。价值观是大学生在职业选择时需要重点考量的重要因素。

但就社会和群体而言，由于环境的变化和人们生活群体的变化，价值观念又是不断变化着的，这种变化一般都不是根本性的变化。虽然人们一旦形成固定传统价值观念则不易改变，但当传统价值观念遭遇新价值观的挑战时，其冲突结果往往是前者逐步让位于后者。

当然价值观并不只是影响到个人选择职业。作为人持有的一种基本信念，它影响个人对外界一切事物的看法，影响到个人面对问题、解决问题的方法。职业总是在人生的大背景下进行的，因此在探讨职业方面的价值观之前，首先来了解一下最普遍意义上的价值观，也可以说是人生观。

在引入学者的理论之前，可以先通过一个小练习来初步认识对每个人来说人生中最重要的东西是什么。

练习

我 的 五 样

请拿出一张白纸，写下对你来讲生命中最宝贵的五样东西。

（1）如果现在你必须要放弃一样，你会放弃哪一样？请拿出笔来，把这一项完全涂黑。想象自己失去了这项东西的感觉，那是怎样的？

（2）请依次涂掉另外四样中的三样，注意体会你内心的感觉。你最后剩下的是什么？你为什么会这样选择？

（3）这个结果对你来说意外吗？你打算为这个结果做什么呢？

对个人来讲，写下来的每一件东西都是非常重要的，都体现了我们的价值观。注意看看，它们都是些什么？它们都代表了什么？涂掉的过程是为了预演真实的失去的感觉，因为我们总是会渐渐失去我们最重视的东西。同时也是为了体现这些东西的相对重要次序。特别注意你最后留下的东西，你现在对它有足够的关注和重视吗？我们是否需要做一些什么？

二、价值观理论

基于价值观的重要性，学者们对价值观的论述从很早就开始了。其中既简单明了又有指导意义的一种，是德国教育学家和哲学家斯普兰格（E. Spranger, 1882—1963）于 1928年提出人的六种类型，后来被美国人格心理学家奥尔波特（Gordon W. Allport, 1897—1967）

定义为六种价值观。

（一）斯普兰格的人格类型说

斯普兰格认为，人的类型以个人本身的气质为基础，又受到文化的影响而形成。因为社会生活有六个基本领域：理论、经济、审美、社会、权力和宗教，因此人的性格也可以分为六种，即理论型、经济型、审美型、社会型、权力型和宗教型。这六种性格的人实际上追求的是六种不同的价值。[1] 简述如下。

（1）理论型：这种类型的人以追求真理为目的，能冷静客观地观察事物，关心理论性问题，力图根据事物的体系来评价事物的价值。他们对实用和功利缺乏兴趣，碰到实际问题时往往束手无策。多数理论家和哲学家属于这种类型。

（2）经济型：这种类型的人以经济的观点看待一切事物，看重事物是否有用以及是否实际。他们拥护的是商业世界的价值观，经济价值为上，根据功利主义来评价人和事物的价值与本质，以获取财产为生活目的。实业家大多属于这种类型。

（3）审美型：这种类型的人重视外形与和谐，以寻求美为最高人生意义。他们以是否优雅、对称、恰当来判断每个生活经历。认为生活是各种事件的发展过程，因为生活而享受生活，以自我完善和自我欣赏为生活目的，因而常被认为不够实际。

（4）社会型：这种类型的人重视爱，有献身精神，有志于增进社会和他人的福利。他们判断事物的标准是是否给予了足够的爱和关心。这类人会愿意为社会服务的慈善、卫生和教育事业服务，与其他类型的人比，他们通常让人感觉更热情，更有人情味。

（5）权力型：这种类型的人重视权力，并努力去获得权力。他们对个人的影响力和名誉很感兴趣，有强烈的支配和命令别人的欲望，不愿被人所支配。这一类型的人不一定活动于政治领域，他们在很多职业里存在，并致力于通过竞争和奋斗来达到领导的位置。

（6）宗教型：这种类型的人关心的是所有经验的统一。他们将世界理解为一个统一体，并且认为自己也是这个统一体的一部分。这类人坚信宗教，有自己的信仰。由于宗教坚持的是以正义为先的道德原则，因此这类人很富有同情心，以慈悲为怀。爱人爱物为目的的神学家属于这种类型。

当然，每个人身上都可能同时存在这六种价值取向，只是占优势地位的价值取向各不同。正如其后奥尔波特指出，这样截然不同的六种人并不存在，然而这六种价值取向，却是每个人或多或少会具有的。

斯普兰格从社会生活出发划分了六种价值取向，这既是每个人最看重的方面，也是社会发展的需求。而另一位研究价值观的学者罗克奇则提出"终极价值观"——"我是谁"，"我的生命有什么意义"，解决的是人的一生究其根本要追寻的是什么的问题。

（二）罗克奇的 18 项终极价值观

美国社会心理学家罗克奇（Milton Rokeach, 1918—1988）的终极价值观指的是一种期望存在的终极状态，是一个人希望通过一生去实现的目标。与之相对的是他提出的工具价值观，即当只有对自己有利的时候人们才会采纳的价值观，是实现终极价值观的手段。这

---

[1] 李学农. 文化人格价值观的方法论与集体主义价值观[J]. 江海学刊，1996（6）：41.

里重点关注终极价值观，如表 2-7 所示。

表 2-7　罗克奇的 18 项终极价值观[①]

舒适（富足）的生活	令人振奋的生活（刺激、积极）
成就感（持续的贡献）	和平（没有战争和冲突）
美丽的世界（艺术和自然美）	平等（兄弟情谊、机会均等）
家庭安全（照顾自己爱的人）	自由（独立、自由选择）
幸福（满足）	内在和谐（没有内心冲突）
成熟的爱（精神和性的亲密）	国家安全（免遭攻击）
快乐（快乐闲暇的生活）	救世（救世的、永恒的生活）
自尊（自忠）	社会承认（尊重、赞赏）
真挚的友谊（亲密的关系）	睿智（对生活有成熟的理解）

罗克奇的终极价值观涉及了人们在生活中可能希望通过一生来追求的所有终极性目标。例如有些人更重视成就，那么他可能把一生中更多的时间投入工作中；而有些人最重视的是家庭幸福，那么家庭就是他做选择首先要考虑的点。但是不管更重视的是家庭还是工作，人们都会从事一份工作，也会在工作中有不同的关注点。这个时候仅仅知道这些终极价值观就不够了。人想要从工作中获取和追求的东西种类繁多，如收入、工作时间、升迁、助人机会、独立性、变化、管理等。如果说终极价值观帮助人们解决的是人的一生究其根本要追寻的是什么的问题，那么投射到工作上的工作价值观，则是帮助大家解决"我想要从工作中获得哪些回报"这个问题。

（三）社会主义核心价值观

当代中国大学生就业价值目标取向注重个人价值的实现，就业价值评价标准明显呈现出不确定性和矛盾性，就业价值实现手段的选择多样化。[②]面对新形势下的就业压力，尤其是就业愿望与就业现实形成的强烈反差使大学生的思想产生了许多新的困惑。就业价值观的偏差，会带来情感上的分离和行为的偏离，影响就业的心理健康，并导致就业不成功。在大学生价值观教育过程中，我们要坚持以社会主义核心价值观教育引导大学生树立正确的择业观和就业观，牢固树立社会主义核心价值体系的核心地位，关注大学生的就业心理需求和自我实现的价值需求。

社会主义核心价值观，是指人们对社会主义价值的性质、构成、标准和评价的根本看法与态度，是人们从主体的需要和客体能否满足主体的需要以及如何满足主体需要的角度，考察和评价各种物质的、精神的现象及主体的行为对个人、无产阶级、社会主义社会的意义。2012 年，党的十八大对社会主义核心价值观进行了概括和凝练：倡导富强、民主、文明、和谐，倡导自由、平等、公正、法治，倡导爱国、敬业、诚信、友善。培育和践行社会主义核心价值观是一项"百年树人"的系统工程和长远工程，当一个社会的核心价值观确立以后，只有将它社会化、大众化、日常化，转化为人们的日常价值观和生活实践，才

---

① 张银. 罗基奇价值观测量的简化方法及初步有效性检验[J]. 上海企业，2007（11）：49.

② 叶进，孟晓莉. 浅议全球经济危机下大学生就业价值观培育[J]. 福建论坛（社科教育版），2009（6）：106.

能逐步成为人们共同遵循和维护的价值取向、价值追求、价值尺度和价值原则，植根于人们的思想意识深处。[①]

对大学生进行就业价值观的培育是个艰巨的任务和长期的过程，需要大学生通过实践、自我教育、提高修养和社会发展等多种途径的有机结合。无论采取何种教育方式，最后都要注重社会主义核心价值体系的核心地位，结合全球经济危机下大学生思想观念、价值取向、择业视野等方面发生的变化，以国情、省情、自身情况为基础，以价值教育为核心，引导大学生树立与社会需求和市场导向相适应的就业观念，让他们在复杂的社会环境中，分清是非，减少价值选择的越位与角色迷失。

三、工作价值观澄清

工作价值观是指个体对工作和与工作相关的各个组织侧面所持有的价值偏好，是人对工作行为、工作方式、工作成果等进行价值判断时所依据的稳定心理系统，它能更好地解释与预期人们在工作环境下的独特个性与行为表现。关于工作价值观，相关的理论有很多。研究者提出了少则十余种、多则百余种工作价值观。这里首先介绍由舒伯提出的15种工作价值观。不同的人可以根据自己的心理需求对这15种价值按照其重要程度进行排序，并重点关注你认为最重要的3~5种价值。

（1）利他主义：能够体现对他人的关心，为大众的幸福和利益尽一份力的职业。

（2）审美：能够制作美的物品，得到美的享受并将美带给世界的职业。

（3）智力挑战：能够不断进行智力开发、动脑思考、理解事物是怎样运行和作用的工作。

（4）成就动机：能够不断取得成就，做好工作有一种成功感，能给人现实可见结果的工作。

（5）自主：能够自己做主，按自己的方式、想法去做，自主安排进度，不受他人干扰的工作。

（6）多样性：工作的内容能经常变换，有机会尝试不同种类的职能，涉及不同领域的工作。

（7）稳定：能够有一个安稳的局面，不太可能受到失业、调动等事情困扰的工作。

（8）生活风格：工作能够让你按照自己所选择的生活方式生活并成为自己希望成为的人。

（9）创造力：能使你发明新事物，设计新产品或产生新思想的工作。

（10）同事关系：能和喜欢的人接触并共事，与老板和同事相处融洽愉快。

（11）社会关系：能和各种人交往，建立比较广泛的社会联系和关系。

（12）工作环境：能够在舒适的工作环境里工作（安静，整洁，温度适宜，赏心悦目）。

（13）声望：所从事的工作在人们心目中有较高的社会地位，能使自己得到他人的重视与尊敬。

（14）权力控制：工作能够获得对他人或某事的管理权，能指挥和调遣一定范围内的人

---

① 积极培育和践行社会主义核心价值观[EB/OL]. 光明网—《光明日报》，2012-12-08.

或事。

（15）经济回报：工作能够获得优厚的报酬，使自己有足够的财力去获得自己想要的东西，使生活过得较为富足。

当然，舒伯的价值观只包含了 15 项内容，不一定能够完全概括所有的情况。因此这里给出了一项具有 40 个项目的价值观测验，你也可以在其中来选取对你来说重要的价值。

练习

价值观大排序

（1）请在下列选项中，勾选你最重视的选项。

□01 金钱　　　　　□02 权力　　　　□03 自我表现　　□04 影响力

□05 身份地位　　　□06 专业　　　　□07 制造　　　　□08 亲和力

□09 自主　　　　　□10 安全感　　　□11 快乐　　　　□12 成就感

□13 友谊　　　　　□14 升迁　　　　□15 成长　　　　□16 关爱

□17 生理上的挑战　□18 帮助别人　　□19 服务他人

□20 挑战性的问题　□21 冒险　　　　□22 变化

□23 亲密关系　　　□24 做事的品质　□25 内在和谐

□26 受人肯定　　　□27 名誉　　　　□28 知识上的领先

□29 责任　　　　　□30 领导力　　　□31 卓越

□32 能自由运用时间□33 刺激　　　　□34 智慧

□35 财富　　　　　□36 和开放诚实的人工作

□37 名气　　　　　□38 自由

□39 发挥潜力　　　□40 丰富的知识

其他：＿＿＿＿＿＿＿＿＿＿＿＿＿＿＿＿＿＿＿＿＿＿＿＿＿＿＿＿＿＿＿＿＿＿
＿＿＿＿＿＿＿＿＿＿＿＿＿＿＿＿＿＿＿＿＿＿＿＿＿＿＿＿＿＿＿＿＿＿＿＿＿

（2）请依优先顺序选出最重要的五项价值观：＿＿＿＿＿＿＿＿＿＿＿＿＿＿＿＿＿

单纯阅读关于工作价值观的描述可能不容易让人完全清晰自己的价值观，还可以尝试通过和朋友进行交谈，并记录和分析交谈内容，从自我的过往生活经验中觉察自己的价值倾向。

练习

生活经验中的价值观

回顾生活，有哪些事情或者经验让你印象深刻？找一个朋友，通过你和他的对话，回想这些事情，并把这些事情简要地写下来。

第一件：＿＿＿＿＿＿＿＿＿＿＿＿＿＿＿＿＿＿＿＿＿＿＿＿＿＿＿＿＿＿＿＿＿

_____

_____

这件事令我印象深刻，因为：

_____

第二件：_____

_____

_____

这件事令我印象深刻，因为：

_____

第三件：_____

_____

_____

这件事令我印象深刻，因为：

_____

_____

注意看你写出的原因。它们都是些什么？对你而言，它们是不是具有某种特殊的意义？例如，因为学到新东西，因为可以让我自由地做决定，因为能够体验新的经验，因为能帮助别人，因为很有面子，因为别人都关注到了我等。我们再通过交谈，捕捉这些经验的特殊意义。在交谈中，重点在于分析事件背后的意义和心得。如果你发现了交谈中体现出对方的价值观，记得将你的意见反馈给他。

这件事对自己的意义：

_____

_____

_____

从这些事件的记忆中，我发现我很在乎：

_____

_____

_____

做完了这一步，与上面舒伯的 15 种价值观对照，它们是否与之前的选择或排序一致？与活动中的 40 种价值观呢？有没有发现不同？是什么原因？

上述方法有助于了解自己的价值观，但是到这里并没有结束。还需要对自己选出的价值观进行思考：这些价值观真的是我们自己的吗？它们经得起考验吗？

可以问问自己以下几个问题。

（1）我所选最重要的这 5 个价值观是我一直都重视的吗？有没有改变过？如果有改变，是在什么时候？

（2）这些价值是我自己选择的吗？有没有受到了外界压力而选择的？有父母重视而我却有不同意见的吗？

（3）有没有因为什么事情，比如别人说的话和发生的某件事怀疑过自己的价值观？

（4）你接受自己的价值观吗？你愿意公开声明自己的价值观吗？

（5）你的行为能够反映你的价值观吗？你是在按照你的价值观行事吗？

回答以上问题，目的是帮助澄清自己的价值观。因为价值观隐藏在行为背后，而行为是多种因素所决定的，人们并不一定能很清楚知道自己要的究竟是什么。比如说现在择业时公务员这一职业非常热，但是选择做公务员的青年人究竟是自己真正喜欢这一职业代表的价值，还是因为父母的愿望？因此，澄清价值观的过程，即不断自我觉察、了解自己真实需要的过程。

了解自己的价值观可以有三个层次。第一个层次是确认自己真正的价值观。就是要知道自己现在的价值观中，哪些是自主选择的，哪些是因为压力而被迫选择的。第二个层次是接纳自己的价值观。就是上面问题中的是否珍视和喜爱自己的价值观，是否愿意公开声明。只有接纳了自己的价值观，才能达到内心的和谐。并且只有自己接纳了的价值观，才有可能对我们普遍意义上的外显行为构成影响。第三个层次是要按照价值观行事。思想和行为有时候并不一致，因为表现出来的行为受到更多因素的影响，如环境的限制、他人的意愿等。只有能够表现出符合价值观的行为的时候，谈论这样的价值观，对自己的职业选择才是有帮助的。

第六节　生涯发展探索

"凡事预则立，不预则废。"在人的漫长而短暂的一生中，职业生涯占据了人生最为宝贵的黄金时段，成功人士正是在职业生涯中闪烁出夺目的光彩。大学生涯是整个人生的重要阶段，3~7 年不等的大学生活往往为个人日后发展奠定坚实的基础，一个人的知识素质如何，将决定他在求职择业时的自由度和取得职业岗位的层次。在大学选择某一专业进行学习，是为今后做职业准备，因而大学的学习生涯可称为职业准备阶段，是职业准备期。这是个人职业生涯的起步阶段，是决定能否赢在起点的重要阶段。因此，对于大学生个人来说，在大学阶段进行生涯发展探索关系到毕业生的择业行为乃至一生的发展，它有利于增强大学生的主体意识，帮助大学生正确认识自己和完善自己，并为自己一生职业的发展和成功奠定良好的基础。

进入大学后应该干什么？一些大学生对此感到十分迷惑。还是那句老话：大学生的天职是学习，大学是学习的天堂，人生也许很长，但只有大学这几年是可以让人充分、自由学习的时期。因此绝不能认为学的东西暂时没有发挥作用，或者自己不喜欢这个专业而拒绝学习。另外，我们也要弄清，到底要在大学里学什么？除了科学文化知识以外，是否还需要学习其他技能？对大学的学习，有怎样的要求，需要达到怎样的标准？这些问题都需要深入地思考和解决。

在当前经济全球化、网络信息化、高等教育大众化的社会环境下，大学生的生涯任务并不简单。大学阶段，学生应充分利用学校提供的各种资源、搭建的各种平台、营造的文化氛围，根据社会需要、社会发展趋势和个人的兴趣、特长及所学专业等确立自己大学期间努力的目标，把构建合理的知识结构、培养科学的思维方式、锻炼较强的实践能力和提高全面的综合素质统一起来，在学习、生活和各种社会实践中努力做到博和雅的协调发展、知和行的密切结合、虚和实的对立统一、学和思的平衡一致。

一、博和雅协调发展，提升综合素质

作为一名大学生要志存高远坚定信念，努力做到"博"和"雅"的协调发展。

博，就是要具有扎实的专业理论基础、广博的知识和开阔的视野。大学生在学习的过程中，要坚持广博性与精深性、理论性与实践性、积累与调节相统一的原则，培养宽厚扎实的理论基础知识、广博精深的专业知识，构建合理的知识结构。这一过程没有捷径可走，其基本途径只能是学习和积累。也绝非一劳永逸，必须持续不断地付出艰辛劳动。只要采取适合自己的科学方法，并且不断努力、辛苦耕耘，就一定能建立和完善自己的知识结构，为顺利就业成才打下良好的基础。其实，所谓大学，有向大家学习之意。过去 10 多年来，中国许多大学由多科性或单科性的学院通过合并和自我丰富等方式，转变成综合性大学，目的之一就是为广大学生的学习和研究提供宽阔的学科平台。所以，大学之大，还在于学科之"大"。中国不少大学为学有余力的同学提供第二专业辅修、第二专业学位的学习，就是为同学们的"博"学提供支持和鼓励。

雅，就是要具有坚定的理想信念、高尚的道德情操、良好的行为规范和健全的情感人格。生命的力量在于信念的力量，人生的价值在于追求的价值。大学生站在新的起点上，应当志存高远，坚定信念，树立远大的目标，胸怀祖国，放眼世界，心系人民，全面发展，将个人的发展与中华民族的伟大复兴紧密结合在一起，将自己的工作价值观和社会主义核心价值观紧密结合在一起，立志、修身、博学、报国，时刻准备着为祖国和人民奉献出自己的青春与力量。如果说，"博"学，在一定程度上可以通过大学生个体的努力来完成的话，高"雅"、文"雅"的气质则需要感同身受，通过参与校园组织活动，参加各种科技竞赛、文化活动和社会实践来提升与完善。

博是雅之基，雅乃博之升华。知识、能力、素质是大学生社会化的三大要素。知识是素质形成和提高的基础，能力是素质的一种外在表现，没有相应的知识武装和能力展示，不可能内化和升华为更高的心理品格。但是知识和能力往往只解决如何做事，而提高素质可以解决如何做人。高素质的人才应该将做事与做人有机地结合，既把养成健全的人格放在第一位，又注重专门知识、技能和能力的培养，使自身得到全面、和谐的发展。大学生重视自己的学业，就该学得其所，努力培养自己的专业兴趣，把自己的爱好和国家的需要及社会发展的要求有机地统一起来，掌握专业知识、专业技能和相关能力，培养自己的专业素质，将自己现在的学业、将来的职业和未来的事业联系起来，在学习的过程中，充分认识所学专业在国家建设和社会发展中的意义、作用与发展前景，立志献身其中，在工作中充分实现自己的人生价值。

二、知和行密切结合，投身社会实践

作为一名求学者要探索求真、勤于实践，努力做到"知"和"行"的密切结合。首先，要掌握正确的学习方法，一个人取得成就的高低，在很大程度上取决于他自觉地学习、掌握和运用普遍规律的能力。其次，要知行合一，投身社会实践，以理论指导实践，用实践丰富理论，才能真正地掌握规律，正确地运用规律解决各种矛盾和问题。

知识并不能简单地与能力画等号，知识与能力是辩证的关系。在一定意义上说，能力比知识更重要。因此，一名优秀的大学毕业生应把建构合理的知识结构、培养科学的思维方式和锻炼较强的实践能力统一起来，做到书本学习与社会学习相结合，向老师学习与向同学学习相结合，理论学习与实践活动相结合，逐渐学会用科学的方法论去发现问题、分析问题、解决问题，这样才能在择业、从业过程中立于不败之地。大学生应具备的基本能力包括表达能力、动手能力、适应能力、交际能力、管理能力、创造能力、决策能力等。培养实践能力的方法和途径主要有勤奋学习、积累知识、积极参与、勇于实践、启迪思维、发展兴趣等。

案例思考

邢东榕的世界人之路

邢东榕，华南理工大学2013级法学院知识产权专业本科生。高考结束后，她组织了一些学习成绩比较好的同学成立团队，为40多名贫困学子进行义务的高考辅导，因为这件事，她开学之初便登上了新生开学典礼的讲台。在"世界那么大，我想去看看"成为网络热语前，邢东榕便给自己的人生定了一个方向，那就是一定要在不断地向前探索未知中度过。"世界是怎么样的，你需要用眼睛看而不是去听，人们对未知总会有恐惧，然而恐惧没有意义。勇敢探索，才能追逐青春的梦想。"这是她经常挂在嘴边的一句话。

走出校园，去外面实习便是她探索未知世界的第一步。大一寒假时，她开始找实习工作，很快便获得了在某中级人民法院实习的机会。在这里，她看到了校园外面的世界。当得知周围很多实习生还在读高中时，她第一次感觉自己落后了太多。接下来，大二寒假去了银行实习，大三寒假去上海陆家嘴的德恒律师事务所实习。大学四年，她把所有的寒暑假都安排得满满的。因为她相信无论网络上怎么说，只有自己亲身体验过才会有最真切的感受，才能不断发现自己想要的是什么。

除了在国内寻找各式各样的实习机会，邢东榕还把目光扩展到了国外。大二时，一个偶然的机会，她无意间打听到一家印度公司招聘实习生的信息。出于对印度音乐的喜爱，自身也想去国外看看，岗位也是她一直想尝试的市场营销助理，她便投递了简历，开始了一段充满风险与挑战的旅程。在印度，她很快便结识了一群来自世界各地的朋友。他们整天一起工作，一起玩，建立了超越国界的友谊。在这里，她感受到了公司里同事的全球化背景，他们大多来自全球四大会计师事务所、谷歌等全球化的公司，身边的每一个人也都在计划着出国，都在争取着人生发展的另一种可能。"这，还是我们眼中那个印度吗？"作为土生土长的潮汕女孩，她第一次开始质问自己，出国读书的想法也第一次闪现在她的脑海。

为了实现自己的留学梦，邢东榕成为图书馆里的原著居民，早上 7 点到晚上 10 点，风雨无阻。最后，邢东榕收到了澳洲国立大学的 J.D（法学院硕士学位）录取，也斩获了 4 个德国大学的 offer：法兰克福大学，汉诺威大学，哥廷根大学，汉堡大学。考虑到德国的法学教育享誉全球，并且公立大学有低免学费政策，最终她决定去国际化都市汉堡大学开启她的研究生生涯，学习 European and European Legal studies 专业。

2017 年的夏天，邢东榕作为唯一的女生代表，被邀请参与拍摄华南理工大学的官方招生宣传片。随后她怀着对母校华工的感激之情，带着华工的本科毕业证书和汉堡大学录取通知书远赴欧洲。欧洲的第一站，邢东榕来到了布鲁塞尔欧盟总部，担任国际绿色设计组织峰会的志愿者。在布鲁塞尔亮堂大气磅礴的议会大厅，她第一次为世界各国的企业嘉宾提供引导与服务，摄影积累峰会素材，听议员们讨论欧洲生活与政治政策。在这里，邢东榕战胜了自己。不再局限在狭小的圈子里，做着她以前从来不敢想象的事情。

在结束国际绿色设计组织峰会的志愿者工作后，邢东榕没有停下来。她还想要去见识更大的国际平台，这次她的目标是联合国！"我要去联合国，无论在世界哪里！"当时，她身边的朋友并没有人去过联合国实习，也就没有经验可以借鉴。于是，她每天花将近 10 个小时申请联合国实习岗位，她一次次点击联合国各大网页关注可能弹出的招聘信息，满怀期待地寄出一封封动机信、填写一份份申请书以期得到一些回应。最终她获得了国际刑事法院（ICC）等实习机会，也被维也纳联合国毒品犯罪问题办公室录取为实习生，该岗位在全球只要 1 个实习生。2019 年 2 月邢东榕去了位于牙买加总部的国际海底管理局法律与技术委员会实习。

近几年来，邢东榕的足迹遍布阿联酋、德国、比利时、牙买加等 10 多个国家。她曾到过印度最大的贫民窟；也曾和叙利亚的难民小兄弟坐在同一个大巴上，听他讲述如何从硝烟弥漫的国家中出走；也曾在柏林的春晚上，身着旗袍歌唱对家乡亲人的思念；还曾在牙买加金斯顿的海边深潜，感受海洋的魅力。

（全文可参考微信公众号文章，人物专访｜邢东榕：23 岁，我从华工毕业，成为了一名世界人）

思考：邢东榕"知行合一"的实践中最大的收获是什么？

所有大江大河的汹涌澎湃，都源于最初的涓涓细流。邢东榕抓住一切机会去学习去体验，义无反顾地去冒险，用平凡的脚步感受这真实世界的样子。或许我们并不一定会有如邢东榕这样的好运气，但我们是这样的年轻，年轻到应该到外面的世界看一看，去为改变这个世界做点什么。

知和行密切结合，积极投身社会实践，才能走出象牙塔，获得丰盈充实的经历，人就是在种种经历中逐渐获得成长。

三、虚和实对立统一，立地兼顾顶天

作为一名攀登者要脚踏实地仰望星空，努力做到"虚"和"实"的对立统一。大学阶段结合自己的兴趣爱好，选择适合自己的专业方向和研究领域进行钻研与学习。在认定自已想干什么的基础上确定已经具备的能力和应该培养的能力，把想干什么、能干什么、社会要求干什么有机地结合起来，做好生涯探索规划。总目标制定出以后，要能自上而下地分解，即制订实施计划。使学业规划落实到学习生活的每一天，确保计划的严格执行。每一天干一件实事，做一次锻炼，做一次自省；每个月读一本好书，听一次讲座，写一个总结；每一年秀一次演讲，拼一次比赛，参与一次社会实践。只有付诸踏踏实实的实际行动，才能成就卓越学业。

案例思考

陈晓璇的逆袭

陈晓璇，女，是华南理工大学数学学院 2017 级信息管理与系统专业的一名学生。2017年，家庭经济贫苦的她通过"高校专项计划"以低于省录取线 20 多分的成绩进入到华南理工大学学习，基础相对薄弱。刚进学校，她便明显感觉到专业课晦涩难懂，自己的学习状态也一直很低迷，期中考试更是只有 49 分。期中考试的失利也彻底让她觉醒，她在日记上写下："我要一步步往上爬，在最高点乘着叶片往前飞，小小的天空流过泪和汗，总有一天我有属于我的天。"从那时起，她告诉自己，虽然自己基础差，但没有什么是克服不了的，蜗牛也有爬到金字塔顶端的办法。于是，她把所有的精力都放在了学习上，不断地攻克难关。在不断的努力下，她大一学年上学期绩点便高达 3.7，大一下学期更是专业第一，而且获得了学校的一等奖学金。大二这一年，她更加努力学习，16 门课程满绩点，大二的下学期更是满绩点，以更加优异的成绩获得国家奖学金。学习之余，她还通过勤工俭学，独立承担学杂费和生活费，为家庭解决经济负担。此外，她还获得了全国大学生数学竞赛（数学专业组）广东省的一等奖、美国大学生数学建模大赛的二等奖等重要奖项。"由于不忘初心，我攻克了学习的难关、勇闯竞赛的大关；由于不忘初心，我提升了思想觉悟，努力成为扣好人生第一粒扣子的有为青年；我更加牢记使命、脚踏实地，绽放青春光彩……"在学校的十大三好学生标兵评选的现场，她这样说道。最终，她也如愿地获得了华南理工大学 2018—2019 学年的"十大三好学生标兵"这个本科生个人最高荣誉。

思考：

1. 陈晓璇的逆袭是如何实现的？

2. 当行动遭遇挫折时该如何应对？

无可否认，和很多同学相比，陈晓璇没有过人的天资，开始的时候甚至连扎实的基础都没有，但在最艰难的时候，她没有放弃，而是用更大的勇气和更多的努力执着地走了下去，一步步接近成功。

大学生在埋首前进的同时，还要勤于哲学思考、长于理论凝练、善于思想表达。作为肩负重任、风华正茂、攀登高峰的新时期青年学子，同学们既要关注脚下的土地，也要仰望头上的星空；既要扎扎实实地做事，也要勇于提出问题，学会理论建构，通过理论的升华来指导行动，推动实践，从而全面发展、实现卓越、创造辉煌。

四、学和思平衡一致，坚持独立思考

学是思的前提，学有方向之明、内容之分、态度之别、方式之巧、应用之实，既要勤学、博学、好学，又要学透、学深、学精；思是学的深化，思既有宏观之思、微观之思，又有创造之思、发展之思。①同学们要在更广的范围、更高的层次来开展学和思的创新实践，应当积极参与组织型学习、科学谋划发展、全面健康成长。通过学习，理解和领悟人类文明中最高尚、最优美、最纯粹、最普遍的价值追求、精神向往、思想情怀、道德情操、行为规范，并将其融入心灵，流淌在血液之中。通过学习，体验和珍惜在大学学习期间与老师和同学们建立的友谊、分享的文化、继承的传统，并将其牢牢地珍藏于心中，使之成为今后工作和生活的不竭动力。通过学习，理解和掌握在大学学到的专业和学科知识、理论和方法，融会贯通，并努力应用于实践，为国家、社会和人民服务。学习是思想之源泉，是成长的不竭动力，只有不断学习，才能丰富和积累知识，提高理论水平，把握发展方向。既要注重书本的理论学习，也要重视在实践中对经验的总结、方法的积累和技能的增强；既要注重向老师和长者学习，也要重视向同学和朋辈学习。同时，还应在学习中勤于思考，带着问题去学习，使学习的过程成为一个发现问题、分析问题和解决问题的过程。意大利哲学家托马斯说，沉思的生活在某种程度上说，是一种至高无上、最幸福和最快乐的生活。"思"不仅包含冷静地思考、辩证地思考，用知识之光照亮自己内心的世界，还包含积极地思考，去创造和发展新的事业。黑格尔在他的《美学》第一卷第二章"自然美"里说道："生命的力量，尤其是心灵的威力，就在于它本身设立矛盾、忍受矛盾、克服矛盾。在各部分的观念性的统一和在实在界的部分之间建立矛盾而又解决矛盾，这就形成了持续不断的生命过程，而生命就是过程。"可见，思想的力量能够观照内心，坚定信念，激励自己永不言败、永不停步，不断去开创新的事业、攀登新的高峰。应当营造良好的创造气氛，开展组织型学习，在学习的过程学会思考，在团队合作的过程中集思广益，学会在创新的过程中排除情绪障碍、文化障碍、习惯障碍和知觉障碍，不断完善个性特点、增强创造性思维、培养创新精神、提高思维能力、掌握思维方法，为事业发展打下坚实的基础。②

在学习过程中要培养独立思考的能力。同学们毕业以后，无论从事哪一项工作，都必然要经常碰到许多新问题。在我们一生中，碰到新问题，能够在书本上找出现成的答案，这种情况是比较少的。更多的是需要我们充分发挥独立思考的能力，善于灵活运用书本知识去解决新的问题。大学教育中最主要的一点就是培养学生的创新能力，而要培养学生的创新能力最重要的是让学生独立思考。创新能力是无形的东西，无法用分数去度量，也不是通过讲课就可以传授的。大学要营造一种文化或者说氛围，让学生能够独立思考，提出自己的见解，鼓励他们超越前人，敢于挑战权威。

总之，学与思要不断更新循环，在增加学与思的广度、厚度、深度上下功夫，实现"学"

---

① 周晓燕. 学与思[EB/OL]. （2010-11-02）. http：//www.zzdjw.com/GB/165259/13110550.html2013.

② 张振刚. 论促进大学生事业发展之三要素[J]. 高校辅导员杂志，2013（2）：7.

和"思"的互相促进、共同发展，从而在激烈的社会竞争中创新不止、奋斗不息，赢得人生和事业的新胜利。

核心概念

自我探索　职业兴趣　霍兰德职业兴趣理论　可迁移能力　适应性能力　性格　迈尔斯—布里格斯类型指标　价值观

客观题

自学自测　　扫描此码

第三章

素质提升——构建完整丰盈的精神世界

【本章导读】

一所重点高校的北十一 505 宿舍，是一个由 4 名电气工程及其自动化专业男生组成的小集体，一个团结共进、硕果累累、闻名华园的宿舍"兄弟连"。在这个宿舍里，4 人都是中共党员，4 人综合测评专业排名都在前 10%，4 人都一次高分通过英语四、六级，4 人大学期间奖金累计 68 000 元，他们一起参加科研项目、一起拿奖学金、一起在多个重要学术科技大赛上斩获大奖，更是荣获学校的"十大卓越创新创业团队"称号。如今的他们，2 人保送读研，2 人签约世界 500 强国企，为大学生活画上了圆满的句号。尽管他们的性格、特长、爱好各不相同，但有一点却非常一致，那就是他们都拥有完整丰盈的精神世界。

当大学生理解了职业规划的内涵与意义，并尝试通过自我探索获得全面、客观的自我认知、自我定位后，面临的下一个任务就是制定前进的路线图，提升素质、凝练知识、拓展能力，追求自我的全面发展，为人生目标的实现打下坚实的基础。而在这些步骤之中，第一项就是素质的提升——构建完整丰盈的精神世界。

素质指的是个体在生理条件和心理实际的基础上，在后天的环境和教育影响下形成并发展起来的内在的、相对稳定的身心组织结构及其质量水平。精神世界与物质世界相对，指的是客观物质世界在不同素质的个体上的主观反映。素质与精神，都是看不见、摸不着的庞杂体系，人们只能通过对个体行为的观察窥测其内涵，它们像只无形的手左右着个体的行为，影响着前进的方向。对于这个道理，马克思在《资本论》中就形象而又深刻地阐述："蜜蜂建造蜂房的本领使人间的许多建筑师感到惭愧。但最蹩脚的建筑师从一开始就比最灵巧的蜜蜂高明的地方，是他在用蜂蜡建筑蜂房以前，已经在自己的头脑中把它建成了。劳动过程结束时得到的结果，在这个过程刚开始时就已经在劳动者的表象中存在着，即已经观念地存在着。"[①]因此，对于大学生的成长成才来说，素质的提升，乃至丰盈完整的精神世界的构建都是至关重要的。

诚然，科学文化知识不可或缺，但它仅仅是大学生所需众多素质中的一项，且是远远不够的，大学生还需要另一类重要的素质：社会化的知识和技能。社会化就是由自然人到社会人的转变过程，是人类社会特有的行为，是每个人的必经之路。大学是一个半社会，是大学生真正进入社会前的一个准备时期。大学生在心理素质、人际交往、职业发展等方面出现的问题，究其原因，是他们在社会化知识和社会化技能方面缺乏系统、科学的引导和训练。当前我国高等教育滞后于时代的步伐，仍然侧重于科学文化知识的传播，对社会化教育的重要性认识不足。要帮助大学生进行社会化教育，实现社会化过渡，主要是帮助

---

① 马克思，恩格斯. 马克思恩格斯全集：第 23 卷[M]. 北京：人民出版社，1971：202.

大学生完成四大社会化任务：社会角色的确定，社会规则的学习，社会交往的开展，社会责任的履行。

构建丰盈完整的精神世界，能够帮助大学生圆满地完成四大社会化任务。构建"完整"的精神世界，指的是大学生要具备全景的视角，学会运用马克思辩证唯物主义和历史唯物主义的理论与方法，全面地、客观地、辩证地、系统地认识社会、进行学习、开展实践。构建"丰盈"的精神世界，指的是大学生要具备充沛的能量，学会坚定信心、充满活力、饱含激情地去憧憬美好的未来，开创美好的生活。大学生要学会从哲学的层面去正确理解社会和人生，树立坚定的理想信念、锤炼高尚的道德情操、形成良好的行为规范、培养健全的情感人格，最后成长为一个有益于自我、有爱于家庭、有利于社会、有为于国家的栋梁之材。

第一节　树立坚定的理想信念

理想与信念，对每个大学生来说，并不陌生，是伴随我们一路走来、耳熟能详的名词。小时候每个人一定写过这么一篇文章，题目就是"我的理想是……"，学生们在爬格子的过程中构筑着美好的梦想，憧憬着灿烂的未来：当科学家、当航天员、当医生、当博士、当书法家、当作家、当飞行员、当战士……小时候每个人也一定读过这么一些故事：《钢铁是怎样炼成的》《张海迪的故事》《董存瑞舍身炸碉堡》……学生们从英雄人物的故事里品味着信念的内涵，书写着青春的年华。然而，随着我们逐渐长大，理想与信念就像断了线的风筝，不知所踪了。不知从何时开始，远大的理想变成了残酷的高考，坚强的信念变成了脆弱的固执。当遭遇现实打击的时候，学生们有的迷失方向，有的一蹶不振，还有的悲观厌世。其实，理想与信念并未走远，它们只是被尘封在人们内心的某个角落。是时候该把它们唤醒，重新找回那曾经失落的力量。保尔·柯察金曾说过："一个人的生命应当这样样度过：当他回首往事的时候不会因虚度年华而悔恨，也不会因碌碌无为而羞愧！"理想与信念，是生命的基石，终将赋予每个人义无反顾、乘风破浪的永恒力量。

一、理想信念的含义

在古代汉语的语境里，"理想"与"志向"同义，是指一个人对未来有可能实现的奋斗目标的向往和追求。这个目标，是人们依据现实情况和自身条件，展开对未来的一种美好的想象。在《辞海》中，"理想"被解释为"与奋斗目标相联系的有实现可能性的想象"[①]。和毫无根据的空想、虚无缥缈的幻想以及天马行空的臆想相比，理想的本质区别既体现为它上承人生目标、下接现实地气，具有"美梦成真"的可能性，同时也存在"披荆斩棘"的艰巨性和"十年一日"的长期性。所以，在实现理想的过程中，信念的支撑便必不可少了。

信念是指人们在一定认识基础上确立的对某种观念和思想坚信不疑、坚定不移、坚持不懈的精神状态。信念强调的不是认识的正确性，而是情感的倾向性和意志的坚定性，它超出单纯的知识范围，有着更为丰富的内涵。信念体现了人们对奋斗目标的高度认同感，

---

① 辞海[Z]. 上海：上海辞书出版社，1979.

以及实现追求的强烈自信心。正如英国哲学家罗素对信念的定义：信念"是由一个观念或意象加上一种感到对的情感所构成的"[①]。

理想催生信念，信念支撑理想，两者相辅相成，缺一不可。没有理想的信念，是无源之水、无本之木；没有信念的理想，是镜中花、水中月。如果我们只有远大的理想而不以巨大的信念从事"韧"的战斗，理想就仍然是理想，它还是天幕上的海市蜃楼，虚无缥缈。如果在树立理想的同时，不忘刻苦努力，以顽强的毅力去拼搏，用一种不达目的誓不罢休的信念向困难冲击，就一定能战无不胜、攻无不克。

荀子说："骐骥一跃，不能十步；驽马十驾，功在不舍。""锲而舍之，朽木不折；锲而不舍，金石可镂。"纵观历史长廊，所有成功者绝非一帆风顺。他们无一例外地为着自己的理想和事业竭尽全力、奋斗不息：孔子周游列国，四处碰壁，却悟出《春秋》；左氏失明后方写下《左传》；孙膑断足后，修撰了《孙膑兵法》；司马迁蒙冤入狱，坚持完成了《史记》。伟人们在失败和困顿中，用不屈和奋斗，终于达到成功的彼岸。环顾大学校园，带着信念坚定前行的大学生也不在少数。当选某大学"十大感动华园大学生年度人物"轻度残疾的彭劲，面对命运的捉弄，他展现了一个强者的勇气，双腿可以残缺，脊梁绝不弯曲；面对亲人的付出，他彰显了一个仁者的情怀，心存感恩，志在回报；面对学校的荣誉，他凸显了一个智者的智慧，自知自制，坦然淡定。

理想信念不是一朝一夕形成的，它们具有稳定性，一旦形成，就不会轻易改变。同时，理想信念具有多样性，不同的人，由于社会环境、思想观念、利益需要和个人经历等不同，会形成不同的乃至截然相反的理想信念。由于这些特点，理想信念的正确与否，尤为重要。正确的理想信念能够推动个人、家庭乃至国家社会勇往直前、所向披靡；而错误的理想信念则会使人误入歧途、铤而走险，甚至导致家破人亡、动摇国家根基。

青年时代正是树立正确的理想信念的关键时期。习近平总书记把青年学生处在人生成长的关键时期比作小麦的灌浆期，强调大学生知识体系搭建尚未完成，价值观塑造尚未成型，情感心理尚未成熟，需要加以正确引导，要"用社会主义核心价值观教育学生，引导他们扣好人生的第一粒扣子"。诚如梁启超在《少年中国说》写的那样："少年强则国强"，少年坚强自信，则国坚强自信。大学生是祖国的未来、民族的希望。大学生要肩负兴国使命、履行社会责任，提升综合素质，要以树立坚定的理想信念为第一要务。

二、理想信念的内容

理想信念可以分为两大类：社会理想信念和个人理想信念。社会理想信念是指社会全体成员的共同理想信念，是全体社会占主导地位的共同奋斗目标，是对理想社会的追求和向往。个人理想信念是指对于个人未来的物质生活、精神生活所产生的种种向往和设想，包括职业理想信念、道德理想信念、生活理想信念等。

社会理想信念和个人理想信念是相互联系的，其中社会理想信念以个人理想信念为基础，个人理想信念以社会理想信念为导向。如果个人理想信念脱离了社会理想信念，是不

---

① 罗素. 人类的知识[M]. 北京：商务印书馆，1983.

符合时代精神的，也是一种低层次的理想；相反，如果仅有社会理想信念而没有个人理想信念，也是空洞的、不切实际的。社会理想信念要通过个人理想信念的实现而实现，个人理想信念只有升华为社会理想信念，才更深刻，更富有意义。

1. 社会理想信念

天下兴亡，匹夫有责。无论在哪个时代，为国家繁荣昌盛而不懈奋斗都是社会理想信念的首要内容。早在战国时期，《孟子》便提出"穷则独善其身，达则兼济天下"，《礼记》也指出"修身齐家治国平天下"。"苟利国家生死以，岂因祸福避趋之"。在五千年的中华文明中，无数仁人志士为了国家富强、人民幸福立壮志、抛头颅、洒热血，生动地阐释了个人肩负的历史责任和时代使命，也充分展现了理想信念在推动国家繁荣富强中的巨大力量。

中华人民共和国成立后，时代赋予了理想信念新的内容，建设中国特色社会主义，把我国建设成为富强、民主、文明、和谐、美丽的社会主义现代化国家，是我们党在中华人民共和国成立后很长一段时间里的奋斗目标和行动纲领，也是我国各族人民在社会主义初级阶段的共同理想。这个共同理想，立足于我国的现实，高于我国的现实，符合我国社会主义发展的客观规律，是科学的社会理想。

2012年11月29日，新一届中央领导集体在国家博物馆参观《复兴之路》展览过程中，习近平总书记发表了重要讲话。他说："中华民族的昨天正可谓'雄关漫道真如铁'；中华民族的今天，正可谓'人间正道是沧桑'；中华民族的明天可以说就是'长风破浪会有时'。每个人都有理想和追求，现在大家也在讨论中国梦，何谓中国梦？我以为实现中华民族的伟大复兴就是中华民族近代最伟大的中国梦，因为这个梦想，它是凝聚和寄托了几代中国人的一种宿愿，它体现了中华民族和中国人民的整体利益，它是每一个中华儿女的共同期盼。空谈误国，实干兴邦，我们这一代的共产党人就是要继往开来，承前启后，建设好我们的党，团结全国各族人民。我们要把我们的国家建设好，要把我们的民族发展好，要继续坚定不移地朝着中华民族伟大复兴的这样一个历史目标奋勇前进。我坚信中国共产党成立一百周年时，全面建成小康社会的目标一定能够实现。我坚信中华人民共和国成立一百周年之时，把我国建成富强、民主、文明、和谐的社会主义现代化国家的目标一定会实现。我更坚信中华民族伟大复兴的梦想一定会实现。"

中国梦寄托着国家的未来、民族的希望，也与每个中国人自己的梦想紧密地联系在一起，特别是青年一代。在2013年5月4日五四青年节来临之际，习近平总书记说："中国梦是国家的、民族的，也是每一个中国人的。中国梦是我们的，更是你们青年一代的。中华民族伟大复兴终将在广大青年的接力奋斗中变为现实。"

2. 个人理想信念

中国梦由无数的青年梦组成。青年梦就是每个青年学子的个人理想信念，包含四个方面的内容：成才之梦、报国之梦、创新之梦、世界之梦。[①]

成才之梦是当代大学生最朴素的理想和追求。实现自身的全面发展，成为合格的建设者和接班人，成为对国家、社会有用的人，这其实是实现中国梦的起点，是实现民族复兴

---

① 冯刚. 中国梦与当代青年的责任和担当[J]. 时事报告，2013（4）.

的基础。青年学子要有责任意识，要勇于担当，自觉地把个人成才和国家发展、社会进步联系在一起；还要注重多元复合知识的积累，将思想政治素质、科学文化素质、身心健康素质的协调发展结合起来，真正成为德智体美劳全面发展的合格建设者和可靠接班人；要将基础知识的广博与专业知识的精深结合起来，不仅掌握本学科基本的理论、知识和技能，还要兼修其他学科的知识，并且形成综合性的知识结构体系；要自觉接受系统严格的实践训练，注重将实践经验积累与理论升华结合起来，到西部，到基层，到艰苦的地方去，"增益其所不能"，让青春和生命在祖国最需要的地方闪光。让知识通过实践的作用，外化为卓越的事业和成就，内化为自身的素质和能力，在人生奋斗的历程中，实现自身的价值。

报国之梦是大学生世界观、人生观、价值观的凝练和表达。历史告诉我们，广大青年的命运时刻都同国家、民族和人民的命运紧紧相连。要自觉树立和坚持崇高的理想信念，将个人发展与国家需要紧密结合起来，心有国家，不畏艰难，锐意进取，为祖国和人民建功立业，在报效国家的过程中成就事业。"一个大国，绝不可能指望只在掌声中前进"，一个大国的青年也不能在没有掌声的时候迷失了方向，能否正确地应对前进中的喧嚣和挫折，是对广大青年把握中国梦的内涵，坚持道路自信、理论自信、制度自信、文化自信，培养大局意识和理性智慧的考验。

创新之梦是大学生素质提升的要求和目标。一个民族、一个国家的创新精神在很大程度上需要在教育青年学生的进程中逐步培育。中国梦的实现需要迎接世界科技革命的严峻挑战，需要大批具有开拓能力的创新型人才。创新型人才，不仅表现为智力或创造性思维的突出，更表现为创造性人格的卓越。美国心理学家韦克斯勒对诺贝尔奖获得者青少年时代智商资料的研究表明，诺贝尔奖获得者大多数不是高智商，而是中等或中上等智商，但他们的人格与一般人有很大区别。所以，广大青年在学习成长中，不仅要重视培养创造性思维，而且要特别关注创造性人格的养成，不仅要有推陈出新、和而不同的智慧与才能，也要着力培养敢于创新、善于成事、勇于面对困难和失败的进取精神与探索精神。①

世界之梦是大学生胸怀天下的抱负和情操。民族复兴不是简单的大国崛起，它是民族文化与世界文明的高度结合。中国梦的实现，不仅有利于中华民族，同样有利于国际社会。中国人做中国梦不是关起门来自说自话，而是与世界一道共同追梦，实现互利共赢。这需要越来越多的青年成长为国际化人才，在国际话语体系中让世界了解中国，让中国走向世界。《国家中长期教育改革和发展规划纲要（2010—2020年）》指出：要培养大批具有国际视野、通晓国际规则、能够参与国际事务和国际竞争的国际化人才。这要求广大青年放眼世界，着力在急剧变化的国际竞争中培养较强的适应能力和创造能力，培养广泛联系实际解决实际问题的能力，培养适应科学技术综合化的发展趋势、终身学习的能力，培养沟通协调和进行国际交往的能力。

中国梦，寄托着中华民族永不褪色的集体记忆和意志情怀，昭示着中华民族崇高的目标理想和美好未来，激励着广大青年振兴祖国的必胜信念和壮志豪情。"长风破浪会有时，直挂云帆济沧海。"大学生应该在国家的发展、民族的进步中找准自己的方向，找好自己的位置，躬身力行、不辱使命，在实现中华民族伟大复兴的历史进程中发光发热。

---

① 冯刚. 中国梦与当代青年的责任和担当[J]. 时事报告，2013（4）.

三、理想信念的作用

理想信念作为一种人类特有的精神状态和思想形态，主宰着人们的心灵世界，引导着人们的价值取向，决定着人们的行为选择，是立身之本、成事之基、进步之帆。总的来说，理想信念具有以下三大作用。

1. 理想信念是指引前行的方向标

当前大学生出现方向迷失、理想缺失问题，主要有两个原因：①动机不清，学生不知道为什么而学、学了有什么用；②目标不明，功利主义导致他们目光短浅，理想主义导致他们好高骛远。我国学生在中小学阶段缺乏职业教育、生涯教育，高考是其唯一的奋斗目标和成功标准，于是学生到了大学、准备要进入社会的时候，由于职业生涯教育的缺失而引发的矛盾和问题就在大学爆发了。而美国从幼儿园就开始树立孩子的职业意识和自我意识。

暂时的迷途难不倒激情四射的年轻人。要重新找到通往成功的道路，大学生只要重新点燃理想信念的火炬，把自身的发展与个人的兴趣、家庭的发展、国家的需求结合起来，确定将来要走的道路，依照理想信念的指引坚定地前行。"山重水复疑无路，柳暗花明又一村"，人生就是这样峰回路转，只要心中始终保持着理想信念的一丝光芒，就可以绝处逢生，找到充满光明与希望的新世界。

某高校"十大三好学生标兵"人力资源专业的黄悦新就是经历了阴霾和挫折后实现了重生。刚上大学的时候，黄悦新怀着对取得骄人成绩的师兄师姐的艳羡，带着迷恋荣誉、追逐光环的动机，参加了一系列比赛的角逐，结果全部落败。痛定思痛之后，黄悦新明白，心可以漫步云端，但是双脚却一定要亲近土地，成长应该像蜗牛，缓慢但坚定，没有空中楼阁，没有立竿见影，光环背后更重要的是自身的沉淀与积累。当黄悦新把成长目标从追逐光环转变为寻求积淀之后，苦求而不得的荣誉却悄然而至了。黄悦新的成长故事仅仅是大部分青年学子的缩影。贴近社会、贴近生活、贴近实际的理想信念能够真正地把你带到最美好的未来。

案例

舒宇：理想信念破万难立殊功①

舒宇，某大学电子与信息学院本科毕业国防生，一等功获得者、"全军机要专业训练标兵"获得者。刚到部队时因为是"学生官"，没带过兵，排里有些战士看不起他。面对怀疑的目光，他坚定理想信念，坚守报国追求，迅速端正思想，及时调整心理，奋起直追，勇敢拼搏，利用休息间隙一遍又一遍地练踞枪、练瞄准、练长跑、练体能、练指挥；放下架子，扑下身子，虚心向战友请教带兵经验、摸查士兵情况，用出色的表现赢得了全连官兵的尊重和肯定。在参加军区机要专业尖子集训和备战全军机要专业比武竞赛时，他坚持以"忠诚于党、热爱人民、报效国家、献身使命、崇尚荣誉"的当代革命军人核心价值观引

---

① 资料来源：陈占炬.理想信念破万难立殊功[J]. 华园砺剑，2010（7）.

领和鞭策自己，不顾自身甲亢已经比较严重的病情，以顽强的意志坚持带病训练，最终和其他战友一起，在全军高手如云的比武中脱颖而出，夺得1金4银1铜，荣立一等功。

2. 理想信念是克服困难的原动力

有这样一幅漫画，画的是一位挖井人在地上挖掘了深浅不一的井，但由于缺乏克服困难的理想信念，每次都是浅尝辄止，没有一次坚持到底，其实清洁的水源就近在咫尺，而他却弃之而去，终致功亏一篑。

人间没有平坦的路，人类历史每前进一步都需要经过火的锻炼和血的洗礼，而一个人的成长也是如此。生命从一个精子开始，就注定了要历尽千山万水的考验，尝遍酸甜苦辣的味道，承载优胜劣汰的压力。然而，人的本能又是趋利避害的，遇到困难选择逃避和退缩，是潜意识的反应。能够真正笑到最后的人往往屈指可数。那有什么力量能够帮助人们克服隐藏在内心深处的恐惧和不安呢？答案是：理想与信念。

理想信念就是一股强大的内部驱动力，一旦形成，人们的爱好、兴趣、愿望、情感，甚至像"悲愤"这类的情绪活动都能转变为巨大的能量，并集中或统一到同一思维或方向上，从而排除杂念，用心专一，形成强大的心理定力和精神合力，促使自己克服胆怯、战胜困难去面对、去坚持、去进取、去奋斗，使所作所为定格于为实现该目标而努力的活动过程中。这对于初出茅庐、势单力薄的年轻人来说，更是一把直面挫折、挑战命运的亮剑。

某高校轻工食品学院的肖永住是一个命运多舛、家境贫寒的大学生。中考前母亲去世、高二时父亲失踪、高考前弟弟去世……人生接连不断的磨难并没有把他击垮。他强忍悲痛，刻苦学习，奋发图强，荣获学校奖学金、大型体育赛事 "优秀志愿者"等荣誉，还当选了学校"十大感动华园大学生年度人物"。肖永住用事实证明了，弱小的双肩也能承担家庭所有的艰难困苦，瘦削的双手也能开创属于他自己的精彩生活。

3. 理想信念是完善自我的催化剂

理想是源于现实、高于现实最后又回归现实的一种向往和追求。在实现理想的过程中，每个人都需要完成一些暂时超出自身能力的事情，如果能够不断地克服退缩的心理，并且胜利完成这些任务的话，那么可以说他实现了一次自我超越，能力提升了，自我效能感增强了，并为下一次挑战积淀了更多的经验。如果一个人没有理想，总是挑那些不费吹灰之力的任务来实现的话，那么他的能力只会不断地下降。英国作家毛姆说："只有平庸的人才总是处于自己最满意的状态。"真正有创造力的人，在理想与现实之间的差距产生创造的能量。

坚守信念的过程，是一个不断完善、不断超越的过程。就好比王石，作为一名著名企业家，他把登山作为征服自我、完善自我、超越自我的一种挑战。1999年他第一次攀登雪山，目标是海拔6178米的玉珠峰。成功登顶后，他就把珠穆朗玛峰作为下一个目标。2003年，当他成功站在世界之巅的那一刻时，他想的是下一次该登哪座山了……至今为止，王石仍是国内登顶珠峰最年长的人。他又于2004年、2005年先后完成了攀登世界七大洲最高峰和穿越北极与南极的探险，是成功登上七大洲最高峰的四个华人之一，2010年，他二度登顶珠峰，再次用信念书写生命的高度。有人问起王石登山对他的积极意义，他谈道："登山既是生命的浓缩，也是生命的延长。登山时非常痛苦，你总想放弃，你以为你上不去了，可成功就在于你能否再坚持一下。这种感知在生活中一般需要十几年时间才能体会到，可通过登山，一个星期就能体会到。登山的体验还让我在商业谈判中，从心理上就产生一种压倒对方的气势。我想，我能登上珠峰，你行吗？你根本耗不过我。"[①]

案例思考

我的远大理想错了吗？

熊威是某大学工商管理学院的学生，是土生土长的潮汕人。由于自小耳濡目染父辈们外出打拼、下海经商的传统民风，熊威暗暗立下决心将来也要开创一份自己的事业。某天，熊威听说学院成立了创业学院，正在招募学员，届时会有专门的导师指导学生一步步地实现创业的梦想。这不正是自己梦寐以求的事情吗？经过一番努力，熊威终于成为创业学院中的一员。创业是一项宏大的工程，千头万绪的事务占用了他大部分的时间，调研市场、考察项目、洽谈融资成为熊威生活的三部曲。有时，为了赶一份策划书，熊威废寝忘食，甚至不惜逃课。正当熊威为了创业焦头烂额的时候，教务员告知熊威，上学期由于有多门科目不及格，教务处给他发出了退学警告的通知。熊威蒙了：不是说每个人都要树立远大的理想吗？当我在向理想前行的时候，遇到了现实的冲突，我该怎么办？

思考：

1. 熊威的理想错了吗？

2. 熊威在哪些方面没做好才导致了理想与现实的冲突？

3. 如果你是熊威，你应该怎么办？

四、树立坚定理想信念的方法

当代大学生所面对的是一个新旧交替、科学技术飞速发展的新的历史时期，肩负着建设中国特色社会主义和谐社会、实现中华民族伟大复兴的时代使命。大学生要有所作为，理应从以下几个方面树立坚定的理想信念。

1. 源于现实：把国家的需求、家庭的发展、个人的兴趣联系在一起

理想信念来源于人们对现实的深刻认识与积极反思。因此，坚定的理想信念，必须建立在对国家需求、家庭发展、个人兴趣等客观情况的把握和理解之上。

有些学生不了解国情、社情、民情，他们所学的知识和提出的问题都是脱离实际、纸上谈兵、华而不实，他们的理想信念就如同没有牢固根基的浮萍。只有真正地符合国家的重大需求，大学生的事业才可能像一颗遇到阳光和雨露的种子，生根发芽，枝繁叶茂。一个叫曾维康的清华毕业生，他是一名农村的孩子，当时上大学的梦想就是赚钱。接受了清华的教育后，他立志要当一名记者。在硕士就读期间，通过社会实践和田野调查，他写出《农民中国——江汉平原 26 位乡民的口述历史》，被高等教育出版社出版，受到中央领导

---

① 王石. 王石说：影响我人生的进与退[M]. 杭州：浙江大学出版社，2012.

推荐。毕业前，他觉得自己还要回到农村，建设农村。于是，他报考了广西的选调生，毕业后去百色的农村地区，为国家偏远山区的精准扶贫贡献力量。还有一位清华硕士毕业生魏华伟是 1998 年河南省高考文科状元。2008 年他毕业后，选择去河南上蔡县一个艾滋病严重的村庄做"村官"，他大力推进艾滋病社区的管理和发展，得到了各级领导的充分肯定。他们扎根基层的故事，凸显了当代大学生一心为民的公仆情怀、务实进取的敬业精神和清正廉洁的崇高品格，他们用自己出色的业绩、良好的形象凝聚了民心、赢得了口碑，被老百姓誉为"最美基层干部"。

有些学生不依据自己的兴趣，仅从功利性的角度对职业进行规划，他们所选择的工作和所担任的职务反而成为他们的精神负担、压力来源。只有真正地从兴趣出发，大学生才能保证拥有较高的工作满意度、职业稳定性和职业成就感。近年，冲着旱涝保收"铁饭碗"，报考公务员的大学生一年比一年多，公务员考试最热门岗位的招考比例竟然高达 1000∶1。一方面，社会出现千军万马争过独木桥的热烈场面，而另一方面，很多幸运地拥有了"公务员"光环的人因为其兴趣与工作的矛盾，度日如年，公务员身份成为鸡肋，食之无味，弃之可惜。有一个公务员在论坛上吐露心声："我在一个行政机关事业编制单位干了 6 年，到最后实在痛苦至极，我无法想象我身边的大妈大叔竟然能够面对同样的人同样的活儿做了十几年、干了一辈子，他们可以料想到自己 60 岁以后的状况。公务员无非就是稳定，福利好，可是我看到在体制内的他们并不快乐。"

2. 高于现实：既要有克服困难、超越自我的勇气，也要有科学谋划、扎实行动的毅力

理想信念是高于现实、指向未来的一种设想。在这个设想里，一切都会比当下要更加完善、更加美好。这意味着，理想信念对个体提出了更高的要求，低标准无法触摸理想信念的高度。同时，理想信念是以客观现实为依据、符合客观发展规律的，是可以实现的。这意味着，理想信念必须是建立在实践上的，空谈无法到达理想信念的彼岸。因此，坚定的理想信念，必须建立在克服困难、超越自我的勇气以及科学谋划、扎实行动的毅力之上。

理想信念绝不能唾手可得，要实现它，必须要经历重重的考验，其中最重要的就是克服困难、超越自我，这也是管理大师彼得·圣吉提出的学习型组织的五项修炼中的第一项修炼。并不是每个人都有克服困难、超越自我的勇气。有些人看到了理想与现实的差距后选择的是驻足不前。那些能够把理想与现实的差距转化成为一种"创造性张力"，进而推动自己的人，才可能奔向成功。"不积跬步，无以至千里；不积小流，无以成江海。"哪怕你每次迈进的步伐很小，如果每次都比从前的你有所进步，那么你就是在朝着一个上升的方向前行，总有一天，你会完全地超越自己，甚至超越他人，与理想信念不期而遇。人们喜欢攀登百步梯，追求的就是这样一种注重积累、拾级而上、勇于攀登的精神。某高校"十大学生共产党员、共青团员标兵"获得者丛丛就是用攀登来诠释自己的大学生活。从大一的迷惘稚嫩，到研三的坚强成熟，七年来，有汗水，也有泪水；有怀疑，也有坚定；有嘘声，也有掌声……丛丛就像是一步一个脚印的平淡而又平凡的攀登者，靠着自己的勇气努力地攀爬着，一点一点地寻找自己的梦想，最后蓦然发现竟然到达了开始以为不能企及的高度。

理想信念也绝不是一蹴而就的，要实现它，必须要经历漫长的过程，其中最关键的是

科学谋划、扎实行动。在通往理想王国的路上，科学谋划在于寻找到最简单、最快捷的路径，而扎实行动在于积累经验、扫除障碍、占据高地。确立奋斗目标，仅仅是开始，如何才能实现奋斗目标才是难点。例如大部分学生都知道用人单位最注重员工的动手能力，那么该怎样去增强自己的动手能力呢？在现实的生活中，有哪些平台和机会能够帮助自己提升动手能力呢？这些并不是每个大学生都能全面了解和真正把握的。又好比很多学生期待毕业后出国进修，那么该何时参加语言考试，又该何时与国外的高校联系，具备怎样的经历会更有利于申请？收集这些林林总总的资料是需要在费时间成本的，合理地规划、科学地安排会让同学们少走弯路、提高效率。坐而言不如起而行。只有真正行动了，才会知道"理想很丰满，现实很骨感"；也只有真正行动了，才会知道自己的长处与短板。

3. 回归现实：审时度势，因势利导，不断地评估、澄清、修正与升华

理想信念是以现实为起点，同时，也是以现实为终点。改善现实的生活，才是理想信念的本质和意义。然而，人们预想的结果与实际的结果是有偏差的，就像一艘航行在大海的轮船，在风浪的拍打下，很可能会偏离原本的方向，甚至在烟雾缭绕下，一开始确定的方向可能就错了。因此，坚定的理想信念，必须建立在审时度势、因势利导，不断地评估、澄清、修正与升华之上。

大学生们都熟知鲁迅弃医从文的故事。鲁迅刚开始学医，是因为他认为医者能减轻别人的痛苦，这是一种快乐；然而，当他目睹民众冷漠地围观日本人枪杀中国人，让他看到要真正解救自己的民族，首先要救治人的精神，唤醒民众的觉悟，所以他决定弃医学文，用他那无形的笔去唤醒中国大众民族的心，来共同抵抗外来侵越者。大丈夫相时而动，"弃医从文"是鲁迅作出的明智选择。没有这个选择，他或许再成功仅是一位悬壶济世的医生，无法成为在思想上影响一代又一代人的精神导师。

还有众所周知马云的发家故事。马云原本只是一个普通的英语老师，正因为他保持着对理想追求的弹性，他聪明地把握住机会，放弃公职，放弃高薪，回到杭州创办了被《亚洲华尔街日报》称为"中国电子商务的妈妈"的阿里巴巴，从此开创了一个新时代。[①]

对理想信念的评估、澄清、修正、升华，这是一个循环往复的过程，贯穿着人的一生。哲人说过："人生不是赢在起点，而是赢在转折点。"在每个可能的转折过程中，客观地分析、谨慎地选择，人们的目标才会越来越明晰，方向才会越来越坚定，距离才会越来越缩短。

4. 动力保障：不断地增强自我效能感，激发正能量

理想信念实现的过程，是一个冲突不断、矛盾凸显、能量内耗的过程，就算一个准备得再充分的舵手，也不可能永葆内心的激情和力量。因此，坚定的理想信念，必须建立在不断地增强自我效能感，激发正能量的动力保障之上。

自我效能感是指人们对自身能否利用所拥有的技能去完成某项工作行为的自信程度。在实际生活和工作中，对个人行为起决定作用的往往不是个人实际能力的高低，而是个人的自我效能感。人们在某种事情上的自信程度不一定真实地反映他们自身的能力。很多时

---

① 任雪峰. 我的成功不是偶然：马云给年轻人的创业课[M]. 北京：中国画报出版社，2010.

候，或许不是能力不够，而是自己的自我效能感较低，对自己能够顺利完成任务缺乏信心。大学生可以通过经常地熟练掌握与成功体验来提高自我效能感，也可以通过有意识地观察和模仿来提高自我效能感。当自我效能感被增强了，就仿佛打破了自我的界定，重新定义了自我的高度，那么我们看到的是一个豁然开朗的世界。

正能量指的是一种健康乐观、积极向上的动力和情感，是近年流行的"积极心理学"研究领域的代名词。激发正能量，目的在于能够帮助人们挖掘那些潜藏在自身的力量，如爱、宽恕、感激、智慧和乐观等，而这些力量能够抵御压力乃至精神疾病。自从 2009 年以来，华南理工大学每年都会评选"十大感动华园大学生年度人物"，他们有的在专业学习、科研创新中勇攀高峰，有的在志愿服务中默默付出，有的身残志坚或正与病魔做斗争，有的在乐于助人中寻找人生的快乐，有的家境贫寒却从不自怨自艾而是更加奋发图强，有的在田径场上争金夺银为校争光，有的奔赴西部砥砺品格……这些拥有优秀品质的大学生用他们的先进事迹感染、激励着每个人，传递着社会的正能量。

第二节　锤炼高尚的道德情操

道德与情操，通俗来讲，就是为人处世的基本准则，是社会上层建筑的基础。道德与情操，可以很大，舍生取义的李大钊、高风亮节的焦裕禄、刚正不阿的任长霞无不展现了人性的伟大；道德与情操，也可以很小，谦虚有礼、勤俭节约、诚实守信无不渗透到生活的微处。康德说："位我上者，灿烂星空；道德律令，在我心中。"[1]意思是，世界上有两件东西能够深深地震撼人们的心灵，一件是我们头上灿烂的星空，另一件是我们心中崇高的道德准则。

大学生走出校园，踏入社会，在学会做事之前，要先学会做人。一个人不管有多聪明，多能干，背景条件有多好，如果不懂得如何去做人，那么他最终的结局肯定是失败。良好的道德情操是大学生在社会中安身立命之道。高尚的道德情操犹如润物无声的春雨般，在潜移默化中让大学生养成自尊自爱、自制自律的优良品质，成为他们决战职场、快意人生的无形武器。

一、道德情操的含义

"道德"一词，最早可以追溯到先秦思想家老子所著的《道德经》一书。"道"是指自然运行与人世共通的真理；而"德"是指人世的德性、品行、王道。道德是一种社会意识形态，指特定的社会经济关系下衡量行为正当与否的评价标准，是通过人的内心信念、传统习惯、社会舆论来调整人与人、人与自然以及人与社会之间关系的观念和准则的总和。

"情操"通常指人对具有一定文化价值或社会意义的事物所产生的复合情感。例如人们对英雄的行为、美好的心灵不仅表现出惊喜和赞叹、钦佩和羡慕，而且还会产生自愧不如的歉疚之情。情操是理智、持续的情感，不会因为冲动而产生，也不会跟随刺激而消失。

---

① 李泽厚，陈明. 浮生论学：李泽厚陈明 2001 年对谈录[M]. 北京：华夏出版社，2002.

情操通过情感感染力而成为人们实际行动的动力。例如共产主义情操不只是对共产主义的向往、热爱等情感，而且与为共产主义而奋斗的实际行动结合在一起。

苏格兰经济学家和伦理学家亚当·斯密曾著有《道德情操论》一书，该书风靡全球，在全世界范围内产生了广泛深远的影响。亚当·斯密竭力要证明的是：利己主义的"经济人"在"道德情操"的约束作用下，竟然克制自私的感情和行为，实现利己主义与同情他人的统一，同时成为"道德人"，从而构成了一种相互行善的社会群体。

道德情操是人类特有的一种精神力量和意志品质。"富贵不能淫，贫贱不能移，威武不能屈""出淤泥而不染，濯清涟而不妖""先天下之忧而忧，后天下之乐而乐"等，自古以来都是人们推崇的高尚思想情怀。它像一只无形的手，支配着人们的情感和行为，帮助人们克制自私贪婪的本性、摒弃低级庸俗的情趣，鼓励人们发扬美好品德，激发人们追求真善美，协调客观存在的各种关系和现实矛盾，促进人与人、人与自然以及人与社会之间和谐相处，确保了社会的良好秩序。

法律同样具有调节人类社会的作用。道德情操与法律既有联系，也有区别，主要体现在以下几个方面。

（1）法律需要道德情操奠基。道德的产生先于法律，古今中外的法律体系和规章制度无不是以特定民族和国家的伦理道德为基石，并力求与道德相适应、相协调的。一个真正的法律制度必然蕴含着道德精神。

（2）道德情操需要法律保障。人们的道德意识的增强不仅要靠教育，而且要靠法治。为道德立法有利于促使人们逐渐养成自觉自律的良好习惯。

（3）道德情操是软约束，依靠内心信念、文化习俗、教育熏陶来维持。法律是硬约束，在立法、执法和守法的各环节中体现强制性。

二、道德情操的内容

根据道德情操调节的对象，可以把道德情操分为两大类：社会公德和个人私德。在我国，公德、私德的区划始于梁启超。他写的《论公德》《论私德》两文中，定义了这两个概念：人人独善其身者谓之私德，人人相善其群者谓之公德。梁启超强调中国人缺少"公德"，而"私德"充斥生活。在国外，歌德的"自我化"和"无我化"及马克斯·韦伯的"意向伦理""责任伦理"是社会公德与个人私德的其他表述。

1. 公德

"公德"是指国家及社会公共生活中的道德规范，指公共关怀、公共秩序、公共活动得以公开、公平、公正的维持和运行的道德规范。公德通常以国民道德与社会公德为核心。常见的公德有：爱国守法、诚实守信、廉洁奉公、爱护公物、保护环境等。

2. 私德

"私德"是指私人生活中的道德规范，指个人品德、修养、作风、习惯以及私人生活中处理爱情、婚姻、家庭问题及邻里关系的道德规范。私德通常以家庭美德为核心。[1]常见的

---

[1] 黄向阳. 德育原理[M]. 上海：华东师范大学出版社，2000.

私德有：孝顺父母、尊老爱幼、勤俭节约、文明礼仪、宽厚待人等。

"公德"关系到社会的长治久安，可称为"社会性"道德；"私德"关系到个体的安身立命，可称为"宗教性"道德。公德、私德是有重大区别的，但在个体身上，往往"一身而二任"，存在公德和私德相互重叠、各自区分的状态。视情境不同，侧重点、突出点不同。因此，二者的区分是很困难的。

划分公德与私德，应该说只是学理上的抽象。很多时候，公德是私德外显于个体行为的体现，而私德是公德内化于个体素质的体现。公德与私德具有同源性和统一性，它们可以相互转化，以对方的面目存在。切斯特菲尔德说："有一种毫不做作的良好教养，每个人都能感觉到它，但只有那些天性善良的人们才实践着它。"只有私德高尚的人，才会具有自觉和自律去履行公德；相反，那些正在实践着公德的人们，必定是具有良好的私德。

我国道德从上古发展而来，传说中尧、舜、禹、周公等都是道德的楷模。孔子整理《六经》，到汉朝传为《五经》，其中便包含了大量的道德思想。孔子发展的学说，被称为儒家学说，以后儒家又将《五经》发展为《十三经》，这些儒家经典学说，成为历代中国社会道德观的主要来源。古人常说的三纲（君臣义、父子亲、夫妇顺）和五常（仁、义、礼、智、信），甚至孙中山先生提出的八德（忠孝、仁爱、信义、和平）都是不同时代不同社会对公德与私德的规范和要求。

中华人民共和国成立以来，特别是改革开放以来，经济发展了，道德情操却滑坡了，引起了大家的高度关注。除了继续完善法律，利用强制的手段把道德问题上升到法律问题来加以解决以外，人们希望重新定义新时期我国的道德情操的内涵，倡导人们自觉自律地约束自我。

2001年，党中央颁布《公民道德建设实施纲要》，对在社会主义市场经济条件下加强道德建设提供了重要指导，有力促进了社会主义精神文明建设。党的十八大以来，以习近平同志为核心的党中央高度重视公民道德建设，立根塑魂、正本清源，作出一系列重要部署，推动思想道德建设取得显著成效。中国特色社会主义和中国梦深入人心，践行社会主义核心价值观、传承中华优秀传统文化的自觉性不断提升，爱国主义、集体主义、社会主义思想广为弘扬，崇尚英雄、尊重模范、学习先进成为风尚，民族自信心、自豪感大大增强，人民思想觉悟、道德水准、文明素养日益提高，道德领域呈现积极健康向上的良好态势。

同时也要看到，在国际国内形势深刻变化、我国经济社会深刻变革的大背景下，由于市场经济规则、政策法规、社会治理还不够健全，受不良思想文化的侵蚀和网络有害信息的影响，道德领域依然存在不少问题。一些地方、一些领域不同程度存在道德失范现象，拜金主义、享乐主义、极端个人主义仍然比较突出；一些社会成员道德观念模糊甚至缺失，是非、善恶、美丑不分，唯利是图、见利忘义，损人利己、损公肥私；造假欺诈、不讲信用的现象久治不绝，突破公序良俗底线、妨害人民幸福生活、伤害国家尊严和民族感情的事件时有发生。这些问题必须引起全党全社会高度重视，采取有力措施切实加以解决。

根据新时代的变化和要求，2019年，中共中央、国务院印发了《新时代公民道德建设实施纲要》。加强公民道德建设是一项长期而紧迫、艰巨而复杂的任务，要适应新时代新要求，坚持目标导向和问题导向相统一，进一步加大工作力度，把握规律、积极创新，持之以恒、久久为功，推动全民道德素质和社会文明程度达到一个新的高度。

三、道德情操的作用

高尚的道德情操是人类优秀精神和品质的集合，是宝贵的精神财富，是成事立业的动力源泉。锤炼高尚的道德情操，既可以在精神层面为人们提供源源不绝的正能量，帮助人们克服自身存在的不足，抵御外部环境的一切干扰，同时也可以提高人们行动的价值和意义，反映人性在追求真善美上的闪光点，从而为个人成功助力，为社会发展造福。

1. 高尚的道德情操能够抵御物欲诱惑

"世路莫如人欲险，几人到此误平生。"人的欲望就像宇宙中的黑洞一样，永远看不到尽头。古往今来，因为控制不了人欲而误入歧途的例子数不胜数。欲望之手一旦摊开，就像毒瘾一般无法戒掉。当人们因为尝到了贪婪的甜头而没有受到惩罚的时候，其侥幸心和满足感就会无限扩大，让人失去理智。特别是当拥有权力而没有约束的时候，可怕的攫取心就会让人陷入欲望的旋涡，从此走上不归路。道德情操是人们抵御物欲诱惑的最后一道防线。它们虽然是一种软约束，但也是一种持续而稳定的力量，形成了，就仿佛构筑了一道强而有力的防护罩，久以贯之，长期坚守。

当代大学生面对的糖衣炮弹比从前更多也更复杂，如唯利是图、安于享乐、嫉妒猜疑、自暴自弃等。在万变的社会当中，唯一的对策就是把高尚的道德情操作为坚强的盾牌，以不变应万变。"问渠那得清如许，为有源头活水来。"高尚的道德情操如同"源头的活水"，源源不断地灌溉大学生的精神家园，大学生才能在清澈的渠水滋润下健康成长。

2. 高尚的道德情操能够彰显个人魅力

锤炼高尚道德情操的过程是人们追求真善美事物的过程，也是充分展现人们优良意志品质的过程。在这过程中，人们克服自我不足，不怕艰难险阻，勇于迎难而上，发挥聪明才干，凝聚集体力量，牺牲小我成就人家，舍己为人舍生取义，淡泊名利乐于奉献，诸如此类所有的种种努力和行动，感人肺腑，催人奋进，令人尊敬，彰显人格魅力，从而使更多的人愿意跟随他的脚步、响应他的号召，同甘共苦、历尽艰辛去开创崭新的事业。

邓小平的政治生涯可谓历经坎坷。"三落三起"的政治经历造就了他的宽广胸怀和雄伟气魄。他在遭受政治误解和逆境的考验下，没有怨天尤人、自暴自弃，而是以坚韧的意志品质和高尚的道德情操，心系国家、民族发展大计。在"文化大革命"和"四人帮"的问题上，他坚持从全局出发，为了党和人民的利益，没有纠缠于个人恩怨，坚持全面、准确、客观地评价毛泽东的历史功过，维护毛泽东思想的科学地位。邓小平正是凭着他伟大的个人魅力，在复杂的政治关系和政治格局中，运筹帷幄，凝心聚力，带领全体中国人民大刀阔斧地进行改革开放，给中国带来新的希望。

3. 高尚的道德情操能够提升自我价值

马斯洛需求层次理论指出，人的需求分为五种，像阶梯一样从低到高，按层次逐级递升，分别为：生理上的需求，安全上的需求，情感和归属的需求，尊重的需求，自我实现的需求。具有高尚道德情操的人，其为之奋斗的目标及行动往往与国家富强、社会进步、人民幸福紧紧地联系在一起，与为个人利益的奋斗相比，更能得到社会的认同和赞誉，也更能满足其自我实现的需求。不少大学生主动放弃在大城市工作的优越条件，毅然到山区、偏僻乡镇、西部艰苦地区就业，这种扎根基层、淡泊名利、知识报国的高尚道德情操，使他们感受到了强烈的自我价值，进而激发其自我完善的欲望，继续表现出向上向善的本性，这个良性循环必将帮助大学生积累更多的精神财富、成就更大的个人事业。

周雨是华南理工大学学生心目中的"牛人"，曾任校学生会主席、广东省学生联合会副主席、国家一级运动员。这样的"牛人"找工作、考研或出国都很容易。不过，周雨认为，进入社会工作，自己的积累还不够丰盈；但是考研或出国，所学知识还没到实践中检验。于是他选择了一个既能到基层锻炼，又能继续攻读研究生的方法，即担当西部计划志愿者。为了帮助对口支援的贫困县，周雨自建网站，仅一个月"爱心在线"网站就发布上线，爱心活动的关注度越来越高。一年来共募集了 20 多万元，成立了"龙胜西部计划志愿者励志奖学金"，资助近 300 名贫困生，还建立了"西部计划志愿者爱心书屋"，开发了"爱心生态旅游"线路，修建了"志愿者爱心桥"。志愿服务期满后，周雨回到了学校继续学习。那段服务西部的日子成为他巨大的精神动力，让他更专注于企业管理专业知识与基层实践结合，他撰写的作品荣膺"挑战杯"竞赛终审决赛特等奖。

四、锤炼高尚道德情操的方法

道德情操不是天生的，是受到后天的文化熏陶、宣传教育、社会舆论的长期影响而逐渐形成的。要帮助大学生锤炼高尚的道德情操，就要赏罚分明，让大学生在赞赏和责罚之中逐渐建立善恶的评价标准，逐渐学会自我控制，进而上升到一种发自内心地对真善美的热爱与追求。这是被动教育的方式。同时，大学生更应该运用主动的教育方式，自我教育，自我管理，主动地寻求科学的方法和恰当的土壤，自我培养，自我发展，把自己打造成为一个品德高尚的人。

1. 以慎始慎独慎微的人生格言警醒自己

2013 年 6 月 20 日，习近平总书记在同团中央新一届领导班子成员集体谈话时强调，广大青年学子要深刻领会中央八项规定的精神实质，养成慎始、慎独、慎微的意识，走好人生每一步。慎始、慎独、慎微，应该成为广大青年学子追梦的人生格言。

"慎始"一词出自《左传·襄公二十五年》："慎始敬终，终以不困。"意思是，仔细谨慎地开始做事，自始至终毫不怠慢，就不会有问题了。慎始作为万事之端，是走向成功的第一步，是抵挡诱惑的第一道防线，避免因一念之差而误入歧途；敬终作为成事之道，是功德圆满的关键点，是克服惰性的修身养性的方法，避免差之毫厘而失之千里。许多官员刚上任时，信心百倍，严格要求，排忧解难，为官清廉，但是一旦事业有了成绩，就飘飘然，斗志懈怠了，要求放松了，为人民服务的理念淡化了，慢慢地变成争权夺利，甚至贪污腐败起来，最终受到党纪国法的严惩。很多大学生也是这样，刚上大学的时候，踌躇满志，斗志昂扬，但是一旦有些成绩或者遭遇挫折，就骄傲自满或者自怨自艾，渐渐地对学习兴趣索然，甚至挂科退学。"慎始敬终，终以不困"的勉励，对每个青年学子都有很强的教育意义，都应将其当作座右铭，警醒自己，善始善终，干好每一件事，走好每一步路，为人生画上圆满的句号。

"慎独"，是指在无人监督的情况下，凭着高度自觉，不做任何有违道德信念、做人原则之事。"慎独"展示了一个人的自律与坦荡，是道德情操的最高境界。宋代学人陆九渊就明明白白地说过："慎独即不自欺。"宋人袁采也说，慎独即"处世当无愧于心"。一个真正"慎独"的人，是不需要别人来约束自己的，无论何时何地，都能做到严于律己、谨言慎行。若要人不知，除非己莫为，抬头三尺有神灵。然而，在当今社会，人人都面临着"制欲"的考验。多少人在这种考验面前败下阵来，落个"一失足成千古恨"的下场。如何将"欲"自觉地、理智地控制在道德规范和法度要求允许的范围之内，不放过任何一个细枝末节，这就需要过好"慎独"关。大学期间，会让人铤而走险的事情莫过于两件事情：考试作弊和学术腐败。为了高分、为了前程，很多学生把考试作弊、窃取成果作为捷径，不择手段，奇招频出，就算高校从严处理，也无法杜绝这样的歪风邪气。其实，就算一次能侥幸过关，但人生还有千千万万次考验，能保证次次通行无阻吗？答案是否定的。做人做事不能有一丝懈怠和侥幸，大学生要把"慎独"作为提升个人道德修养的奋斗目标和重要方法。

"慎微"一词出自《资治通鉴·汉纪九》：尽小者大，慎微者著。意思是：在许多小事上努力，才能干出大事业；能够在许多小事上谨慎，德行才能显耀。小和大，向来都是辩证统一、互为依存的。通过小事可以看出大节，通过部分可以影响整体。认识了小与大的关系，还应该明辨小与大的性质，不以恶小而为之，不以善小而不为。只有分清善恶，防微杜渐，弃小恶而成大善，积小善而成大德。现今大学校园，有这样一些陋习：课桌上和墙壁上乱涂乱画，课堂上手机声、聊天声此起彼伏，教室内吃早餐、喝饮料层出不穷，餐厅里剩饭剩菜随处可见，厕所里来也匆匆去也匆匆不冲冲……正如古人讲："不矜细行，终累大德"，大学生要提高道德修养水平要从改掉陋习开始，一屋不扫何以扫天下。大学生要以大处着眼，小处入手，立足当下，从我做起，从点滴做起，养成良好的生活习惯、学习习惯、行为习惯。

案例思考

宿舍：我的地盘我做主？

宿舍是大学生重要的生活场所。如果把宿舍建设得好，宿舍可以成为学生的心灵家园。如果宿舍关系处理不当，各种各样的矛盾就在宿舍里滋生、发展、爆发。例如宿舍通宵供电，先睡的人要求关灯，没睡的人觉得不满——"你自己睡觉早凭什么让我也失去光明"；有些学生喜欢做夜猫子，大声地敲击电脑键盘，甚至听音乐、看电影把声音调得很大，让其他人欲睡不能；宿舍的卫生问题也导致各种各样的摩擦不胜枚举，舍友间也因此嫌隙日长。有学生说："宿舍就等于是我的家，我的地盘我做主。凭什么迁就他人？"

思考：

1. 宿舍的事务应该由谁做主？

2. 怎样才能构建和谐的宿舍文化，你有什么好办法？

2. 以健康高雅的校园文化熏陶自己

校园文化是以学生为主体，以校园为空间，以育人为导向，以精神文化、环境文化、行为文化和制度文化等为主要内容，涵盖时代特征、独具学校特色、符合学生特点的一种群体文化。

学校精神是校园文化的坚实基础，主要体现在校风、教风、学风、班风上。学校精神是形成归属感、认同感的精神纽带。例如，百年北大一直本着"爱国、进步、民主、科学"的精神，与祖国同呼吸、共命运，自我发展与创新，引领着青年学子不断前行。文化活动是校园文化的无形载体，常见的形式有讲座、晚会、比赛等。例如，由教育部、文化部、财政部在全国范围内广泛开展的一项文化推广和传播活动"高雅艺术进校园活动"得到了全国在校大学生的普遍欢迎和赞誉。通过这项活动，大学生足不出户就可以欣赏到世界级、国家级水平的艺术大师的表演，既可以欣赏到芭蕾舞、歌剧、交响乐等西方经典文化，也可以欣赏到京剧、话剧、民乐等中国传统文化。在参与活动的过程中，大学生的审美情趣、艺术修养和文化素质得到了进一步提高，这对大学生塑造人格美、培养才能美、铸造行为美，促进全面发展产生了深远影响。环境文化是校园文化的有形体现。校园内处处都是陶冶情操的地方，恰如陶行知先生所言"一草一木总关情"，书声琅琅的湖边、人影匆匆的校道、窗明几净的教室、灯火通明的图书馆、肃然起敬的雕塑、历史悠久的红墙绿瓦……这些人文景观默默地陪伴着大学生们度过青春岁月。

校园文化是无形的，但是在它的熏陶下茁壮成长的人却具有无穷的力量。大学生要主动地投入到充满活力与创新的校园文化活动中去，提高自身的道德品质、人文情怀、综合素质。

3. 以积极向上的榜样力量影响自己

唐太宗李世民说过："以铜为镜，可以正衣冠，以古为镜，可以知兴衰，以人为镜，可以明得失。"榜样的力量是无穷的。它是一种向上的精神，是一面镜子，是一面旗帜，是我们能够时时看到的奋斗目标和参照物。以历史上优秀人物的英雄壮举和现实中先进人物的优良品质作为学习榜样，是自我修养的一个重要方面。小学的时候，我们学习孔融让梨；中学的时候，我们学习雷锋精神；大学的时候，我们学习任正非的勇于创新。这些优秀人物成功的示范作用具有极大的感召力和感染力。于是，有很多人追寻着前人成功的足迹探索着自己成功的道路。但是也有很多人认为这些名人距离自己太远了，对自己能否像他们那样成功产生了怀疑。其实，发掘学生身边鲜活的榜样，引入标杆管理，对人们的影响力会更大，是一种积极有益的尝试与探索。

第三节　形成良好的行为规范

行为规范，是人生的必修课。随着人成长阶段的不同，这门课程的内容也随之变化。牙牙学语的婴儿必须学会关于生活的行为规范，哪些东西能碰，哪些东西不能碰。勤学苦读的学生必须学会关于学习的行为规范，该怎样问，该怎样学，又该怎样用。辛勤劳动的职场人必须学会关于社会的行为规范，哪些事能做，哪些事不能做。

行为规范，还是一门关系人生兴衰成败的重要课程。不同的人修读这门课程的态度不一样，最后的结果也不一样。有些人认真学习、严格遵守，最后一路顺风、一生平安。有些人甘冒天下之大不韪，最后小则身败名裂，大则牢狱之灾。

大学生要高度重视行为规范问题所带来的影响，努力形成良好的行为习惯。

一、行为规范的含义

常言道："无规矩不成方圆"，意思是：做任何事都要有一定的规矩、规则，否则无法成功。这里的"规矩"指的就是行为规范。行为规范指人们在社会实践中形成的控制、调整、干预人们言行的社会规范、法律规定的总和。行为规范是在现实生活中根据人们的需求、好恶、价值判断而逐步形成和确立的，是社会成员在社会活动中应该遵循的标准或原则，旨在维护社会秩序、保证公平正义，因此对全体成员具有引导、规范和约束的作用，告诉社会成员可以做什么、不可以做什么和应该怎样做，是社会和谐重要的组成部分，是社会价值观的具体体现和延伸。

行为规范既包括制度化、刚性的条例、规则、规定，如国家法律、行政法规、团体章程等，具有强制性的特点，毋庸置疑，神圣不可侵犯。行为规范还包括虽不成文但却约定俗成、柔性的风俗习惯、公约契约、规矩惯例等，虽不具强制性，但如果违背了，由此引发的社会舆论和谴责，也能发挥缓和人际矛盾、协调社会关系、激励个人发展、促进社会和谐的重要作用。

对行为规范的遵守可分为两个层次。低层次的遵守是他律，指个体非自愿地执行涵盖道德标准、法律体系（包括惩治和预防）和其他社会规范，需要由他人对个体直接约束或控制。例如，孟母三迁的故事，鉴于孟子每到一处就沾染周边环境的恶习，为了使孩子拥有一个真正好的教育环境，孟母煞费苦心，曾两迁三地。高层次的遵守是自律，指在没有人现场监督的情况下，通过自己要求自己，变被动为主动，自觉地遵循法度，约束自己的一言一行。自律并不是让一大堆规章制度来层层地束缚自己，而是已经把规章制度内化为自己的价值准则，从而自我约束、自我控制。著名历史学家吴晗在清华大学时，想买一部《明史纪事本末》，因没有钱，就赶写了一篇《清明上河图与金瓶梅的故事》换取了 10 元稿酬，买了书。但他对自己写的文章不太满意，在给老师的信中说："在暑假中仓促草成，本不想发表，因想买一部《明史纪事本末》一时凑不齐钱，所以只能送与本校周刊，拿到了 10 块钱，我深感愧疚。"吴晗一直铭记此事，第二年为这篇文章写了一个补记，进一步为这篇文章匡正与补缺，使自己的观点趋于完善。他律能够帮助人们渐渐养成良好的行为习惯，自律则能够把行为规范的效用发挥到极致。

二、行为规范的内容

根据行为规范所约束行为的类别，行为规范可以归纳为五类：政治行为规范、诚信行为规范、业务行为规范、契约行为规范和社交行为规范。[①]

---

① 江苏交通. 公务员行为规范主要内容. http//www.jscd.gov.cn/art/2012/2/20/art_13210_621580.html.

1. 政治行为规范

政治行为规范是指人们在涉及政治问题和政治活动中应遵守的行为标准与准则，是行为规范中最基本的规范。政治行为规范就是要求当代大学生拥有一定的政治素养，遵守宪法、法律，依法办事，必须在宪法和法律的范围内活动，不能同国家的宪法和法律相抵触，应该牢固树立起法治的观念，在履行职责、做人做事的过程中，真正做到有法可依，有法必依，执法必严，违法必究，坚决摒弃某些人的头脑中存在的权大于法的错误思想，自觉地同以人代法、以言代法等各种违反和破坏宪法和法律的行为作斗争。互联网是当今最为便捷、迅速的信息交互渠道，是大学生另一个精神家园。但同时网上信息良莠不齐，真假难辨。大学生如果不提高警惕，很容易误入歧途。2013 年 9 月，《最高人民法院、最高人民检察院关于办理利用信息网络实施诽谤等刑事案件适用法律若干问题的解释》公布，明确网络诽谤信息被转发达 500 次可判刑。大学生要遵守正当使用网络的法律法规，善用网络资源，做到不造谣、不传谣，健康用网、文明上网。

2. 诚信行为规范

诚信行为规范是指人们待人接物真诚守信，言必信、行必果的行为标准和准则。诚信不仅要求人们说话诚实可靠，切忌大话、空话、假话，而且要求做事也要诚实可靠，言行一致、表里如一。诚信还要求人们说话做事符合其社会角色所肩负的道德义务与社会责任。祖国与人民对大学生寄予了高度的期望。诚信行为规范就是要求大学生一言九鼎、一诺千金，要求大学生不辜负国家、社会、家庭的期待和要求，为人正直，作风正派，严守各类规章制度。

3. 业务行为规范

业务行为规范是指人们在所从事的各项业务工作中应遵循的工作规则和要求，涉及其业务活动中的所有外在表现，包括决策行为、指挥行为、执行行为、授权行为、协调行为、监控行为以及各种管理与运作的具体行为等。业务行为规范就是要求大学生熟悉党和国家的政策及法律法规，遵守职业道德，钻研业务，熟悉本职工作，应用现代技术，提高业务技能，拓宽知识，博学多才，认真负责，一丝不苟，严于律己，按章办事，讲究效率，注重实效。

4. 契约行为规范

契约行为规范是指人们依据平等互利的基础商定契约、履行契约应遵循的行为标准和准则。契约行为规范包括：契约自由、契约平等、契约信守、契约补偿。契约行为规范就是要求大学生可以自由选择缔约者、决定缔约的内容与方式，一旦缔结合约，就必须信守承诺，按约定履行义务，不得有超出契约的特权。为了遵循契约的平等精神，违约者要受到制裁，受损害方将得到利于自己的补偿。

5. 社交行为规范

社交行为规范是指人们在社会交往活动中应遵循的活动准则和应遵守的行为要求。社交行为规范要求大学生做好两个方面：一是举止行为，二是语言行为。大学生在社会活动的过程中要待人有礼，热情大方，谦虚庄重，在公共场所着装要因地制宜，讲究仪态，自我约束，不大声喧哗；就餐时要气氛友好，不劝酒，防止失态的事情发生；吸烟时也要注意礼貌和清洁，凡是在贴有"禁止吸烟"或"不吸烟室"字样的地方，要自觉禁烟。大学生说话要讲究方式方法，运用语言要力求科学和艺术。语言运用得当，就能收到预期的效果；反之则会引起误会或招致不快，甚至造成不良后果。

三、行为规范的作用

良好的行为规范综合体现了崇高卓越的追求、脚踏实地的行动和恪守规则的品质。《荀子·修身》中说道："人无礼则不生，事无礼则不成"，良好的行为规范是个人建功立业的基础，是奋斗拼搏的指南，也是成长进步的保障。大学生培养良好的行为规范，养成优良的学习、工作和生活作风，对于克服主观不足和客观困难，战胜各种诱惑和挑战的考验，实现健康成长和全面发展，具有重要的现实意义。行为规范具有以下作用。

1. 行为规范是一种约束

行为规范约束言行举止。行为规范为我们的言行举止提供了衡量是非对错的"标尺"。它具有良好的约束和修正功能，正如孙悟空头上的"紧箍儿"，当我们的思想行为出现失控的倾向时，行为规范便会如同"看不见的指挥棒"，帮助我们修正一言一行、一举一动，使我们在学习、工作和生活的点点滴滴中养成遵守规则的自然习惯，形成令行禁止的自觉行动。[①]培养良好的行为规范，可以使我们的表达有深度、有力度，使我们的行动有纪律、有担当，使我们的追求有价值、有意义。有些大学在人才培养过程中狠抓良好行为规范的养成，如要求大学生严格执行宿舍作息制度，努力做到"五早"，即早睡、早起、早餐、早操、早读，坚持在每一天、每一课、每一事中保持饱满的精神、积极的追求和青春的心态。

2. 行为规范也是一种引导

行为规范指引人生航向。行为规范通过标准使我们形成规则的行为，在日复一日的坚持中养成习惯，进而通过潜移默化影响我们的性格、志趣和追求。正如英国作家查·艾霍尔所说："有什么样的习惯，就有什么样的性格；有什么样的性格，就有什么样的命运。"良好的行为规范既是一种严格自律、尊重规则的高标准，同时也是一张引领发展航向的路线图。养成良好的行为规范，便是搭建通向成功和胜利的桥梁。华南理工大学在实施学风建设"卓越工程"中对学生每天、每周、每月、每年提出具体要求：每天干一件实事，如听好当天的课，做好当天的实验，完成好当天的作业，坚持锻炼身体；做一次自省，检查自己一天的得与失。每月读一本经典著作，陶冶情操、开阔视野、训练思维；听一场高水平的学术报告，获得思想的分享；写一份读书心得，感悟所思所想；每年秀一次演讲或朗诵，历练一回胆识；拼一轮学术科技创新比赛，夯实专业基础；行一回实践，把课堂学习和社会学习结合起来。

3. 行为规范更是一种保护

行为规范保障奋斗成果。从一个人的发展轨迹来说，如果能够始终不迷失方向、不偏

---

① 刘燕. 大学生良好行为规范的培养[J]. 高校理论战线，2012（5）.

离轨道、不犯下过错，那么他的奋斗成果必然会非常丰硕。一名 22 岁进入企业工作的大学本科毕业生，按照 5 年晋升一级的速度（现实中这个速度还可能更快），从办事员、部门副职、部门经理、公司副总经理、总经理拾级而上，理论上在 40 岁出头便可到达职业生涯的顶峰，成就辉煌的事业。但不可回避的是，人都具有易错性，容易在情绪、压力等主观因素的影响下出现思想"总阀门"的松动，犯下过失和错误，从而使自身的奋斗事倍功半，甚至前功尽弃。在现实生活中，一些同学原本通过自身的努力奋斗取得了不凡的业绩，或学习成绩优秀获得保研资格，或工作能力出众担任学生会主席副主席，或科研成果突出获得国家和省级奖项，但却在前途一片大好的情况下，急功近利，出现考试作弊、学术论文作假等违纪行为而被学校退学，甚至开除学籍，让人惋惜。养成良好的行为规范可以使人们降低犯错的概率，减少奋斗成果"被清零"的可能，从某个意义上来说，是对大学生的一种保护和保障。

四、形成良好行为规范的方法

1. 以敬畏心进行规则教育

我国并不缺乏法律，但有些人缺乏守法的精神和对法律的敬畏。敬畏心是法律得到自觉遵守的原动力。李××口出狂言的"我爸是李刚"、药××驾车撞人后又将伤者刺死等行为无不是漠视法律、为所欲为的表现。明方孝孺有言："凡善怕者，必身有所正，言有所规，行有所止，偶有逾矩，亦不出大格。"心存敬畏，行有所止，意味着为人做事要学会敬重和畏惧，要有底线，要有所为，有所不为。

大学生要以敬畏心树立正确的法治观。美国著名法学家伯尔曼曾说过："法律必须被信仰，否则形同虚设。"他认为法律只在受到信任、在不要求强制力制裁的时候，才是有效的。可见没有对法律的敬畏，就没有对法律的信仰；没有对法律的信仰，就没有对法律的有效遵行；而没有对法律的有效遵行，就没有真正意义上的法治。无论是立法者、执法者还是守法者，都只有在对法律心存敬畏的前提下，才能实现法律的公平正义要求，才能使人类的生存和发展少受些挫折和磨难。因此，为实现法治社会，每一个社会成员都应当对法律怀有一种敬畏之心。

大学生要以敬畏心树立正确的权力观。不管一个人多有背景和势力，如果他总是得意忘形、忘乎所以，不把群众放在眼里、置党纪国法于不顾、没有敬畏之心，徇私枉法，为所欲为，最终必将受到党纪国法的严惩、遭到人民群众的唾骂。权力是柄双刃剑。正确地行使权力，则群众喜，事业兴，己光荣；错误地行使权力，甚至滥用权力，则群众怨，事业损，声名败。大学生要牢固树立掌权为民的思想，始终以人民群众的利益为出发点，自觉站在人民群众的立场上认识和处理问题，只有这样，等他们走上工作岗位才能自觉当好人民的"公仆"，全心全意为人民的利益而努力工作。

大学生要以敬畏心树立正确的人生观。大学生必须要有信仰，体现在具体的工作中，就是要牢固树立全心全意为人民服务的思想；就是要有高尚的理想追求，珍重自己的人格，珍爱自己的声誉，珍惜自己的形象；就是要始终以严格的行为规范要求自己，不断提高精神境界和道德情操。大学生要时刻保持一种如临深渊、如履薄冰的紧张感，一种在位一天、赶考一天的危机感，充分认识到肩上是人民托付的沉甸甸的责任，始终做到夙夜在公，勤勉工作，严守道德底线，严守法纪红线，做到堂堂正正做人、清清白白做事。

2. 以责任感进行公民教育

近年来"三鹿奶粉""小月月事件""我爸是李刚""表哥"等各种违犯公民道德和法律的事件时有发生，各种媒体发出的"道德滑坡"的惊呼，也透露了从上到下无法掩饰的忧虑和无奈。一些公民道德缺失正是其缺乏社会责任感的表现。身为未来国家主人的大学生应该清醒地认识到自己身上的社会责任。周恩来总理少年的时候就喊出了"为中华之崛起而读书"的口号。大学生应该怀揣高度的责任心自觉地进行公民教育，在思考和解决问题时不再完全从个人的角度考虑，而意识到自己和他人幸福、社会稳定、国家兴旺息息相关，认识到自我对他人、对社会、对国家的责任，从内心深处驱使自己去尽职尽责。大学生除了关心自己享有的权利、关心自身获得的利益外，也要自觉参与公共事务、维护公共福祉、履行公共义务。大学生还应该全面地提高能力，使自己能够具备履行公民责任的基本素质。

很多大学都重视培养学生社会责任感、公民意识，组织学生利用寒暑假深入农村、企业、社区等对当前社会发展的热点问题进行调查研究，通过丰富多彩的社会实践活动不断夯实学生爱党爱国爱人民的思想基础。

3. 以警惕心进行安全教育

每逢假期，学生溺水、车祸、坠楼等安全事故时有发生，学生上当被骗、财物被盗、宿舍火灾等新闻不绝于耳。但部分大学生依然我行我素，如大功率电器屡禁不止、宿舍大门敞开上演空城计、三五成群擅自离校到野外探险等。大学生安全教育迫在眉睫。除了政府、企业、学校不断地完善安全警示和防护工作以外，更重要的是大学生要行动起来，树立安全意识、掌握安全知识和技能，实施自我保护。

青年学子往往都是涉世未深、少不谙事、思想单纯。大学生应该以警惕心认识复杂的世界，交朋结友、待人接物的时候既要真诚，也要谨慎，凡是涉及人身安全、财务安全的活动要三思后行，多找家人商量，防止上当受骗。应该以警惕心关注生活的细节，如用电的时候要使用有质量保证的电器，离开宿舍的时候要关好门窗。应该以警惕心学习生活必备常识、自救逃生知识。例如，2012年北京突如其来的一场特大暴雨淹没了许多车辆，个别车主被困在车中，无法逃生，让人们突然认识到，原来在大城市生活也需要学习一些自救方法。生活必备常识、自救逃生知识种类繁多，涉及方方面面，大学生不仅要全面学习，还应实战训练，培养良好的自我保护能力以及应急心态。

4. 以感恩情进行诚信教育

英国著名作家萨克雷说过：生活是一面镜子，你对着它笑，它也对着你笑；你对着它哭，它也对着你哭。在改革开放春风沐浴下成长的当代大学生本应是诚信与感恩的使者，爱国守法是他们的行为标尺，明礼诚信是他们的处事法则。可是，近年来，部分学生考试作弊、毕业拒还贷款、就业违约不断等失信行为大大损害了大学生的形象，大大降低了社会对大学生的信任度。

一次，美国前总统罗斯福家失盗，被偷去了许多东西，一位朋友闻讯后，忙写信安慰他，劝他不必太在意。罗斯福给朋友写了一封回信："亲爱的朋友，谢谢你来信安慰我，我现在很平安，感谢上帝：因为第一，贼偷去的是我的东西，而没有伤害我的生命；第二，贼只偷去我部分东西，而不是全部；第三，最值得庆幸的是，做贼的是他，而不是我。"对任何一个人来说，失盗绝对是不幸的事，然而罗斯福却找出了感恩的三条理由。

大学生应该从感恩的角度出发，认识到学习是来之不易的机会，应该认真钻研，积极备考，沉着应战，杜绝作弊不诚行为，营造良好考风考纪。大学生应该从感恩的角度出发，认识到助学贷款是国家和政府给予的特殊关爱，应该摒除后顾之忧，全心投入学习，在学有所成、力所能及之后按时偿还，把有限的资源传递给更多需要帮助的大学生。大学生更应该从感恩的角度出发，认识到签订就业协议是自己许下的承诺，既是企业对自己的信任，更是母校对自己的期望。西塞罗说："没有诚信、何来尊严？"树立现代学子良好形象，是每个学子应尽责任与义务，每个学子应该用自己的诚信行为向家庭、学校、社会交上一份满意的答卷。

案例思考

大学还需要课堂考勤吗

近日，《××大学法学院学生课堂考勤实施细则》在微博上走红，该细则将固定上课座位，让学生"难逃"教室，高校教师无须再担心学生悄悄逃课了。为保证日常考勤而"固定座位"的规定让学生们大呼"奇葩"："中小学固定座位理所当然，在大学这样自由的学习氛围中固定座位会不会是一种倒退呢？"有网友认为，学校为了严格考勤而制定这样的规定有失大学教育初衷，不过也有网友对这一规定不以为然，"现代学生面对的干扰太多。大学学风的确应该好好整顿。"制定细则的老师表示，这样的考勤制度不是因为逃课现象严重，而是学校重视学风的体现。[①]其实，国外许多大学也非常重视课堂考勤，不上课，根本没有资格参加考试。例如，哈佛大学的MBA（工商管理硕士）课堂，座位上都有学生的姓名台签，这样既有益于学生互相认识，也有助于教师考勤。

思考：

1. 课堂考勤与大学自由矛盾了吗？
2. 由此案例，请谈谈自由与规则之间的关系。
3. 你有什么更好的解决办法？

第四节　培养健全的情感人格

情感与人格，是描述人类特征的专属名词。然而，如梁启超在《论小说与群治之关系》说的那样："无论为哀为乐，为怨为怒，为恋为骇，为忧为惭，常若知其然而不知其所以然。"

---

① 隋莹. 华工法学院出大招固定座位谁还敢逃？[N]. 信息时报，2013-07-10（A19）.

很多人知道自己有喜怒哀乐爱恨怨憎的情感变化，也知道自己内向或外向不同的人格特征，但却不知道为什么是这样。它们包含什么，怎样产生，如何才能为我所用。张飞就是因为脾气暴躁、性格冲动，纵然其勇猛过人，最后也因鞭打士卒，被部下怀恨在心而杀死。因此掌握情感和人格的真正内涵是非常重要的，那是帮助自我控制、自我调节的法宝。

一、情感人格的含义

情感是人类特有的一种心理形态，是人们通过生理反应和表情行为体现出来的，对客观事物的主观感受和体验。

情感与情绪不同。情绪是以生理唤起水平、面部表情、姿势和主观感觉的变化为特征的某种状态。情绪反应的是感情反应的过程，就是脑的活动过程，从这点来说，情绪既可以用于人类，也可以用于动物。而情感常被用来描述具有深刻而稳定的社会意义的感情[1]，是"人们根据社会的道德规范评价自己和别人的举止行为、思想、意图时所产生的一种情感"[2]，如荣辱感、幸福感、归属感、集体感等。情感把人的情绪引入合情合理的表达渠道，并通过内部的激励和积极的调适，使人们把强烈的情绪转化为良好的情感，外化为追求真善美的自觉行动，逐渐形成稳定的习惯和固化的品质，进而融入人格中。

人格是人的各种心理特性的总和，指人所具有的与他人相区别的独特而稳定的思维方式和行为风格。在伦理学中，人格通常指道德人格，是指"个体人格的道德规定性，这是一个人做人的尊严、价值和道德品质的总和"[3]。

人格是由先天遗传因素与后天实践活动的相互作用而形成的。不同的遗传、生存及教育环境，形成了个性独特的心理特点。"人心不同，各有其面"，同样生性活泼的人，经历了家道中落、事业失败、重大疾病等困难和挫折后，有的人卧薪尝胆，形成了坚韧的人格，迎难而上，所向披靡；也有的人自怨自艾，形成了懦弱的人格，逃避退缩，一蹶不振。

正因为情感具有调节性能、人格具有动力功能，同时它们都可以经过后天训练培养而得到完善，因此人们可以有意识、有目标、有计划地塑造健全的情感和人格，利用主观意志与客观环境的互动，做到全面客观的自我认知、收放自如的自我控制、源源不断的自我激励，进而战胜艰难险阻、成就宏伟事业。

二、情感人格的内容

情感人格是一个复杂的结构系统，它们包含了各种成分，可以从心理学、伦理学、教育学、古典主义、现代主义、传统主义等不同的角度、维度对它们进行定义与分类。情感人格之于当代大学生最有用的不是它们的科学机理，而是如何利用这个有机的综合体展现个人与自我、个人与他人、个人与社会关系的协调统一，促进对荣誉与耻辱、理性与感性、顺境与困境、成功与挫折、利己与利他、索取与奉献等各种关系的妥善处理。因此，综合了各方的知识以及当前大学生的需求，我们认为，健全的情感人格包括正确处理智商、情

---

① 中国就业培训技术指导中心. 心理咨询师[M]. 北京：民族出版社，2009：61.

② 心理百科全书编辑委员会. 心理百科全书[M]. 杭州：浙江教育出版社，1995：1882.

③ 唐凯麟，龙兴海. 个体道德论[M]. 北京：中国青年出版社，1993：272.

商和逆商的三种关系。

1. 智商、情商、逆商的概念

智商（IQ）是众所周知的名词，是一种表示人的智力高低的数量指标，由内智力和外智力两部分共同构成。内智力主要是指大脑的思维能力，包括注意力、记忆力、观察力、理解力、想象力、推理力、创造力、思考力、洞察力和内省力十种思维智能。外智力主要是指人所拥有的知识、经验和技能。内智力是智力的核心，是先天遗传的。外智力是智力的外壳，是靠内智力在后天的学习和实践中逐渐积累起来的。[①]斯坦福—比内智力量表对四种能力进行测验：语词推理、数推理、抽象/视觉推理、短时记忆，将一般人的平均智商定为 100。根据这套量表测验的结果表明，正常人的智商大多为 85~115。

情商（EQ）指的是一个人认识和管理自我情绪、自我激励、认识他人情绪、人际关系处理等能力。根据美国心理学家丹尼尔·戈尔曼的理论，情商主要包括自知、自制、自励、通情达理、和谐相处五个方面。自知就是能准确地识别、评价自己和他人的情绪情感，能及时察觉自己的情绪变化，能归结情绪产生的原因。自制就是适应性地调节、引导、控制、改善自己和他人的情绪，能够使自己摆脱强烈的焦虑忧郁，积极应对危机，并能增进实现目标的情绪力量。自励就是利用情绪信息，整顿情绪，增强注意力，调动自己的精力和活力，适应性地确立目标，创造性地实现目标。通情达理就是能设身处地考虑他人的情感感受和行为原因，具备换位思考的能力和习惯，理解和认可情感差别，能与自己的观念不一致的人和平相处，理解别人的感受，察觉别人的真正需要，具有同情心。和谐相处就是能妥善处理人际问题，与他人和谐相处。[②]

逆商（AQ），对许多人来说比较陌生，它是美国著名商业顾问保罗·史托兹于 20 世纪 90 年代提出的崭新概念，现已得到了世界的广泛认同。逆商指的是面对挫折、摆脱困境和超越困难的能力。保罗·史托兹认为，逆商主要包括四个部分：控制、归因、延伸、耐力。控制就是人们对周围环境的信念控制能力。控制感弱的人只会逆来顺受，控制感强的人相信人定胜天。归因就是分析逆境发生的原因，把陷入逆境的原因归因为内因的人会说："都是我的错、我注定要失败。"把陷入逆境的原因归因为外因的人会说："都是因为时机不成熟才造成了失败。"延伸是指陷入逆境所带来负面影响的范围。高逆商的人能够大事化小小事化了，而低逆商的人则小题大做、把简单的事情复杂化。耐力就是陷入逆境所带来负面影响的时间。高逆商的人相信逆境很快过去，低逆商的人相信困境将长期存在。

2. 智商、情商、逆商的关系

高考状元算是高智商的代表。然而，此前一份调查报告显示，在历年的 1 000 余位高考"状元"中，几乎没发现一位是做学问、经商、从政等方面的顶尖人才，他们的职业成就远低于社会预期。大量资料表明，在充满竞争和挑战的当今世界，事业的成败、人生的成就，不仅取决于人的智商（IQ），还取决于人的情商（EQ），更在一定程度上取决于人的逆商（AQ）。智商使人发现机会，情商使人抓住机会，逆商使人利用好机会。有学者认为，

---

① 里尔登. 职业生涯发展与规划[M]. 北京：高等教育出版社，2005.

② 戈尔曼. 情商：为什么情商比智商更重要[M]. 北京：中信出版社，2010.

100%成功 = 20%IQ + 80%（EQ + AQ）。

智商高、情商高的人能够为自己营造良好的发展环境，从而把握机会，事事顺利、春风得意，在事业上获得成功；智商低、情商高的人，就算能力不行，但由于人缘好，能够与人友好相处，关键的时候也有贵人相助；智商高、情商低的人会整天怨天尤人、怀才不遇；智商低、情商低的人则往往眼高手低，一事无成。

逆商的高低则会影响人生的质量和水平。一些人虽然也曾经努力过，但收效甚微。在人生的旅途中遭遇了困难，漫长的、看起来毫无结果的征途使他们厌倦了，于是，他们就会停下来寻找一个避风的港湾，他们会说："这就足够了。"他们找一些堂而皇之的借口放弃了梦想，放弃了追求，选择了自认为是一条平坦、较轻松的人生道路。但是，随着时间推移，事实恰恰相反，他们将付出更大的代价，可能会遇到更大的逆境。而那些敢于面对逆境的人，他们勇往直前，无论环境有利还是不利，人生幸运还是不幸，他们都不会停止前行。他们在逆境面前保持一种生命激情，绝不让年龄、性别、身体缺陷或者其他障碍阻挡自己去实现成功愿望的脚步。[1]

史玉柱曾经是莘莘学子万分敬仰的创业天才，5年时间内跻身财富榜第8位；也曾是无数企业家引以为戒的失败典型，一夜之间负债2.5亿元；而如今他又是一个著名的东山再起的先驱，再次创业成为一个保健巨鳄、网游新锐、身家数百亿的企业家。史玉柱再次崛起的故事，凸显出逆商的魅力与价值。

3. 智商、情商、逆商的培养

一方面，当代大学生从入学起就承受着来自各方面的压力，诸如：学业上的压力、综合素质的提高、未来就业的不确定、环境的不适应等，而另一方面，大学生正值青春年少，缺乏人生经验，抗挫折能力与调控能力较差。面对困境与重压，容易沉陷在消极的泥潭而不能自拔。例如：一些大学生不能承受学习成绩下降、失恋等带来的身心压力，呈现焦虑、失眠、抑郁、恐惧；个别学生精神崩溃、走向极端……身心的失衡，不仅影响其智力的发挥，而且还会使其潜能的挖掘、综合能力的培养、人格的完善受到抑制。智商、情商、逆商都是人类的重要心智，特别是情商和逆商，因此加大力度培养学生的情商和逆商，是高等教育的重要任务。

培养情商和逆商，应该要先从认识自我开始。约哈里窗是一种自我意识的发现—反馈模型。这个模型将人的内心世界分为四个区域：开放区、盲目区、隐秘区、未知区。人们可以通过建立在任务、信任基础上的交流，扩大开放区，缩小盲目区和隐蔽区，揭明未知区。

培养情商和逆商，还需要找到一种适合自己的情绪调节器，在感觉快要失去理智时使自己平静下来，从而使血液留在大脑里，作出理智的行动。有人深呼吸，直至冷静下来。而有人则采用水疗法，洗个热水澡，让怒气和焦虑随浴液的泡沫一起消失。

培养情商和逆商，关键是要找到一种适合自己的能量激发心智。有些人奋斗是为了刷新触摸云端的高度。有些人认为，人生就是各种体验的集合，酸甜苦辣都是难得的味道。有些人认为，没有人一定要对自己好，因此如果遭遇了困境而没人帮他，那是正常的，没

---

① 张笑恒. 哈佛逆商课[M]. 武汉：武汉出版社，2012.

理由埋怨对方，如果有那么几个人伸出了援手，则是一种难能可贵的感动，从此人生就再也没有埋怨而充斥着的则满是感动了。

三、情感人格的作用

弗洛伊德的冰山理论表明，意识和潜意识犹如大海中的冰山。冰山貌似巨大但是浮出水面的只占了十分之一，潜意识相当于是水下的冰山，意识只是浮出水面的冰山一角。就像冰山潜藏在水面以下的部分支撑和控制着显露在水面上的小部分，潜意识在某种程度上支撑和决定着人的意识发展。[①]情感人格正是一种隐性的心理素质，它们对大学生走向社会、适应社会、建设社会，发挥着基础支撑、动力支持、凝聚人心和价值升华的重要作用。

1. 情感人格是快乐人生的基础支撑

"人生不如意事十之八九"，"计划不如变化快"，很多事情不以人的意志为转移，生活中充斥着各种各样的烦恼：工作上杂乱的琐事、身体上偶尔的小疾、感情上的磕磕碰碰……人们要坚强地活下去，更要快乐地活下去，靠的就是健全的情感人格。痛并快乐、以苦为乐、苦中作乐，这些词语无不体现了强大的"我命由我"的支撑作用。俗话说得好，境由心生——问题本身不是问题，如何对待它才是最大的问题。台湾著名作家林清玄曾给朋友赠送一副对联：常想一二，不思八九。他解释道：人们的生命里面不如意的事占了绝大部分，倘若心为物役、患得患失，就只会被悲观、绝望窒息心智，人生的路途注定如负重登山、举步维艰。但扣除八九成的不如意，至少还有一二成是如意的、快乐的、欣慰的事情，如果要过快乐人生，就要常想那一二成好事，就会深感庆幸、倍加珍惜，不致被八九成的不如意所打倒了，以那份豁达与坚韧去化解并超越苦难。[②]

2. 情感人格是自我发展的深层动力

列宁曾说："没有人的感情，就从来没有也不可能有人对于真理的追求。"健全的情感人格使大学生在自我教育、自我管理和自我发展的过程中，拥有充沛的感情，并将这种强烈的情感转化为源源不绝的内生动力，外化为自觉、坚定和持续的行动，帮助我们实现行动目标。无论是顺境还是逆境，成功还是失败，健全的情感人格都能使我们进行及时有效的自我调适，做到"顺境逆境无止境""胜不骄败不馁"。尤其是面临理想和现实的落差、挫折和失败的考验、寂寞和欲望的折磨时，健全的情感人格将以强大的内心世界支撑积极的自我调适，运用"咬咬牙就会过去""山高人为峰""守得住寂寞就不寂寞""风雨之后是彩虹"等积极的心理暗示和主观判断，始终保持乐观豁达、平和宁静、积极向上的心态，"不以物喜、不以己悲"，坚守目标，坚定信念，坚持进取，迎来最终的胜利。

3. 情感人格是凝心聚力的重要法宝

健全的情感人格使人充满亲和力、凝聚力和感召力，真诚的言行更容易打动他人，感染他人，引起他人内心深处的共鸣，从而由"我为人人"的起点收获"人人为我"的终点，

---

① 弗洛伊德. 弗洛伊德心理哲学[M]. 北京：九州出版社，2011.
② 庞丽娟. 心态的惊人力量情绪的巨大作用大全集[M]. 北京：中国华侨出版社，2011.

拥有良好的人际关系，打下坚实的群众基础，得到他人的信任、支持和帮助，壮大成长发展的力量，取得事业的成功。正如汉高祖刘邦在与项羽逐鹿中原的对决中，虽然刘邦曾一度处于劣势，兵力和城池也远少于对方，但他礼贤下士、善纳良言、用人不疑，不少能臣猛将纷纷前来依附，其中韩信、陈平等不少人还曾是项羽的部下。正是因为凝聚了大多数人才的力量，刘邦最终得以扭转乾坤，赢得天下。任何事情仅靠单打独斗，必然事倍功半。培养健全的情感人格，便能营造良好的外部环境，得到更多的认同和支持，凝聚更多攻坚克难的外部能量。

4. 情感人格是价值升华的圆满体现

健全的情感人格是真、善、美的统一，是本我、自我、超我的协调，是知、情、意、行的结合，它既体现了个人对于幸福美好生活的追求，满足了物质需求和精神需求，实现了自我的价值，同时也兼顾了个人与他人、个人与集体、个人与社会关系的妥善处理，做到了"个人进步我负责、集体进步我有责、社会进步我尽责"，作出了对集体、社会和国家积极有益的行动，体现了集体荣誉感、社会责任感和爱国使命感，实现了自我价值向更高层次的升华。华南理工大学"标杆工程"之"感动华园十大人物"的获奖者们都是具有健全情感人格的青年学子，他们强大的内心世界，以及对真理、正义、仁爱、善良、和谐、美好的执着行动，深深地感动着、感染着、激励着广大师生，使个人崇高的价值追求如春风化雨般润物无声，深入人心，发展壮大，逐渐发展成为广大师生向往、效仿、坚持的共同价值。

四、培养健全情感人格的方法

情感人格的先天禀赋，人们无法改变，因此关注情感人格的后天培养更有意义。生存于社会之中的人们主要面对三个层次的关系：人与自我，人与家庭，人与他人。只有学会处理好这三个层次关系，才可能培养健全的人格。

1. 以接纳和完善处理自我关系

在所有的关系中，人与自我的关系是首位的。恰如其分地认识自我，实事求是地评价自我，是自我调节和人格完善的重要前提。如果一个人不能正确客观地看待自己，看不到自己的优点，觉得处处不如别人，就会产生自卑，丧失信心，做事畏缩不前；相反，如果一个人过高地估计自己，也会骄傲自大、盲目乐观，导致工作的失误。更严重的是，如果一个人将引起他内心痛苦的意识活动与自己的精神系统脱离开来，以保护自己，往往会丧失自我的整体性，最后演变成为人格分裂，造成永远也无法修复的损伤。

要处理好自我关系，首先要学会自我接纳。自我接纳是指个体对自身以及自身所具特征所持一种积极的态度，即能欣然接受自己现实中的状况，不因自身优点而骄傲，也不因自身缺点而自卑。自我接纳是一个人健康成长的前提。一个人如果不接纳自己，连自己的问题都不敢正视，那他怎么能引导自己向上？不接纳自己的人往往会把更多的能量用在自我否认和排斥上，带着那么多对自己的不满、失望，甚至否认和拒绝，又怎么可能茁壮成长？自我接纳的第一步就是要停止对自己的苛责和非难，第二步就是要无条件地接受本来的自己。①

要处理好自我关系，还要学会自我完善。要在自我接纳的基础上客观而全面地认识自己，包括长处和短处，从而扬长避短、发挥优势、取长补短、减少劣势。自我完善的第一步就是要确定自我完善的任务目标，第二步就是要制订自我完善的行动计划，第三步就是在行动过程中不断地感受、体验和总结方法。

案例思考

我的优势在哪里

某重点大学三年级学生杨静所在的 316 女生宿舍可以算是整个年级最牛的宿舍了。全年级学习第一的超级学霸陈蕾，让男生都闻风丧胆的羽毛球、乒乓球双料冠军田萌，叱咤风云的校学生会主席曹家惠都是这个宿舍的成员。星光熠熠的舍友们让杨静顿时觉得自己暗淡无光：在学习上，她永远都是千年老二，屈居于陈蕾之后；在体育上，她单打水平比不上田萌，和陈蕾搭档才获得了学院羽毛球双打冠军；在工作上，她也超越不了家惠，只在学院学生会里担任实践部部长。杨静向辅导员倾诉了自己的苦恼。辅导员说："你一点都不需要自卑。我反而认为你是 316 宿舍里最棒的人。"杨静向辅导员投去讶异的眼神。辅导员继续说："你是综合素质最高的。首先你的学习很好，学习第二名可不是那么简单的，羽毛球双打冠军也是冠军啊，学院学生会也成功举办了很多大型活动啊，你是老师的得力助手。"一语惊醒梦中人，杨静突然觉得自己充满了力量。

思考：

1. 在与舍友们的对比中，杨静的优势在哪里？

2. 在与辅导员谈心后，杨静应该如何调整自己的心态？

3. 由此案例，你有什么感悟？

2. 以沟通和理解处理家庭关系

许多心理学研究早已证明：早期生活经历，特别是原生家庭对个人的成长起着至关重要的作用，甚至会影响个人的一生幸福。原生家庭建立的是一个人的个性、感情、价值观的基础，如同一个大厦的地基，埋藏在地下，看不到，但是却是支撑起整个人的情感人格。每个人就是在这个地基上，不断地建构自己的精神家园。当一个人对这个基础产生怀疑后，苦心经营的千年基业都可能在一瞬间倒塌。一些学生严重的心理问题源于从小父母关系紧张、缺乏关爱和沟通，导致他只会用"恨""死"这类词语来定义和处理人际关系。

要处理好家庭关系，就要与父母进行良好沟通，搭建理解的平台，当然这需要同父母一起努力。某研究机构发布的一份中小学生家庭教育状况的报告显示，92.3%的家长称教育孩子很难，其中"棍棒"教育受追捧、父母与孩子间平等交流方式缺失造成家庭"冷暴力"。尽管父母要为家庭关系紧张负很大的责任，但是作为沟通另一主体的孩子也可以主动迈出积极的步伐。第一，不要苛求。父母把自己养大成人已经是居功至伟了，他们身上或

---

① 兰迪·拉森. 自我与人格：人格心理学的认知革命[M]. 北京：人民邮电出版社，2012.

多或少存在这样那样的毛病，那些都不是原则问题，可以一笑置之。第二，经常谈心。每个父母都是深爱自己孩子的，只是有些人不善于表达而已，他们不闻不问不代表他们不关注。因此孩子如果能够经常和父母谈谈自己的学习、自己的生活，相信双方的关系会越来越融洽。第三，及时关爱。如果孩子能够在节假日为父母送上祝福、在父母生病的时候嘘寒问暖，就会如同回声一般，你付出的是什么，生活就会回报你什么。

3. 以宽容和尊重处理人际关系

人不能与世隔绝地生活，人际关系是每个人必须面对的关系。人际关系之所以让人苦恼，主要是它的复杂性，同样的人群里可能同时存在吸引或排拒、合作或竞争、领导或服从等看似相互矛盾的关系。例如，一个宿舍里的四个学生，来自五湖四海，生活习惯迥异，大家互相学习、互相合作，但同时互相督促、互相竞争。只要在宽容和尊重的基础上与人交往，肯定会如鱼得水，相谈甚欢。

要处理好人际关系，首先是学会宽容。《论语·子路》里说"君子和而不同，小人同而不和"。人与人之间存在差异，是再正常不过的事情。人际交往中难免会产生误解和矛盾。如果每个人在对非原则性问题不斤斤计较，能够推己及人，以德报怨，谦让大度，不拘小节，"做到宰相肚里能撑船"，"化干戈为玉帛"，肯定能够赢得更多的朋友。宽容克制并不是软弱、怯懦的表现。相反，它是一种度量，一种豁达，是建立良好人际关系的润滑剂。

要处理人际关系，还要学会尊重。尊重是一种修养，一种品格，一种不卑不亢、不俯不仰的平等相待，是对他人人格与价值的充分肯定。任何人不可能尽善尽美，完美无缺，每个人不需要以高山仰止的目光去审视别人，也没资格用不屑一顾的神情去嘲笑他人。假如别人某些方面不如自己，也不要用傲慢和不敬的话去伤害别人的自尊；假如自己某些方面不如别人，也不必以自卑或嫉妒去代替应有的尊重。一个真心懂得尊重别人的人，一定能赢得别人的尊重。[①]

核心概念

理想信念　道德情操　行为规范　情感人格

客观题

自学自测

扫描此码

---

① 曾仕强. 圆通的人际关系[M]. 北京：北京大学出版社，2011.

第四章

知识构建——探索智慧浩瀚的知识世界

【本章导读】

作家王蒙结合自己的学习经历把学习区分为"身外之学"与"身同之学"。所谓"身外之学",他说:"为应试而恶补的东西,考完多半就忘了。可以作为谈资的东拉西扯,虽然能够用来炫耀知识渊博,却也凸显了谈主的浅薄。过目成诵是令人羡慕的,例如能够背诵多少书,甚至指出哪一页都能应声而诵,但这毕竟是小学生的功夫,背得再好也赶不上一台最初等的电脑。所以我一直认为沿用这种路子宣扬学问是一个误区,是炒作而不是严肃的评价……"[①]所谓"身同之学"就是指学习培养的不是一物一事一桩一门的知识和技巧,而是全面的智力、能力、意志与理念,全面的人品、风度、气质、性格,身体的与精神的全部力量。例如,智慧、镇静、从容、远见、坚定、博大、高尚、善良、潇洒、机智、耐心……这些都不是可以临时补充、临时改变、临时完成的。"

一提起学习,在校大学生很容易把"学习"与"分数""文凭""学历"联系起来。实际上,我们不能把大学阶段的目标界定得如此狭隘,而应把"如何提高自身素质和能力"作为大学阶段追求的最主要的目标和动力。快速发展的当代社会需要高素质、高能力全面发展的人才,那种只知死记硬背而不会灵活运用,高分低能、高文凭低水平的人是适应不了社会的迅猛发展的,而且或迟或早会被社会所淘汰。只有撇开"身外之学"的旧观念旧方法,努力学习"身同之学",坚持探索浩瀚的知识世界,构建起丰富合理的知识结构,才能在激烈的社会竞争中发挥优势。

第一节 知 识 结 构

一、知识

"知识改变命运""知识就是力量",知识对于大学生的作用不言自喻。人们常常提及"知识"这个词,但是何谓知识?德国哲学家康德认为,知识总是表现为判断的形式,在判断中有所肯定或有所否定。但是,不是每一判断都是知识。一个综合判断要成为知识必须有必然性,即同它相反的命题是不可思议的;它还必须具有普遍性,即不容有例外[②]。柏拉图认为,知识是经过证实的正确认识。第二次世界大战以后,由于科学技术的发展,人们对知识概念的认识有了新的发展。

1958年,英国哲学家迈克尔·波兰尼提出了隐性知识的概念,他认为知识有两类:一

---

① 王蒙. 王蒙自述:我的人生哲学[M]. 北京:人民文学出版社,2003:39-40.
② 梯利. 西方哲学史[M]. 葛力,译. 北京:商务印书馆,1995.

类是显性知识，一类是隐性知识。显性知识通常被描述为可以以书面文字、图表和数学公式加以表述的知识。显性知识可通过编码呈现，可清楚说明，较为客观。例如我们在书本上学的专业知识就属于一种显性知识。还有一类未被表述的知识，它不容易被文件化、传递或说明，是个体的知觉、想象力、创意或者技巧，无法清楚说明，相对主观，这是隐性知识。到1995年，日本知识管理专家野中郁次郎在《知识创造公司》中提出了显性知识和隐性知识相互转换的 SECI 过程：群化（socialization）即通过共享经验产生新的意会性知识的过程；外化（externalization）即把隐性知识表达出来成为显性知识的过程；融合（combination）即显性知识组合形成更复杂、更系统的显性知识体系的过程；内化（internalization）即把显性知识转变为隐性知识，成为组织的个人与团体的实际能力的过程。1996年，OECD（世界经济合作与发展组织）在《以知识为基础的经济》报告中，将知识分为四类：知道是什么的知识（know-what），指关于事实的知识；知道为什么的知识（know-why），指自然原理和规律方面的科学理论；知道怎样做的知识（know-how），指做某些事情的技艺和能力；知道是谁的知识（know-who），它涉及谁知道和谁知道如何做某些事的信息。可以看到，前两类知识属于显性知识，后两类属于隐性知识。

由上可知，知识其实是我们头脑对客观物质世界的信息接收与加工后的结果。一方面，客体的信息内容经过我们的编码、重构后被概念化，成为能被我们接收和运用的信息组合，是我们掌握和积累知识的过程；另一方面，客体的信息内容经过我们编码、转译与重构后被符号化，以感性形式再表现出来的信息组合，是我们运用和创造知识的过程。

二、知识结构

知识结构，是一个人所拥有的知识体系的构成情况与结合方式。知识结构的形成是通过大脑对知识进行吸收、储存、整合、加工，并且对知识按照一定的类别等规则进行整理形成具有整体性的体系。古希腊哲学家亚里士多德在《形而上学》里论述了理论方法，即"是什么"和"为什么"的知识的重要意义，又在《工具论》里强调了理论、方法和方法论对于学习与研究的重要意义。他认为，技术和技能固然重要，但掌握理论和方法才是根本。前者让我们知道操作层面的技能，而后者才能使我们知道原理和原因，在更高、更广的层面开展工作。这是我们在学习知识建构自己的知识结构时应把握的重要方向。

对大学生而言，最基本的知识结构就是学科知识结构。通过系统学习、动态整合以及内化，将所学的学科知识组合成一定的框架。但是，学习同样的学科知识，不同的人有着不一样的学业表现。有的学生能将所学知识应用于实践，在学习过程中还能进行创新和创造，有的学生则仅停留在知识的简单吸收层面上。这归因于我们建立了不一样的知识结构。能灵活应用、具有创新性的学生拥有动态、优化的知识结构，能广泛且及时地吸收新知识，并对已有知识结构进行调整和优化；只简单接受知识的学生的知识结构相对单一和固化，不具有动态性、全面性。

（一）知识结构分类

从层次上讲，知识结构可分为静态知识结构和动态知识结构。

知识的静态结构是指暂且把知识的现实性关系及动态展开的过程抽象后所得到的仅就

知识本身内部要素及其组合方式而言的一种知识结构。[①]知识的静态结构包括了元结构、学科结构和总体结构三个相互关联的层次。学科结构是元结构的具体表现形式。学科间的交叉与融合，导致了概念的共享、原理的互补、方法的同构，从而把人类知识从总体上结合起来，便有了从总体上反映知识全貌的总体结构。

知识的动态结构是知识体系在个人头脑中的内化而形成的由智力联系起来的多要素、多系列、多层次的动态综合体。知识的动态结构并不是知识的静态结构在我们头脑中的简单积淀，而是一个在时间和空间维度上不断进行调节、完善、优化，不断趋于合理的动态结构。

在调节、完善、优化的过程中，我们通过丰富知识信息储备、大量吸收学科知识、增加知识的种类和数量等来增加我们知识储备的潜在能量。学习知识时，我们应明确的是，不要为了学习而学习，从而把知识变成一堆积淀在头脑中的僵死教条。在调节、完善和优化知识结构时，要增加知识量，大量学习学科知识，深化专业知识，全面充实知识储备系统。只有积累了一定规模的知识，我们才可能使自己认识能力和改造世界的能力有显著提高。另外，系统深入扎实地学习知识，掌握一定规模、一定数量、门类的学科知识，是我们优化自己知识结构的一个最起码要求。否则，知识结构的优化只能是一句空话。在大学阶段，我们学习哪方面的知识、不学习哪方面的知识，并不能完全取决于自己的兴趣和爱好，还应考虑到未来想从事的职业和专业领域，尽可能广泛地吸收知识。最后，我们还应运用知识、使知识进入实践领域、服务于实践目标，这才是我们优化知识结构的最终目标。在大学学习阶段，随着知识量的增加，我们要不定期把储备的信息全面地激发出来、调动出来，促进知识储备系统的调整和重构。除了被动接受知识，我们还要主动学习和思考，积极参加校园活动和各种社会实践，在实际操作中检验和巩固所学知识，使我们的知识体系向更高层次跃迁，从而为我们进入社会，得心应手地将知识运用于工作中创造条件。

（二）知识结构模型

知识结构模型能加深我们对知识结构维度的了解。许多研究者对知识结构模型进行了构建。其中较为常见的有以下几类。

1. 蜘蛛网式知识结构模型

蜘蛛网式知识结构模型是管理学家孔茨（Koontz）提出的一种以学科为研究对象的知识结构模型。该模型分为"核心"与"外围"两部分：核心部分是专业知识，外围部分是与专业相关的其他学科的知识。其他学科的知识远近按照与专业知识的相关程度依次排开。

2. 层次知识结构模型

我国学者马洪提出层次知识结构模型，他认为知识分为三个层次：第一个层次是本学科的专业知识，包括学科概念体系、理论体系、研究方法、研究工具等；第二层次是相关学科的知识，即与本学科关系较大的学科知识；第三层是一般知识，如基本的常识、自然

---

① 昌家立. 关于知识的本体论研究——本质结构形态[M]. 成都：四川出版集团巴蜀书社，2004：50.

科学知识等。马洪还提出这三个层次的知识是金字塔形（图 4-1），其中一般知识是基础，处于最底层，其次是相关学科知识，处于金字塔最高层的是本学科知识[①]。

图 4-1　马洪的层次知识结构模型

3. 个体与社会知识结构模型

陈东玉于 2003 年提出个体与社会知识结构模型（图 4-2）。她将知识结构分为个体知识结构与社会知识结构。个体知识结构是知识在大脑中的排列状况，被称为主观知识。社会知识结构是某个国家或民族所获知识的积累和凝结，属于客观知识。个体知识结构和社会知识结构通过知识的转化—创新—转化而密切联系。具体来说，社会知识结构的客观知识主观化后成为个体知识结构中的一部分，个体通过实践形成的正确知识成为客观知识，成为社会知识结构的一部分，供社会共享。

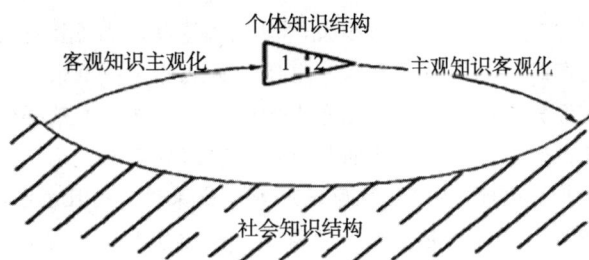

图 4-2　个体与社会知识结构模型[②]

（三）合理知识结构

合理的知识结构是大学生文化素质的重要方面。合理的知识结构具序列性、整体性、动态性特点。序列性是指知识结构层次分明，具有由浅到深、由外围到核心、由基础到应用等层次。我们能迅速地从层次分明的知识结构中抽取出相应的知识对问题进行解决。整体性是指知识结构具有系统和综合的特点。具有整体性的知识结构拥有广博的知识储备，知识与知识之间有机相连，能迅速发现知识之间的内在联系，容易产生创新的思想。动态

[①] 王通讯. 论知识结构[M]. 北京：北京出版社，1986.
[②] 陈东玉. 个体知识结构与社会知识结构——兼谈主观知识与客观知识[J]. 现代情报，2003（2）.

性是指知识结构能根据客观世界的发展与实际需求进行调整。动态的知识结构能使个体与客观世界保持紧密的联系。大学生都需要使自己的知识结构保持动态性，能结合研究的需要，吸收最新的研究进展，以促进自己的研究。

合理的知识结构对大学生的成长与成才有着巨大作用。

首先，合理的知识结构能帮助我们树立正确的价值观。科学知识的积累能使人具有客观的价值判断，人文艺术的熏陶能使人具有高尚的道德情怀。缺少任何一面都无法使个体形成与社会发展大趋势相吻合的价值观念。

其次，合理的知识结构是创新的基础。全面、动态的知识结构能促进个体思维的改善，尤其是现今学科的发展呈现出学科交叉的特点，如果没有全面的知识结构，学生在学科的发展上无法从多角度思考问题，进而从新的角度提出问题的解决办法。以雷达的发明为例，如果对蝙蝠声呐系统不了解，发明者无法将蝙蝠的生物功能运用到雷达的制造上。

最后，合理的知识结构还是复合型人才的必要条件。随着经济发展，社会对人才的要求越来越高，学有所专并具有广博知识面的复合型人才受到青睐。复合型人才拥有专业的知识结构以及以专业知识结构为核心向外辐射的多学科知识结构。因此，大学生在学习中应有意识地在学习本专业学科知识之外，涉猎与专业相关的其他学科知识，以构建合理的知识结构。

案例

合理的知识结构

凯春在大学期间曾获多项荣誉，回顾大学四年的学习，他还能清楚地回忆大一参加学院举办的智能控制大赛时，把芯片、电容、电阻、数码管等一堆东西焊接到电路板上，却忘了给所有芯片的电源脚连接电源导致比赛失败的经历。这次失败给他的教训是，电子设计需要一定的电路基础和实践经验，他的知识结构仍需要完善。于是，从大二开始，他不仅提前学习《微型计算机原理》《单片机原理》等专业课程，而且自己买了一块 51 单片机学习板，把学习的理论知识应用起来，一边看书，一边实践，学习效率特别高。

在自动化专业有这样两句话，叫作"强弱并重，软硬兼施"，其中"强"是指强电，"弱"是指弱电，"软"是指软件，"硬"是指硬件。这是要求学生必须把强电、弱电、计算机软件和计算机硬件都学好。真正做到，才是合格的自动化专业毕业生。但单靠课堂上的学习是做不到的，因此，在课余时间，必须加强动手能力的训练，把知识应用到实际中去，理论与实际相结合，形成完善的知识结构，这才是最好的学习方法。[①]

从凯春的例子里，我们认识到完善自己的知识结构对于专业的发展至关重要。现在请你尝试对自己目前的知识结构进行回顾和反思，尝试列出在专业学习中需要哪些知识，你已经掌握了哪些部分的知识，还有哪些部分的知识仍然需要补充？尝试运用所学的知识结构模型来进行分析。

---

① 张振刚等. 华南理工大学学生工作创先争优标杆工程三好学生标兵[M]. 广州：华南理工大学出版社，2012：115-116.

第二节　合理知识结构构建的基本要求

合理知识结构的建立，不仅取决于个人所学知识的数量和质量，更重要的还要看其构成方式是否优化。要建造最佳知识结构，应当遵守以下几项基本原则。

1. 整体性原则

这是合理知识结构最基本的原则要求，它是知识系统本身以及其各要素内在联系的规律所决定的。对个人来讲，要从整体上把握人类现有的全部知识是不可能的，但可以使自己的知识成为整个链条上的一环，并自成体系。这就要求我们按照需要精选知识种类，并使各类知识在整体中都能恰当地发挥作用。捷克民主主义教育家、西方近代教育理论的奠基者扬·阿姆斯·夸美纽斯（1592—1670）在教育史上最早从理论上详细阐述了班级授课制及其运行机制。教科书很可能是他的发明，使学生能够通过教科书系统地学习理论知识。实践证明，通过大学安排的课堂和教科书进行学习，是最有效让学生构建整体性知识结构的途径。因此，大学生必须重视课堂上课和研读教科书，认真遵循考试和考查制度，才能使自己的整体性知识构建得以有效的实现。

2. 核心性原则

这是由知识结构内各要素横向联系的规律所决定的。核心知识通常是精深和高效的专业性知识，有人把它比作合理知识结构的"根据地"，把它的外围层次比作"游击区"。这就要求大学生在校期间，既要加强专业知识的学习，形成对自身将来的职业发展关键的核心知识结构，又要有计划地涉猎其他知识，建立起广博的外围知识系统。在这里需要提醒的是，在学习好本专业课本的"核心知识"以外，还要重视开阔视野。比如说，工科大学的学生，除了学习专业知识外，还应当涉猎哲学、工商管理、法律等方面的知识，甚至还可以去学习文学、音乐和绘画等方面的课程。一个人思想和精神的丰满，往往来源于人生经历的丰富，来源于思想理念的端正，来源于艺术的熏陶和激发。例如，芭蕾舞艺术作为一门综合的高雅艺术，具有使人开阔视野、陶冶情操、焕发活力的三个重要功能。经典的芭蕾舞剧那传奇的故事、壮观的场景、华丽的服装、优雅的造型、优美的旋律、默契的配合，不仅带给我们一场盛大的视听艺术盛宴，而且能够让我们在内心感受到无尽的温暖和力量，让生命激荡起澎湃的春潮，唤起我们对美好生活和事业的向往与憧憬。芭蕾舞艺术是人类文明中最纯粹、最优美、最高尚的思想情怀和艺术理念的一种表现形式。学习、欣赏和感受芭蕾，对于心生渴望以学习专业知识、激发灵感以开展学术研究、注重韵律以进行思想表达，具有潜移默化的引导功能。

3. 层次性原则

大学生合理知识结构的建立必须从低到高，在知识的纵向联系中，应该把基础层次、中间层次和较高层次分别对待。例如，对于机械工程专业的学生，基础层次的知识就是高等数学、理论力学、材料力学、画法几何、机械原理等基础性的学科知识，中间层次的知识就是机械加工工艺、计算机原理、机床自动控制等专业知识，较高层次知识则包括哲学、科学研究方法论等。这些知识构成了机械工程师最基本的知识结构。

4. 动态性原则

由于事物总是发展变化的，在知识迅速增长的时代，大学生的知识结构也一样，不应处于僵化停滞的状态，必须根据社会的进步、科学的发展和时代的要求，不断调整、充实、丰富与更新，以适应科技发展需要。在大学学习，如果光学好老师安排的教科书，显然是不够的。因为一本教科书，对每一个概念、每一个命题、每一个理论不可能都一一解释得很透彻。而且，一些学科专业知识更新了，而所使用的教科书来不及更新，就会影响我们对新知识的获取。所以，要学会从其他参考书来寻找答案。在大学学习中，大学生应当养成去图书馆学习的好习惯。图书馆和课室才是最好的学习场所，那里不仅有良好的学习氛围，还有图书资料可供随时查找翻阅，可以使得我们的学习效率大大提高。还有，大学生在大学学习期间，还应当多听不同学科、不同类型的讲座。一个好的讲座，往往凝聚了一个学者长期的研究和思考心得，其中的一些想法和观点能够给我们以启发与指导。

构成人的能力的基本因素是人的知识，构成人的能力结构的基本因素是人的知识结构。因此，从未来人才所需要的能力结构及其特点出发，当代大学生在构建自身知识结构时，还应遵循以下几点要求。

一、专业基础有深度

在现代社会激烈竞争的条件下，想要事业发展得好，不仅要基础知识扎实，也要专业知识精通。对大学生而言，在校期间必须重视基础知识和专业知识的积累，不能有所偏颇。

一方面，高度重视基础类知识的建构，使基础知识扎实、厚重。千里之行始于足下，要建百丈高楼，不打好地基是不行的。著名作家夏衍说：每一个科学家、文学家、艺术家在他们成"家"之前，绝无例外地都在文、史、哲、数、理、化等方面经过艰苦的努力，打下了坚实的基础。美籍华裔科学家丁肇中说：个人能否成才，关键在于能否打好基础。当代物理学家周培源说：掌握知识，就要在某一个学术领域或几个领域内获得一定宽度与深度的基础知识，这是培养一个科学工作者必要的前提。这都让我们看到了基础知识的重要性，重要的是，未来社会的发展对人才基础类知识的要求并没有降低，而是越来越高。一是因为基础类知识是形成人才通用能力的主要来源，通用能力是未来人才的基本能力，那么形成未来人才所需的通用能力的基础类知识的范围和深度都应进一步扩大与加深，如形成人的思维能力的哲学、逻辑学、数学和各种思维方法的知识等，形成人的表达能力的中外语言知识，形成人的鉴别审美能力、自我调整控制能力和社会交往能力的社会发展规律知识、心理学知识、公共关系知识等，形成人的计算机操作能力的计算机知识等。二是因为未来社会对每一个人所从事的特殊专业能力要求也是越来越高，因此要求与专业能力直接有关的基础类知识如规律本质类知识和事实现象类知识等更加扎实、牢固。近几年的教育改革提出了"厚基础"，说明知识建构中对基础知识的重视在增强，并没有减弱。

另一方面，要以高精深的标准来学习好专业知识。社会分工越来越细，需要更多的专业化人才。科学技术的快速发展，社会对专业能力，特别是对专业的实际操作能力要求越来越高，因此对形成专业能力的专业知识的要求也越来越高。宋代哲学家程颐说："学贵专，不以泛滥为贤。"当代著名词学家夏承焘也说过：如果一个人兴趣广泛，然而一生没有一项是比较精通的，那么就不可能探索到世界奥秘的一部分。这样的人，也就是缺乏专业知识的人，将不能很好地为社会服务。由此可见，学习专业知识时，一定要有深度和精度。但是，这并不能狭隘地理解为专业知识的范围越狭窄越好。现代社会的发展对专业知识范围的要求在逐渐加宽，因而，我们不仅要在某一领域深入学习并精通，更应该适当地拓宽自己专业知识的范围。

案例

风雨无阻科研路

人物：2019 年诺贝尔化学奖得主古迪纳夫

2019 年 10 月，诺贝尔化学奖公布了三位获奖者，其中一位就是已经 97 岁高龄的约翰·班尼斯特·古迪纳夫。他也是迄今历史上最高龄的诺贝尔获奖得主。

古迪纳夫的科研之路并不是一帆风顺的，但是他却在确定了研究方向后用一辈子坚守着。古迪纳夫出生在 1922 年，成长过程中也经历了一些不愉快的事情，如父母离异，缺少同伴。经过努力他考进了耶鲁大学，在学习上他经历很多专业，从学习古典文学、学习哲学到后来学习数学，最后取得数学学士学位。短短几年间，古迪纳夫辗转了几个专业方向，从知识结构构建的角度来说，他接触和吸收了不同领域的知识。毕业后，古迪纳夫的尝试并没有结束，他先后参与了气象数据收集的工作，后又到芝加哥进修物理，并开始攻读博士学位。在芝加哥的几年，古迪纳夫的研究领域为固体物理，并且在此时打下了坚实的知识基础。博士毕业后，古迪纳夫进入麻省理工学院的林肯实验室从事固体磁性的相关研究，在这个实验室，他第一次接触了电池。1976 年，在古迪纳夫 54 岁的时候，他进入牛津大学开展研究，并在这里，他的研究领域转向了电池。从这一年开始，他对电池的研究持续了 40 多年，从未间断。直到他 90 岁的时候，他仍然在思考着改变世界的创新：全固态电池。

二、知识视野有广度

在知识体系的建构中，我们在重视基础类知识和专业类知识的前提下，还需要努力扩展这之外的其他横向类知识。知识是相互联系的，这种联系不仅表现在同一门学科内部知识之间，专业知识和基础知识之间，而且还表现在不同学科的横向知识之间。虽然我们在生活中不大容易看到横向知识之间的联系，但这种联系却是客观存在的，近现代科学发展中的横向学科、综合学科等交叉学科的不断涌现和发展就是最好的证明。因此，大学生掌握的知识的广博度很大程度上决定了未来能否有所作为。古今中外许多学者和科学家也多次提出和强调了"博学"的重要性。例如，"君子博学而日参省乎己，则知明而行无过矣""惟博学然后有所得""学愈博则义愈精微"等。

鲁迅先生在谈到青年人看什么书时强调要多看一些本专业之外的书。他说："爱看书的青年，大可以看看本分以外的书，即课外的书，不要只将课内的书抱住。……即使和本专业毫不相干的，也要泛览。譬如学理科的，偏看看文科书，学文学的，偏看看科学书，看看别个在那里研究的，究竟是怎么一回事。这样子，对于别人，别事，可以有更深的了解。"①英国剑桥大学科学家贝弗里奇说，我们的知识宝藏越丰富，产生重要设想的可能就越大。可见，如果具有有关学科或者甚至边缘学科的广博知识，独创的见解就更可能产生。

涉猎多方面的学问可以提供开阔的思路。我们在某一领域很专业的情况下，趣味要广泛，融合多种学问多种方法去寻求问题的解决方案。任何专业都不是孤立的，它和周围的其他专业总有一定的联系，往往是主要要求某一专业做出它的贡献，同时也需要其他专业的协作。如果参加工作以后，从事某一专业者对别的专业一无所知，那么，在解决复杂问题的过程中很可能思路狭窄，难以实现大的突破。

因此，希望大学生们能够结合实际，认清自己的知识储备，分析具有的优势和不足，有的放矢地进行扩展阅读。要知道，大学生在未来参与竞争的资本主要来自：开阔的视野、扎实的基本功、掌握新知识的能力和运用知识的能力。这都要求大学生在学习期间不要太急功近利，只关注那些有利于就业的"实"的事情，还应该广泛阅读，扩大视野，同样重视自身理论修养这类"虚"的东西。较为深厚的理论支撑让大学生参加工作后更能适应瞬息万变的大千世界，在任何风浪中不至于茫然失措。

案例

寓学于生活

成旭，是一所重点高校的大学生，大学毕业后进入通用电气公司工作。在校时，她曾获"十大三好学生标兵"称号，多次参加全国英语演讲比赛都获得了优异成绩。谈及自己的学习经验，她用了八个字概括"流水不腐，户枢不蠹"，并有如下体会。

我知道，作为一个新时代的大学生，成绩并不能代表一切，大学在于明德，在于至善，也在于不断发掘自身的潜力。我的专业是广告学，在成功转入建筑学之后，我知道那不是我真正想要的东西，于是毅然地回到广告学，开始聆听内心真正的声音。其实大学不一定只能学一个专业，从广州到中国台湾再到美国，从广告到企业管理，从英语到日语，我的人生渐渐开阔了，并挖掘出了更多的可能。我会单枪匹马地跑到其他大学去听龙应台的讲座，然后赶最后一班地铁回到学校；会带上行李自己一个人在其他学校参加两天的比赛，然后结识一群志同道合的朋友；会坚持两天1本书的吸收；会坚持一周2部好电影的影响；会坚持3个月出去旅行一次的疯狂；会坚持在台湾每周两篇《旭述台湾》的博文；会坚持英语和日语听说读写的练习。因为我知道，学习不仅仅是学习书本上的东西，我从老师、同学、环境、人际、旅游、电影中学到了更多。这也让我的人生道路更加开阔，增加了更多选择的路口。

---

① 老品. 中国文化名人论读书苦乐[M]. 北京：中央编译出版社，1995：28.

三、学术水平有高度

大学生一般是经过严格考核从同龄人中筛选出来的"佼佼者"。这种优越性不仅表现在知识的丰富程度上，更应该表现在知识的层次上。人的素质和能力构成的最主要成分是知识。当代大学生要自觉培养自身的素质和能力，提高自身的学术水平，就必须具备层次合理的知识结构。

我们学习和积累到的知识，从认知角度看，有三个层次：道、法、技。道这一层面的知识是指能够概括和总结其他知识的哲学知识，是人类认知的最高层次；法这一层面的知识就是我们通常所说的方法论，可以用来说明、解释与它的内容有关系的客观事实和现象；技这一层面的知识告诉了我们具体的操作方法，可以直接用来改造外部世界，改善人与人之间的具体关系。不同层次、不同类型的知识功能不同，英国哲学家培根曾说："阅读历史使人变得明智，阅读诗歌使人变得聪慧，学习数学使人学会精密，物理学则会使人深刻，伦理学使人高尚，逻辑修辞则又使人善辩。"[①]

受社会功利主义影响，许多大学生把"有没有用""是否有利于未来就业"作为评判知识的标准，不知不觉地养成了重专业知识、轻横向知识，重外语、计算机等实用技能性知识，轻规律、本质等抽象理论性知识，重理工科知识、轻文史哲知识的倾向。有的大学生认为，在毕业生就业竞争中，理工科知识是"实"的、是"有用"的，所以找工作容易，而文史哲知识是"虚"的、是"没有多大用处"的，所以很难找到对口的工作。北京大学中文系的个别学生就曾向自己的老师提出这样的疑问："作为一名文科生，我们目前耗尽精力所学的一切，对于校园外那个熙熙攘攘的世界，到底有什么用？"[②]这种观点的错误就在于把理工类知识和文科知识根本不同的价值、功能混为一谈，不懂得文科知识特殊的价值功能。

实际上，知识是相互联系的，文理科不可分开。很多情况下，义理科是可以相互启迪的，因为我们既需要科学的人文主义，也需要人文的科学主义。例如，化学上存在对称问题，物理、生物学等多个学科当然都存在，甚至经济学、社会学、军事学也都存在。因此，大学生在学好专业课、专业基础课和公共基础课的同时，还应从选修课、图书馆、课外书籍、报纸杂志中大量地获取横向知识。一个民族要想站在科学文化的最高峰，一刻也不能离开理论思考，正如温家宝同志所说的那样要"仰望星空"。哲学是人类知识的最高层次，是一切科学的基础。大学生只有系统学习了哲学知识，才能掌握科学的理论思维，提高自己的人文素养和思考水平。同时，在学习哲学的过程中，能够客观地认识社会、认识自己、认识自然，树立起正确的世界观、人生观和价值观，为实现自己的理想和抱负进行积极主动的实践。

四、思想表达有力度

我们获取大量信息和对信息进行思维加工以后，还需要将这些成果借助符号类知识尽

---

① 培根. 培根论人生[M]. 龙靖，译. 哈尔滨：哈尔滨出版社，2004：210.
② 何清涟. 现代化的陷阱[M]. 北京：今日中国出版社，1998：374.

可能完整、准确、形象、生动地表达出来。这就是我们通常所说的表达能力。我们每个人的表达能力不同，即使具有同样观察、思维、科研过程和成果的人，也会因表达的差异导致反馈、传递、交流的客观效果不同。随着社会的发展，人们的交往活动日益频繁，各类活动的依赖性增强，这对我们掌握和加工信息的能力提出了更高要求，要求我们能够更形象、更具体、更准确、更精练、更深刻地把所见所思所想表达出来，最大限度地扩大和提高我们的思维成果对他人或社会的影响力与感染力。原中国科学院院士和院长卢嘉锡曾经指出：表达能力是很重要的，一个只会创造不会表达的人，不能算是一个合格的工作者。

表达能力如此重要，那么，怎样才能拥有良好的表达能力呢？其实，无论是书面写作还是口头表达，都有一定规则和方法可循。

（一）结构清晰

论文写作是大学阶段的一项重要任务。论文的写作过程不仅能够提高我们观察和思考的能力，而且能够培养我们良好的逻辑思维习惯，并对以后开展研究或社会工作产生深远影响。其中，结构清晰是我们在论文写作和口头表达时必须遵循的首要原则。

一篇论文，在结构上必须包含导言、主体和结论三大部分。导言中，我们要讲出我们研究的问题是什么，问题提出的背景、意义，以及会运用到的研究方法。主体部分，阐述基本的观点、假设或判断，运用相应的研究方法来验证和检验这些观点和假设，重现科学推理的过程。最后，根据主体部分的研究，得出研究结论，并指出当前研究存在的不足和下一阶段可以改进的方向。

口头表达时，结构上可以参考"三点"法。例如，讲一个问题，可以从三方面入手：三个原因、三个前提、三个要素；讲一个观点，可以从三方面论证：正面、反面、侧面。当然，并不是每次讲话都紧随着"三"，应根据实际情况灵活变动。"三"的关键目的在于我们讲话时，要做到自己心中有数，然后有条有理地展现给听众。即使讲的过程中某些内容有所遗忘，但由于一、二、三的思路在，我们能够在讲的过程中慢慢回忆或寻找新的内容填补，不至于心中慌乱造成自己都不知道说了些什么的尴尬局面。

（二）语言简明

每天我们都要接触纷繁复杂的信息，但能记住的屈指可数。研究表明，成人听众能够聚精会神听讲的最长时间为45分钟，超过45分钟则注意力很难集中。在认真听讲的45分钟内，他们能够吸收所听内容的1/3，能够掌握不超过7个概念。事实上，我们说得越多，人们能记住得越少。因此，简明表述是获取受众理解的最佳策略。

简明，并不是指简单，而是在准确、符合实际的前提下，精练语言，用主题句法先概括出关键意思，然后再围绕主题句进行解释、展开。主题句有着提纲挈领的作用，使你要表达的内容一目了然，方便受众记忆或阅读。例如，在总结一项校园活动时，可以从三方面来讲：第一，计划科学，组织周密；第二，格调高雅，影响广泛；第三，反响热烈，成效显著。尽管每项内容都将有扩展，但主题句会使整个讲话显得条理清晰。同样地，我们在阐述某项研究的意义或当前存在的问题时，也可以有条理分层次地罗列出主题句，让受众轻松地了解内容框架。这就好比在课堂上，我们喜欢的，是那些用浅显易懂的话把高深的专业知识表述出来的老师，而不是熟练阐述专业术语的老师。

（三）内容完整

日常表达时，我们很容易陷入这样的误区：为了避免无话可说，我们会尽可能地堆砌内容。内容多了，不一定表示我们准备充分、知识渊博，顶多算资料翔实罢了。完整而充分的内容应包括5W1H，又称为"六何"，即讲述清楚何时、何地、何人、何事、为何、如何。其中，"为何"涉及事情的目的和意义，"如何"涉及开展工作的方式方法和实现路径等，让受众能够清晰地再现事情原貌，明白整个过程，避免不知所云。

（四）表述准确

大学阶段的研究，关键是要有严谨求实的科学态度，掌握科学研究的方法，为以后打好基础。研究过程中，要重视一手资料的收集，注重实地考察和社会实践等方式对书本知识的补充。在日常表达中，尤其是论文写作时，应当注意以下几点：一是避免使用模糊字眼，造成歧义；二是用词准确，尤其是研究数据，不能捏造；三是有引用和摘录的地方，要标明来源和出处，尊重别人的研究成果。

（五）生动形象

根据美国心理生物学家斯佩里的左右脑分工理论，我们的左脑主要负责逻辑理解、记忆、时间、语言、判断、五感（视觉、听觉、嗅觉、触觉、味觉）等功能，从事逻辑思维，思维方式具有连续性、延续性和分析性，是人的"本生脑"，记载着人出生以来的知识，管理的是近期的和即时的信息；右脑主要负责空间形象记忆、直觉、情感、美术、身体协调等功能，从事形象思维，思维方式具有无序性、跳跃性、直觉性，是人的"祖先脑"，储存从古至今人类进化过程中的遗传因子的全部信息，很多本人没有经历的事情，一接触就能熟练掌握就是这个原因。

右脑具有图像化机能，既有神奇的记忆能力又有高速处理信息的能力，在遇到问题时，善于找出多种解决办法。人的许多高级思维功能取决于右脑，大量情绪行为也被右脑控制。可见，右脑是人的潜能激发区和创造力爆发区，把右脑的潜力充分挖掘出来，能展现人类无穷的创造才能。

我们在表达时，可以运用左右脑分工理论，让自己的表达生动形象，如利用比喻、加强描述等，既锻炼开发自己的右脑，又容易引发受众的联想，加深他们的记忆，提升表达效果。偏好左脑处理信息的人，他们喜欢浏览各个单一的信息，然后再把这些信息组合起来，擅长于处理那些需要文字能力的任务，如演讲、阅读、思考和推理，因此在向这些受众传达信息时，逻辑要清晰，注重步骤和细节，激发他们思考、分析的愿望；偏好右脑处理信息的人，倾向于全方位地处理信息，同时把信息作为整体来思考，喜欢非文字领域的任务，如理解空间关系、识别模式和图画、音乐以及情感表达，因此向这类受众传达信息时，应不受条条框框的限制，而要思维活跃，内容丰富，表现手法多样，充分激发他们的联想，唤起情感上的共鸣，甚至让他们在联想中迸发出灵感。能够达到这样的效果，我们的表达能力将大大提高，赢得受众的喜爱和赞赏。

第三节　合理知识结构的构建方法

一、明确学习目标

任何人的学习，都一定要通过他的头脑，转变为他的愿望，才能使他行动起来。被强迫的东西不会保存在心里。如果我们没有明确的学习目标，不明白做事的目的，就很难产生强大的内驱力。对大学生来说，不解决为什么学习的问题，看不到学习的必要性，即使有再多的良师传授，有再丰富的图书馆资源，有再好的学习方法，他们也不会有学习的劲头。有些大学生学习只是为了拿学分或应付父母，这样的心态实在可惜。

案例思考

无处不在的"拖延症"

"我总是喜欢把事情放到最后一刻才做。""总是要等到最后的时候才开始做作业。""本来想假期三天把课程补上来的，结果前两天半都上网、看手机了，留到最后半天，什么都做不了了。"很多同学都会抱怨自己的"拖延行为"。罗斯布鲁姆等人把这种行为定义为"拖延症"，即总是或几乎是推迟学习任务。2007 年一项调查发现 80%～90%的大学生都具有拖延症，50%的大学生说自己一直以来受拖延症的困扰。

思考：

1. 你觉得大学生的"拖延行为"是怎么产生的？

2. 如何战胜"拖延症"？

拖延症的产生受很多因素的影响。对拖延症的学术研究列举了大量的原因，包括认知的扭曲、遗传、个性的类型、人口统计学、思维方式、完美主义、潜意识、中立主义、较低的自尊心以及对失败的恐惧心理。[1]仔细回顾我们大学生的学习生活中所出现的"拖延行为"，还有一个很重要的原因是，我们缺乏明确的目标，或者缺乏一个适合自己的目标。这表现在学习上，就是如何来确定自己的学习目标。

进入大学后，很多同学或多或少在思考着如何明确自己的学习目的，下面列出了大多数学生学习的原因：

A. 证明自己的学习力；

B. 知识本身的吸引力；

C. 取得学习另一门课程的资格；

D. 得到学位证书；

E. 有一份好工作；

F. 父母或老板要求我学习。

---

[1] 奥尔柯特. 如何成为一个学习忍者[M]. 北京：机械工业出版社，2017.

上述内容可分为三组。A、B 项属于个人原因，想要的回报就是学习本身。如果你选了它们，你可能会感觉心里很踏实。如果你选了 C、D、E 项，这表明你的学习原因对你很重要，但得到回报的时间较长，你可能学习得很枯燥。选择 F 项的人，可能是一个厌恶学习的人，自己根本不想学习，只是迫于各方面的压力而为之。

对于大学生而言，必须知道自己通过学习想要得到什么东西，因为成功、有效的学习依赖于清晰的学习目标。主观目的越明确，越能够突破现实的局限和限制，获取到广博的知识。

二、制订学习计划

古人常说"预则立，不预则废"，是指无论做什么事情都要先做好计划，才能取得较好的效果，否则就可能失败。学习也是如此，在明确了学习目标之后，大学生应根据实际情况以及所确定的目标制订学习计划。学习计划是学生根据学习内容和时间拟订的切实可行的指导方案。很多大学生都有这样的想法，认为大学学习非常自由，无须像高中一样制订学习计划。实际不然，大学的学习更需要计划性。与中学相比，大学的学习更强调自主性，有更多的时间供自己支配，这需要学生充分发挥主观能动性来掌握学习进度。如果大学生没有制订学习计划的意识，整个大学学习被动地受作业和考试主导，这样容易降低学习积极性和学习兴趣。有效的学习计划意味着拥有明确的学习目标和学习步骤，能激发学生的学习干劲和学习热情。而且，学习计划的制订就是对时间的合理安排。学生能制订高效的学习计划也意味着能主动掌握时间，提高学习效率。

学习计划大致可以分为三种类型：长期计划、中期计划和短期计划。长期计划是 3~5 年时间的学习计划，即我们通常说的大学生涯规划。这类计划要求大学生对大学生活有一个总的规划，明确学习的总目标，以确定整个大学阶段的时间分配原则。例如，有的同学希望在大学四年里掌握专业知识，提高专业素养，为未来进一步深造打下坚固的基础。根据这个长期计划，这些同学会更多地将时间用在专业学习和各类学术活动上。中期计划是学生根据长期计划，为每一学年或每一个学期制订的阶段性学习计划。它是将长期计划进一步细化，以确保长期计划得以实施。例如，为了四年后的考研，在大一学年就要将基础课程学好，并结合目前和长远需要广泛涉猎相关的专业知识。短期计划是指一周或一个月的学习计划。这类学习计划具有较强的操作性以及时效性，对一周甚至每天的时间都有较明确的安排。

案例思考

我的大学怎么了

李方高考超常发挥，如愿考上了梦想的学校。一开学，他就被学校美丽的景色、丰富的社团活动以及优秀的学生组织所吸引，在大一第一个学期主动报了 3 个社团，并且参加了学生会，还担任了班里的文娱委员。没想到，一腔热情投入到大学生活的李方却发现自己力不从心。一个星期里，他经常要旷课去参加所属社团、学生会的活动，班上的事务性工作也要接手。上课的时候没法集中注意力，作业也抽不出时间来做。本来想在大学里大显身手的李方陷入困局，不知道如何安排好自己的学习和学生工作。

思考：

1. 是什么原因让李方发出"我的大学怎么了"的疑问？

2. 针对李方无法兼顾社团活动、课程作业的问题，有什么好的应对方法？

从李方的亲身体验中，我们发现李方有着大学生应有的热情，但是缺乏理性的计划来安排好自己的学习和工作。对于我们大学生来说，刚进入学校，对大学的环境、生活都充满了好奇。在好奇之外，我们还要冷静地了解大学学习生活的特点，根据自己的实际情况进行合理的规划，这样才能在大学四年中过得主动、充实和精彩。

针对李方的问题，我们可以用下面的一周学习计划表（表4-1）来解决，安排好每天要在什么时候进行哪些预习、复习、专业作业、课余学习和社团活动等。

表4-1　一周学习计划表

时间		周一	周二	周三	周四	周五	周六	周日
学习目标								
时段及学习安排	上午							
	下午							
	晚上							

三、探索学习方式

学习方式是人们偏爱或倾向获取、使用和思考知识的方式。学习方式强调的是人的学习能力与学习关系，包括我们是否能自主学习，是否能与他人进行协作学习，是否能根据问题来进行学习，是否能应用现代技术进行学习，学习方式还涉及我们是否能与老师、同学合作进行高效学习，是否能应用学校资源进行有效学习。学习方式更注重我们倾向于什么样的行为和认知方式完成学习任务，不指具体的学习策略。[1]我们不是只有一种学习方式，而是有很多种。即使我们的能力可能和他人相似，但学习方式可能还有很大区别。

我们对自己的学习方式可能了解得相当多了。例如，你在生物学课程上做得非常好，却在英语文学课上苦不堪言，或者恰恰相反。生物学所涉及的内容倾向于自然的进程，主题往往是一系列相关的事实，然而，英语文学需要你进行更抽象的思考，同时分析和综合各种思想。

尽管我们对基于事实的学习或者需要更多抽象思考的学习方面可能会有偏好，但是我们都应采用多种学习方式。我们的某些偏好是关于给我们提供知识的方法，某些偏好是关于思考和学习，而其他一些偏好则是关于人格特征如何影响成绩。我们将对几类学习方式

---

[1] 王觅. 促进大学生学习方式转变的知识建构研究[D]. 南昌：江西师范大学，2009.

进行介绍。

（一）接受型学习方式

具体来讲，共有以下四种不同的接受型学习方式。

（1）视觉/文字型学习方式。这是一种偏爱文字资料、喜爱阅读胜过听觉或触觉的方式。拥有这种学习方式的人，喜爱以文字格式形象地展现出来的信息，会感觉阅读非常舒适。如记忆单词拼写时，倾向于以单词的外观来记忆。与听老师对概念的解释相比，自己亲自阅读的学习效果可能最好。

（2）视觉/非文字型学习方式。这是一种喜欢用图表或图画来形象地展现资料的方式。拥有这种学习方式的学生，当资料是以图表或图画来展现时，学习效果最佳。他们发现，利用他们脑海中的"眼睛"——把任务或概念形象化，比起讲解它们来，更容易"看到"事物。

（3）听觉/文字型学习方式。这是喜欢把听作为最佳学习手段的一种方式。拥有这种学习方式的人宁愿听解释而不愿阅读材料，他们喜爱课程讲授和讨论，因为这样更容易获取谈话中的信息。

（4）触觉/动觉型学习方式。这是喜欢通过触摸、操作对象和做事来进行学习的一种方式。例如，一些学生喜欢用书写来记忆，是因为书写的动作让他能够感受到铅笔或键盘——这种触觉等同于"有声音"的思考；或者他们可能发现，制作一个三维模型有助于理解和掌握一种新的观点。

不同的接受型学习方式隐含着不同的有效学习方法。

拥有视觉/文字型方式的人，可以考虑写出信息的摘要、把文字资料加亮或画下划线，把图表或数学公式转换成文字格式。

拥有视觉/非文字型方式的人，可以多设计图表和统计图，把文字转换成符号和图形。

拥有听觉/文字型方式的人可以在学习时把资料大声朗读出来；积极参加各种讨论小组，和别人一起学习、讨论资料；课堂上用录音笔把老师的讲课录下来。

拥有触觉/动觉型学习方式的人，应把行动纳入学习中来。课上，始终保持积极性，记笔记、画图表、速记关键概念；课外，绘图表、制作模型、排列抽认卡，并经常翻动它们。

拥有某一种接受型学习方式，只不过意味着我们更易于学习以那种方式呈现的资料，并不意味着不能以其他方式进行学习。因此，我们要认识自己的接受型学习方式，弄清楚哪些学习方法对自己最有效，在学习过程中运用，提高学习效率。

测试一：你的接受型学习方式是什么[①]

通过下面的小测试，我们可以大致判读自己的接受型学习方式。

阅读下列每条陈述句，并且根据你把它们作为学习手段的有用性程度进行排列（表4-2）。

[①] 费尔德曼. 鲍尔学习法[M]. 林荣日，曹珍芬，译. 3 版. 上海：复旦大学出版社，2010：63-65.

表 4-2　有用性程度表

1 = 完全没有	2 = 不是非常有用	3 = 中等	4 = 有一点用		5 = 非常有用	
			1	2	3	4	5

	1	2	3	4	5
1. 单独学习					
2. 通过学习图画和图表来理解复杂概念					
3. 听课堂讲课					
4. 宁愿亲自操作一个程序而不愿阅读或聆听完					
5. 通过阅读文字说明书学习一个复杂的程序					
6. 观看或聆听电影、电脑或视频报告					
7. 利用录音带听一本书或讲座					
8. 做实验室工作					
9. 学习老师发的资料和讲课笔记					
10. 在安静的房间里学习					
11. 参与小组讨论					
12. 参与实用的课堂实证活动					
13. 记下笔记，随后再学习					
14. 制作抽认卡，把它们当作学习和复习工具使用					
15. 通过在头脑里"有声音地"拼写来记住和回忆单词怎样拼写					
16. 记下关键事实和重要观点作为记忆它们的工具					
17. 通过在头脑里看见它来回忆怎样拼写单词					
18. 在阅读时把重要事实或段落画下划线或突出显示					
19. 在我学习时，把学习内容大声说出来					
20. 通过在空中或在纸面上看不见地"写"一个单词来回忆怎样拼写它					
21. 通过阅读课本来学习新知识					
22. 使用地图来寻找一个不知道的地方					
23. 在学习小组里学习					
24. 在没有向导的情况下直接去寻找你曾经去过的一个地方					

得分：

对表 4-2 中的陈述句按以下顺序对四种接受型学习方式各做一次：①视觉/文字型；②视觉/非文字型；③听觉/文字型；④触觉/动觉型。

为了找出你的主要学习方式，忽略掉得分 1、2 和 3。每一种学习方式中把 4 和 5 的分数累加起来（如一个"4"等于 4 分，而一个"5"等于 5 分）。使用表 4-3 把上述各个陈述句与学习方式联系起来，并且写出你的等级总分数。

表 4-3　学习方式得分

学习方式	陈述句	等级总分数
视觉/文字型	1，5，9，13，17 和 21	
视觉/非文字型	2，6，10，14，18 和 22	
听觉/文字型	3，7，11，15，19 和 23	
触觉/动觉型	4，8，12，16，20 和 24	

对于任何给定的学习方式，其等级分数总和将介于最低值 0 分和最高值 30 分之间。最高总分数表明了你所属的主要接受型学习方式。如果两种或两种以上的学习方式所得的等级分数相近，说明你拥有混合的学习方式。

（二）分析型学习方式与关联型学习方式

面对众多信息时，你的关注点是集中在部分还是整体？比如说，当拼凑拼图玩具时，你是更多地关注独立的部分以及每个部分如何与邻近部分衔接在一起，还是集中在整张图片上，把要完成的作品留在脑中？玩拼图玩具所使用的策略给我们提供了加工和处理信息这一过程的线索，表明了分析型和关联型这两种学习方式我们更适合哪一种。

分析型学习方式，是从零散信息开始并用它们构建整体框架的一种方式。拥有这种方式的人，会先关注某种现象或情境背后的组成部分和具体原则，通过辨别其中的重要内容，逐渐去理解和掌握整体，并且确定一些特殊案例是否证实了该原则。

关联型学习方式，从总体框架开始然后把它拆分为各个组成部分的一种方式。拥有这种方式的人，喜欢先提供给他们完整的描述内容，能够接受系统的见解并把它分解成细小的组成部分。

例如，想一想如何设法去理解食物被转化成细胞里的能量的方法。偏向于分析型的学习者自始至终都是通过学习整个过程中的各个步骤来处理任务。相反，偏向于关联型的学习者会考虑完整的内容，同时关注一般性的、全面的过程及目标。

对分析型学习方式的学生而言，他们擅长组织信息，习惯关注事实和具体的原则。他们通常独自工作效果最佳，而且科学和数学对他们来说可能特别容易。对拥有关联型学习方式的学生而言，他们能够全面地理解概念，同时根据整个内容进行思考。他们可能被吸引到那些需要知识范围广泛并具备全面看法的能力的学科领域，如英语学科和历史学科等。

测试二：评价你是分析型学习者还是关联型学习者[①]

考虑下面各对陈述句。在更接近于描述你的学习方式的那个陈述句旁做上标记。

□1a. 在处理一个不熟悉的复杂任务之前，我更喜欢对如何实施有详细的计划书。

□1b. 我更喜欢投身一个新的任务，试试看到底会发生什么，并且寻找自己要走的路。

□2a. 有些电影我喜欢看第二遍，因为那时我会知道它们的真实所在。

□2b. 电影我一般不喜欢看第二遍，因为我已经知道它们的情节。

□3a. 我更喜欢用公式和说明书来解决数学或科学问题。

□3b. 我更喜欢弄明白为什么这些公式有效。

□4a. 阅读神秘故事时，我通常让作者讲述故事和揭示秘密。

□4b. 阅读神秘故事时，我喜欢在作者揭示秘密之前试着判断它。

□5a. 在尝试一个新软件之前，我通常阅读说明手册。

□5b. 在尝试一个新软件之前，我从不阅读说明手册。

□6a. 我更喜欢在亲手尝试某件事之前让懂得这件事的人向我解释。

---

① 费尔德曼. 鲍尔学习法[M]. 林荣日，曹珍芬，译. 3 版. 上海：复旦大学出版社，2010：66-67.

☐6b. 当其他人试着向我解释某些事情时，我会感到不耐烦，而更喜欢在没有过多解释的情况下自己去钻研。

☐7a. 每当我在一部电影里看到一个真正让人惊讶的特殊画面时，我一般不采取任何行动，只是欣赏它。

☐7b. 每当我在一部电影里看到一个真正让人惊讶的特殊画面时，我会试着弄明白他们是怎样制作的。

如果你在大多数组合中倾向于选择"a"的陈述句，你可能就拥有某种关联型学习方式。如果你更喜欢"b"的陈述句，你可能更偏向于分析型学习方式。当然，没有人属于纯粹的分析型学习方式或纯粹的关联型学习方式，可能介于两者之间。

每个人的大脑分工和使用偏好都不同，因此接受信息和处理信息方式也不同。实际上，我们在学习和处理信息时，并不是只有某一种方式，可能会同时拥有多种学习方式。对于特定的任务或挑战，某些类型的学习方式可能比其他类型更为有效，甚至当我们需要完成的任务与平时偏爱的学习方式之间出现不相符的时候，也可能取得成功。尽管某种方式可能更为有效，但对大学毕业以后的工作和生活来说，我们经常遇到的是必须使用那些我们并不擅长的学习方式。因此致力于改进学习方式，是我们长期面临的任务和挑战。在不断地改进学习方式的过程中，实现技能的提升和知识的积累。除了自己学习外，我们还应该学会与其他拥有不同学习方式的人合作。不管是在小组讨论还是在课外学习中，学习方式不同的人在一起合作和分享，通过碰撞与融合，不仅能够使小组的学习效果更突出，而且能够帮助我们从其他人身上得到更多的启发和帮助。由此可见，学会学习，学会合作，了解自己的学习方式，并尽可能地掌握多种学习方法，进行高效学习，既是大学阶段的重要任务，也是大学学习的目标。

案例

寻找合适的学习方式

小杨是一所大学医学院的学生，在入学前，他没有学过医学预科课程，相比于其他同学，医学的基础很差。第一次的考试成绩，小杨只得了65分，他意识到自己需要找到合适的学习方式。他在学习实践的过程中，发现自己对阅读很感兴趣，但是在阅读过程中，自己只是被动地去接受书中的信息，这导致学习的效果非常不好。小杨尝试改变学习的方式，在阅读的过程中，主动对知识进行自问自答，并集中关注知识中所涉及的核心概念、过程、规律等，并在自测中，将这些知识点形成整体的知识构架。坚持如此学习，看起来效果很好，小杨在大学二年级的时候，成绩从原来班级末尾上升到了班级前列。小杨在学习过程中越来越得心应手，他发现自己在手口并用的过程中，特别能将医学知识学懂学透。例如，他在原来掌握大脑知识的基础上，会把大脑相应部位所在的位置画出来，并且还分享给班级同学，同学不懂的时候，他会向同学们进行讲解。在动手画下来、动口向同学进行解释的过程中，小杨对大脑的知识掌握得更加牢固。凭借出色的成绩，小杨得到了老师和同学的认可，他也一直尝试把自己的学习经验传授给其他同学。

"学习是一个不断了解自己的学习特点、学习方式的过程，我们并不是天生就会学习的。在不断地尝试中，我们学会了如何学习。"

四、掌握学习方法

进入大学后，很多同学觉得轻松了，但实际上大学的学习任务更重。经常一天要看好几门课程的书，加之选修课、辅修课，还有为了扩充知识而选择的其他读物，这些都要靠同学们自学，就需要采取跟高中不一样的学习方法。另外，同学们还要参加社团活动、社会实践，如何合理安排学习与活动时间也非常重要。根据目前大学生的学习特点，这里总结和推荐几种主要的学习方法。

（一）常规学习法

虽然进入大学后，我们的学习内容更加丰富，但课程的学习仍然是主要任务。因此，传统的以课程为中心的学习方法依然贯穿于大学学习当中。具体来说，常规学习法包括课前预习、课堂记笔记以及课后复习三个环节。在这三个环节中，课前预习最为重要，但常常被忽略。大学课堂最大的特点是知识传授量极大，往往一节课下来一个单元甚至两个单元的知识都讲完了。如果不提前预习，就无法跟上老师的思路，听课的效果自然不好。只有课前预习做到位，课堂笔记和课后复习才能在此基础上得到较好的执行。

课前预习时，可以从理解和掌握学科知识的基本概念入手。任何一门学科都有构成它基本内容的基本概念。基本概念就好像是这些学科的基本细胞，对基本概念的理解程度直接关系到整个学科知识的掌握程度。而且，同一学科或不同学科的各种基本概念不是相互孤立的，而是存在各种联系，如同一关系、种属关系、交叉关系、并列关系、矛盾关系等。从这些概念的区别和联系来理解概念的内涵与外延，会更清楚地了解学科知识架构。

课后复习时，我们不仅要把学过的知识串联起来，还要深入思考，不断提出问题，又不断去寻找答案和设法解决，从而进一步加深对知识的理解、掌握，甚至实现创新。只有多问"为什么"，才可以打开我们想象力的大门；只有对不懂或较难懂的知识搞清楚了究竟在什么具体点上不懂，才能有针对性地下功夫，向"知道和理解"迈进。很多同学听完课之后，觉得提不出什么问题，就算是听懂了，但实际上这可能只是肤浅地、机械地知道了老师灌输的知识，而只有那些隐藏在事实、现象和所学知识背后的深层次的东西，才能真正促进学习的进步。

造成一些学生提不出深层次问题的原因有：一是原有的知识结构较差，知识面窄，不可能与正在学习的知识碰撞出新想法，也就提不出任何问题来；二是不善于思考，即使与该知识有关系的一些知识曾经学过，但不善于把二者联系起来，不使知识之间发生碰撞，就永远提不出问题来。另外，一些学生对所学知识缺乏兴趣，也是提不出问题的重要原因之一。因此，我们在学习中，平时要注意基础知识的积累，努力建立合理的知识结构，扩大知识范围，自觉培养对所学知识所属学科的兴趣，增强学习的主动性。

（二）多次重复学习法

所谓多次重复学习法，就是对同一知识点进行读、写、听、记、思、用的重复学习和积累，从而真正记住、理解和掌握知识的方法。①多次重复学习法能使学生对知识的理解加深，使原有的知识转为长时记忆被长久地保存下来。反复读写，能加深印象；反复思考，能加深理解；反复应用，能把知识转化为能力。根据心理学的研究，没有七次重复，要记牢是不可能的。如何在我们的学习中运用重复法呢？

第一，对学习内容采用不同的形式进行重复。我们都有这样的经验，对某个知识点的复习，如果只是机械地重复，一是无法培养学习的兴趣，学习的效果也不见得好。在学习过程中，我们应对同一知识点经过预习、听课、课后复习、作业、总复习、考试等形式来进行学习，通过这样的方式，实际上知识已经经过了重复。如果只是简单地靠一种形式难以达到掌握知识的目的。因此，用不同的形式对同一知识学习重复率越高，越有利于掌握知识。

第二，分清主次，对重要的知识多花时间和精力。对基础知识、基本能力和最需要掌握的知识更要多次重复，把这些知识掌握得深、牢、熟。只有基础知识和基本能力掌握牢固和运用熟练，才能深入学习和掌握其他知识。

第三，力求在每一次重复中，或多或少地实现阶段性或局部性进步。做到这一点的决定性因素是在重复过程中进行多方面思考，没有认真思考的重复只是效率低下的死记硬背。一些同学总是希望通过一两次的听课或看书就可以弄明白，对于一些必须牢记的知识往往临时抱佛脚，在考前突击记忆，考后就忘记了，使得他们对学科中重要的知识命题往往停留在粗浅的理解上，不能在今后的其他知识的学习中，对原有知识做进一步的反复思考，更谈不上融会贯通、灵活运用了。所以，一些同学在大学里虽然学了许多学科的知识，但到毕业时会发现，自己真正牢记、深刻理解、能熟练运用的知识少之又少。这些都是大学生在学习阶段要尽量避免的情况。

案例

学英语的那些事

回顾 10 年的学英语之路，"坚持不懈"这四个字一直在发挥着很大的作用。我身边很多同学的语言天赋都比我高。但是，也许就因为我比他们多了这四个字，情况就大不相同了。首先，我坚持不懈地每天早上"用嘴巴学英语"。何谓"用嘴巴学英语"呢？也就是，每天早上起床洗漱完毕之后，我都会开着复读机，一遍一遍地朗读英语文章。这个习惯我一直坚持了 10 年，风雨不误。《新概念英语》四册书、《走遍美国》《许国璋英语》和我大学英语课本里面的文章，大多数我都能倒背如流。坚持不懈地朗读课文，极大地培养了我的语感。因此，每一次做语法题的时候，别人问我为什么会选这个选项，我的回答都是："读着顺呗！"其次，我喜欢每天晚上"用耳朵学英语"。在我看来，听英语一直是一种美的享受。从 BBC 到 VOA 到雅思听力，我都反反复复听了好多遍。这不仅锻炼了我的听力，而且在模仿播音员说话的同时，不断训练着我自己的语音、语调，也提高了自己的口语水

---

① 郝贵生. 大学生学习理论与方法[M]. 北京：人民出版社，2010：221-223.

平。最后，为了应对各类英语考试和竞赛，我也经常"用眼睛去学英语"。俗话说得好，"熟能生巧"，只有通过多阅读文章，多做练习，找到关键词句，把握文章大意，注意具体细节，才能在考场上临危不乱，即使面对长篇大论、生词连篇的文章也能应付自如！

（三）项目学习法

项目学习法大致有以下几个程序：（1）观察。观察周围环境，提出项目，对项目进行设计。（2）提问。设计好项目后，确定具体的研究问题，对问题进行分解，并在组内进行任务分派。（3）搜索。根据问题进行信息检索，查找与问题相关的信息，掌握资源并对资源进行整理。（4）评价。对信息进行分析和整理，从信息中获取与问题解决相关的线索和方法。（5）综合。对信息进行比较、综合与应用。（6）创造。小组通过讨论提出解决问题的方法，可形成调研报告等。（7）交流。小组将获得的项目成果进行演示与其他小组进行交流，或向相关组织进行汇报。（8）评估。对项目学习的效果进行评估。评估可包括自我评估和他人评估。

越来越多的研究发现，项目学习法不但能促使学生将所学理论知识运用到实践当中，还能使学生处于学习的主体地位，提升学生的分析、判断能力，培养学生探索和问题解决的能力。事实证明，项目学习法的应用，让大学生参与社会实践，对大学生的成长、成才和创新能力提升非常重要。

大学生通过项目学习，不仅实现了学以致用，也能感受作为大学生对于社会的责任感。利用假期，走出课堂、图书馆、实验室，走进农村、社区、厂矿，参与社会调查，开展社会实践，也是大学生的必修课。通过调研活动，学生们在接触、了解和参与社会中，树立了责任感，增强了使命感，对学生而言，不失为一种颇具价值和启示性的探索。

（四）联想学习法

不同学科的知识点是相互联系的，而且联系的形式和种类很多。因此，我们在记忆、理解和掌握知识点的过程中，不能把这一知识点同其他的知识点割裂开来，而应努力拓展自己的思路，去发现这一知识点同其他知识点之间的内在联系，借助已有的知识点来学习新的知识点。这种联系揭示得越普遍、越广泛，对正在学习的知识点来说就理解得越深刻，记忆得越牢固。教育家威廉·詹姆士说：一个事实，在心中越是与其他大量事实发生联想，就越能很好地记住，留在心中。我们把这种学习方法称为联想学习法。那么，怎样来运用联想学习法呢？

一是接近联想，就是联想与所学知识点最接近的事物或知识点。如一提起"西安事变"，就应联想起张学良、杨虎城、统一战线等。

二是表象联想，就是联想与所需理解和记忆的知识有关的某种形象、具体的实物。如学习"规律的客观性"，联想起"揠苗助长"等具体形象的故事。

三是类似联想，就是联想起与所学知识在现象或本质上相近、相类似的知识点或事实。例如，在学习孔乙己这个人物时，联想到与他相近的《儒林外史》中的范进。类似联想还包括老师或他人在举出一个与所学知识点有关的知识点或事实时，我们也能迅速联想起相类似的知识点或事实，即"举一反三"。

四是逆向联想，就是联想起与所学知识点的内容和形式相反或对立的知识点及有关事实等。例如，学习名词时，联想起这个名词的反义词，与它进行比较对照；学习数理化课程时，联想与所学定理的逆定理。

五是逻辑联想，就是联想与所学知识点有这样或那样逻辑联系的知识点。例如学习经济学"商品的二重性"问题时，联想起哲学中所讲的"对立统一规律"。

运用联想学习法有两个基本条件：一是要有广博的知识基础。因为具有丰富知识经验的人，比只有一种知识和经验的人更容易产生新的联想和独到见解；二是平时要自觉培养多思考的习惯。不善于主动思考，即使头脑中已经积累和储藏了与所学知识点有这种或那种联系的知识点，也不能调出来与所学知识点发生碰撞，无法发挥联想学习法的作用。

（五）对比学习法

对比学习法是将知识、知识之间的联系通过比较进行清晰的辨别。

比较学习法分为异同比较、纵横比较以及正误比较和反向比较。

一是异同比较。例如，理解哲学中的"规律的客观性"与"真理的客观性"，如果仅从形式上看，二者似乎完全相同，其实二者有较大的区别。"规律的客观性"是指规律本身不以人们的意志为转移，而"真理的客观性"并不是指"真理本身"不以人们意志为转移，而是指"真理的内容"不以人们的意志为转移。如果只看到"同"看不到"异"，就会作出错误的理解和错误的结论来。同样，在看到知识之间的"异"时，也要看到知识之间的"同"。

二是纵横比较。纵向比较是从时间维度上来讲的，即把一个知识点放在历史的发展中来比较，不同的历史阶段，人们对同一个知识点有不一样的解释。例如，爱因斯坦的"相对论力学"和牛顿的"经典力学"比较。横向比较是不同国家、地区的人们在对同一事物的认识过程中所形成的不同认识之间的比较。例如，当代科学研究中的中外文化比较、中外教育比较等。

三是正误比较和反向比较。正误比较是把正确的知识点与错误的知识点进行比较。例如，辩证法的否定观与形而上学的否定观，马克思主义的国家观与"君权神授""社会契约论"等的比较。反向比较是对同一事物形成的两种极端的知识点进行比较。例如，对光的本质认识上形成的牛顿的"微粒说"和惠更斯的"波动说"比较。鲁迅就曾经谈到正误比较和反向比较这种学习方法。他主张在看正面观点的书籍的同时，也要看一些反面观点甚至糟粕性的文章和书籍。他说："倘有机会遇见，不要皱起眉头，显示憎恶之状，也可以翻一翻；明知道和自己意见相反的书，已经过时的书，也用一样的办法。……这也有一点危险，也就是怕被它诱过去。治法是多翻，翻来翻去，一多翻，就有比较，比较是医治受骗的好方子。"[1]苏联作家高尔基也曾说："我读过无数的坏书，然而它们对我也有益处。应该知道生活中的坏事物，像知道好的那样清楚和准确。应该尽可能知道得多些。经验越是多种多样，人就越得到提高，人的眼界就越开阔。"[2]

（六）聚焦学习法

多年的求学生涯让我们学习到了很多知识，这些知识最初是零散的、杂乱的，我们通

---

① 邓九平. 谈读书[M]. 北京：大众文艺出版社，2000：13.

② 老品. 外国文化名人谈读书苦乐[M]. 北京：中央编译出版社，1996：63.

过思考、整理，把散乱的知识聚集为一个焦点，即找出这些知识的核心内容和中心线索。这种方法就是聚焦学习法。

一本书、一门课程往往阐述了很多知识点，如果我们在学习过程中，只是一个一个知识点去记忆，不仅要花费很多时间，还很可能不能把握知识的实质。事物是相互联系的，各个知识点之间也存在着不可分割的内在联系，其中必定有一个或几个知识点占着主导地位。抓住了这一个或几个核心知识点，就抓住了全书；再在脑海中以关键知识点为线，串联起其他知识点，整体知识就全部印刻在了脑中，就能深刻透彻地理解某些具体知识点。

其实，聚焦学习法反映了我们读书"由薄到厚"再"由厚到薄"的过程。"由薄到厚"是指我们了解到的内容不断增多，但真正读懂读透一本书的关键在于我们能将书"由厚变薄"，即提炼出全书的核心概念、核心知识点，掌握知识点之间的内在关系等。如果聚焦学习法运用得好，我们读书的效果会大大提升，即使过了很长时间，也能回忆起全书的梗概。不过，运用聚焦学习法需要注意以下几点。

第一，书中焦点可能是书中已直接阐述出来的某一知识点，也可能是没有直接阐述出来而隐藏在众多知识点背后。聚焦过程中，要善于通过众多知识点的表面内容，透视并抓住其深层次的东西。正如华罗庚所说，读书应该不只看到书面上，而且还要看到书背后的东西。

第二，聚焦法同其他方法一样，也要经过认真思考。只有经过浓缩、分析、比较、抽象等过程才能真正把握关键知识点。例如大学生丽娟在参加创业比赛的过程中，通过对比自己参加的初赛作品的雏形和总决赛的展示 PPT 发现，整个研究思路和展示模型经历了一个明显的蜕变过程——最初的分析像是对企业相关资料的简单整理和堆砌，并没有发掘出关键所在。后来经过老师的指导和团队不断的讨论修整，她们的作品从笨拙的蚕蛹幻化成飞舞的彩蝶，这些都源于研究思路的理清和研究框架的重整。受这次经历的启发，丽娟意识到了思路和框架的重要性，在以后的课程学习和复习过程中都十分注重抓课程的主干，养成了看书先看目录、理框架的习惯。这样的方法避免了"只见树木，不见树林"的误区，从整体把握课程内容，大大提升了学习效率。

第三，读书是需要适当停顿的，读一段之后，回过头去对已学过的知识点进行归纳、整理、总结，加深理解，从整理的知识点中找出重点，再开始下一阶段的学习。然后，通过总体回顾和理解，找出全书的重点。

（七）观察学习法

观察学习法是学习者有意识有目的地接触现实生活中的各种人、物及其现象，并认真仔细地进行观察，从中发现自身不了解、不知道的奥秘或规律而获得新知识的一种方法。[①]古今中外许多学者都是借助这种方法取得了成功。哥白尼依靠对天体的观察创立了日心学说；伽利略通过对斜面物体运动和自由落体运动的观察，否定了亚里士多德"力是物体运动的原因"和"物体下落速度与自身重量有关"的认识，并为牛顿的力学三定理奠定了实验基础。李四光谈到学习经验时也曾说："观察是得到一切知识的一个首要步骤。"

---

① 郝贵生. 大学生学习理论与方法[M]. 北京：人民出版社，2010：238.

观察学习法主要有两种：一种是直接观察，观察者直接用自己的眼、耳、鼻、舌等感觉器官去感知周围的各种事物和现象。这对自然科学、文学艺术创作和社会科学研究来说都是一种重要的学习方法。另一种就是间接观察，主要是利用科学仪器或其他技术手段来观察研究对象，如用望远镜观察天体、用显微镜观察细胞。

应用观察学习法需要注意以下两点。

第一，要从事物的发展、联系、整体的意义上认识事物，注意观察事物的各个方面、事物的全体。不能把观察对象同周围的其他事物、现象完全割裂开来，也不能把一个事物内部的各种要素割裂开来。

第二，要善于透过现象看本质，从理性的高度把握事实、现象，揭示深层次的、本质的、必然的、规律性的东西。不能停留在事物的表面现象上，更不应被事物的假象所迷惑。

核心概念

知识结构　个体的知识结构　学习方式

客观题

自学自测  扫描此码

第五章

能力拓展——开创丰富多彩的生活世界

【本章导读】

小何在大学的学分绩点达到 3.997 4（满分为 4），到伯克利大学数学系交流时成绩也是全 A，曾获得美国大学生数学建模竞赛二等奖。她的六级首次考试获得 650 分，超过全校历届 99.98% 的同学，曾连续两年获得国家奖学金。除此之外，她在体育和艺术方面也表现不俗。跳远成绩 4.64 米，三级跳远 9.68 米达到国家三级运动员标准，校级乒乓球羽毛球个人赛第五名，钢琴业余十级。

这些优秀的背后，是她超强的管理自我能力。她 3 岁时就开始学习钢琴，一开始的时候也坐不住，但她还是会认真去学，丝毫没有埋怨。在学习方面，她对自己的要求更是严苛。进入大学后，她给自己定的第一个目标是：拿到国奖。每天 6:18 起床，每次上课总是坐到最前排，经常等到图书馆闭馆才离开。

人生本就没有近路可走，每一条成功的路，都是靠着管理自我而铺就的。通过管理情感智力、认知智力、实践智力和系统智力四种基本能力（图 5-1），提升当代大学生全方位素质，从而更好应对新时代背景下的新情境和新问题，实现出彩人生。

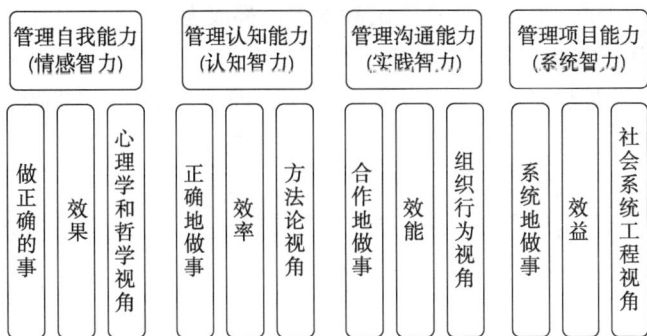

管理自我能力 (情感智力)			管理认知能力 (认知智力)			管理沟通能力 (实践智力)			管理项目能力 (系统智力)		
做正确的事	效果	心理学和哲学视角	正确地做事	效率	方法论视角	合作地做事	效能	组织行为视角	系统地做事	效益	社会系统工程视角

图 5-1　大学生需要培养的四种基本能力

第一节　管理自我能力

所谓管理自我，就是指个体对自己的目标、思想、情绪、心理和行为等表现进行的管理，是通过自我认识、自我约束、自我管理、自我激励等，最终实现自我奋斗目标的一个过程。管理自我的方法因人而异，只有适合自己的管理方法才是最好的。对大学生而言，管理自我要从管理压力、管理习惯、管理时间和管理学习等方面努力。

一、管理压力

（一）压力的概念和特征

"压力"一词被用来描述人在面对工作、人际关系、个人责任等时心理和精神上的紧张状态。当代，"压力"一词有着多种含义与界定。塞里（Selye）认为：压力是由环境中的刺激所引起的一种非特异性反应，而在东方哲学中，压力则被认为是内心平和的缺失。[1]

从压力的定义可以看出，压力有以下特征。

（1）压力是一种生理反应，而且人不得不适应压力。

（2）压力产生于客观环境（真实存在），也可能产生于个人的内心（内心想象的）。

（3）如果面对压力处理不当，有可能造成行为的异常。

在日常的生活、学习和工作中，压力无时不在，成为人生活中不可避免的一部分，人不能也不应该逃避压力，而应对它进行科学的管理和正确引导。

（二）大学生的压力

在实际中，人们遇到的压力可以分为三种类型：正性压力（eustress）、中性压力（neustress）和负性压力（distress）。正性压力是指好的压力，产生于个体被激发和鼓舞的情境中。中性压力是指被认为无关紧要或无所谓的信息和感官刺激。负性压力是指真实的或想象中的威胁性事件，个体对它的解释是厌恶或消极的，它会产生恐惧或愤怒的情绪，是人们通常所讲的压力。负性压力又可以分成急性压力和慢性压力。[1]

大学生在由学生向社会人转变的过程中，承担着家长、社会的高期望，成长、成才的欲望强烈，但是其心理发展尚未完全成熟、稳定。社会和经济的发展、生活环境的变化、成长过程中遇到的问题，求职择业竞争的激烈等，都成为大学生的压力源。

大学生的压力产生可以分为内在原因和外在原因。内在原因即由于自身个体差异、心理素质不同，对于外界事务产生压力。外在原因即是大学生在实际生活中的压力来源，主要分为生活适应的压力、学业的压力、人际关系的压力、就业的压力、经济的压力五大类。

综上所述，大学生的压力来自多个方面并且不可避免，因此学会有效管理压力将会成为助推大学生成长成才的有力杠杆。

（三）管理压力的有效方法

要对压力进行有效管理，首先要对自身压力情况进行了解。当处于压力情境时，个体首先要判断该情境是否对自己产生压力，而后才能对压力有多大进行评估并采取相应的应对措施。认知评估是指对应激源的一个认知解释和评估的过程[2]。个体对压力进行认知评估时，需了解产生压力的情境，威胁有多大，自己具备哪些资源，分清楚这些压力是积极还是消极的。

美国著名心理学家 Lazarus 将认知评估分为初级评估与二级评估两个阶段。

---

[1] Brian Luke Seaward. 压力管理策略：健康和幸福之道[M]. 许燕，等译. 北京：中国轻工业出版社. 2008.

[2] 格里格. 津巴多. 心理学与生活[M]. 王垒，王甦，译. 北京：人民邮电出版社，2003.

初级评估是对问题严重性的初始评价。这一评估需要了解发生了什么事情，事情是否严重，所出现的问题能否尽快解决。在初级评估中，个体需对压力情境中的压力刺激以及感受到的压力大小进行评估，如果发现压力源自自身，或是压力有进一步增大的趋势，则需对压力进行二级评估。在二级评估中，个体需要收集自己的个人资源和社会资源并选出有效的资源应对压力。如果压力减少，则二级评估有效，如果压力没有减少，需要继续进行评估，选出新的应对方式来减少压力。

根据大学生面临的压力，可以采用以下方法来进行有效管理。

（1）提高自身心理素质，正确应对压力。

（2）制订学习计划，实现自我提升。

（3）积极投身学习活动、科技创新活动、社会实践活动和文娱体育活动，不断从中汲取成长的营养，进而获得成长的动力，实现自我的价值。

除此之外，一个人自我管理压力的能力终究有限，要学会向家长、老师、同学等寻求帮助，如果压力过大，向专业的心理健康教育和咨询部门寻求心理咨询也是压力管理的重要范畴。

二、管理习惯

（一）习惯的概念和内容

习惯就是人的行为倾向，是人长期养成的生活方式。用心理学的语言来说，习惯是刺激与反应之间的稳固链接。习惯是人相当稳定的行为，是长期逐渐养成的、一时不易改变的行为、倾向或风气[①]。著名教育家叶圣陶先生曾说过："我们在学校里受教育，目的在养成习惯，增强能力。我们离开了学校，仍然要从多方面受教育，并且要自我教育，其目的还是在养成习惯，增强能力。习惯越自然越好，能力越增强越好。"习惯一旦形成就较难改变，它会因为经过多次重复而得到强化，不断趋于定型稳固。

习惯又分为好习惯和坏习惯。对于大学生而言，养成良好的生活习惯、学习习惯等将为实现个人的全面发展和成长成才提供支撑的平台。良好的习惯主要包括以下内容。

1. 良好的生活习惯

良好的生活习惯主要包括：科学的作息时间、合理营养的膳食习惯、良好的个人卫生习惯、坐站走的姿势、审美观的培养等。

2. 文明规范的学习习惯

（1）坚持"五早"，即早睡、早起、早读、早餐、早锻炼。

（2）制订明确的学习目标，并为之付出行动，充分利用课堂、图书馆、实验室、社会实践实习基地等学习条件。

（3）自觉抵制坏习惯，如无故迟到旷课、痴迷网络游戏、抄袭、剽窃等学术不端行为。

---

① 谢敏. 管理能力训练基础教程[M]. 上海：华东师范大学出版社，2007.

3. 良好的人际交往习惯

（1）真诚地欣赏他人的优点。

（2）积极地培养良好的人际关系。

（3）用心地发现和抓住机会。

（二）良好习惯的养成

（1）要确定目标。目标即个体希望养成的某种习惯，没有目标，行动就如无头苍蝇，漫无目的，最终还是无法养成良好的习惯，甚至导致早已形成的不良习惯根深蒂固，限制自身的发展。

（2）要付诸行动。人要懂得"播下一个行动，收获一种习惯"的基本培养路径，了解习惯是一步步形成的。但是，所有的目标只有转化为行动，才能最终实现。培养习惯也是如此，只有行动，才能从生理和心理上形成行为惯性，长年累月，良好的习惯就可以培养出来，不良的习惯就可以戒除。

（3）要加强自律。注意与控制是习惯养成的基本点。所谓万事开头难，在习惯开始形成的时候必须排除习惯形成的阻力，此后，就需要时刻注意与控制，以外界环境或自身的意志力提醒自己，防止习惯养成的中止。随着习惯的慢慢培养，人则不再需要刻意的提醒，就会对某事某物产生特定的反应或是在某时间作出特定的行为。

三、管理时间

（一）时间管理的概念

时间管理（time management）就是用技巧、技术和工具帮助人们完成工作，实现目标。时间管理并不是要把所有事情做完，而是更有效地运用时间。时间管理的目的除了要决定人该做些什么事情之外，另一个很重要的目的就是决定什么事情不应该做；时间管理不是完全的掌控，而是降低变动性。时间管理最重要的功能是通过事先的规划，作为一种提醒与指引。[①]时间管理就是人生管理，时间的稀缺性体现了生命的有限性。卓越的管理者都能进行很好地时间管理，能科学地分析时间、利用时间、管理时间、节约时间，进而在有限的时间里，创造自身职业价值的最大化。

（二）时间管理的技巧

在人能够有效管理时间、让自己更有效地利用时间之前，必须先清除一些障碍。阻碍时间管理的表现有时间骗子和拖延症，都能在大学生中找到案例。时间骗子（time juggler）是指那些多任务、忽视或过分重视自己、与时间讨价还价、经常在工作过程中放弃责任的人。拖延症，是指运用转换和回避方式而不履行自己的责任，将那些今天该做完的事情拖延到明天。与拖延相关的因素有三个：懒惰或缺乏热情、恐惧失败、即时满足的需求。

时间是最为宝贵的财富，做任何事情和创造任何财富都要耗用时间，但时间又是不可

---

① 百度百科名片. http://baike.baidu.com/view/102959.htm.

逆和不可复制的。所以，必须克服种种障碍，做自己时间的主人，合理安排时间。有效的时间管理技巧有以下三种。[①]

1. 排列优先次序，确定优先权

在大学生活中，事情总有轻重缓急、主次先后。帕累托时间管理法则表明，做事情应当分清轻重缓急，对于每日的学习和生活，建议大学生可以先按照事件的轻重缓急排一个顺序。紧急与否容易判断，重要与否的判断标准是完成事件目标与个人的学习目标是否一致。例如，一件事情的完成有助于个人学习目标的实现则为重要，反之则为不重要。确定优先权的第一步是要明确个人的长期目标和短期目标，其次要全面考虑，做到生活、学习、健康等内容保持平衡。一旦对每日的学习和生活有这样一个划分，心中也就有了计划，时间安排也就可以灵活许多，并且重要的事情处理得好，往往能得到事半功倍的效果。

2. 制定时间表

确定时间表是对已经安排好优先次序的事情进行时间分配，或者是设计一个时间阶段对应匹配一个特定的工作或职责，并且完成它。人们可以使用 3C 和 3P 方法来确定时间表。

（1）3C 方法。

clocks（时钟）——作为短期时间管理的时间阶段的指示。

calendars（日历）——可以是周历、月历甚至是年历来预测目标和职责。

completion（完成）——按时间或日期完成指示好的目标和职责。

（2）3P 方法

planning（计划）——执行一项确定好时间的工作。

priorities（优先权）——对工作的相对重要性进行有规律的检查。

pacing（步调）——每件工作完成的速度。[②]

制定时间表不仅对于个人成长适用，对于集体的成长同样适用。

案例思考

十佳班集体的"班级月历"

华南某高校 16 级某班以综合评分第一的成绩获得该校"十佳班"称号。该班级通过制定班级任务表，确定各项工作的时间节点。如每个学期至少开两次主题班会：各班委在学期末总结工作并展望下一阶段的工作计划，邀请一次 14 级或 15 级的师兄师姐做专业学习经验分享。除此之外，该班还有专属的班级公众号，每周定时发布作业，发布学生动态。制定班级工作的时间进度表，不仅能够推动各项工作有序开展，而且也能够有效调动班级同学的积极性和主动性，促进全体同学共同发展，完善自我。

思考：

1. 你所在的班级或者团队，有没有制订自己的学习和工作计划？

---

①② BRIAN L S. 压力管理策略：健康和幸福之道[M]. 许燕，等译. 北京：中国轻工业出版社，2008.

2. 以上"班级月历"的做法，对你个人的学习和成长有没有启发？

3. 学会利用零星时间

吴晗在《学习集》中说："掌握所有空闲的时间加以妥善利用，一天即使学习一小时，一年就积累 365 小时，积零为整，时间就被征服了。"大学新生要想成就一番事业，必须珍惜时间。要安排好每日的作息时间表，切忌拖拉和随意改变，养成今日事今日做的习惯。

大学生活越丰富多彩，时间切割得就越细，零星时间越多。华罗庚曾说："时间是由分秒积成的，善于利用零星时间的人，才会做出更大的成绩来。"

案例

零星时间利用经验谈

就读社会工作专业的杨同学是一个"特殊"的存在。因为他是首位有工作却还在读全日制的学生。他不仅能够高质量地完成学业功课，还担任社会服务机构的服务总监，兼顾数个项目的管控。他之所以能够做到游刃有余，张弛有度，是因为他把每天的零散时间都充分利用起来。

首先他会将本周有课的时间段整体空出来，认真完成功课。在他看来，自己在学校的身份仍然是学生，要以学业为重。而在课间以及中午休息的零碎时间，他优先处理工作中需要电话沟通的内容，完成这些内容往往需要的时间不多，但是却会将一整块的时间分割开来，因此需要用零散时间处理。晚上下班到家后，大概 7 点钟，他则会花 3 个小时全身心投入职业资格的备考。而在睡前，他用 20 分钟的时间快速浏览每日新闻，了解国情世情。在往返学校和公司的路程中，他则会戴上耳机听专业公开课，以提升自身专业能力。

为了更高效地利用时间，他随身携带一个小笔记本，记录下每天必须要完成的工作，按照重要程度和所需时间长短进行优先排序，并会随时记录"突发状况"，以调整计划。同时，他利用电子软件管理日常事务安排，便于在同一时间内同时处理不同种类的内容。

四、管理学习

（一）学习的内容

大学生在开展学习活动的时候，除了要明确自己为什么要学，还需进一步选择属于自己的学习内容。高校为大学生的学习提供了良好的学习条件，包括硬件条件，如教学设备、图书馆、实验室、网络平台等，还包括软件条件，如勤奋好学的校风学风、传道授业解惑的教师、丰富多彩的校园文化活动和科技创新活动等，在这样的学习环境中，大学生的学习内容应该涵盖更多方面，具体体现在以下几个方面。

（1）增长知识方面，包括专业知识、学科知识、哲学知识、经验知识等。

（2）拓展能力方面，包括管理自我、管理认知、管理沟通、管理项目等。

（3）提升素质方面，包括政治坚定、道德高尚、行为规范、身心健康等。

根据学习的内容，相应的学习方式也由传统的课堂教育拓展为多种方式，包括：课堂教学、实验教学、实践教学、远程网络教学、技能培训、自学等。

经济全球化进程的加快和科学技术的迅猛发展使得知识成为个人发展的关键因素，"知本"将逐渐取代"资本"，成为推动经济社会发展的第一要素。面对知识经济所带来的冲击，大学生只有直面这种迅捷的变化和现实挑战，不断充实自己，持续调整自己，学习新的知识，汲取新的营养，勤于学习，善于学习，做到学习工作化，工作学习化，加速自身知识结构的更新，注重专业与广博、单一与复合、重点与一般的结合，才可能引领自己在多变的竞争中立于不败之地。

（二）管理学习的重点

对于大学生而言，抓住大学阶段的学习，取得学习成效就要学会管理学习。

党的十八大报告指出：教育是民族振兴和社会进步的基石。全面实施素质教育，深化教育领域综合改革，着力提高教育质量，培养学生社会责任感、创新精神、实践能力。要成为社会主义事业的合格建设者和接班人，大学生首先应该树立远大的目标，由此制订全面的学习计划。

其次，要到课室、到图书馆、到实验室学习。在学习气氛浓厚的场所中会更好地激发个人的学习热情和学习动力，要避免在学习时间沉迷于网络、游戏等活动中，以保证学习的效果和效率。

最后，要融入集体、融入团队，特别是学习型组织中，如班级的学习小组、科研团队等，不断在共同的学习进步中修正自己的学习方法、学习内容，建立长效的学习机制。

只有通过有效的管理学习，才能在获得海量知识的同时，自身适应环境和变化的能力得以提高，思维方式也得以更新，从而为个人职业发展创造更大的发展空间。

案例

来自地质学专业的王同学是第十三届中国大学生年度人物，他刻苦学习、潜心钻研，实现了该领域的重大突破。

王同学从小做梦都想采集一块古生物化石，可惜由于缺乏专业知识作为指导，一直未能如愿。2014年高考填报志愿时，他无意间看到了地质学专业，发现该专业涉及岩石学、古生物学、沉积学……他在兴奋之余，毅然报考了某高校地质学专业。

入学后，他和同学们一起赴野外实习，采集的石头标本永远是最全面的，每一块石头的名称、种类、组成和结构，他都如数家珍。在跟随导师学习的过程中，王同学学会了专业拍照、修理化石、查找文献、规划野外路线、进行野簿记录等。他以超乎常人的热情，比常人付出百倍的精力，投入到文献整理、野外工作和化石鉴定中去。每逢节假休息日，宿舍的同学们邀他去逛街、看电影，他都笑着婉拒。在室友的印象中，王同学要么在埋头看化石标本，要么在阅读文献。室友们戏称石头就是他的"恋人"。

为了找到更多具有研究价值的化石，他四处探寻，几年间足迹遍及湖北、贵州、广西、西藏等地，上万公里的野外考察令他积累几十本野外记录，所有假期他都在野外，即使风餐露宿，他也乐在其中。

上天总是眷顾勤奋之人。2016年的五一小长假，他在去湖北利川踏勘途中，发现了早三叠世的腕足动物化石3个种类共306个标本。这个数量，在全世界都少见。要知道，该时期全球仅发现了6个腕足动物种，并且化石数量十分稀少，在俄罗斯滨海省发现的一个腕足动物种，也只有5个标本。

大三上学期，王同学将这一科学发现，撰写成论文发表在国际期刊《古生物学论文》上，受到国际知名古生物专家莫瑞托·戈塔尼的肯定。随后，他以这项研究为基础，参加湖北省第11届"挑战杯"大学生课外学术科技作品竞赛、第15届"挑战杯"全国大学生课外学术科技作品竞赛，分别获得特等奖、一等奖。

第二节　管理认知能力

一、认知的相关概念

（一）认知

所谓的认知，就是指人们获得知识、认识外界事物，或者应用知识的一种过程。这个过程是探索的过程，也是探究的过程，更是研究的过程。

（二）认知能力

认知能力（cognitive abilities，cognitive ability）是指人脑加工、储存和提取信息的能力，即人们对事物的构成、性能、与他物的关系、发展的动力、发展方向以及基本规律的把握能力，是人们成功地完成活动最重要的心理条件。知觉、记忆、注意、思维和想象的能力都被认为是认知能力。[1]美国心理学家罗伯特·米尔斯·加涅（Robert Mills Gagne，1916—2002）提出三种认知能力：言语信息、智慧技能、认知策略。

（三）认知心理学

认知心理学是20世纪50年代中期在西方兴起的一种心理学思潮，是心理学与邻近学科交叉渗透的产物。20世纪70年代，认知心理学成为西方心理学的一个主要研究方向。它研究人的高级心理过程，主要是认识过程，如注意、知觉、表象、记忆、思维和语言等。认知心理学企图把全部认知过程统一起来，认为注意、知觉、记忆、思维等认知现象是交织在一起的，对于一组现象的了解有助于说明另一组现象。由于它们之间的相互依赖关系，很可能会发现人类认知过程的统一加工模式。

二、认知过程的层次

人们所强调的认知过程可以分为四个层面（图5-2）。第一个层面是技能经验；第二个层面是理论方法；第三个层面是方法论；第四个层面是哲学。

---

[1] http://baike.baidu.com/view/2193347.htm.

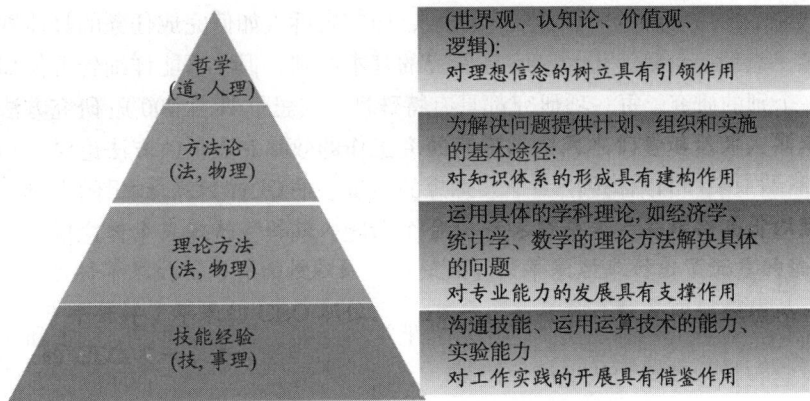

图 5-2　认知过程的层次

（一）技能经验

技能经验作为认知过程最基本的层面，对人们工作的开展具有直观的借鉴作用。通过一段时间的培训，一般情况下人们都能够达到这个层面，即一名普通技工的水平。所以，企业为了让新加入的员工更快地熟悉自己的岗位，都会对新员工进行一段时间的培训。但是对于个体而言，如果仅仅满足于这个层面的要求，不但不能做好本职工作，更不要说去创造性地开展工作。亚里士多德认为：人类如果只是满足于经验和技能的话，这样的人只能算作一个匠人，他知道怎样去做，但不知道为什么要这样做。因此，为了更好地适应世界、改造世界，还要上升到理论和方法。

扩展阅读

有位老人在河边钓鱼，一个小孩走过去看他钓鱼。老人技巧纯熟，所以没多久就钓上了满篓的鱼。老人见小孩很可爱，就要把整篓的鱼送给他。小孩摇摇头。老人惊异地问："为何不要？"小孩回答："我想要你手中的钓竿。"老人问："你要钓竿做什么？"小孩说："这篓鱼没多久就吃完了，要是我有鱼竿，我就可以自己钓鱼吃，一辈子也吃不完。"这个"授人以鱼不如授人以渔"的故事，看似简单，却强调了技能对人获取生产资料的重要性。

（二）理论方法

理论方法就是建立在客观世界的系统研究之上的，具有整体性的科学的系统知识，它不仅告诉人们怎样去面对一个问题、解决一个问题，还告诉人们问题产生的原因以及去开展工作的方法。理论方法对专业能力的发展具有很重要的支撑作用，而技能经验具有借鉴作用。

（三）方法论

人要培养个人的创造力，以上升到更高的层次，即第三个层次：方法论的层面。"方法论"指的是处理问题的一般途径和程序，是"对给定领域中进行探索的一般方法的研究"。

它构成了人完成一项任务的一般途径或路线，而非告诉人如何完成任务的具体细节。研究方法论提供了组织、计划、设计和实施研究的基本原则，但它不能详细告诉你如何进行一项具体的、个别的研究，每一项研究都具有特殊性（埃思里奇，2000）。研究方法论可以看作研究逻辑，人们运用这套逻辑能够提高研究工作的效率和质量。方法论对于知识体系的形成具有建构作用，可以体现出一个人思想的力量、抽象的力量、逻辑的力量。通过方法论，可以帮助人们去定义一个概念，提出一个命题，甚至去构建一个概念框架。

（四）哲学

哲学是认知过程的最高层次，这是形而上学的层面，是研究世界、宇宙和人类精神的一种关系，它包括伦理学、认识论、逻辑、宗教、政治、美学等。具体地说，伦理学是研究人类理想的行为；逻辑学是一门研究思维、思维的规定和规律的科学，包括观察和反思，演绎和归纳，假设和实验，分析和综合等逻辑方法；美学是研究理想形式或美的科学，它是艺术的哲学；政治学是研究理想的社会体制。这些都是哲学的重要内容，哲学的作用也体现在其中。它对个人的理想、信念的树立、价值观的追求等都具有引领作用。

三、认知的方法

认知是一个循序渐进的过程，是有方法可究的，通过特定的方法，能够提高人们的认知能力。大学生可以从掌握听、说、读、写四个方面的技巧，不断提高认知能力。

（一）听

所谓倾听，就是积极主动地接收口头和非语言信息，确定其含义并对此作出反应的行为，即全方位地动用各种器官，用耳听，用眼看，用脑思考，用心体会，用嘴提问。由此可见，倾听不是一般意义上的听，不能与听混为一谈。听只是一个生理活动，用的器官只有耳朵，倾听是一个生理加上心理的过程，动用人体各种常用器官。听的对象只是声波；倾听的对象是声波所带来的信息及蕴含的感情，要求倾听者在短时间内，迅速把握说话人的准确意思和弦外之音。

倾听的环节可以用"HURIER"模型概括，即倾听（hear）、理解（understand）、记忆（remember）、诠释（interpret）、评估（evaluate）、反应（react），如表5-1所示。

表5-1　倾听的途径与环节

环　节	途　　　径
倾听	聚精会神，认真听讲
	做好笔记，眼神互动
	听要点，听事实，听逻辑
理解	理解对方，换位思考，态度诚恳
记忆	记要点（对方讲了哪几个方面的内容）
	记事实（对方讲了哪些事实）
	记观点（对方讲了几个观点）

环节	途 径
诠释	用自己的语言来复述对方的观点
	从理论上解释对方的观点
评估	仔细倾听相关提问和回答
	关注语言和非语言信息
	听清内容（逻辑、事实、要点）
	理性评估，正确判断
反应	听懂对方
	让对方知道我懂了他（重复对方的话）
	争取对方听懂我（简单化、通俗化）
	确认对方听懂我了（提问）

在倾听过程中，要克服以下几个缺点：急于发言、排除异己、个人偏见、自我中心、厌倦、消极的身体语言和分心等，这些消极因素会阻碍人们更好地倾听，导致人们不能客观地评价和认知事物。

要培养自己的倾听能力，需要做到以下五个方面。[①]

（1）认真准备，营造环境。

（2）真诚理智，消除偏见。

（3）专注认真，以诚相待。

（4）设身处地，换位思考。

（5）耐心听完，再下结论。

如果还需做进一步交流，可以进行提问。常用的提问方式主要有以下五种。

（1）清单式提问。例如："部分大学生就业比较困难，你觉得造成这种现象的主要原因是什么呢？是高校扩招，用人单位门槛高，大学生自身问题，还是其他原因呢？"

（2）开放式提问。例如："今年考研人数又一次增加，你认为是什么原因呢？"

（3）重复式提问。例如："你的意思是说……"

（4）假设式提问。例如："如果是你的话，你会怎么处理这件事？"

（5）封闭式提问。例如："这方面的工作经验你有几年？"

（二）说

出色的语言能力，即说话能力，能反映一个人的逻辑思维习惯，学会说话，能有效提高个人的逻辑思维能力，从而提高认知能力。说话的方式包括单向式说话和双向式说话，单向式说话包括演讲、讲述、叙述、陈述等形式，双向式说话包括汇报、请示、访谈、讨论等形式。不同形式的说话，其风格和技巧也不相同。

单向式说话只有一个发言主体，包含演讲、讲述、叙述、陈述等。一般认为，演讲是最重要也是最难的单向式说话，掌握了演讲的技巧与方式，讲述、叙述、陈述等单向式说

---

① 康青. 管理沟通[M]. 2版. 北京：中国人民大学出版社，2009.

话都没有问题。因此，这里将挑选"演讲"这一种单项式说话进行重点阐述。

演讲是指发言主体在特定的时间与场合，面对特定的人群，借助有声语言和肢体语言，发表意见、抒发感情以影响和感召听众与观众，从而达到管理目的、实现组织目标的一种带有实践性、艺术性的正式"说话"活动。

一篇完整的文章有起承转合，如小说有开端、发展、高潮和结局。同理，一次完备的演讲也是由多个部分构成的，每个部分都有它存在的意义，在准备演讲时必须合理安排、慎重考虑。人们把演讲的结构形象地比喻成即凤头、猪肚、豹尾三个部分（图 5-3）。

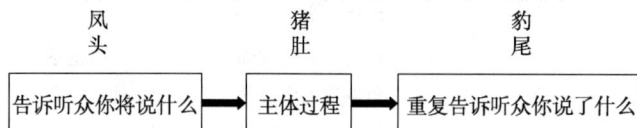

凤头　　　　　　猪肚　　　　　　豹尾

告诉听众你将说什么 → 主体过程 → 重复告诉听众你说了什么

图 5-3　演讲的结构

（三）读

阅读是最常见的认知方法，阅读能力强的人，往往对事物有发人深省的见解。阅读的方法丰富多样，每个人的阅读习惯也各不一样。一般说来，阅读的方法取决于阅读的目的。因此，阅读的第一步是明确阅读目的。常见的阅读目的如图 5-4 所示。

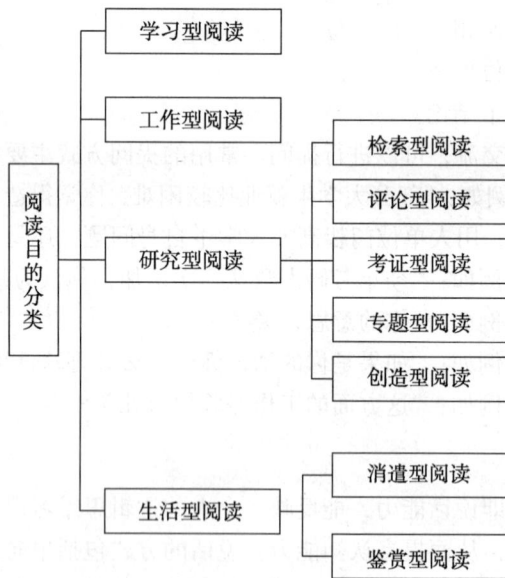

阅读目的分类：
- 学习型阅读
- 工作型阅读
- 研究型阅读
  - 检索型阅读
  - 评论型阅读
  - 考证型阅读
  - 专题型阅读
  - 创造型阅读
- 生活型阅读
  - 消遣型阅读
  - 鉴赏型阅读

图 5-4　阅读目的的分类[1]

根据阅读的层次不同，可以分为基础阅读、检视阅读、分析阅读、专题阅读，如图 5-5 所示。

[1] 李锡元. 管理沟通[M]. 武汉：武汉大学出版社，2006.

图 5-5　阅读的层次

不同的阅读目的，其阅读方法也不一样，常用的阅读方法有三步阅读法、整体阅读法。阅读的途径可以用 SQ4R 模型来概括，即 survey（浏览）、question（提问）、read（阅读）、recite（复述）、reflect（联系）、review（复习）。

（1）survey，即浏览，通过迅速阅读标题、目录、主题句、结论、思考题、索引等以求对一篇文章有全面和大致的了解。

（2）question，即提问，根据对文章的浏览，提出与文章有关的问题，这些问题将在正式阅读中起导向作用。问题小而具体，可引导阅读文章的具体事实和细节；问题提得越广泛，阅读量和掌握的东西越多。

（3）read，即阅读，带着问题一部分一部分地仔细阅读。阅读时，要试着找出你所提问题的答案，要一点一点地"啃"，一小节一小节地读，每读完一个小标题的内容后就停下。如果内容不好懂，可以读一两段后停下来。

（4）recite，即复述，其过程实现了对文章的重要内容、问题及其答案的记忆，对文中有价值的数据、关键的词语、妙语佳句完成了积累。

（5）reflect，即联系或思考，经过自己对已有知识的批判和创造性地梳理，达到对文章、对事物的更高层次、更高水平的理解。

（6）review，即复习，利用多种方法回顾所读内容，对文章内容进行归纳，从整体上全面把握文章的思想观点，从而进一步理解所阅读的内容。

按照不同的划分标准，阅读方式主要可分为：有声读、无声读；精读、略读；正序读、逆序读；快读、慢读等。

阅读效率取决于诸多因素，但归根结底最重要的还是阅读能力。提升阅读能力、提高阅读效率，能够提高人对问题的把握能力，帮助个人更好地抓住问题的根本，提出有效的解决方案，从而提高人对事物的认知能力。

（四）写

这里所讲的"写"是指书面表达能力。具体是指以书面或电子作为载体，运用文字、图式进行信息传递的能力。它与一般的文学、娱乐写作截然不同，它最突出的特点就是严谨，甚至具有法律效应。要掌握书写技巧，就必须清楚书面表达的原则，熟悉书面文稿的撰写格式。书面表达不仅在传递信息、表达个人意图方面显示出其重要性，对于个人的形象维持也起到了极其重要的作用，从而有利于个人的职业发展。现在，大学毕业生出去找工作时，许多招聘企业首先考察的就是书面表达能力，如提交个人简历、求职信、感谢信等。坐下来能写，站起来能说，拉出去能干活，这是当代大学生必须具备的三大基本能力。

从写作原则来看，书面沟通的技巧必须符合 4C 模型。

（1）表述准确（correct）。

（2）思路清晰（clear）。

（3）结构完整（complete）。

（4）文字简洁（concise）。

书面表达的文稿类型有很多种，需要根据不同的用途，用相应的格式进行撰写。如果文稿类型弄错了，沟通的效果就会大打折扣甚至是无法完成写作意图。大学生应该掌握的常用的文稿类型有以下几类。[①]

（1）通用公文。

（2）事务文书。

（3）专用文书。

（4）生活文书。

为了实现以上四个写作原则，掌握有效的书面表达策略十分必要。有效的书面沟通策略可以从四个方面入手：克服写作障碍、正确使用语气、学会遣词造句、注意标点符号。

1. 克服写作障碍

写作过程中经常会遇到一些障碍，要克服这些障碍，首先必须分析障碍的类型及其产生原因。这些障碍主要可分为两大类：自身障碍和外界障碍。

所谓自身障碍，是指由于自身问题导致不愿意写、不会写，是一种主观障碍。抱着敷衍的态度草草了事，很可能造成不可估量的后果。所谓外界障碍，是指由于外界条件导致无从下手、思维中断，是一种客观障碍。

大学生在校期间就应该锻炼自己对不同文体的写作，特别是与校园生活联系较少的通用文书的写作。

2. 正确使用语气

语气指的是使用的词语及其所表达出来的态度，代表了作者对读者的态度。它对书面沟通的有效性起着制约的作用。

一般而言，专业不僵硬、友善不虚伪、自信不傲慢、礼貌不卑微、含蓄不费解的语气，易于让读者接受，但实际的应用还需要依据实际情况而定。

3. 学会遣词造句

从词语角度来讲，应尽可能用一些通俗易懂、约定俗成、不产生歧义的词语。

---

① 陈子典，李硕豪. 应用写作教程[M]. 广州：暨南大学出版社，1993.

从句子角度来讲，语言的简洁是文章的一大亮点，好的句子应该用最少的词语表达最完整的意思。

从段落的角度来讲，通常以简短为好，而且开头就亮出本段的主旨，让人读起来轻松，也利于速读。

4. 注意标点符号

标点符号的作用在于保证读者能迅速有效、准确无误地阅读，从而理解并吸收作者所要传达的主旨观点。标点符号不能多，也不能少，更不能乱用。否则，会让人产生歧义。

思考

1. 大学期间，你有没有养成阅读的习惯？

2. 仔细分析已经阅读和正在阅读的书籍与资料，都是哪些类型的？是不是仅仅局限在本专业内？

3. 除了专业书籍外，你还阅读了哪些类型的书籍和资料？这些书籍对你的学习和成长起到了怎样的作用？

4. 大学期间，你都写过哪些类型的文书？你有没有主动学习不同类型文书的写作规范和标准？

第三节　管理沟通能力

管理沟通能力是一个人成长和发展的关键能力。当今社会发展要求新时代的大学生有深厚的理论知识、过硬的专业技术，更向人们提出一个新要求：良好的沟通能力。现代管理之父德鲁克在《卓有成效的管理者》一书，关于沟通提出了四个法则：知道该说什么，知道什么时候说，知道对谁说，知道怎么说。

一、管理沟通的概念

（一）管理沟通的含义

管理沟通是通过信息、情感、思想、观点与态度在个体或群体之间的交流，从而达到理解和协议的过程。

仔细分析这句话可以发现五点。

（1）沟通是有目的的活动，并不是单纯地为了沟通而沟通。

（2）沟通是互动的过程，包括了信息的发送者和接收者、信息传递的渠道。

（3）沟通的内容是丰富的，有既定的事实，沟通者的知识、经验和意见，同时还有沟通者的情感态度甚至是价值取向。

（4）沟通是多层面的，既存在个体与个体之间、个体与群体、群体与群体之间的沟通，也存在组织内部与外部的沟通。

（5）沟通强调理解能力，只有当传达的信息被理解和接受，这样的信息才有意义，这样的沟通才算有效。

（二）管理沟通的作用

无论是通用电气总裁杰克·韦尔奇的"管理就是沟通，沟通，再沟通"，管理学大师彼得·德鲁克的"沟通不是你在说什么，而是别人怎么理解你所说的"，还是中国文圣孔丘的"己所不欲，勿施于人"，都不同程度地表明管理沟通对于个人和组织发展具有重要作用。

1. 对个人的作用

沟通能力在某种程度上决定职业生涯。普林斯顿大学研究发现：智慧、专业技术、经验三者只占成功因素的 25%，其余 75% 决定于良好的人际沟通。哈佛大学调查结果显示：在 500 名被解职的员工中，因人际沟通不良而导致工作不称职者占 82%。可见，有效的管理沟通能够大大提高个人的工作效率和工作效果。

2. 对组织的作用

沟通是管理活动的基础，没有沟通就没有管理。管理沟通被凸显为整个管理的主要工作和核心内容；沟通是组织的生命线，管理者必须积极鼓励自下而上的交流；沟通是组织的黏合剂，管理沟通的目标就是在人们之间建立联系，让他们拥有一个更好地达成共同目标的基础和途径；沟通是管理的灵魂，管理者作为愿景的设计者，必须把自己设定的愿景转化为下属共同的愿景，这就要求以高超的沟通技巧作为前提。

在读大学生正处于"自我"与"社会人"两个角色发展的重要时期，良好的人际交往和沟通能帮助我们了解自我、获得认同和认识社会。由此可见，良好的沟通能力是大学生走向成功的通行证。仔细观察身边的各类活动积极分子，其实正是积极乐观的人格特征和良好的沟通能力带领他们参与各项活动并活跃其间。相反，沟通能力差的同学不论是学习上还是生活中都容易被边缘化。

二、管理沟通的类型、要素及过程

（一）沟通的类型

按沟通的方向，可划分为单向沟通（如做报告、演讲、下达指标）和双向沟通（如交谈、协商、谈判）。单向沟通的传达速度快，但准确性差，而且信息接收者容易产生抗拒心理。相比较，双向沟通的准确性高、信息能得到反馈、互动性强，但信息的传达缺乏条理性，接收者容易受到其他信息的干扰。

按沟通的媒介，可划分为语言沟通（口头、书信、图片图形）和非语言沟通（肢体动作、身体姿势、眼神表情、声音）。

按沟通渠道产生的方式，可划分为正式沟通渠道和非正式沟通渠道。其中正式渠道沟通包括上行沟通、平行沟通和下行沟通。上行沟通是下级对上层反映情况的沟通；平行沟通是同一层次的沟通；下行沟通是上级对下级命令、指示或通报等形成的沟通。[①]

---

① 陈春花. 管理沟通[M]. 广州：华南理工大学出版社，2001.

（二）管理沟通的要素

一般的沟通模型包括八个要素：发送者、编码、通道、解码、接收者、背景、反馈、噪声。

具体来讲，沟通过程涉及发送者与接收者、通道与噪声、反馈等要素。沟通的目的就是使接收者对发送者所发出的信息作出真实的反应并采取正确的行动。如果达不到这个目的，就说明沟通不灵，产生了沟通障碍。编码和解码的两个过程是沟通成败的关键。最理想的沟通，应该是经过编码与解码两个过程后接收者形成的信息与发送者发送的信息完全吻合，也就是说，编码与解码完全"对称"。而"对称"的前提条件是双方拥有类似的知识、经验、态度、情绪和感情等。[①]

（三）管理沟通的过程

管理沟通的过程就是发送者将信息通过选定的渠道传递给接收者的过程，如图 5-6 所示。

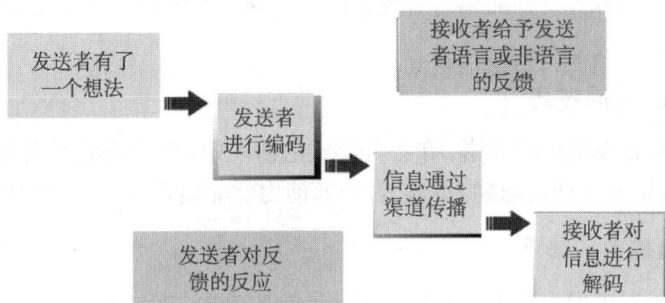

图 5-6　管理沟通的过程

三、有效的沟通原则及技巧

（一）有效的沟通原则

根据上述沟通模型可知，信息从发送者到达接收者的沟通过程中需要经过多重要素，沟通过程并非都畅通无阻，其结果也并非总是如人所愿。

在沟通活动中也许人们还要考虑以下两个问题。

（1）使用什么措辞合适，应该使用大量的专业术语还是贴近生活的语言？

（2）如何整理信息以确保信息不超载，而且能让接收者更加准确理解自己想要表达的意思？

当一次正式的沟通活动在人们的脑海中上演，想得愈加仔细，便发现成功有效的沟通是一门艺术，需要运用大量不同的技巧。简单而言，有效的沟通应该遵循六个原则。[②]

（1）明确沟通的目的。

（2）尊重别人的意见和观点。

---

① 陈春花. 管理沟通[M]. 广州：华南理工大学出版社，2001.

② 吕书梅. 管理沟通技能[M]. 大连：东北财经大学出版社，2008.

（3）考虑沟通对象的差异。

（4）充分考虑接收者的反馈，确保信息的准确传递。

（5）学会积极倾听。

（6）使用肢体语言、表情等强化沟通的内容。

上述几个原则中包含了一个很重要的思想——换位思考。

换位思考是个体之间、群体之间、个体与群体之间一种看不见的强力胶，矛盾双方通过换位思考可以充分增进彼此对事物的认同，从而化解冲突达成对事物的共识。[①]换位思考并不是简单地"替他人着想"，而是想象对方的思路，认知对方的世界，感受对方的感觉。即在沟通过程中，尝试着去适应别人的思维架构，并体会别人的看法。设身处地替别人着想固然很好，但若能和别人一起思考、一同感受则会有更大的收获。遇到和自身观点南辕北辙的情况，人们可以尝试着去了解，而不是急着去反对。这样，人们才能避免跳进"和自己说话"的陷阱。

换位思考也是培养人良好品德的有效手段，引导人们做到：尊重人，诚信待人，谦虚做人，容人、让人、关心人。

（二）有效的沟通技巧

大学校园不再是单纯的象牙塔，在各种形式的活动中，学生正渐渐成为一名正式的"社会人"，应该积极培养三种沟通能力：语言沟通能力、非语言沟通能力和团队沟通能力。

1. 语言沟通能力的培养

鉴于前文已经对书面表达能力有所论述，下文中的表达能力指口头上的语言沟通能力。口头沟通就是为了实现沟通目标将自己的思想、感情、知识、经验传达给沟通对象，而运用口头语言进行表情达意的活动。[②]

口头上语言沟通有着显著的优点：第一，由于是一种面对面的沟通，在发生误会时能马上有机会迅速澄清；第二，能使沟通双方从面部表情、语言、语调等的变化上分析对方的信息反馈，以及时调整沟通方式、策略，从而使沟通效果更明显；第三，情感传递更直接、快捷，能很好地强化积极的人际关系。

语言沟通是所有沟通形式中最直接的方式，其特点是快速性、及时性。需要一定的情境支持，可借用肢体语言的帮助；另外，受到场合、气氛、心理等众多因素的影响，语言沟通容易发生意想不到的情况，而且在多次传递中信息容易失真。

人们在口头沟通过程中常犯的毛病主要有以下几方面。

（1）说话速度快，不自觉使用长篇大论，让人感觉喋喋不休。

（2）太注重细节，说明问题时总想把每一个细节都解释得清清楚楚，以至于忘了要讲的中心问题是什么。

（3）过于紧张，有的同学觉得在很多人面前发言是一件很可怕的事，并且因为紧张导致开不了口或是说话内容颠三倒四。

---

① 许顺林. 班长应具备班组管理"沟通能力"[J]. 电力安全技术，2005，7（12）：46.

② 吕书梅. 管理沟通技能[M]. 大连：东北财经大学出版社，2008.

（4）对人不对事，有的同学自我意识太强烈，将个人的情绪带到沟通过程中，不但影响沟通的质量，还会引起对方的反感。

沟通过程中必须使表达内容准确贴切、简洁明快、通俗平易、形象生动，才能保证听众顺利接收、理解信息。为了使口头沟通达到应有的效果，可以从以下几个方面入手。

（1）构思好沟通的内容，将重要的部分尽量考虑得细致。表达的顺序、说话的音量语调，甚至是具体的肢体语言都应该做到心中有数。

（2）把握表达的中心，即使偶有遗漏需要临时补充，也应当迅速回到中心。再者，堆积的材料并不能吸引信息接收者的兴趣，反而令人反感；表达内容应具有逻辑性，应带领信息接收者对表达的内容进行思考分析并认同。

（3）口头沟通给予信息接收者现场思考分析的时间短，除了要求有较强的逻辑关系外，还要求就不同的内容采用不同的语言措辞、表达风格、语气音调等。准备工作服务于语言的准确、简洁、生动。

（4）善于倾听。善于说话的人首先要善于倾听。第一，交谈时先主动弄清楚对方说的每句话的含义，才能有的放矢表达自己的意见。第二，面对对方的提问，要抓住提问的核心，才能清晰讲述自己的观点论据并说服对方。

2. 非语言沟通能力的培养

传递信息除了借助口头沟通和书面沟通外，还能利用非语言沟通。非语言包括了沟通者的动作、表情、眼神，还有声音。聪明的沟通者还会运用周围的环境因素加强沟通的效果。当一个人具有良好的沟通能力时，他的非语言与语言一致地、合理地、可信地进行着变化。低头、放下手或者凝视对方，它们可能象征着一种思考、一种暂停、一种赞同或是正准备说点什么。为了表明更大的思想转换，讲话者也许会改变他身体的整个姿势。

在沟通过程中，非语言沟通不仅起着配合、辅助和加强语言沟通的作用，而且能够影响并调控语言沟通的方向和内容。非语言沟通还能验证和表达语言沟通所要传递的信息。对比通过思考、选择有意识的口头沟通和书面沟通，非语言沟通在很大程度上是无意识的，因而它能更真实地表明人的情感和态度。

学会控制身体，是协助人们开展良好沟通活动的重要手段。非语言沟通主要包括以下几方面。

（1）肢体动作。通过对肢体动作的分析，可以判断人的心理活动或心理状态。

手的动作是身体动作中最明显的部分。许多演员、政治家和演说家通常会有意识地利用一些手势来加强语气。人们可以通过阅览相关书籍或者观看著名的辩论赛、名家演讲模仿学习如何使用手势为沟通服务。

头部动作也是运用较多的肢体语言，而且头部动作所表现的含义十分细腻。常用的点头、摇头往往带有强烈的判断意义。

脚的动作虽然不易被察觉，但同样反映沟通者的心理活动。抖脚可表示轻松、愉快，也可表示焦急不安；脚步轻快表明心情舒畅，脚步沉重说明疲乏、心中有压力等。[1]

---

[1] 吕书梅. 管理沟通技能[M]. 大连：东北财经大学出版社，2008.

（2）身体姿势。一个人的身体姿势能够透露出他是否有信心、是否精力充沛。具体的身体姿势可分为走姿、站姿、坐姿。试构想一个精力充沛的姿势，大多会浮现出：收腹、挺直肩膀、下巴上提、面带微笑、眼睛有神。再设想，一名面试官在面试中看见两种情形：一种是应聘者弓着背坐着、两臂僵硬地紧夹着上身，两腿和两只脚紧靠着；另一种是应聘者懒散地、两脚撒开坐着，间或抖脚。人们也许会觉得前者过分紧张，后者过分随便，但同样地都让面试官第一印象感觉不舒服。

（3）面部表情。在沟通过程中，沟通双方注意最多的就是对方的面部。人的基本情感及各种复杂的内心世界都会借由面部表情语言真实地表现出来。面部表情语言就是通过眉毛、眼、嘴、舌、鼻、脸等的变化表现出来的。

众多面部表情在使用过程中最受欢迎的莫过于微笑。微笑是少有的不区分种族国界的肢体语言。在日常生活、学习工作中，发自内心保持微笑，常会带来意想不到的好运。一个友好的、真诚的微笑能够消除由于人为的、环境的因素带来的紧张感，使沟通在一个轻松的氛围中展开。同时，微笑能展露沟通者的自信心，透露出人们希望在沟通中达到预定目标的美好愿景。因此，善于交际的人在人际交往中首先让人看到的就是微笑。

（4）辅助语言。语速、音调、音量、音质、声音补白、暂停和沉默称为辅助语言。[①]辅助语言提供了另一种帮助人们理解他人情感的有效途径。仔细留心辅助语言，人们可以发现一个人在讲话中遭遇困难将如何中止声音，或是演讲人在台上将讲话推向高潮时如何一步步将情绪推高。

注重声音质量并不是多余的事情。相反，如能做到发音准确、语速恰当、语气积极，将有助于给听众留下良好印象，吸引听众的注意力，从而提高沟通的有效性。人们可以努力尝试做到：①发音规范，吐词清楚；②语调恰当，音量合适；③速度灵活多变，节奏和谐自然；④语气积极，平易近人。[②]

3. 团队沟通能力的培养

当今管理愈加看重团队的重要性。当团队成员齐心协力向着一个既定的目标前进时，团队就有如一台高效运转的机器，且可能整体绩效水平远大于个体成员绩效的总和。管理学家罗宾斯认为：团队就是由两个或两个以上的、相互作用的、相互依赖的个体，为了特定目标而按照一定规则结合在一起的组织。

团队沟通，是把各成员联系在一起以实现共同目标的手段。其特点包括：具有平等的沟通网络；以任务为导向，具有一定的群体规范和路径；具有健康、坦诚、融洽的沟通气氛；对良好的外部沟通有需求；需要团队领导，有高超的沟通技巧。

通畅的沟通渠道是一个团队高效运营的保证。涵盖正式的和非正式的多方位沟通渠道，成员在团队工作中既能够充分发表自己的意见，也能够接纳他人意见，并能够及时得到反馈意见。同时，积极的、坦诚的沟通能为团队的健康成长保驾护航，引导团队内部互相激励。团队内部互相激励让团队成员能够相互合作，互相学习，共同谋取团队利益、不断进

---

① 吕书梅. 管理沟通技能[M]. 大连：东北财经大学出版社，2008.
② 艾泽银. 管理的语言技巧探析[J]. 企业家天地，2006：66-68.

取。当遇到困难时团队成员互相帮助，齐心协力、共同战胜困难；当发现错误时，团队成员能够相互包容，联手发现问题所在并寻找解决方法；当团队取得成功时，团队成员能够彼此分享成功的喜悦，并由衷地产生自豪感和荣誉感。

团队沟通的基本程序如下。

（1）团队成员互相了解，团队领导了解团队成员的想法和愿望。

（2）设定团队目标，制订行动方案。

（3）明确团队责任，安排工作进度，建立双向沟通机制。

（4）培养团队精神，营造和谐人际关系，创造团队运作上的默契。

团队沟通中存在的典型障碍主要有：①以地位障碍、组织结构障碍为代表的社会因素障碍；②因文化程度、个人经验和沟通过程使用的语言、表达方式引起的个人因素障碍；③沟通双方的认知、态度、情绪和人格特征引起的心理因素障碍；④其他客观因素障碍。

克服团队沟通障碍，需要一定的技巧。

（1）把团队沟通列为一项长期性的工作，建立团队沟通制度，开拓正式沟通渠道和非正式沟通渠道，积极调动不太活跃表达意见的成员参与到沟通中，确保团队成员之间能够及时、坦诚、舒心沟通。

（2）将语言沟通能力和非语言沟通能力充分运用在团队沟通中，并思考沟通过程中自己和其他成员的表现，加深沟通的实践。

（3）团队领导除了有意识运用管理沟通的理论和技巧外，还应注意做到"情、真、意、切"[1]。在平时的相处中多关注成员的想法，是为情；公开布诚、集思广益，带动成员共同交流，是为真；团队领导发挥管好人、用好人的才能，让成员对工作有自豪感，是为意；实在建设团队，让成员对团队有归属感，是为切。

（4）走出过度委婉含蓄、官话套话过多两个误区[2]。委婉的沟通在特定情况下是需要的，但过度委婉含蓄的沟通将会降低信息传递的准确性，产生障碍，影响沟通有效性，甚至引起误会。尤其是团队领导，沟通过程中做到去掉假话、空话、套话、官话，而且学会管理坏消息，做到有效、有技巧传递坏消息。

（5）重视沟通中的信息反馈。听众接收并理解了沟通的内容才算是有效的沟通。团队沟通以沟通双方就沟通内容达成协议为目标。为了减少团队工作的沟通障碍，双方应该在沟通过程中积极反馈。除了运用语言，还可以学习着利用表情、手势、姿势等非语言沟通表达信息，鼓励对方尽量表达出自己的想法。

第四节　管理项目能力

随着以项目为基础的团队管理模式在企业之间越来越流行，各高校日益热衷于利用自身的专业优势和人才优势，组建项目团队从而开展研究工作。学校、社会鼓励学生积极参

---

① 许顺林. 班长应具备班组管理"沟通能力"[J]. 电力安全技术，2005，7（12）：46.

② 马建生. 管理者应走出沟通的误区[J]. 人才资源开发，2007（9）：43-44.

与到各种科研项目中去，融入团队工作，积极尝试提出问题、寻找解决方案、培养创新和实践能力。

国际标准化组织（ISO）认为项目是由一系列具有开始日期和结束日期、相互协调和控制的活动组成的，通过实施活动而达到满足时间、费用和资源等约束条件和实现项目目标的独特过程。

成功的项目离不开优秀的团队和管理者。高校项目团队一般是在学科内，以教学项目和科研项目为基础，以实验室或者研究所为依托，主要从事基础理论和应用实践方面的研究，一般由校内外知名学者作为带头人和骨干，还具备一个共同的工作气氛和环境条件，团队领导者具有战略眼光和很强的协调组织能力，团队成员有很强的学习能力，能很好地进行优势能力互补。[①]虽然团队领导一般由指导老师担任，但团队成员能从团队工作过程中通过团队成员间以及与其他团队之间、与指导老师之间的交流学习到一定的项目管理知识。

从实践活动的角度出发，项目管理就是有意识地按照项目的特点与规律进行组织与协调的活动。[②]

任何项目都可以划分为多个不同的项目阶段或工作过程。管理项目的工作过程可大致划分为：起始过程、计划过程、实施过程、控制过程、结束过程。各个工作过程之间是前后衔接的。当一个项目阶段接近尾声，应该对关键的工作成果和项目实施情况进行回顾，以决定是否加入下一个项目阶段，并及时、迅速查明和纠正错误。

案例思考

某高校"学生研究计划"（SRP）通过鼓励、资助各学院优秀大学生科研项目，培养高素质、"三创型"（创新、创造、创业）人才，切实提高学生综合素质，形成有利于培养学生竞争意识、创新精神和实践能力的良好条件与氛围，努力提升学校人才培养整体水平，打造一批素质高、能力强的学术科技创新人才。学校财政每年按 SRP 项目所在学院统一立项下拨经费，以学院为单位指定经费项目负责人，指导教师以"学生研究计划"项目为依托，引导本科生开展基于问题、基于项目或基于设计的项目制学习，使本科生尽早接触并参与科研训练、工程实践及社会实践，充分调动学生学习的积极性和主动性，切实提高其综合实践能力和研究创新能力。每位教师每年指导的 SRP 项目不能超过 1 项，每个项目接收的学生人数为 2~7 人。"学生研究计划"已经成为学校培养本科学生科研实践能力和创新创造能力的重要平台。

思考：

1. 大学期间，你有没有加入学生项目或者团队？是什么类型的？

2. 在学生活动项目或者团队中，你的角色定位是什么？

3. 你为该项目或该团队的成长做了什么？通过加入学生项目或者团队，你收获了什么？

美国项目管理协会（PMI）认为对项目进行管理的根本手段是运用各种知识、技能、

---

① 李巧林，程珺.高校项目团队绩效指标体系研究[J]. 科学导刊，2010，4（上）：24-26.
② 范黎波. 项目管理[M]. 北京：对外经济贸易大学出版社，2005.

方法和工具，以满足或者超越项目相关各方对项目的需求和期望。

一、设立目标

（一）项目目标

项目目标贯穿于整个项目的建立、执行、结束阶段，目标作为一种意念、一种符号、一种信息在小组成员之间传达。[①]

通常用简练的语言对项目的目标进行高度概括，让团队成员对项目目标从开始就有一个清晰深刻的印象。确定项目目标，实际上就是明确项目及项目团队成员共同努力的方向。所以，项目目标确定正确与否对项目成败起到关键作用，正确的项目目标能激励项目成功，不合适的目标会造成项目失败。

确定项目目标应尽可能遵循以下原则。[②]

（1）项目的目标要有操作性、可量性，便于最后的项目审核准备工作。

（2）要求每一个团队成员都明确项目目标。

（3）确定客观现实的目标，不能太理想化，也不能把目标定得太低。

项目目标管理的内容有以下三个方面。

（1）仔细评估课题的可行性和操作依据。立项时，进行广泛调查、集思广益，邀请老师、从业人员出主意。从技术、环境、政策等方面的条件和情况做尽可能详尽、系统、全面的调查分析。

（2）定义项目范围，建立初步的项目章程。最初的项目范围被定义得越精确，团队的工作目标越清晰；项目章程越有条理性，团队的工作越规范。项目范围还是后续工作任务的依据。

（3）确认团队成员的职责，制定团队内部的工作规范。

（二）项目范围

选择科研课题并且着手准备立项时，需要对项目的目标以及主要的成果进行定义，进而确定每项目标的关键工作任务。

大学生所参与的科研项目一般都是为了完成一个特定的产品或得出一份系统详尽的研究报告，在项目完成过程中，需要付出大量的人力、物力、财力和时间。以立项课题为中心，确定了项目的范围就是定义了项目的边界，既确定完成项目必不可少的工作任务，也界定出不必要或是无法完成的工作任务。项目范围不明确，反复的修改会引起一系列的返工、重做，破坏项目的工作节奏。确定项目范围对项目管理可产生以下作用。

（1）描绘项目蓝图，鼓舞团队成员士气，同时也保证项目的可管理性。

（2）指导项目计划，使项目人力、资源、资金、时间的分配更加合理、精确。

（3）为项目进度制订计划和控制设定基准，并作为参加项目成果审核时的参考。

（4）有利于项目团队内部之间的沟通和协调，帮助清晰分派任务。

---

①② 池仁勇. 项目管理[M]. 北京：清华大学出版社，2004.

扩展阅读

华南理工大学 2000 年成立的机器人实验室有一支超强的华南虎战队，在 2017 年拿下 Robomaster 全国大学生机器人大赛南部赛区冠军之后，继续拿下 Robomaster 全国大学生机器人大赛总决赛冠军。不仅如此，实验室还积极参与各类科技竞赛活动，获奖近 200 项；申请及获得各项国家专利近 100 项；40 余名队员获得奖学金累计超过 30 万……从创立之初，团队就明确了目标，并一直为之努力。每年团队都会参加 Robomaster 和 Robocon 两个机器人比赛，每年秋季大家就组建队伍，为来年夏天的比赛做准备，几十个人组成的团队一起为一个目标努力一年。为了做出一台性能最好的机器人，大家需要一直努力地去学习各种知识，解决各种问题。因为团队的目标一直是冠军，总冠军就是他们最终的最高目标。为了达成团队的目标，40 多人的团队，从技术迭代、团队管理、后勤保障，所有的方面和细节都努力做到了极致。完善每一步计划，落实每一项工作安排，明确每一个阶段性目标，划分区域性工作范围。即使遇到困难和挫折，他们也毫不放弃对项目目标的追逐，着眼于解决问题，不断学习和补充新知识，将学习的理论知识运用到实践和项目中，阶段性目标一个一个打卡完成，使团队更好更快地成长，最终造就了机器人实验室的辉煌。

二、把握进度

（一）制订项目计划

计划可以给出工作方向，减少变化对工作进度的冲击，使资源浪费和冗余减至最少。项目计划是有效协调项目工作、推动项目工作顺利进行的最重要工具。

项目计划围绕项目目标的完成情况确定项目的任务、安排任务进度、编制完成任务所需的资源预算等，从而保证项目能够在合理的时间内，以尽可能低的成本和尽可能高的质量完成。[1]

一般来说，项目计划具有以下特征：系统性、目标性、相关性、整体性。

（二）拟订项目进度计划的准备工作

工作分解结构是对项目范围的定义进行进一步细分，得到更细小、更容易操作和管理的项目活动。项目工作分解结构是项目全部工作的整体表述，是项目工作或活动的一种层次性的树状描述，也是项目活动、任务界定依据的最基本信息。[2]工作分解结构帮助人们估算每个项目活动或工作过程所需要的时间，以便于安排整体的活动顺序。

对项目工作分解结构细化和拓展列出活动清单，可以得到开展项目所需要的全部活动。通过分析活动清单可以得出每一项细化的工作活动可能所需的时间。

此外，项目工作分解结构和项目活动清单两者结合互补，准确而详细地描述项目工作活动及其细化的子活动，从而保证项目团队的每个成员都能清楚明确自己的工作和责任。

---

① 池仁勇. 项目管理[M]. 北京：清华大学出版社，2004.
② 范黎波. 项目管理[M]. 北京：对外经济贸易大学出版社，2005.

结合活动顺序和每项活动的估算时间，得出项目进度计划。制订项目进度计划常用的方法有如下三种。

（1）关键日期法：只列出关键活动及其进行日期，是最简单的进度计划方法。

（2）甘特图法：以图示的方式通过活动列表和时间刻度表示出某一特定项目的活动顺序与持续时间。

（3）关键路径法：标示出由贯穿项目始终的决定性任务构建成的关键性工作路径。

合理安排项目活动顺序，将其排列构成项目工作路径，是拟定项目进度计划的重要保证。绘制项目工作路径的步骤如下。

①选择项目活动的表示方式：用箭线表示单项活动任务，用箭头表示活动由事件连接起来（箭线式网络图）；或是用方框表示活动，用箭头表示活动的先后顺序和方向（节点式网络图）。

②确定项目活动的逻辑关系及次序：该活动在哪些活动开始之前必须完成，哪些活动可以与该活动同时进行，哪些活动只有在该活动完成后才能开始。

③绘制网络图：先绘制一个概括性的网络，然后把它扩展成更为详细的网络。概括性网络包括较少的较高层次的活动，而不是大量的详细活动，尽量从满足整个项目的应用出发绘制概括性的网络图。

（三）拟订项目进度计划的具体步骤

（1）明确项目牵涉的每项工作任务、活动。根据项目工作分解结构和项目活动清单列出活动名称（包括顺序）、起始日期、持续时间、结束日期、任务类型（依赖性或决定性）和活动之间的逻辑关系。

（2）创建甘特图草图。将所有的项目活动按照起始日期、持续时间标注在甘特图上。

（3）确定任务类型、项目活动之间的逻辑关系及时序进度。在草图上，按照项目的类型、内容将项目活动联系起来，并安排项目进度。同时标示出由贯穿项目始终的决定性任务构建成的关键性工作路径。

（4）估算单个活动任务的工作时间和工作量。

（5）确定单个活动的执行成员。

（6）按需调整活动任务时间，并计算整个项目所需时间。

但工作时间是一个随机变量，影响项目工作时间的主要因素有：①执行人员的热情、个人能力、工作效率；②突发事件；③项目计划的失误及其操作过程中的误解。有时难以避免项目进度产生延后，但以下几点应该尽力避免。

（1）初步拟订的计划过分乐观、不现实，单个项目活动任务或整个项目的结束日期太早。

（2）项目执行过程中，出现多项单个项目活动任务向后推延现象。

（3）所需资源没有及时到位。[①]

（四）项目成员的进度管理

每位团队成员的工作成果是整个项目顺利执行并完成的支撑。团队成员应该对自己在

---

① 范黎波. 项目管理[M]. 北京：对外经济贸易大学出版社，2005.

团队中的职责了解清楚，充分调动个人积极性，提高个人的学习效率、工作效率。

个人可以把自己的单项活动任务列出来，或直接在团队整体项目进度的甘特图上勾画出来。根据自己的活动任务做个人学习、工作的月计划和周计划。既能避免个人工作出现延迟，也能一定程度上保证个人活动任务的完成质量。

三、控制质量

质量是项目成败的关键因素。国际标准化组织对质量的定义是：质量是反映实体（产品、过程或活动）满足明确的或隐含的需要的能力特性综合。

相对高校项目团队而言，项目的质量就是项目绩效指标的完成质量。[①]

从内部业务流程角度看，项目团队学术成果有：①论文发表情况；②承担并完成课题情况；③学术交流情况；④成果获奖情况；⑤申请发明专利情况。

从财务角度看，项目团队经济效益有：①直接经济收入；②隐性经济价值。

质量管理的手段和方法是在以下四个方面制订措施、计划，然后实施并确保有效。[②]

（1）质量策划：分析并明确影响质量目标的所有因素，确定控制方法、步骤、要求，并根据需要提供各种资源。

（2）质量控制：对项目活动及其子活动进行检查和持续跟进，对照拟定目标，及时发现与初衷或期望不一致的偏差，采取措施，纠正偏差。

（3）质量保证：提供项目活动及其子活动的实施及控制的客观证据，使小组成员及监督者、审核人员确信项目的顺利执行和成果的质量符合要求。

（4）质量改进：动员全组成员，通过改进过程和采取预防、纠正措施，提高项目执行的质量、效率和效果。

（一）项目的执行质量

在项目质量保障中需要用到各种各样的资源，其中涵盖了人力资源、物力资源、财力资源。如果缺少足够的资金和必需的设备手段，则会给项目的质量带来影响。同样，团队成员工作也直接影响项目的执行质量。人的能动性贯穿项目始终，人是直接参与在项目其中的组织者、指挥者和操作者。项目团队的竞争优势是项目成功的最基本优势。

在项目的执行过程中，必须经常性地对整个项目的执行情况进行评估、核查与改进等工作，是一项确保项目能够最终满足要求的系统性工作。而项目的范围规定了项目活动该做什么，不该做什么。因此范围的陈述成为项目执行质量的主要参考标准。

影响团队工作质量的主要因素如下。

（1）人员激励：团队成员的积极性、热情是实现个人、团队美好愿景的钥匙。但空有诺言不能推动任何工作进行，个人的学习能力、工作能力才是关键。同时，良好的心态也为保证工作质量护航。

（2）团队结构：合理安排团队成员的职责，不偏心、不搞针对。团队的健康成长和项

---

① 李巧林，程珺. 高校项目团队绩效指标体系研究[J]. 科学导刊，2010（上）：24-26.

② 范黎波. 项目管理[M]. 北京：对外经济贸易大学出版社，2005.

目的顺利执行离不开团队团结一致的工作氛围。

（3）士气精神：保持整个团队良好的精神风貌，是高质量地开展项目活动、保证项目顺利甚至超出期望完成的核心。低迷的工作精神不加以控制，会从少数几个成员发散传播，影响整个团队工作效率甚至导致项目的终止。

案例

由大学生创业组建的"零距离"团队，成员包括 1 名博士生、2 名研究生和 20 名本科生。团队立足于创新发展、追求卓越、创造价值、共享慈善的理念，坚信"创新是发展的动力，坚持是成功的基础"。不断挑战自我，将创业作为一种锻炼，带着诚恳和负责的态度，推动着团队成员自我能力的不断提升和自我境界的不断超越，保持了团队团结一致、意气风发的高昂士气，形成了良好的互助学习、共同进步的氛围。对于大学生创业团队，他们会全面分析团队的优缺点，知道哪些项目适合自己，了解自己的团队，将个人目标与团队目标相结合，激发团队成员的积极性和热情。从零开始，从现在出发。轻资产，练眼光，做好利益分配，把握时机，保证了团队从无到有、从有到优、从优到特的创变。团队立足创新发展的理念，聚拢了团队创业创新的信心；追求卓越的理念鼓舞了他们奋力前行；互助成长的信念奠定了团队做大做强的基石。迄今为止，"零距离"团队已成功运营两个项目——自动售卖机（咖啡机）与胶囊旅馆，其中胶囊旅馆项目未来的市场很大，初步估计超过 200 亿元。如果融资顺利的话，两年内能开 300 家店，年营业额超过 4.5 亿元。

（二）项目的成果质量

项目绩效指标中，项目团队的学术成果是团队辛苦付出后最显而易见的成果。

（1）论文是其中最为重要的成果形式，也是能够直接反映该项目团队水平的指标。论文发表的数量和质量分别能直接反映该项目团队的产出能力与产出效能。

（2）项目团队的成果获得的奖励或是专利申请成功，既是对成果本身的理论价值或应用价值的肯定，同时也是对团队本身的肯定。

（3）项目团队承担到的课题是社会、院校对团队的一种认可。而顺利完成课题，体现了该项目团队的绩效水平。一个高校项目团队承担课题的数量和等级反映了其在该领域中理论创新和成果转化的能力。

保证成果的质量有赖于团队领导的学识水平以及团队成员的执行项目过程中的学习、工作能力。因此，有规划地安排学习培训和强调团队认真对待项目活动任务是保证项目成果质量的有效手段。

案例

刘同学，一名怀揣着创业梦的大学生，大学三年间，通过自己的努力和坚持，他做了3 个科研项目、投稿 6 篇、发表 4 篇，其中 1 篇 CSSCI，2 篇 EI 以及 1 篇 ISTP 索引，这对他坚持科研是莫大的鼓励。从事科研项目工作是枯燥艰辛而又富有挑战的。在大学里，他在导师的指导下获得了电子商务"三创赛"的全国一等奖，但由于大学生创业失败率极高，很多人都不鼓励大学生创业。怎么解决呢？他通过资产组合理论，为了分散自己的创业风险，他组合了 3 个创业项目：在高风险、高收益的项目中，他和清华北大的朋友共同开发一款公益类的手机游戏应用，目前已经获得种子投资。在中风险、中等收益项目中，他是梦谷科技青旅创业的负责人和腾讯企业邮箱的广州区域代理。公司在运营初期，事情十分烦琐，如何取得代理资质，如何跟客户营销，如何签订合同，如何完善售后……无不倾注个人和团队的心血，饱尝艰辛。一路走来，他注重项目推进的每一个步骤，严把项目管理的目标关、时间关、人力关、质量关。在手机游戏创业中，他体会到了管理目标的重要性；在企业邮箱创业中，他学会了营销沟通、公司运营；在青旅创业中，他不断摸索项目管理的全过程。创业不一定非要轰轰烈烈，创业更多的是坚持在路上，不断提升项目管理能力，让项目成为可能。

今天的大学生正处于前所未有的辉煌与变化的时代，正经历着从未有过的可以创造奇迹的时代。千里之行，始于足下。只有从现在出发，努力提高管理自我的能力、管理认知的能力、管理沟通的能力、管理项目的能力，才能让自己不断追赶时代的脚步，奋力实现自己的梦想！

核心概念

管理自我　管理认知　管理沟通　管理项目

客观题

自学自测　扫描此码

第六章

职业探索——搭建从校园到职场的桥梁

【本章导读】

小雪是建筑设计专业的学生，学习成绩很好。但在大一大二的院刊编辑过程中，她发现自己更爱撰写文章。后来她在一位师姐的介绍下，去做一个线上教育的运营推广。在大三一年的时间里，她的文笔和成绩得到实习公司的认可，也有其他公司或公众号邀请她去做新媒体运营。在逐渐认识自我的过程中，她很想去做品牌推广、商业策划方面的工作，但遭到了父母的反对。她很苦恼。

金凤是一名大四毕业生，广州人，近期拿到 3 个知名企业的 offer，正面临着留在广州还是到上海工作的困惑。上海的企业待遇和工作条件都很好，广州的工作比较稳定，发展前景也不错，家里人希望他能离家近些。

大学生对工作总是充满好奇和渴望，但对即将进入的职业世界却了解不多，然而对职业世界的认识却是生涯规划的重要组成部分。本章我们将根据大学生们的困惑出发，来探索和我们每个人的成长密不可分的职业世界。

第一节　职业探索概述

一、职业探索的定义

在进行职业生涯规划的过程中，除了对自身的认识，职业探索也十分重要。

职业探索研究始于 20 世纪 60 年代早期，当时被看成一般探索活动中的一类。克朗伯兹的生涯决定社会学论认为，职业探索是一个信息收集或职业问题解决行为，通过对专业能力、工作性质和环境等信息的收集降低职业选择的不确定性。[1]职业探索是职业发展的一个重要阶段，是个体在职业发展过程中有目的、有意识地不断加强对外部环境的认识和了解的行为。

舒伯认为职业探索是个人发现自己及职业世界之间的认同（commitment）。[2]其间包括一连串通过工作或者职业世界所提供的资料及刺激，促使个人对其本身的需要、兴趣、性向价值、工作角色以及能力做澄清的活动。简单来说，职业探索是个人对自我特质以及各种不同的职业或工作的内涵，乃至对个人环境关系与资源进行探索，以便对未来的职业发展目标确立更明确的导向。

① MITCHELL A M，JONE G B，KRUMBOLTZ J D. Social learning and career decision making[M]. Cranston，RI：Carroll Press，1979：19-49.

② 林清文. 生涯发展与规划手册[M]. 北京：世界图书出版公司，2003.

职业探索是一个复杂多维的心理过程，为了达成职业目标，个体不断地进行信息收集，不断地对自我和环境进行探索、评价和验证。职业探索是人的职业生涯规划中非常重要的一部分，也是一个重要阶段，它有利于促进职业的成熟和适应。

二、职业探索的意义

（一）有助于大学生全面了解职业世界，作出正确的生涯决策

对于职业的情况，很多大学生的认知相对模糊。有些学生没有把职业放在社会环境中进行探索，不了解行业、组织类型等对于职业的影响，职业选择时会迷茫；也有些同学对职业的了解还停留在想象中，把影视文学作品当中的职业当成了真正的职业，看到的是职业的"艺术照"而不是"生活照"，据此决策难免出现偏差；还有些学生只了解职业名称，但对职业的具体内容、职业要求和职业发展了解不深，在进行职业决策时感觉非常困难。因此进行职业探索，有助于学生清晰、全面地了解职业世界，在进行生涯决策时做到有的放矢。

（二）有助于大学生进一步了解和认识自我

职业探索既是探索外界的过程，也是不断探索内心，促使个人对其本身的需要、兴趣、性格、能力等不断明晰的过程。在探索职业世界的过程中，大学生常常会陷入两难的境地。例如，是留在北上广深，利用大城市良好的资源和就业平台，以期未来有更广阔的发展空间？还是逃离一线城市，到生活压力较小的二、三线城市就业？当面临两个或多个工作的选择时，要根据哪些因素来选择呢？世间的事没有完美的，外部条件总给我们设立这样或那样的限制，看上去似乎很难，也难免会让人有些沮丧，但是深入思考，就会发现我们正是在这种两难的选择当中，越来越知道什么是自己真正想要的，也越来越了解自己是谁，从而调整自己的行动，找到属于自己的生涯道路。

（三）有助于培养和提升大学生的综合素质

很多大学生寄希望于学校、职业辅导老师或其他专业的职业辅导工作人员能够告诉他们职业世界是什么样的，但结果常常令人失望，因为每个人（包括专业的职业辅导人士）由于个人知识、经验的局限不可能完全掌握所有职业的信息，所以职业世界的探索更多地需要大学生自己来完成。在职业探索过程中，大学生可以培养和提升自己的很多能力，如信息收集、沟通、观察等通用技能，以及主动性、责任心等自我管理能力。

案例思考

职业探索：大学的必修课

陈晓余是应用化学专业的一名本科生，大学期间过着教室、图书馆、饭堂三点一线的生活。因为专业学习需要花费大量时间，校园活动她只挑少数自己感兴趣的参加，社会实践也是完成任务了事，从没有考虑过今后要做什么，对本专业能够从事什么职业也只是在入学教育上听专业教师讲过一些，以及平时跟同学的聊天中大致知道一点。

大四很快到来了，在找工作的过程中，她越来越不想从事那些跟本专业相关的化学方

面的工作，觉得人力资源方面的工作比较适合女孩子。她投了很多人力资源方面的岗位，都没有回音。拿到几家企业的面试通知，简单地面试后也没有下文了。面试官问得最多的是为什么想转行？是否了解人力资源的工作？虽然看过一点人力资源方面的书，但她对人力资源的工作内容确实了解不深。

两个多月的时间里，看到同学们去很多企业面试，有些已经拿到 offer，她十分焦虑，不知道自己究竟该继续找人力资源方面的工作还是找本专业相关的工作。

思考：

1. 你了解过自己所学专业能够从事哪些职业吗？

2. 你的大学规划和你未来的职业挂钩吗？

3. 如果你是陈晓余，你会怎么做？应该从什么时候开始做？

4. 了解职业信息需要了解哪些方面内容？你能想到哪些方法？

第二节　变化中的职业世界

职业是发生在不同工作背景下的工作行为。人们利用专门的知识和技能进行工作，为社会创造财富，获取合理报酬作为物质生活来源，并满足精神需求。职业是人们赖以谋生的手段，也是获得幸福的基本方式和途径。社会中都存在不同的职业行为，而不同的职业赋予了我们不同的工作内容、工作职责、社会声誉以及行为模式。

职业世界处在不停的变化之中。新职业不断产生的同时伴随着旧有职业的消失，新型工作方式不断出现，就业市场也随着经济全球化和科学技术的迅猛发展不断呈现出新的特点。

一、我国就业市场的现状

（一）劳动年龄人口加速减少

人口结构变化对我国经济的影响正在逐步显性化，近年来劳动年龄人口数量和质量的"双变"已经对产业结构的升级转型产生更加大的影响。2018 年末，全国 16 ~ 59 岁劳动力人口为 8.97 亿人，与 2017 年末相比，减少 470 万人，比重下降 0.6%。自 2012 年起，我国劳动年龄人口的数量和比重连续 7 年出现双降，7 年间减少了 2 600 余万人。[①]受劳动年龄人口持续减少的影响，劳动力供给总量下降，2018 年末全国就业人员总量也首次出现下降，且随后几年继续下降。同时，老年人口比重的上升加重了劳动年龄人口负担，给经济发展和社会保障带来挑战。只有努力由人口红利向人力资本红利转变，实现更高质量的就业，把数量减少的劳动年龄人口变得更富有生产性，才能改善未来中国经济的增长质量。

（二）结构性失业问题突出

结构性失业是经济、产业结构变化以及生产形式、规模变化促使劳动力结构进行相应调整而导致的失业。随着转型升级的推进，劳动者技能水平和岗位需求不匹配的结构性矛

---

① 数据来源：根据统计局、人社部发布的数据整理。

盾越来越突出，表现在两个方面：第一，技术技能人才严重短缺；第二，部分高校毕业生和低技能劳动者就业更加困难，化解过剩产能、僵尸企业出清等结构调整深入推进，人工智能等新技术的发展，都对就业带来了新的影响和新的挑战。

（三）第三产业迅速发展

我国经济过去的增长，得益于将丰富、低廉的劳动力从第一产业解放到第二产业中，进而通过参与全球化分工，转化为国际市场上的比较优势。2011年，我国第三产业吸纳就业超过第一产业，成为吸纳就业人数最多的产业；2014年，第一产业成为就业人数占比最少的产业，倒金字塔形就业结构形成；到2018年，我国第一、第二、第三产业从业人员占比分别为26.1%、27.6%和46.3%，逐步形成了服务业占主导的现代就业模式。[①]

近年来，电子商务、数据消费、现代供应链等新技术新模式蓬勃发展，育儿、养老、旅游、教育、健身等新需求空间广阔，服务业成为创新创业热点。第三产业对就业的带动力更强，同样的增速能提供更多的岗位、更高质量的就业。未来，更多人才将向第三产业聚集，推动第三产业尤其是新型服务业的发展，进而加快经济结构优化升级，助力经济保持中高速增长。

（四）对国际人才的吸引力增强

信息技术的发展缩短了全球各个国家的距离，使经济资源能在全球范围内快速组合和配置。曾经的代工中心依靠自主创新使越来越多中国企业走向世界，凭实力获得国际认可，如阿里巴巴、华为等。从世界工厂到中国制造、中国创造，企业的国际化势必要求具有国际化视角与素质的员工，而中国对国际人才的吸引力正日益增强。

中国与全球化智库和西南财经大学发展研究院编写的《中国区域国际人才竞争力报告（2017）》结果显示，上海、北京、广东和江苏成为国际人才竞争力总分较高的区域。这4个地区以经济发展、产业创新、国际合作和开放包容等整体优势，组成中国区域国际人才竞争力的第一梯队。第二梯队由其他东部沿海省份及中西部发展较好的省份组成。[②]

研究还发现，近年来人才流动的方向正在发生趋势性改变。许多原来离开中国到海外谋求发展的人纷纷回国，带回国际化知识、专业技能和人际关系网络。根据教育部数据，2018年我国出国留学人员总数66.21万人，各类留学回国人员总数为51.94万人，回流率达78.45%。人才回流所带来的人才红利，成为我国未来发展的优势之一。此外，我国发展对其他国际人才的吸引力也在不断增强。例如，海外华侨华人有6 200多万人，其中专业人士接近400万人，他们广泛分布在教育、金融、高新技术等行业，很多人已经成为世界一流的科学家、工程师、高级管理人才。近年来，他们中的不少人选择在中国创业安家。

（五）新生的职业生涯信念

传统职业生涯信念与新生职业生涯规划信念最大的区别在于：前者认为组织应当为员工的生涯发展负责；而后者认为员工应当为自己的职业生涯负责。在传统的职业生涯信念

① 李心萍. 就业稳 经济稳[N]. 人民日报, 2019-10-31（2）.
② 王辉耀. 我国对国际人才的吸引力不断增强[N]. 人民日报, 2017-10-23（14）.

中，员工是从属于组织的，组织像父母一样照顾员工，同时员工以组织为家，以组织利益为第一，以被组织认可获得升职为成功。在新生的职业生涯信念中，组织和员工的关系更像是合作者，组织向员工提供横向的职业发展，员工在接受新的工作或任务时能够不断学习新技术与知识，以适应组织需求，同时提升自己的专业能力和就业竞争力。

新生职业生涯理念是经济和技术快速发展的产物，日趋激烈的竞争要求企业有更灵活和快速的适应能力，因此组织更愿意采取一种期限更短、双方承诺更少的"交易型"心理契约。在这种契约下因为雇佣的不稳定性、竞争的不确定性，员工需要对个人的生涯规划负责，以便能够把握机会和主导个人发展。新生的职业生涯信念提醒大学生要主动规划自己的职业生涯，无论在哪个组织中工作都必须注重培养个人的综合素质，以实现更好的个人发展。

二、职业的产生和消失

这是一个高科技时代，信息技术、生物技术、新能源、新材料技术等各类技术的飞速发展，给这个世界带来了全新的面貌。新技术的产生与发展会给职业带来变化。改良蒸汽机的瓦特催生了一系列新职业：机头生产人员、铺设铁路的工人、检修工人、列车员、火车票售卖人员等；驾驶飞机冲上云霄的莱特兄弟实现了人类上天的梦想，同时也带动了航空航天产业，出现了飞行员、飞机检修工、航空气象员等职业。现代社会也产生了一系列因新技术得以应用而产生的职业，如程序员、系统架构师、网店店主、微博运营官、网络安全工程师等。

有产生就有消失，职业的消失与社会趋势有关。很多职业已经慢慢淡出了社会的舞台。如随着手机的普及，曾经是高科技象征的寻呼机已经没有了价值，寻呼人员这一职业也随之消失；随着移动支付的快速发展，售票员、收银员、停车场管理员等职业也正面临被完全取代的威胁；再比如书记员或者笔录的职业很可能被先进的语音识别软件所替代。还有如修钢笔、补锅这类职业，它们也许还没有完全消失，但是存在的空间已经越来越小。

职业的产生和消失自古就有，唯一不同的是，现代社会职业的产生和更替比以前更快。从农业社会进入工业社会经历了数千年，从工业社会进入新的产业革命才200多年。未来的变化速度将会更快，调查数据显示这个趋势已经出现了。根据普华永道（PwC）的一项最新研究，在未来15年内，美国近40%的工作岗位可能会被机器人取代；牛津大学2016年的一项研究调查结果认为，美国47%的工作岗位在未来20年的时间都有可能面临自动化的命运。

了解职业的发展趋势，是为了使自己所选择的职业方向符合社会发展趋势。从中捕捉到有利于自己未来发展的线索。我们都希望进入有发展前景的职业，至少发展趋势和方向要与时代的整体发展方向一致。例如网络游戏是这个时代的热门事物，很多年轻人对此有着浓厚的兴趣。网络游戏的发展可能带动哪些职业的兴旺？职业游戏玩家已经成为一种职业，并为热爱游戏的人所熟悉。那还有没有其他？有哪些方法能将游戏这个虚拟世界和真实的世界联系到一起，并以此来谋生？趋势是决定职业发展的重要因素，也是我们在职业信息了解方面应该首先注意的因素。

扩展阅读

新职业来了，你准备好了吗？[①]

人工智能工程技术人员、大数据工程技术人员、电子竞技员……人力资源和社会保障部拟发布 15 个新职业，引发社会广泛关注。从传统的"工、农、兵、学、商"，到如今新职业、自由职业不断涌现，背后是中国经济新科技、新业态日新月异的发展。

新行业造就新职业

记者注意到，人社部近日发布的新职业大多来自目前比较新兴和热门的行业。既有现在流行的人工智能、大数据工程技术人员；也有人们不常听说的农业经理人、数字化管理师；还有与生活息息相关的职业，如城市轨道交通相关技术人员等。

"此次拟发布的新职业并非新产生的，它们在现实中已经存在。新职业从业人员达到一定的数量规模，有比较清晰的职业内涵定义和工作要求，这些新职业为国家可持续发展带来诸多收益。"中国劳动学会副会长苏海南说。

其中，人工智能工程技术人员、电子竞技员等是人们讨论的热门职业。其兴起与近年来人工智能行业的爆发和相应的"人才荒"有很大关系。清华大学中国科技政策研究中心发布的《2018 中国人工智能发展报告》显示，截至 2018 年 6 月，中国人工智能企业数量已达 1 011 家。数据预测，到 2020 年中国人工智能核心产业规模将超过 1 500 亿元，带动相关产业规模超过 1 万亿元。《全球人工智能领域人才报告》显示，截至 2017 年第一季度，全球人工智能技术领域专业人才数量超过 190 万，远不能满足市场需求。据估计，中国人工智能学科人才需求的缺口每年接近百万。

电子竞技员的出现与近年来电竞行业的发展关系密切。目前，中国电竞用户超过 2 亿，人才缺口限制电竞体育、文化、娱乐等产业价值的发挥。专家表示，随着电竞行业健康良性的发展，相关从业者正获得社会认可。

专家表示，这些新职业将成为未来行业的一个趋势，促进相关产业、培训行业的发展，相关专业获得更多关注。

技术推动职业兴替

一批新职业的兴起，伴随着另一批旧职业退出历史舞台。铁路扳道工、弹棉花手艺人、寻呼转接员……根据 2015 年修订发布的《中华人民共和国职业分类大典》，有 205 个曾经耳熟能详的职业不再收录其中。

"科技和生产力的提高极大地丰富了人们的日常生活，社会需求结构随之发生改变。不少过去热门职业不能及时适应这种变化，处于即将被淘汰的境地。"人力资源和社会保障部职业技能鉴定中心标准处处长葛恒双说。

无人机驾驶员代替了很多传统行业操作员，其兴起体现技术革新助力传统产业转型。在地理测绘、物流配送、电力巡检等诸多领域，无人机驾驶员大显身手。

---

① 彭训文. 新职业来了，你准备好了吗？[N]. 人民日报（海外版），2019-02-20（8）.

以农药喷洒作业为例，作为一个拥有 18 亿亩基本农田的农业大国，中国每年为此耗费大量人力。借助无人机，不仅能节省大量人力成本、提升作业效率，还能降低农药浪费率、减少对环境污染。当然，这对相关操作者的专业素质提出很高的要求。2018 年发布的《无人驾驶航空器飞行管理暂行条例（征求意见稿）》明确规定，个人或者组织进行植保无人机作业时必须持有无人机安全操作执照。

此次发布的新职业中，新增母婴护理员、蜂产品品评员、酒体设计师等与人们生活需求相关的工种。"人们对美好生活的追求反映在职业领域，传统的'专业技术人员''社会生产服务和生活服务人员'呈现越来越细分化发展的趋势。"中国劳动和社会保障科学研究院研究室主任袁良栋说。

就业观念有新要求

专家表示，新职业的出现，呼唤教育、法律、培训等人才培养体系不断完善。例如，要给予学生与时代发展相匹配的在校教育，帮助其快速适应和掌握新知识、新技术、新学科，成为创新型、复合型人才。

相关职业技能和行业企业的评价不断规范。2019 年 1 月初，人力资源和社会保障部颁布 26 个新的国家职业技能标准，涉及的职业包括中式烹调师、智能楼宇管理员、汽车装调工等。此外，人社部将陆续开发行业企业评价规范。

对新职业及相关行业进行科学管理也很重要。以电竞行业为例，除了电子竞技员，还有教练、陪练、裁判员、解说，甚至有经纪人等周边运营人员，更细的职业分类要求更细化的运营管理。为此，2016 年，教育部将"电子竞技运动与管理"增补为高等职业学校拟招生专业，旨在培养专门的运营管理人才；很多电竞俱乐部制定了严格的规章制度。

此外，新职业中不少采用非全时制、灵活就业的方式，对人们就业观念的转变提出新要求。专家表示，当下很多年轻人在选择职业时，更注重热爱、有趣、自由。随着这种工作方式和劳动关系的普及，各方要尽快转变传统观念，及时调整相关体制机制配套。

三、新型的工作方式

工作是一种创造经济价值也为他人提供服务的活动，产生于公众对商品和服务的渴望。实际上，工作日益成为消费者需求的产物。当我们对车子、医疗、儿童教育等产品和服务的需求增加时，这些产品和服务的供给者就会采取必要的步骤增加其产品和服务的供给量。传统的工作方式是全职工作，组织通常通过延长工人的工作小时数和天数来增加工作量，或者是雇用更多的工人从而创造新的工作机会。然而为了控制劳动力成本，组织会运用新策略来满足公众增加的需求。这就是创造了新的工作方式：不同于以往全职工作的新方式。

（一）弹性工作制

弹性工作制是允许员工自由确定自己的工作计划，以帮助员工履行家庭职责，处理紧急事务等。"弹性"的方式很多，如将一周压缩成 4 天，每天工作 10 小时；或是将工作时间提早，下班时间也同时提早；或是某些天的工作时间较长，而另一些天只工作半天。

弹性工作制在不同的组织中有不同的表现模式，这些模式能揭示出该组织文化中的一些特点。

（二）兼职/多重职业

兼职工作可以以几种形式存在，包括同时承担两份或以上的兼职工作；从事一份全职工作的基础上再承担一份或几份兼职工作。兼职职业常常来自服务行业、娱乐业、公共管理、服务业和教师行业。兼职工作是个人增加收入、学习从事一门新工作，或照顾家庭成员的较好选择。然而，兼职也可能是人们正承受经济压力、就业质量不高的象征。

（三）自由职业

自由职业是一种自我雇用的工作方式，以自由、开放而著称，可以自主安排工作时间和工作方式。从个体户、个人工作室、SOHO族到数字游民……在改革开放的40多年里，自由职业者的形态愈发多元化，涉及的领域越加广泛，尤其是随着互联网的发展，挣脱了办公地点的束缚，自由职业者更是成为"高素质、强专业"的新时代"特种兵"。

（四）远程办公

远程办公是指在远离办公室或雇主工作场所的地方工作。家居办公是远程办公最普遍的方式。随着视频会议技术的发展，以及新冠肺炎疫情防控需要，远程办公实现了跨越式发展。组织欢迎远程办公，因为它降低了办公场所的成本，减少了人员聚集，使员工享受到更满意的生活方式。当然，远程办公也存在一定的问题，主要是离开办公室的员工能否像在公司里一样认真投入工作。这种新工作方式对于个人来说也是个挑战，它要求个人具有自我激励和独立工作的能力，避免注意力分散的能力，有效运用技术的能力。同时，远程办公对个人来说，存在缺乏团队的支持和面对面的交流等问题，容易让人感到孤独和缺乏归属感。

（五）自主创业

大学生自主创业是以在校生或毕业生为主体来创办并运营企业的过程，是近年来受到各级政府政策鼓励和支持的大学生就业新途径。创业是一种风险较大的就业方式，对个人能力、素质、资源拥有情况都具有较高要求，因此大学生在决定创业前应根据个人情况及项目发展前景等因素综合评估。

四、职业世界的发展趋势

（一）人才竞争全球化

人才流动有其自身规律。在经济全球化进程中，发达经济体占据产业链高端，人才等全球优质资源曾经长期向发达经济体聚集。随着我国综合国力与世界影响力的不断提升，对人才的吸引力越来越强。当下，全球化已进入全球经济治理转型升级的新阶段，即习总书记所说的"国际经济合作和竞争局面正在发生深刻变化，全球经济治理体系和规则正在面临重大调整"。要实现经济转型发展，并在全球竞争中取得优势，关键要素是人才。企业要实现科技创新、自主研发或模式创新，都需要人才。优质人才将成为国际、国内各个城市之间竞争的重要资源。

（二）就业形势严峻

新冠肺炎疫情在全球扩散蔓延，世界政治、经济、安全形势中的不确定性因素增加。国内高校毕业生人数逐年增加，2020届高校毕业生规模达874万人，较2019年同比增加40万。国内外经济形势发展的不确定、应届毕业生人数的增长、往届未就业学生等因素的叠加，大学生就业压力增大，必须做好较长时间应对外部环境变化的思想准备和工作准备。

（三）灵活就业和不充分就业将持续存在

全职、兼职、短工、合约制、临时工作、自由职业者及创业等多种就业形式同时并存。信息技术的快速发展，使技术革新及职业要求变动加快，失业风险增大，这将是一个长期面临的挑战。

（四）终身学习成为职业发展之必需

未来许多的工作机会将是现在不存在而被创造出来的，人们无法使自己的教育和培训背景与将来的职业和岗位完全吻合；由于技术进步以及其他原因，人的一生中很可能会变换工作。未来职业世界将是一个学习型社会，只有不断充电，才能避免失业。

（五）多技能、创造力成为人才竞争的重要资本

就业市场需要具有广博知识及技术基础的人员。企业对高素质人才的需求将继续增长，知识型工作者将继续在劳动力中占主导地位，创新成为经济发展的动力。未来的工作，要求从业者发挥更多功能、运用更多技能、更富有创造力。

（六）职业素质越来越受雇主重视

进入新时代，"高质量发展"成为经济社会发展的关键词，企业比以往任何时候都更需要大量高素质劳动者。在雇主眼中，与人沟通、团队合作、敬业精神、工作道德等软性技能、非专业性技能和工作的技术性要求同等重要。保持与企业价值观协调一致的员工，将更受雇主青睐。

（七）工作与生活的界限越来越模糊

应酬、出差、加班或变动上下班时间等工作不定时现象时有发生。而日新月异的信息技术，以及创意型公室、SOHO办公形式的出现，使生活与工作的界限模糊化。

（八）中小微企业成为就业的主渠道

"小企业、大就业"，非公有制经济成为我国吸纳就业的蓄水池。2018年，城镇非公有制经济就业人员占比为83.6%，其中，私营个体经济就业人员占城镇就业人员比重达56.2%；有限责任公司、股份制经济单位就业人员占比分别为15.1%和4.3%[①]。

数据显示，越来越多的大学毕业生将中小微企业（300人及以下规模的用人单位）作为职业生涯发展的"首发站"。在中小微企业就业的大学毕业生，就业质量不断提升。据麦

---

① 李心萍，就业稳 经济稳[N]. 人民日报，2019-10-31（2）.

可思研究院对 2013—2018 届大学毕业生就业情况分析发现，本科毕业生在中小微企业就业的比例已由 45%上升到 50%，本科毕业生半年后的月收入也由 2013 年的 3 212 元上升到 2018 年的 4 918 元。[①]

第三节　职业探索的内容

职业探索是为未来的职业决策做准备。通常来讲，一份工作是由地域、行业、职业、组织类型四者共同界定，因此对职业世界的探索应该包含这四个方面。对职业世界的探索还包含着对社会大环境、社会宏观发展趋势的探索和了解，以保证我们在对各种影响因素充分认知的情况下作出决策。

一、宏观环境探索

宏观环境意味着国家或地区的社会就业结构状况和人才需要变动趋势。了解宏观环境对人们明确求职方向和求职目标具有重要的参考价值。宏观环境信息主要有以下四类。

（1）国家或地区经济与社会发展状况。这类信息一般不直接反映国家某地区的就业需求状况，但经济与社会发展都必然牵扯到人口就业问题，影响到就业结构的变化，从而间接地反映出劳动力的流向、需要的变动趋势。

（2）国家或地区经济发展的方针政策、法律法规等。这类信息可直接、间接影响到劳动就业，从而对社会人员需求变动产生某些影响。

（3）企业或地区劳动人事制度改革信息。劳动人事管理和其他各项管理的改革，都可能导致企业经营方式、人事管理制度和其他各项管理的改革，都可能导致企业用人数量上的变化和职工队伍的内外流动，从而对人员需求状况产生影响。

（4）国家或地区各项改革信息。针对社会经济发展中的问题和弊端所进行的各种改革，都会因牵扯到个人的利益而对人们的择业行为产生某种导向作用，从而引导人员需求状况的变化。例如，进行机构改革，实行政企分开时，各类公司大量涌现，推动了择业中的"公司热"；商业流通领域的改革，使得相当多的人把择业方向瞄准第三产业等。

在宏观就业环境中，有一项因素与大学生求职关系非常密切，就是就业地域探索。就业地域是大学生在求职时不可避免会考虑到的因素。一个国家、一个地区在一定时期内的经济状况和政治状况，直接影响求职者的就业状况。从整个国家范围来说，经济的发展和科技的进步，以及生产率的提高，职业变化速度的加快，就业岗位的增加，往往都是在发达区域进行的；而对于经济发展较为缓慢和落后的区域，其就业信息、岗位相对较少，造成职业提升也相对缓慢。

大学生在择业时普遍存在青睐北上广深的现象。有研究发现，影响就业区域流向的因素主要包括经济因素、社会因素和个人因素三个方面，其中经济因素包括经济发展水平、工作待遇等，社会因素包括制度环境、就业政策和高等教育的城市指向性特点等，而个人

---

① 麦可思研究院. 2019 年中国本科生就业报告[M]. 北京：社会科学文献出版社，2019.

因素包括发展机会、就业价值取向和家庭环境等，并将这些因素进一步归结为内在动力、外在推力和基础环境。[①]而在这些指标上，大城市无疑占了优势。也有学者发现，跨省流动的大学生主要是由中西部地区流向东部沿海地区，而经济因素是跨省流动的主要原因，人口特征变量、人力资本变量、社会经济背景变量也是影响大学生选择就业区域的显著因素。[②]

近年来，北上广深等一线城市生活压力增大，成都、重庆、郑州、长沙、杭州等新一线城市就业环境改善，经济发展势头强劲、潜力巨大，越来越受毕业生青睐。依据"十三五"规划纲要，将建设京津冀、长三角、珠三角世界级城市群，提升山东半岛、海峡西岸城市群开放竞争水平。培育中西部地区城市群，发展壮大东北地区、中原地区、长江中游、成渝地区、关中平原城市群，规划引导北部湾、山西中部、呼包鄂榆、黔中、滇中、兰州－西宁、宁夏沿黄、天山北坡城市群发展。促进以拉萨为中心、以喀什为中心的城市圈发展。由此创生的就业机会，将为毕业生们带来更多选择。大学生要保持开放心态，进行充分探索，尽可能扩大自己的职业机会。

二、组织环境探索

组织环境的探索是职业世界探索的重要组成部分。即使是同一个职业，在不同的行业、组织内也会呈现出不同的特点，有时不同行业、组织间的差别甚至非常大。组织环境探索包括对行业环境的探索和组织内部环境的探索。

（一）行业环境探索

行业是企业的集合，从事同类业务的企业达到一定的数量就形成一个行业。

我国于2017年第四次修订了《国民经济行业分类》，主要目的是正确反映国民经济各行业的结构和发展状况，便于研究国民经济的各项比例关系。根据行业分类标准GB/T4754-2017，目前新行业分类有20个门类、97个大类。20个门类包括：A. 农、林、牧、渔业；B. 采矿业；C. 制造业；D. 电力、燃气及水的生产和供应业；E. 建筑业；F. 批发和零售业；G. 交通运输、仓储和邮政业；H. 住宿和餐饮业；I. 信息传输、软件和信息技术服务业；J. 金融业；K. 房地产业；L. 租赁和商务服务业；M. 科学研究和技术服务业；N. 水利、环境和公共设施管理业；O. 居民服务和其他服务业；P. 教育；Q. 卫生和社会工作；R. 文化、体育和娱乐业；S. 公共管理、社会保障和社会组织；T. 国际组织。为体现新产业、新业态、新商业模式，增加了种子种苗培育活动、畜牧良种繁殖活动、畜禽粪污处理活动等行业类别。其中A类属于第一产业，B~E类属于第二产业，F~T类均属于第三产业。

而更适合大学生进行探索的行业门类划分可从招聘网站上找到。对行业环境探索包括行业的发展状况、国际国内重大事件对该行业的影响、目前行业优势与问题、行业发展趋势等。

---

① 尚广海，牛姗姗. 高校毕业生就业区域流向驱动体系研究[J]. 文教资料，2010（5）.
② 岳昌君，大学生跨省流动的特点及影响因素分析[J]. 复旦教育论坛，2011（2）.

练习

进行一次行业调研

行业调研是一种了解行业情况的手段。对行业的调研通常需要回答如下问题。

（1）行业起源发展和现状（可包括规模、发展速度、利润水平、主要厂商等）。

（2）国内对行业的管理性政策法规、行业促进政策等，及其对行业的影响分析。

（3）相关行业进行对比，分析可替代性、竞争优势、劣势等。

（4）分析行业人力资源（员工数、人员构成、技术人员比例等）和业务资源（政府关系、客户关系、关键人物等）。

（5）从业人员学历、素质、技能要求。

（6）行业的发展前景和对人才需求的趋势。

国家的政策导向对行业发展具有重要影响。例如，由于在经济发展过程中没有做好环境保护，生态破坏日益严重。党的十八大明确提出大力推进生态文明建设，努力建设美丽中国。几年来，"绿水青山就是金山银山"理念深入人心，环保产业在推进生态文明建设、经济高质量发展和绿色转型中，具有战略性和基础性的地位，得到快速发展。大学生要在关注宏观信息的基础上，结合自身实际，从自己的专业、特长等出发，更好地进行行业选择和职业发展。

扩展阅读

你是想改变世界，还是想卖一辈子汽水？

职业经理人约翰·斯考利（John Sculley）31岁时成为百事可乐公司最年轻的市场营销副总裁，亲自组织策划了著名的可乐口味盲测活动，通过一系列凌厉的市场攻势，从可口可乐手中抢得了可观的市场份额，34岁就成为《商业周刊》封面人物。凭借出色的营销业绩，斯考利更是在38岁那一年成为百事可乐最年轻的总裁。

1982年11月，42岁的斯考利接到一个猎头打来的电话，告诉他在硅谷有一群才华横溢的年轻人创建了一个叫苹果的公司，他们寻觅一个新CEO（首席执行官）已经好几个月了。猎头问斯考利是否有兴趣和这些年轻人聊一聊。于是，约翰·斯考利见到了史蒂夫·乔布斯（Steve Jobs）。

斯考利和乔布斯先后见了两次面。乔布斯告诉他，苹果在做别人从未做过的事，想建立的是完全不同的公司，他的梦想是世界上每个人都能拥有自己的苹果电脑。为了实现这个梦想，必须成为一家擅长市场营销的公司。而斯考利恰恰是最懂市场营销的。经过这两次会面，斯考利发现自己已经喜欢上了苹果公司，但从理智上，他又实在无法说服自己放弃已经得到的一切，去一个全新的行业重新打拼。在他们进行第三次会面时，斯考利拒绝了乔布斯，说自己不想去苹果工作，无论薪水多高都不想去。这时乔布斯说了一句至今仍为人所津津乐道的话：

"你是想一辈子卖汽水，还是想改变世界？"

这句话终于打动了斯考利，他在 1983 年成为苹果公司的新 CEO。然而饮料行业的杰出人才并没能在高科技的个人电脑行业延续他的辉煌。今天人们普遍认为，斯考利在苹果的 10 年是苹果历史上最黑暗的 10 年，他犯下了很多大错，其中最大的错是解雇了乔布斯，其他错误还包括对许多失败的产品投入大量资金；一味将苹果产品维持高价以致苹果丧失大量市场份额；将苹果的图形界面授权给微软使用，使苹果后来付出了沉重的法律代价等。斯考利在 1993 年丢掉了苹果的 CEO 职位。2010 年，斯考利还被美国财经网站评选为历史上 15 大最差的 CEO 之一。[①]

斯考利的失败，在于他没有结合自身的实际，没有从自己的专业和特长等出发，盲目从饮料行业跨入电脑这个自己完全不熟悉的行业，结果遭遇了挫折。

（二）组织内部环境探索

组织是职业生涯直接依存和发展的土壤。每个组织都有自己的内在特点、发展目标和运作模式，了解其基本情况是职业选择的基础，也是未来职业生涯能良好发展的保障。另外，组织处在社会的大环境中，也会不断变革以适应环境的变化，这也会影响到员工的职业生涯。

1. 组织的实力

组织的实力意味着职业平台的优劣，对个人发展有着巨大的影响力。组织在社会中的地位和声望如何？目前的产品、服务和活动范畴是什么？组织的发展领域在哪些方面，发展前景如何，战略目标是什么？技术力量和设施是否先进？在本行业中是否具备很强的竞争力，谁是竞争对手？组织是在发展扩张，还是在倒退紧缩？组织目前的财政状况如何？组织是真正在做大做强，还是空有其壳，有没有长久的生命力？等等。

2. 组织的文化

组织文化是全体员工在长期的生产经营活动中形成并共同遵守的价值标准、基本信念和行为规范。它决定了一个组织如何看待其员工，员工的职业生涯是被组织文化所左右的。个人的价值观如果不能与组织的文化和价值观相匹配，会给个人带来巨大的困扰。例如一个渴望自主、追求挑战的员工在以服从为主要导向的企业中很难有好的发展。而优秀的企业会创造积极的企业文化，让员工感到快乐和受尊重，使员工更有创造性地工作。

3. 组织的制度

组织中的制度包括管理制度、用人制度、培训制度等，是组织发展的保障。尽可能了解这些信息，了解企业在组织结构上的特征与发展变化趋势，分析这种安排对自己未来可能带来怎样的影响。特别要注意企业用人制度，能否提供教育培训机会，提供的条件是什

[①] 乔布斯传[M]. 上海：上海财经大学出版社，2011.

么？晋升途径或通道有哪些？标准工作时间是固定的还是可以变通的？了解这些信息是了解一个组织的基础。

总之，通过对组织环境的探索，能够理出一条清晰的线索，确定自己的职业生涯在这个组织中有没有足够的发展空间，衡量自己的目标在该组织得以实现的可能性。

三、具体职业探索

（一）职业探索的核心

在具体职业探索时要尽可能全面地掌握信息，主要包括以下 10 个方面。

（1）职业描述。就是定义职业的内涵，包括职业名称、各方对其的定义。职业描述是对职业最精练的概括和总结，是透彻理解职业和调研职业的基础，定义职业的每个字都应该仔细思考，因为日后真正在职业中从事的工作基本就是对定义的拓展。如果不是最新的职业，一般来说对职业的定义都可以查询到。例如人力资源和社会保障部的《中华人民共和国职业分类大典》就有对职业的定义。在罗列现有的对这个职业看法后，大学生自己也要给这个职业下一个定义，为自己对职业的探索打好基础。

（2）核心工作。了解职业的工作职责，看这个职业一般都干什么活。了解职业的核心工作内容，有助于了解该项工作所必需的能力，从而找到自己和胜任工作之间的差距，有目的地培养相关能力。职业内容信息可以从一些企业的招聘广告中关于岗位职责的描述来获得，也可以请教相关行业协会，或是从事这个职业的资深人士、企业的人事部门等。

（3）发展前景。组织的发展前景取决于国家、社会等对该职业的需求程度，主要包括三个问题：职业在国家阶段发展中的作用，职业对社会和大众的影响，职业对生活领域的影响。不仅要知道这个职业对国家、对社会、对行业的作用，也要知道这个职业对大众、对生活的影响，人们对其的依存度和声望度怎样。职业在国家发展中的作用一般有劳动部门的权威预测，但对社会和生活的影响这部分需要自己去调研，或去访谈这个职业的资深人士。

（4）薪资待遇。职业是社会分工的产物，是根据参与社会分工的质和量来确定相应报酬。能赚多少钱是大家都关心的话题，很多人也会把赚钱多少作为择业的关键因素，所以在判断职业时比较关注薪资状况。不同的行业、企业、岗位起薪会有差异，了解这种差异的有效渠道是阅读行业薪资调查报告。其他诸如网友晒工资、论坛上的分享等也是了解的途径。

（5）岗位设置。一般来说，一个职业是有一系列岗位划分的，如人事工作的岗位就分招聘、考核等很多方向，而不同行业、性质、规模的企业对岗位的划分、理解和要求也有很大不同，很可能叫同样的名字，但做的事却很不一样。了解职业的岗位设置，能加深对职业外延的理解，知道职业的具体岗位后，就可以有针对性地与自己比较，也知道该职业有什么重要标志。人事权威网站、职业分类大典、业内资深人士是了解这个职业的具体岗位设置情况的有效渠道。

（6）入门岗位及职业发展通路。入门岗位是指针对应届毕业生的工作，职业的一些基层岗位是面向大学生开放的。还要了解该岗位对应的职业发展通路是什么。即使你很看好这个职业，但最初也要从基础工作做起，入门岗位就是提供给毕业生的敲门砖。

（7）职业标杆人物。就是在这个领域谁做得最好，他是怎么做到的，他取得了什么成绩，遇到了什么困难，具备什么素质等。每个职业都有一流的人物，无论国内还是国外。研究职业标杆人物，可以让自己了解他的奋斗轨迹，在"追星"中加深对职业的了解，也能让自己找到在这个职业领域奋斗的途径。通常网络搜索一个职业就能发现相应的职业标杆人物，也可以通过询问业内资深人士来了解。

（8）典型的一天。职业的典型一天，更多是在访谈中了解的，你要知道这个工作的一天都是怎么过来的，从上班到下班时间都是怎么安排的。了解职业的典型一天是判断自己是否适合这个职业的重要指标，如果这个职业这样的一天你都不想度过，那么它可能并不适合你。尤其是这个工作对你个人生活的影响，看你能否接受。

（9）通用素质要求。职业通用素质要求是指从事这个职业的一般的、基本的要求，是个人通用素质能力，是能把这个工作做好要具备的能力。通过职业的外在素质要求的了解，对比自己是否能够胜任，还有要加强和补充哪些能力，从而可以将之规划到大学生活里。每个岗位的岗位描述中对任职资格都有介绍，把它们整理出来，并加上职业访谈中的内容，归纳整理出 10 项重要能力，然后与自己一一对照，可以帮助发现自己的长处和不足，有针对性地提升。

（10）潜在要求。岗位描述中的技能和通用素质是组织与职位对个人提出的明确要求，达到这个要求才具备被雇佣的可能。另外，不同职业和组织对个人会有些潜在要求，不一定会在岗位描述中提及，如态度、身体条件、个人气质、性格特点等。了解了这个部分，我们才能作出恰当的职业评估。

比起了解具体的职业信息，对大学生而言更难的部分可能是明确自己要探索的职业到底是什么。在浩如烟海的职业中找到它们进行探索并不是一件易事。这时就需要借助一些方法。

（二）发现要探索的职业

1. 借助职业分类

职业分类是以工作性质的同一性为基本原则，对社会职业进行的系统划分与归类。所谓工作性质，即一种职业区别于另一种职业的根本属性，一般通过职业活动的对象、从业方式等的不同予以体现。中国古代将天下人分为"士、农、工、商"，而现在的分类则有了一个庞大的职业分类系统。职业的分类取决于各个国家国情，国情不同，其划分职业的标准有所区别。西方国家一般有两种职业分类方法。一种是按脑力劳动和体力劳动的性质、层次进行分类。这种分类方法把工作人员划分为白领工作人员和蓝领工作人员两大类。另一种是国际标准职业分类。《中华人民共和国职业分类大典》（简称大典）就是基本借鉴国际标准职业分类，将我国职业划分为 8 个大类，其下有 66 个中类、413 个小类、1 838 个细类（职业）。大学生可通过查询大典的描述，选择自己想要进一步了解的职业。每个大类的名称，所含中类、小类和细类（职业）的数量如表 6-1 所示。

表 6-1　《中华人民共和国职业分类大典》职业分类[①]

类别	中类	小类	细类
第一大类 国家机关、党群组织、企业、事业单位负责人	5	16	25
第二大类 专业技术人员	14	115	379
第三大类 办事人员和有关人员	4	12	45
第四大类 商业、服务业人员	8	43	147
第五大类 农、林、牧、渔、水利业生产人员	6	30	121
第六大类 生产、运输设备操作人员及有关人员	27	195	1 119
第七大类 军人	1	1	1
第八大类 不便分类的其他从业人员	1	1	1

　　除了这种标准职业分类，在生涯辅导中用得比较多的是美国学院测绘项目（American College Testing Program）于 1985 年发展出来的"职业世界地图"（world of work map）。这种分类主要是按照两个维度来划分职业类型。一个维度是"资料—观念"，或者说"数据—观念"；另一个维度是"人物—事物"。通过这两个主轴，将职业划分为 12 个大类，如图 6-1 所示。

　　由于职业世界地图的分类方式更贴近职业世界的实际，且霍兰德的六种兴趣类型也可以按照"资料—观念""人物—事物"的维度来进行区分，因此这种划分方式可以与霍兰德的职业兴趣类型相结合，大学生可以根据自己的职业兴趣来选择相应的职业进行了解，对生涯规划很有帮助。

　　2. 形成自己预期的职业库

　　除了通过职业分类寻找要探索的职业，还可以通过对自我各方面的探索初步形成一个探索范围。自我探索中的兴趣、性格探索，每一部分都有相应适合的职业出现。此外，每个人还有自己心目中的理想职业，可以把这些职业也列出来。这样就获得了一个职业清单，看看这些职业有什么共同点，就可能启发自己想到更多值得探索的职业。结合你的能力和价值观再次从职业清单中进行筛选，最终得到自己预期的职业库（图 6-2）。

---

　　① 人力资源和社会保障部、国家质量监督检验检疫总局、国家统计局. 中华人民共和国职业分类大典[M]. 北京：中国劳动社会保障出版社，2015.

图 6-1　职业世界地图[1]

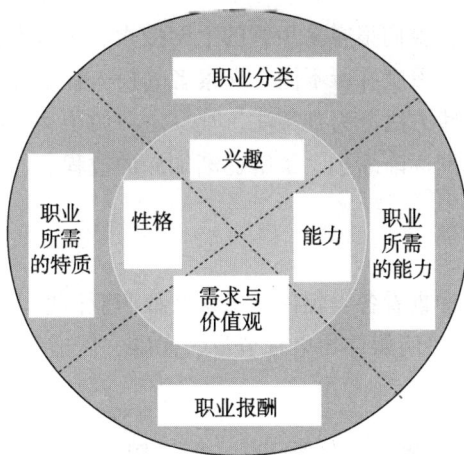

图 6-2　形成预期职业库[2]

注：内圆表示个人的内在世界；外圆表示外在的职业世界。

---

① 美国学院测绘项目（American College Testing Program），1985.

② 林清文. 生涯发展与规划手册[M]. 北京：世界图书出版公司，2011.

研究表明：在做决策时，太多的信息容易让人迷失，反而拿不定主意；而过少的信息又起不到让当事人了解客观事实的作用。所以，在形成预期职业库的时候，库的大小根据自己的情况要有适当的平衡，通常 5～10 个职业调查是比较适中的。在信息探索过程中，抛开自己固有的想法，保持开放的心态，更容易得到客观、有用的信息。

案例

雨帆的预期职业库

雨帆是工商管理专业的大三学生，想从事管理方面的工作，但是她对具体的职业有哪些并不了解。雨帆进行了全面的职业测评，得到了一些建议。兴趣探索结果显示她适合教师、培训、社工等工作，性格探索的结果是她适合人力资源管理、咨询顾问、教师等工作，能力探索的结果是她适合在教育、销售、客户服务等领域发展，而价值观探索的结果是她期待做服务、自由职业、护理等工作。从雨帆自我探索得到的各种职业选择建议中可以看到，教师、教育工作出现的频次最高，社工、客户服务、服务、护理等其次，而这类工作虽然名称不同但都明显体现了助人的特点。所以适合雨帆的职业首先具有与人打交道、帮助他人的特点，其次还有沟通性、商业性等特点。雨帆赞同这些建议，自己确实是一个愿意与人打交道，希望自己的工作能服务他人的人。由此她可以列出或搜索一些符合这些特点的职业，把它们放进自己的职业库中进行进一步的详细调查，如教师、培训、咨询顾问、客户服务等。

第四节　职业探索的方法

职业探索有很多方法，我们很容易想到的上网搜索、实习实践等都包含在内。不同的方法所获取信息的准确度、深度有所不同，探索者的投入程度也不同。按照探索者与信息互动的深浅程度可以把这些方法分为查阅法、观察法、访谈法、体验法四大类。这四类探索在信息获取上是一个范围逐渐缩小、了解逐渐加深的过程。

一、查阅法

查阅法是指通过浏览和查看各类媒体资讯来获取职业信息。这些媒体包括书面出版物（报纸、杂志、书籍等）、视听媒体（电视节目、光碟、广播等）以及互联网。

（一）书面出版物

书面出版物包括报纸、杂志、专著、论文等。例如一些传记类书籍能够让大学生对相关的职业有大致的认识。记者、政治科学领袖、物理学家、作家和诗人、数学家、小说家、精神分析师、律师、外交官、企业家等都是传记中经常会出现的人物。小说里也常常可以了解到关于职业的信息，近年来出版的很多职场小说，更是对相关职业进行了细致解读。需要注意的是，小说有虚构和夸张的成分，职业信息很可能带上了虚构的色彩而显得不真实，需要辨别。而报纸杂志上常常会出现的关于行业职业趋势和情况的报道，内容更新。

（二）视听媒体

与书面出版物相比，从电影电视、小视频等视听材料中得到的信息更为丰富和生动。电视上最近几年也出现了许多求职类综艺节目，如"非你莫属""你好！面试官"等，成为大学生了解职业信息和求职过程的新途径。但不能忽视的是，除去新闻类节目，视听媒体中的影视剧、节目等常常具有夸张和娱乐的成分，展示的信息并不完全真实。如侦探和警察是电视剧中很受青睐的角色，这些角色强调的更多是帅气、英勇、冒险、刺激等成分，忽略掉了工作中的常规方面，如辛苦地调查和书写报告等。可以把视听媒体当成一种信息来源，却不能只依靠这种方式来收集职业信息。

（三）互联网

尽管报纸杂志与电视等仍然是提供职业信息的重要载体，但更方便、快捷，更为大学生所喜爱和广泛使用的查阅方式还是网络搜索。在网络搜索时，大学生可以注意几类资源。

1. 资源搜索网站

谷歌、百度、搜狗是大家熟知的搜索引擎，但却不是所有人都知道搜索也有很多技巧。大学生应该多学习搜索引擎的使用技巧，以便提高搜索的准确性。例如，豆瓣网提供图书的推荐和评论，可以通过一本图书搜索到很多相关图书。其中"豆列"图书提供了个人整理的某类目下类似图书的集合，能够帮助大家迅速发现有价值的书籍资源。

2. 相关行业的专业网站

几乎所有的职业领域，都能在互联网上找到它的一席之地。找到这些网站可以依靠搜索引擎，也可赖于平日的积累。如 IT 互联网行业有艾瑞网、易观智库等，金融行业有中国电子银行网等。

3. 求职招聘网站

关注求职招聘类网站（如前程无忧、智联招聘、应届生求职网等），在其中可以查阅到非常有价值，但通常会被忽略的一类帮助职业探索的资讯：招聘信息。

企业在招聘网站上发布的招聘信息是企业对所需人才资质的明确描述，从教育背景、通用技能到个人品质都会涉及，因此对于有志于进入该职业的大学生来说具有重要的参考价值。企业还常常会在招聘广告中阐述该职位的工作任务，对于尚未涉足职场的大学生而言，无疑是一种便捷的了解方式。不仅如此，大学生还可以通过对不同企业发布的同类招聘信息进行比较分析，了解社会对该职业通用技能的要求，指导自己的能力培养与求职择业。

查阅法是最为常用，且方便、快捷、信息量大、成本低的职业探索手段。但这种方式得到的信息是间接的、片段的，可能了解得不够全面，也可能与现实感受有差距，需要借助其他方式将探索更进一步。

二、观察法

观察法是到相关职业现场短时间地观察、了解。通过观察，可以了解相关工作的性质、内容，职业环境及氛围，获得实实在在的职业感受。

大学生经常参与的各类企业参观，就是用观察法收集职业信息的机会。参观能得到切身的感受，但此类参观通常局限于流程，缺乏对职业的直接感受。如果有机会对相关职业的工作者进行一段时间的直接观察，会更有收获。通过观察工作者的实际工作状况、应对进退等，可以获得关于该职业的第一手信息，从而评估自己对职业的适合程度。这一方式也可让大学生对工作内容、工作职责等重要信息有直观的了解。但是观察所了解到的信息仍然有限，而且并非具体参与，很可能只看到了表面而不了解本质，易被营造的氛围迷惑。而且观察到的只是某一天或某个时段的情况，也不能代表职业的整体状况。因此做决定时仍需要结合其他探索方法。

另一个运用观察法探索职业的方式是提前参加招聘会。大学生在大二、大三时提前参加招聘会，可以直接感受招聘氛围，产生职业生涯规划的紧迫感；同时，招聘会上大量的企业招聘信息也可以给大学生提供本专业需求情况、对个人素质要求的信息，使大学生明确个人未来能力培养方向。大学生也可以制作简历进行投递，即使没有得到真正意义上的工作，但经历了制作简历、投递简历以及与用人单位初次接洽的过程，对于以后真正地就业时也会是一次实战模拟。

三、访谈法

访谈法，也称生涯人物访谈，是指对自己未来希望从事的职位上的人进行访谈。生涯人物访谈几乎是性价比最高的一种职业探索方式，可以短时间了解到相关职业翔实而深入的信息，是大学生应该重点掌握的职业探索方法。

（一）生涯人物访谈的流程

1. 明确访谈对象类型

第一步是明确自己究竟要访谈什么类型的人。在明确对象时，职业类型和组织类型一样重要。例如国有企业，外资企业和民营企业的同样岗位可能具有较大的差别。选择的对象越贴近自己的职业目标，得到的信息就越有参考价值。

2. 找到访谈对象

找到访谈对象被大学生认为是很困难的一件事，但其实有很多方法。如自己院系老师的推荐，师兄师姐、父母亲人及他们的朋友介绍，各种职业 QQ 群，各种专业论坛，微博、微信等，只要能提供交流的地方，都是很好地找到访谈对象的平台。

3. 确定访谈对象

确定人远比找人难，因为找到的很多都是陌生人，如何运用技巧让对方答应访谈才是能力的体现。一般来说人都是友善的，愿意帮助积极进取的年轻人，尤其是访谈中想请教的曾经是他的遗憾时，他更乐意帮助。所以，感谢是第一要素，共情是关键因素，赞美是促进因素，掌握好这三点，再辅之以较短时间如 15 分钟等的约定是很容易确定访谈对象的。

4. 准备好访谈提纲

当取得 15 分钟或一个小时的访谈时间时，要体现这些时间的价值，不能在闲聊中浪费时间，否则对方也会不满意。提前制定一个访谈提纲很重要，具体内容可以参照下文里的访谈内容介绍。一定要注意访谈不要超过所约定的时间，除非访谈对象愿意并主动提出延长时间。

5. 正式进行访谈

正式访谈时，准时是第一要求，包括准时开始与准时结束；在访谈中如果访谈对象明确表示不愿意或不耐烦，那一定要及时结束，因为这里的问题一定是自己的。所以回去总结比无效地僵持强。与其在不愉快中拖延到结束，还不如主动离开以少占用别人的时间。所以在正式访谈前的预演很重要，如果可能最好能找个同伴一起演习。

6. 汇报与感谢

无论以什么样的心情和状态结束访谈，大学生在事后都应该将访谈的记录和个人心得提交给访谈对象，既是对别人的价值肯定，也是自己礼貌的体现，还能进一步取得对方的建议与评价。在这一步中，表示感谢和写下自己的心得都非常重要。

（二）访谈内容

生涯人物访谈过程中，除了对访谈对象的工作单位、岗位、职务等个人基本信息的了解外，内容主要包括两个方面：职业信息，访谈对象的经历及对职业的理解。前者是基本信息，而后者可以问出访谈对象的个人心得和建议。

职业信息方面，主要包括如下内容。

（1）工作内容。每天会做些什么？工作职责主要是什么？你是否有兴趣？

（2）成长路径。在工作中如何从最低层做到最高层？提升一级的大概时间多长？

（3）发展趋势。技术、文化、全球化是否会对本职位有影响？可发展到哪些相关的领域？

（4）工作环境。工作的工作地点、物理环境、着装要求、压力水平、督导方式、服务对象、工作时间、出差时间等。

（5）教育培训。这一职业需要具有怎样的教育背景？哪些地方提供这种教育/培训的机会？和现在所学的专业相关吗？

（6）应有技能。大学生必须拥有哪些技能？这一职业有没有特殊要求？

（7）资格证书。是否需要某种资格证书？如何获得？各个省份的情况是否相同？

（8）入职途径。如何获得职位？哪种方式更容易进入这个目标职业？要花多长时间？

（9）薪水福利。薪水是多少？有什么福利？和其他公司有何差别？薪水福利的变化趋势如何？

（10）生活方式。这一职业将如何影响家庭角色？影响婚姻和休闲？

（11）近期的准备。需要在大学里完成哪些任务？

需要注意的是，这些内容是关于职业信息的全面概述，在制作访谈提纲时要根据具体访谈对象和时间转化为通俗易懂的语言，切忌直接照搬。

职业经历和对职业的理解方面，包括如下内容。

（1）为何作出投入该类职业的决定。

（2）生涯发展历程。

（3）工作经验心得：乐趣与困难。

（4）对工作的看法。

（5）获得成功的条件。

（6）未来的生涯规划。

（7）对后来者的建议。

生涯人物访谈最好组队进行，方便提问和记录。单个人访谈在征得对方许可的前提下，最好能够录音，如果不能也要记得把重点放在访谈本身，不要因为记录而失去了对访谈整体方向的把握。访谈完成之后要立即回忆整理，撰写生涯人物访谈报告。

善用生涯人物访谈，可以帮助大学生了解职业世界，明确职业目标。但生涯人物访谈毕竟是第二手资料，多少也会受到访谈对象主观性的影响。为了避免这种情况，最好找 3 个在这个职业上至少工作 3 年的人来访谈。如果能既与成绩卓然者谈，也与默默无闻者谈，得到的信息会更全面客观。还应该明确，访谈的目的是收集供职业生涯决策的信息，而不是利用访谈对象来找工作，以免引起双方的尴尬。在正式进行访谈前，还可以为自己准备一个"30 秒广告"，因为在访谈过程中，对方可能会问到你的一些情况，如你的职业兴趣和目标等。这样有助于访谈的深入进行，能够取得较高的效率。

四、体验法

体验法是所有方法当中投入程度最高、收获信息的质量也最高的一种职业探索方式。

体验法是到职业场所进行一定时间的工作或实习，亲身参与到相关职业活动当中。体验法能够比较全面地了解职业的方法，可以更深入、更真实地对职业的工作任务、工作要求、工作环境及个人的适应情况进行了解、判断，可以了解工作的程序、报酬、奖罚、管理及升迁发展的信息，还可以通过与工作人员的实际接触，感受职业对人的影响。

毋庸置疑，体验法中所获得的职业信息是最全面而又有深度的。然而，体验法的成本也是最大的。体验法通常有工作和实习两种方式。实习的成本相对小一些，因为实习通常发生在大学阶段，如果实习之后发现不合适，退出成本小，不需要付出多大的代价。但是如果毕业之后选择了工作但又发现不合适，那么重新进入新的行业和职业的成本就更高。因此在大学阶段，要尽可能地争取实习的体验机会，为毕业时的选择做准备。

不同的职业探索方法有各自的优缺点，大学生只有结合所探索职业的特点和个人资源，综合运用各种方法，才能做到对职业的有效探索，为职业决策和未来职业发展打下良好基础。

核心概念

职业探索　查阅法　观察法　访谈法　体验法

客观题

自学自测　扫描此码

第七章

职业决策——综合分析作出合适选择

【本章导读】

薛俊是华南理工大学轻工科学与工程学院的研究生。研二暑期实习，她凭借学生助理和研究生会主席的经验，成功拿到了碧桂园行政岗位实习的 offer。由于实习表现很好，做事情积极主动，责任感强，公司的领导非常满意，有意为她发放正式 offer。

研三上学期，薛俊试着找工作。凭借丰富的学生工作经历和实习经历、充足的求职面试准备，她一路劈波斩浪、势如破竹，先后斩获了格力电器、国家专利局的 offer。此外，研二期间投递的 3 篇 SCI 期刊论文，有 2 篇发表了，剩下的 1 篇正在二审之中，展现出很强的学术研究天赋，导师也希望她继续留下来攻读博士研究生。她挺喜欢自己的专业，对继续深造也不反感，表示如果有机会也可以试试。薛俊父母则希望她回老家发展，选择一个稳定点的单位。在父母的要求下，她也考上了陕西省的选调生。

同学们都很羡慕薛俊，觉得她有这么多好的机会可以选择。但是薛俊却很苦恼，不知道该如何选择？究竟怎样选择才是对的？

每个人的生涯，其实都是一部抉择史。众所周知，决策不是件容易的事情，因为要面对未知和不确定性，所以让人左右为难。每一个重大决策的作出，都可能对自己的人生产生很大影响。选择了一条道路，就意味着选择了一种生活方式。在决策面前，每个人都是谨慎的，有一种如履薄冰的感觉。俗话说："人生两大喜事：洞房花烛夜、金榜题名时"，可见婚姻和职业是人生两个最重要的部分，对这两件事情的决策也就是人生最大的决策了。职业决策关系到人一辈子的职业生涯，因此大学生在做职业决策时，需要更加慎重。

第一节　职业决策的含义

一、职业决策

人一生都在不断地做各种决策，"确定干还是不干，叫决；明确用什么方法和工具干，叫策。决策就是做出用什么工具和方法去达成什么目标的难以逆转的决定。"①决策的动词在英文中译为 "decide"，由前缀 de 和词根 cide 构成，基本的意思就是：抉择之道是去有害。《辞海》中决策的定义是：指人们在改造世界的过程中，寻求并决定某种最优化目标和

---

① 张俊伟. 极简管理：中国式管理操作系统[M]. 北京：机械工业出版社，2013.

行动方案。以对事物发展规律及主客观条件的认识为依据。[①]按照《咨询词典》的解释，决策是根据所获信息作出选择的过程，任何决策都是承前启后的。

综合几个定义来看，决策就是在获取各种信息的基础上，为了一定的目标，对两个或两个以上的方案进行分析和判断，选出满意的方案的过程。根据定义，它包含以下四个方面的意思：其一，决策是为目标服务的，因此决策前应该有目标；其二，决策是建立在一定信息基础上的，因此要做决策，必须进行信息收集和整理；其三，决策是作出选择的过程，是从多个方案中选出最佳方案的过程；其四，决策都是承前启后的，前面有了解自我和了解职业信息的基础，后面有决策后的监督和调适。

职业决策（career decision-making）当然就是在职业方面做的决策，它的概念源于英国经济学家凯恩的理论，他从经济学的角度出发，认为职业决策是指一个人在选择目标或职业时，会选择使用一种使个人获得最高报酬，而将损失降至最低所用的方法。职业决策是个人在多项选择之间权衡利弊，以达成最大价值的历程。[②]它是职业生涯规划中的前导部分，决策制定的可行性与否，直接关系到职业生涯规划是否成功。我们都希望获得最理想的职业发展目标，这就需要对自己进行完全的剖析，并对目前社会职业和行业发展状况有清楚的认识和分析，然后制订出最合适的决策目标。

根据个人职业生涯的过程，职业决策有广义和狭义之分。

广义的职业决策将其看成一个完整的认知过程，一般包括以下步骤：决策意识觉醒、自我评估、职业分析、综合自我与职业信息、确定方案、实施方案、评估、新一轮的觉醒等，不断地螺旋式上升（图 7-1）。在某种意义上说，广义的职业决策过程也就是生涯规划的整个过程。

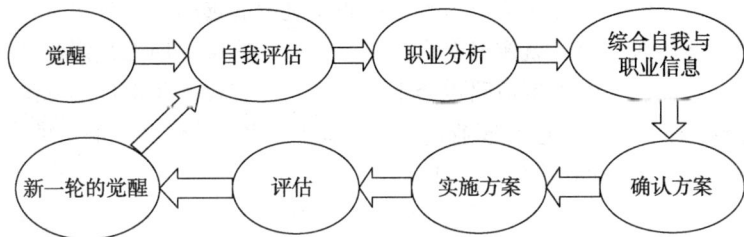

图 7-1　广义职业决策的步骤[③]

狭义的职业决策把决策理解为广义决策过程中的其中一个环节，即为了达到自己的职业目标，从几个职业备选方案中选择一个来"确定"这一环节。本章所说的职业决策就是狭义的职业决策，指的是在整个职业生涯规划中作出选择这一个过程。

二、职业决策的要素

职业决策是个人职业方面的决策，具备过程的主观性、结果的神秘性和不确定性等特

---

① 辞海[Z]. 上海：上海辞书出版社，1999.

② 沈之菲. 生涯心理辅导[M]. 上海：上海教育出版社，2004.

③ 全国高等学校学生信息咨询与就业指导中心组. 大学生职业发展与就业指导[M]. 北京：高等教育出版社，2009：72-73.

点，一个完整的职业决策需要具备多个要素。

案例

　　汪涛是机械专业的一名本科毕业生。本科期间，他主动学习了职业生涯规划方面的课程，参加职业生涯测评，以及职业生涯咨询，对自己的兴趣、价值观等进行了明确的探索，并利用寒暑假的时间在汽车装配、空调家电、高端制造等行业实习过，对机械专业的就业方向也都做了相关分析，还通过师兄师姐的关系对行业内著名企业进行了比较深入的了解。此外，他还注重锻炼自己的能力，加入了学院的学生会，提升自己的演讲水平和活动能力。

　　招聘季一开始，他积极投递简历，很快便拿到了几个 offer：①京东方的武汉分公司，管培生岗位；②华星光电的武汉分公司，民营企业，技术岗位；③广汽集团汽车工程研究院，市场岗位。他根据自己的实际情况和未来发展，结合自己的性格、技能和价值观等特点，深入分析了各个公司在行业内的地位、岗位的特点，在征求父母的意见和老师的建议后，作出了去华星光电的技术岗位做研发的职业决策。因为专业技术过硬，个人也很努力，他如愿以偿，很快便在关键技术上取得了大的突破，成为公司的研发新星。

　　职业决策有如下四个要素：第一，作出职业决策的主体，就像案例中的汪涛同学，他是决策的主体，他对自己的兴趣、性格、价值观、技能等都有相关的了解和探索，是作出职业决策的重要基础。决策主体是非常重要的，根据吉雷特（Gelatt，1989）所提出的"积极不确定"（positive uncertainty）的生涯决定论，决策主体必须融于决策情境之下，也就是决策主体其实是决策的一部分。第二，有可供职业决策的选项，而且每一种方案都需要收集大量的信息才能深入了解，就像案例中的三个选项，这些选项都是汪涛经过努力争取来的，选择的选项不同，他的人生道路也会不同。第三，有权衡各选项的标准。职业决策最重要的，就是要在充分了解自己和职业世界的基础上，比较可供选择的选项，尽量做到"人职匹配"，达到个人最大的满意度。第四，其他影响因素。在职业决策过程中，身边一些重要的人，如父母、朋友等的观点和看法会对决策主体产生一定的影响。案例中的汪涛就征求了父母的意见，父母的身体情况、家庭经济状况等各方面的问题决策主体不能忽视。

三、职业决策的内容

　　职业决策是一个非常重要的过程，人在不同时期会遇到不同的职业决策问题，按照科特（Kotter）、福克斯（Faux）、亚瑟（Arthur）于 1978 年的总结和归纳，职业决策包括如下内容。

　　（1）选择何种行业。行业是工商业中的类别①，一般是指其按生产同类产品或具有相同工艺过程或提供同类劳动服务划分的经济活动类别，它是企业的集合，从事同类产品的生产销售的企业或提供类似服务的企业达到一定的数量才形成一个行业②。如家电行业，包括

---

① 辞海[Z]. 上海：上海辞书出版社，1999.

② 曾雅丽，谢珊. 大学生全程化职业指导创新教程[M]. 广州：中国出版集团/世界图书出版公司，2012.

生产电视机、洗衣机、空调、冰箱等不同类型具体产品的若干家企业。俗话说"男怕入错行",可见行业对一个人来讲是何等重要。因此,选择进入何种行业是职业决策中最重要的问题。每一个专业都不止一种对应的行业,对于大学生来说,要不断探索,在对自我及职业世界充分了解的基础上,选择自己想进入的行业。

(2)选择行业中的哪一种职业。行业中有不同类型的职业,选择哪一种也是职业决策中很重要的一项内容。例如通信工程专业的学生选择进入通信行业后,可以选择从事研发等技术类的职业,也可以选择从事销售等与人打交道的职业。

(3)选择适用的决策策略。职业决策是一个人在对自己个人、对职业世界作出客观分析的基础上,在几个选项中作出主观决策的一个过程,为了增大成功的可能性,必须选择适用的策略。

(4)从数个工作机会中选择其一。有多个选项才能有选择的可能性,职业决策的主体必须根据自己的情况,在多个工作选项中选择最适合的方案。

(5)选择工作地点。正如人们常说的:选择了一个地方,也就选择了一种生活,工作地点也是职业决策中的一个重要的方面,不同的工作地点有不同的工作模式和生活方式。

(6)选择工作的取向,即个人的工作作风。与决策风格相似,每个人也都有自己的工作作风和风格。

(7)选择生涯目标或系列的升迁目标。进入职业世界后,职业决策并没有结束,它会一直伴随每个人的职业生涯。每个人都有自己的生涯目标,如上文陈述,目标非常非常重要,没有目标就像大海上没有航标的大船,靠岸的概率非常渺茫,终有一天会因油尽粮绝而沉入大海。但是人在不同阶段有不同的目标,也可能有很多的目标,这也需要作出决策和取舍,选择更适合自己的。

第二节　职业决策的影响因素

每一次决策都是一个艰难的过程,需要充分了解自己,收集大量信息,并进行反复斟酌。职业决策有着诸多影响因素,经分析主要包括社会环境因素、个人影响因素等。

一、社会环境因素

我们每一个人都是社会人,不能脱离社会关系而单独存在,都必须依托社会大环境而生存。在社会经济全球化的大形势下,每一个人都必须融入社会,适应潮流,才能谋求个人的发展。一般来讲,社会的政治、经济、文化环境会影响社会内各行业的发展,从而指挥个人职业决策的方向。

(一)社会政治氛围影响

政治氛围、政治制度和各类政策法规的制定都会像无形的手一样指引着大学生的个人追求和个人发展方向的思考。如被誉为中国"三大考"的高考、研究生入学考试、公务员考试中,后两者持续火爆,是大学生职业决策中最有可能遇到的选项,还有大学生志愿服务西部建设、选调生、自主创业等的热度不减,这些政策性的指引都对个人职业决策产生了重大影响。

（二）社会经济发展状况影响

众所周知，社会经济发展状况好的形势下，社会能提供的就业机会自然就多，机会多，可供选择的选项也多，对个人职业决策自然也有影响。2018年开始，中美贸易摩擦升级，全球经济增速放缓，国内房地产调控政策成效初显，汽车制造、房地产、外贸等相关行业受到一些影响，在岗位有限的情况下，应届大学毕业生的职业决策无疑也会受到影响。

（三）社会文化环境影响

"文化是民族的血脉，是人民的精神家园。"一个社会拥有的文化元素越多，文化多样性就越丰富，人们选择的自由就越大。[①]文化影响人的行为和欲望，文化环境宽松，公民平等自由，社会安定和谐，良好的环境能让人更加尊重知识、尊重人才，更加重视教育，重视提升素质。人才多了，竞争也就多了，对个人职业决策自然也就有影响了。

（四）行业发展状况影响

行业是企业的集合，从事同类产品生产销售的企业或提供类似服务的企业达到一定的数量才形成一个行业。如家电行业，包括生产电视机、洗衣机、空调、冰箱等不同类型具体产品的若干家企业。[②]受社会大环境和经济发展的影响，不同行业的发展情况不一样，导致对不同专业的人才需求也不一致。大学生经过四年的大学生活，最重要的是专业学习，锻炼学习能力和为人处世的能力，以及各种素质的提升。他们在进入某一行业前，都要认真分析自己所选择的行业的发展现状、优势及问题，发展前景，重大事件对行业的影响等，这些势必影响到不同专业的大学生的职业决策。

（五）信息因素影响

一方面，社会发展状况好，能提供的各类信息自然就多，职业决策主体能掌握更多的信息，筛选信息，去伪存真，才能作出比较合理的职业决策。另一方面，在知识经济时代，信息传播网络化，传播速度更快，传播范围更广，传播形式更多，这些势必对个人职业决策产生影响。

（六）亲朋和决策情境的因素

1. 亲朋的因素

大学生来自各个不同的家庭，每个家庭的经济状况、文化水平、教养方式等都不一样，这对孩子的职业决策也会产生很大的影响。首先，孩子最早接触的职业就是父母的职业，父母对职业的态度、他们的职业技能、因职业而带来的社会地位等因素对孩子对职业的看法和态度都有很大的影响，从而影响其职业决策；其次，父母的兴趣、性格、价值观、人际关系的处理等都对大学生的职业选择和决策起到直接或间接的作用；再次，家庭的教育

---

① 张振刚，等. 华南理工大学学生工作创先争优标杆工程——杰出辅导员、班主任[M]. 广州：华南理工大学出版社，2013.

② 钟谷兰，杨开. 大学生职业生涯发展与规划[M]. 上海：华东师范大学出版社，2008.

方式不同，对大学生的世界观、人生观、性格等都会产生比较大的影响，如现在出现的"虎妈""狼爸""鹰爸"等，我们不评价这些方法的合适与否，但是有一点要肯定的是，不同的家庭教育方式一定会对大学生的本身有很大的影响。再次，家庭氛围也会对大学生的职业决策产生影响。传统的中国家庭，推崇"严父慈母"，受儒家思想的影响，在很多家庭中，父母在孩子眼中仍然是绝对的权威者；随着教育理念的发展，对亲子关系和孩子个人的重视，现在越来越多的家庭采取了民主化的教育方式，更多地把孩子当成家庭中与父母同等地位的成员，让孩子从小参与家庭重大事件的决策，家庭中少了权威，而更多的是平等和民主。当然，这样的家庭氛围让孩子从小锻炼自己的决策能力，父母比较少干预，因此这样的大学生在面对职业决策时，会更得心应手，而且更加理智。最后，家庭经济状况以及父母的身体状况等因素对大学生的职业决策都会产生影响。这些情况比较好的家庭能更多地支持大学生继续深造或者到离家乡比较远的地方工作，反之，在做职业选择的时候可能会是他们选择时的制约因素。

朋辈的影响也是不容忽视的，近年我们都在提倡"朋辈教育"，就是看到了朋辈间相互影响的力量。特别是独生子女大学生陆续走入职场，他们成长过程中相对比较孤独，更多的是面对物质或者事物，而少了与人的沟通和影响。到了大学阶段，几个人共同生活的宿舍就是一个家，学生们相互之间都会产生影响。在职业决策过程中，他们的意见和建议都会让决策主体认真考虑，大学生相互间也会产生比较、参照的效应。师兄、师姐的"现身说法"，也能提供一些事实信息，让企业品牌在学生中传递，有利于他们做职业决策时坚定信念和增强信心。

2. 决策情境因素

每一件事情都是存在在一个特定的情境中的，职业决策还会受到当时的事件情境的影响。当时情境的人、物、地点、时间都构成了特定的环境，这也影响到决策主体的职业决策。很多时候，不同的情境也会有不同的决策。时过境迁，换个情境再看，决策也许就会改变了。

案例

周云是某重点大学工科专业的一名大四女生，来自广东粤北山区，家里还有一个弟弟。她家庭条件困难，靠学校的助学贷款、勤工助学、校外兼职等完成大学学业。四年大学生活里，她过得很拮据，但是周云学习十分刻苦，她和同宿舍其他三名同学专业成绩都排在前六。大四上学期，四人都获得了推免研究生的资格，她本人也挺喜欢跟着老师做研究，也想继续读研。虽然研究生的奖学金基本可以满足学费和生活费，但是家中有生病的父母和成绩优异的弟弟，思来想去，她最终决定了放弃读研找工作。现在大四下学期，宿舍其他三位同学都确定保研去国内的重点大学，周云也拿到了一家挺不错的国企的 offer。但实习一个月下来，觉得压力很大，心情很是烦闷。

世上很多的事情会有些无奈，有太多的责任需要我们扛起来。也许换个家庭环境，周云会选择继续深造，读研才是她真正想要的，也是难得的机会。但是，由于特殊的家庭环境，她不得不选择了就业。由此可见，真正在做职业决策时，决策者所处的情境也是非常重要的，是影响主体做职业决策的一个重要因素之一，它会引导或者限制决策主体的某些行为。

二、个人影响因素

个人是职业决策的主体，个人影响因素包括以下几类。

（一）个人兴趣、性格、技能和价值观的影响

古诗云："不识庐山真面目，只缘身在此山中"，了解别人比了解自己容易。本书第二章对大学生的性格、能力、特质、兴趣、价值观做了相关阐述，这是自我探索最重要、最关键的部分。经过详细探索，每个人对自己的职业兴趣、性格、所掌握的技能和个人工作价值观都有了相对清晰的认识，这是进行职业决策非常重要的基础之一。职业决策主体只有在充分探索自我的基础上，才能了解自我，懂得自己想要的是什么，明白自己能做什么，从而激起决策主体对职业世界探索的方向感和目标感。

（二）个人决策风格的影响

决策风格是指个人在面对决策情境时表现出的习得的、习惯性的反应模式。丁克拉格（Dinklage，1966）最早研究决策风格，他提出人们主要有八种决策风格：计划型（planning）、冲动型（impulsive）、直觉型（intuitive）、苦恼型（agonizing）、拖延型（delaying）、宿命型（fatalistic）、顺从型（compliant）、瘫痪型（paralytic）。[1]

练习

测测你的决策风格[2]

路边有一片苹果园，假如你可以进入园子里摘苹果，但只许前进不许后退，只能摘一次，要摘一个最大、最红的，你会怎么办？

A. 大概观察一下园子里苹果的生长情况，对视野内的苹果进行比较，在头脑里形成一个大概的标准，再根据这个标准选择最大、最红的苹果，看到合适的就摘下来。

B. "我感觉这个大！"就摘这个了。

C. 这个最大，就这个吧，其他的我都看不上眼了。

D. 好难选啊，这么多苹果，怎么选啊？左比较右比较，就是拿不定主意。

E. 先别管了，走到最后再说吧。

F. 算了，随便吧，反正我总是摘不到最大的那个。

G. "去问看苹果园的人，让他告诉我什么样的最大！"或者问旁边的人什么样的最大。

---

① DINKLAGE L B. Adolescent choice and decision making：A review of decision-making medos and issues in relation to some developmental tasks of adolescence[M]. Cambridge，MA：Harvard University，1966.

② 根据网络收集资料修改整理。

大家都说这个大，那就这个吧。

　　H. 我该选了，但是我好怕选错了啊。

　　从这个小练习中，可以看到不同的人有不同的决策风格，在面对需要做决策的时候，会表现出不同的方式。个人做职业决策的时候，与本人的决策风格有很大的关系。第一，计划型的人比较理智，能主动地收集信息，通过比较和权衡，从而作出比较合理的决策；第二，苦恼型、拖延型、瘫痪型可以归于一个大类，都是在做决策时犹豫不决、优柔寡断的类型，不论主体做了多少努力，总是显得滞后，不能最后下决心做决策；第三，直觉型和冲动型也可以归于一个大类，相对都是比较快、比较欠缺深思熟虑的决策方式，有一种不管怎样，做完了再说的感觉；第四，宿命型和顺从型也可以放入一个大类，都是在乎外在环境，有"随大流"的思想。

　　因此，个人决策风格不同，面对大量的信息，需要做职业决策的时候，每个人的表现也就不一样，这也就使个人在职业决策时间、合理度等方面都存在差别。计划型风格的人会积极主动地收集信息，反复比较和权衡后作出决策；犹豫不决风格的人比较多地表现出畏手畏脚、不敢轻易作出决策；冲动型风格的人做事积极但收集信息不全、考虑不周；宿命型风格的人喜欢把决策交给时间和环境来解决。

　　### （三）个人心理、情绪等因素的影响

　　很多职业问题的背后其实是心理问题，所以要解决职业问题之前首先要解决心理问题，这样作出的职业决策才会更加合理。[①]某些事情的心理阴影会影响有些大学生做职业决策，如平时与班上同学关系一般就会误认为自己不善于处理人际关系，导致自信心不足而害怕转到陌生的环境，从而影响职业决策。

案例

　　陈宁是某重点大学的毕业班学生，到大四了，在选调生和到企业工作之间犹豫不决。从小到大，他没有离开过爸妈，性格比较内向，也缺乏自信，平时跟班上同学交流并不多，时常觉得自己被班上的同学隔离。为了锻炼自己，在爸妈的鼓励下，他决定考取选调生，将青春梦想写在祖国的大地上。但在选择考取广东省还是广西壮族自治区的选调生时，他犯难了。他从小生活在广州，对广东更为熟悉，而且选广东，工作一般都在城市里。而广西选调生要下到基层，甚至是直接到扶贫工作的一线，又苦又累，而且待遇相对要低一些，但他感觉虽然充满未知，却是自己想走的路。后来，他收集到了一些信息，但还是担心和当地人沟通可能会存在困难，怕适应不了当地的环境，又找不到人倾诉，到最后他还是很难作出决定。

　　从案例中可以看出，陈宁同学因为自己性格、与人沟通比较少等的特点，比较难以作出职业决策，而且自信心相对不足，更增加了决策的困难。人的自信在任何时候都非常重

---

　　① 方伟. 大学生职业生涯规划咨询案例教程[M]. 北京：北京大学出版社，2008.

要，在做职业决策的过程中，自信心强的人，做决策的时候相对也会更果断、更容易，而且作出决策后，会更坚定和执着。

情绪也是影响职业决策的因素之一，"情绪就像一个根植于人类神经系统的指令体系，成为人类心灵固有、自动的反应倾向，对人类生存具有重大的意义……在进行决策和行动时，感觉的作用等于甚至常常超过思维的作用。"①情绪的影响不容忽视，当人有抵触情绪或者出现焦虑的时候，更难作出正确的决策。

（四）个人决策经验和决策知识因素的影响

人的一生中虽然一直在做各种选择和决策，但如果一个人总是回避做这些事情，或者有人代替他做，那么这个人就没有多少决策经验和决策知识，所以在需要做决定的时候就会出现职业决策困难，显得不知所措。

回顾过往的重大决策，分析自己当时是根据哪些条件或因素来做选择的。通过回忆，分析自己当初哪些地方做得好，哪些地方还可以改进以便更好地决策？这些决策经验对未来决策有何启示或建议？

决策知识和经验的积累都非常重要，积累越丰富，做职业决策时就比较容易确定；反之会加重职业决策的困难和犹豫。若缺少经验不知如何处理，也可与经验丰富的人交流沟通，或者看相关书籍，尝试自己去决策，不断增加决策知识和经验。

（五）个人对职业世界信息收集情况的影响

《孙子兵法》曰："知己知彼，百战不殆。"在职业决策上，所谓知己，就是对自己的兴趣、性格、技能和价值观等的探索；所谓知彼，其实就是对个人要进入的职业世界的了解程度，收集的信息越多，个人做决策时就越胸有成竹，减少了对未知的恐惧，自然职业决策就更轻松，反之，因为信息收集不足会导致做职业决策时出现偏差，决策主体本身也会更犹豫不决。对职业世界的探索，本书第六章有比较详细的阐述，本质上说就是探索工作世界，了解劳动力市场状况、职业环境情况、解读职业信息，从零散的信息中总结出企业对求职者的要求，所谓"好工作是研究出来的"，正是这个道理。

第三节　职业决策的理论和过程

一、职业决策的 DECIDES 模式

克朗伯兹、米切尔和琼斯（Krumboltz, Mitchell & Jones，1976）从社会学习理论出发，认为职业决策过程是由一系列可习得的决策技能组成的，是可以在教育和职业指导课程中教授的，他们提出了职业决策的模式——DECIDES，包括七个步骤。②

（1）定义问题（defining the problem），描述必须要完成的决策，估计完成所需时间并设置确定的时间表。"每一项决策都始于一个问题（problem），即现有状况和预期状况之间

---

① 戈尔曼. 情商：为什么情商比智商更重要[M]. 杨春晓，译. 北京：中信出版社，2010.
② 全国高等学校学生信息咨询与就业指导中心组. 大学生职业发展与就业指导[M]. 北京：高等教育出版社，2009.

的不一致。"[1]这个是职业决策过程的第一个步骤，职业决策主体必须弄清楚自己需要做职业决策的问题和情境，如选择何种职业，如选择进入何种行业，如选择哪一家工作单位等。这些都是职业决策主体遇到的问题，也就是需要做决策的问题。

（2）拟订行动计划（establishing an action plan），明确作出决策所需采取的行动，并估计所需时间及完成期限。

（3）澄清价值（clarifying values），确定个人将采取哪些标准作为评价各种选择的依据。每个人收集的信息有限、经历不一样、认知水平不同，因此一个人在做决策的时候不可能考虑到所有的因素，也就是说决策主体必须确定采用哪些选择因素来作为评价各种选择的依据，如收入、升迁的机会、工作地点、工作和家庭生活的平衡、个人能力和兴趣的符合等，也就是个人的价值观澄清。

（4）初步确定选择（identifying alternatives），描述可能做的选择并初步确定。

（5）探讨可能结果（discovering probable outcomes），依据所定的标准逐一评价各种可能选择，描述可能的结果。

（6）系统排除选择（eliminating alternatives systematically），比较各种可能选择符合价值标准的情况，从中排除不符合的，选取最符合的。

（7）开始行动（starting action），描述将如何采取行动以达成选定的目标。

通过这一职业决策模式，将比较抽象、比较主观的职业决策用相对客观的方式给人们提供了步骤和方法。在这个过程中，以下的几个固定的程序是必经的过程：①探索不同的可行方案；②比较不同方案后果的得失；③根据对后果的评估而做选择；④接受现实的考验；⑤评估实施的结果做决定。[2]

二、理性决策的 PIC 模型

决策前的准备和基础都做好后，就需要作出理性的决策了。盖特（Gati）等人发展了职业决策的 PIC 模型，将理性职业决策分成三个阶段：排除阶段（prescreening）、深度探索阶段（in-depth exploration）和选择阶段（choice）。PIC 就是用这几个阶段英文字母的首写。

（一）排除阶段

排除阶段主要是根据自己的偏好、对自己优缺点的判断来排除掉一些备选方案，从而留下相对比较少一些的"可能性方案"。在排除的方法上，洛克（Lock）提供了一套方法。[3]

1. 基于理想工作描述缩减备选方案

职业决策主体根据自己心中的理想工作情形，用 PLACE 法来分析客观信息，P 即 position，是指职位或职务，包括该职位的经常性任务、所需担负的责任、工作层次等；

---

① 斯蒂芬·P.罗宾斯玛丽·库尔特. 管理学[M]. 李原，孙健敏，黄小勇，译. 11 版. 北京：中国人民大学出版社，2012.

② 金树人. 生涯咨询与辅导[M]. 北京：高等教育出版社，2007.

③ 全国高等学校学生信息咨询与就业指导中心组. 大学生职业发展与就业指导[M]. 北京：高等教育出版社，2009.

L 即 location，指工作地点，包括地理位置、环境状况、室内或户外、都市或乡村、工作地点的变换、安全性等；A 即 advancement，指升迁状况，包括工作的升迁路径、升迁速度、工作稳定性、工作保障等；C 即 condition of employment，指雇用条件，包括薪水、福利、进修机会、工作时间、休假情形及特殊雇用规定等；E 即 entry requirements，指雇用要求，包括所需的教育程度、专业认证、培训、经验、能力、人格特质、品德修养等。通过这种分析方法，我们可以从工作性质、能提供的教育培训机会、报酬和福利、个人在单位的发展前景、工作条件、工作地点、同事、企业文化、期望的个人满意度、优缺点等方面来对备选的职业进行描述和比较，从而删除一些选项。

2. 通过工作技能分析缩减备选方案

本书前章有对技能的陈述，职业决策主体通过对单位的技能要求有比较清晰的认识，从而比对自己的技能水平，留下比较符合、相当或者通过努力近期能符合的选项，其他选项应该舍去。

3. 基于个人价值观缩减备选方案

价值观是人潜意识的东西，是隐藏在人内心的部分，也是比较难探索的地方。通过本书前面内容的相关陈述，决策主体应该对自己的价值观有了大致的认识，符合自己价值观的工作会让人有动力，心悦诚服地去接收和完成；反之则会非常反感，找不到方向感和存在的价值。

因此，在做职业选择的时候，符合自己价值观的选项排在比较靠前的位置，其次是比较符合的，最后是不符合的，这样也可以删减备选方案。当然，一般情况下，难以有某一个选项完全符合个人价值观，这个时候需要进一步澄清价值观，适当放弃也妥协，作出合适的取舍。

4. 基于教育所需时间、费用和地点缩减备选方案

这些都是比较客观存在的事实，如果基于教育所需时间和费用太多，而决策主体目前难以承担，这个选项对于决策主体来说也不是很满意的选项。

（二）深度探索阶段

通过排除阶段产生了"有可能的方案"，对这些方案进行深度探索，就能产生"合适的方案"。这就需要从两个方面来考虑：一是这些合适的方案应该符合个人的喜好；二是个人也符合这些方案的要求，也就是方案与个人间相互能符合要求，不至于相差太大，也就是讲究一个"适配"的原则。根据明尼苏达工作适应论，当工作环境能够满足个人的需求时，个人会感到"内在满意"；当个人能够满足工作的要求时，个人能够达到"外在满意"。当个人能够同时达到内在满意和外在满意时，个人与环境之间的关系就比较和谐，个人的工作满意度会比较高，工作的时候也就会比较开心，在该工作领域也能持久发展。因此，在深度探索阶段，主要就是需要考虑"适配"，选出"合适的方案"。

（三）选择阶段

这个阶段也就是从"合适的方案"里挑出"最合适的方案"的过程。"鱼，我所欲也，

熊掌，亦我所欲也，二者不可兼得，舍鱼而取熊掌也。"到了这个阶段，每个方案都是相对比较合理和合适的，职业决策主体想要很容易地区分和选择也是不可能的，它应该是一个比较令人纠结的过程，需要多次评估和比较，甚至是舍弃才能选择出最后的方案。"水满则溢，月盈则亏""舍得舍得，有舍才有得"，有时候实在看不清，难以决策的时候，也许舍去也是一种不错的选择，当然这些都是在根据实际情况做了充分评估和比较的基础上进行的。

案例

杨宇：我命由我不由天

饺子，1980年出生，就读于国内顶尖医科院校华西医科大学（现四川大学华西医学中心），父母也都在医院工作，拿着医生这张职业保险单的他，并没有觉得踏实稳妥，内心反而一直燃烧着一团梦想之火。作为一名"80后"，他从小就是中、美、日各种动画的忠实爱好者，课本上也布满了他的涂鸦画作。于是，大三的时候他便自己学习了三维动画软件，开始接触动画制作。临近大学毕业的2002年，这团火越烧越旺，终于促使他做出了"弃医从文"的决定。凭着大学期间自己学的三维动画的那点本事，饺子最后面签去了一家小广告公司，公司自身也朝不保夕。

2005年，饺子决定辞职回家，做一部动画短片。这期间，由于父亲的突然离世，母亲也退休了，家里全靠母亲的1 000多块钱的退休金维持生活，衣服基本没买过新的；吃的以素食为主，经常去超市找特价食品；每月700多块钱的房贷就占了一半开支；家里连网线都没安装，为的是减少外界浮躁气息的干扰，可以专心创作。就这样，凭借这股坚强的毅力，饺子的《打，打个大西瓜》终于完成，后来获得了包括柏林国际短片电影节评委会特别奖等30多个奖项，这些荣誉肯定了饺子的努力，因此他开启了其他动画的制作。

饺子的原名叫杨宇，《哪吒》的导演。"做《哪吒》用了将近5年，很多人在追求自己理想的道路上都会遇到挫折，尤其是周围人对你的否定、偏见，我希望大家看到《哪吒》之后，都会得到一些勇气。"他这样说道。

三、理性决策的 CASVE 循环

1971年美国佛罗里达州立大学萨姆森（Sampson）、彼得森（Peterson）、里尔顿（Reardon）和楞次（Lenz）创立了认知信息加工理论（cognitive information process，CIP），他们认为生涯选择源于认知过程和情感过程的交互作用，是一种相当复杂的决策活动，个人的生涯成熟取决于个人决策能力，而这一能力又取决于个人的知识和认知操作的有效性。这个理论的两个核心即信息加工金字塔模型和 CASVE 循环，该理论在本书第一章有详细叙述，本章将重点说明职业决策领域的 CASVE 循环。

（一）CASVE 循环的内容

CASVE 循环处于生涯发展的中间阶段，是决策领域。它建立在自我知识和职业知识的知识领域之上，也就是相当于在计算机的数据文件都收集整理好后的运算过程，它既是一种科学，也是一种艺术，是生涯发展中最关键的过程。CASVE循环的具体过程如下。

（1）沟通（communication）——识别问题的存在，发现理想与现状的差距，意识到自己需要做选择。包括内部和外部的信息交流，通过交流使个体意识到理想和现实之间存在的巨大差距。其一是内部沟通，通过自己的身体信号和情绪信号去获得信息；其二是外部沟通，即通过他人评价、报纸、网络等方式来反馈信息。

（2）分析（analysis）——联系问题各部分，对所有信息进行分析。通过思考、观察和研究，对兴趣、能力、价值观和人格等自我知识，以及各种环境知识进行分析，从而更好地理解现存状态和理想状态之间的差距。一方面要对自己的身体状况、感知、记忆、注意、意识、思维、情绪、动机、价值观、兴趣、人格、能力等方面深入分析；另一方面要全面了解和掌握外界与问题有关的各种信息，考虑各种可能性，了解自己和自己可能的选择。

（3）综合（synthesis）——在分析的基础上，进一步收集信息，扩展和压缩选项清单，形成3~5个可能的选项。

（4）评估（value）——从可行性和满意度两方面评估信息，将所有选择排列次序。对于综合阶段得出的3~5个职业进行具体的评价，评估获得该职业的可能性，以及这个选择对自身及他人的影响，从而进行排序。第一步是个体评估每个方案对自己、他人和社会的影响，以及解决问题的效率、效果等。第二步是对综合阶段最终确定的几个方案进行排序，选择第一个。

（5）执行（execution）——根据最终选择制订计划，采取行动。这是整个CASVE循环的最后部分，前面的步骤只是确定了最合适的职业，还不能带来职业选择的成功，需要在执行阶段将所有想法付诸实践。这个步骤就是把思考转化为行动，用选好的最佳办法解决面临的问题。

整个CASVE循环如图7-2所示。

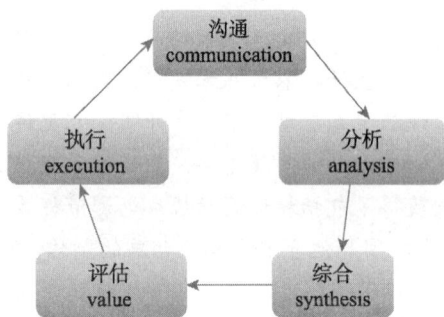

图7-2　CASVE循环

案例思考

张永的 CASVE 循环

上大学以后，张永就不断听到媒体和高年级的学长说就业形势很严峻、工作难找。开始，她认为只要好好学习就好了，不需要那么早考虑找工作的事情。后来，一位学姐告诉她，找工作的事情要尽早考虑、及早准备，周围的同学也都纷纷开始打听考研的消息。于是，她认真对自己大学生活进行梳理，还利用测评工作了解自己的性格，并列出了自己的人脉资源，进行综合分析，形成了几个可能的选项：①继续升学，并且转学金融专业，毕业后争取去银行上班；②直接回老家就业，做行政管理方面工作；③考广西壮族自治区选调生的工作；④直接在广州找一家国企。经过对自己的分析，她对各个选项进行了排序：

考选调生；在广州找国企；考取研究生；回老家工作。经过排序和进一步思考，最后她进入执行阶段，通过努力掌握面试技巧等落实了自己的工作，顺利拿到了一家国企的正式 offer。

思考：

1. 张永在做职业决策时是如何进行 CASVE 循环的？

2. 如果你面对这样的职业决策，你会如何做？

在这个案例里面，张永就是按照 CASVE 循环，在自我知识和职业知识的这两个知识领域探索与了解的基础上，进入决策领域，经过沟通（了解就业形势，想找到工作）、分析（分析自己的性格、专业等特征，列出人脉资源）、综合（通过各种路径，分析出 4 个选项）、评估（对选项进行评估，排列成次序）、执行（向单位投递简历，递交实习申请）这么几个过程，作出了自己的职业决策，最终成功拿到 offer，实现自己的目标。

（二）CASVE 循环中可能出现的问题及解决

诚然，在 CASVE 循环中，每一个环节都可能有各种各样的问题产生。理性决策的作出，需要能够识别各个环节的问题并有针对性地予以解决。

沟通环节是决策的起点，经常出现两种倾向。一种是觉得既然要做职业生涯规划，就要找出一个唯一的、最完美的方案。比如说，一定要找到能让我和我周围人都满意的职业；必须要各方面都能达到自己希望的状态才能做决定选择什么职业；有价值的人应该是个全能的人，能在人生的每一个环节和每一方面都有所成就等。另外一种则是信心不足不愿开始规划，比如说自己以前没有认真学习，觉得现在再努力也无法弥补，职业未来非常黯淡；又或者觉得职业规划太复杂，不知道从哪里入手，反正不管怎样都会找到一份工作，不想它也是一个很好的问题解决之道。以上两种倾向都是沟通环节的失败，会让职业生涯规划过程无法开始。

分析和综合是职业决策中两个非常重要的环节，建立在对自我、对职业世界的充分了解和分析之上。这两个环节就像计算机在运行，需要对各种信息进行识别和处理，考虑各种可能性，并根据决策主体的情况扩展和压缩选项，为下面的步骤提供可靠的基础，最终形成几个选项。这两个环节中比较常见的问题是收集的信息不够，对自我的了解不足，导致难以形成初步的选项。

评估是一个承上启下的环节，是自我认识和职业认识的结果与执行决策的起点，也是职业决策中最重要的环节之一。这一环节的常见问题是无法对一个选择承诺，即决定不了在几个职业前景中，哪一个是自己的职业目标。出现这种情况有很多原因，可能是害怕将来求职过程中出现变数，自己现在定的职业目标无法实现；可能是过于理想主义，要求职业目标与自己的种种期望完全匹配；也可能是在对职业进行选择时，优先考虑自己生活里重要人物的观点，但很多时候又与自己冲突，增加了自己的焦虑感，使自己举棋难定。

在执行环节，难以执行自己确定的选择。可能是在任务分解上有问题，如计划的目标不明确、计划不详细，无法确定任务的轻重缓急，没有有效的自我时间管理，执行的结果无法评估等导致执行不力。也可能是计划做得很完美，但把外部阻力看得过大，一遇困难就打退堂鼓。无论是哪种情况，执行不力也就意味着之前的职业生涯规划是空想。

（三）元认知

职业决策作出后，执行这一环节后会有检验的过程，那就是 CIP 理论中除 CASVE 循环外的另外一个核心金字塔模型中最上层元认知的部分，元认知中有三项最重要的技能，即自我对话、自我觉察和自我监督，这三项技能是对决策过程的监督和调整。

自我对话是自己在内心对自己说的话，对我们的行为有很大影响。如果自我对话是积极的，就会促使决策主体尽力去完成；如果自我对话是消极的，无形中决策主体会受到影响，可能会难以完成预期的目标。例如你正在接待室等候著名外企公司的面试，在面试前你心里会对自己说什么？

（1）我英语这么差，好不容易得到面试机会，一会儿肯定要露馅了。

（2）旁边这个人是清华的，完了，我肯定比不上他。

（3）面试的人真多啊，完了，我肯定又白来了。

（4）我的专业和能力跟这个职位的要求很符合，我一定能行。

（5）想争取这个机会的人真不少，英雄所见略同，我一定要更用心一点展现自己的优势。

自我觉察指决策主体知道自己正在做什么和为什么做。在决策过程中，对自我的身心状态进行觉察非常重要，有利于发现阻碍个体作出决策的因素，从而一一解决，如决策过程中意识到自己身体的感觉、心里的感受等都是自我觉察的部分。

自我监督是对自身和正在做的事情的进展状况进行思考与调控。决策主体能够监督自己完成决策过程的方式，控制自己分配给每个时期或阶段的时间，及时调整自己的方式和策略。例如在这一个月的求职过程中你投了上百份简历却没有收到面试的通知，这个时候你需要对自己感兴趣的几个职位进一步了解，有针对性地撰写简历，而不是海投简历，这样将提升成功率。

第四节　职业决策的行动和实施

每个人都希望自己的职业决策是正确的，甚至是完美的，本章将从大学生实际出发，为增强职业决策能力提供一些参考和方法。

一、设立个人目标，规划大学生活

（一）个人目标的设定

1. 目标的重要性

目标是想要达到的境界或目的。目标对于每一个人来说是非常重要的，一个人如果没有目标，就如大海上没有方向航行的船，只能虚无缥缈地漂着，却永远也靠不了岸。

目前有一部分大学生的状态是"忙—盲—茫"，大学一年级的时候不知道自己不知道，懵懂多梦、意气风发却不知道从哪里开始奋斗，虽然每天很忙，但是因为没有目标，只能是瞎忙；大学二年级的时候知道自己不知道，想要做点什么，但是因为目标不明确或者是随波逐流而有些盲目；大学三年级的时候不知道自己知道，每天装着师兄师姐的样子，但是心里却没有底气，仍然搞不清楚自己的方向，感觉还是茫然；大学四年级的时候知道自己知道，但是大学已经接近尾声，了解了自己，有了目标，但是能实现目标的时间已经不多了。

2. 目标的分类

如果我们明确了目标的重要性，每一个大学生都会想好好规划自己的大学生活，为自己的职业生涯做好准备。目标有短期目标、中期目标、长期目标之分（图 7-3），设立目标的时候一定要相互结合，短期目标和中期目标为长期目标服务，这样才能不断朝自己的职业理想迈进。还有些人在最后加上了人生目标这一维度，认为不论短期目标、中期目标还是长期目标，一切都朝着自己的人生目标奋进，这样的人生才能是有意义、有价值的。

短期规划	中期规划	长期规划
3年以内	3~5年	5~10年

图 7-3　目标分类图

3. 目标设立的指导原则和方法

目标虽然重要，也可以分成好几类，但是目标的设立也有指导原则，不遵循原则的目标将毫无意义。

（1）目标设立的主要原则。按照几个英文单词的开头大写字母，我们将目标设立的主要原则称为 SMART 法则：specific：具体的，明确的，不能含糊不清；measurable：可以量化的，能够明确评估；achievable but challenging：可实现性，同时具有一定挑战；rewarding：有意义，有价值，积极的，服务于某个大目标；time-bound：有明确时间限制的（图 7-4）。

这些都比较好理解，如我们设立一个目标：计划在这个学期，使自己的英语词汇量达到 4 000 以上，完成课外短文阅读 60 篇，每两周做一份历年真题，掌握考试重点和应试技巧，争取在学期末通过大学英语四级考试。这个案例中目标的设置就比较合理，遵循了 SMART 方法，目标明确具体，而且都有清晰的量化标准，可实现而且具有一定的挑战性，目标有意义、有时间限制，

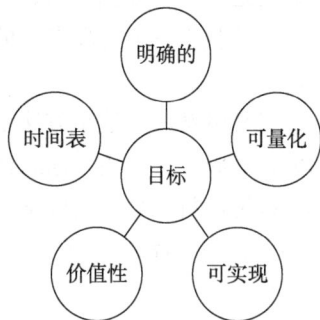

图 7-4　目标设立的指导原则[①]

---

① 钟谷兰，杨开. 大学生职业生涯发展与规划[M]. 上海：华东师范大学出版社，2008.

规定了完成的时间。这样的目标比较清晰，设立者自己也比较好操作，当目标达成后，将增加自豪感和自信心。因此，我们在设立目标的时候应该尽量遵循这些原则，让设立的目标实际可行，短期目标为中期目标和长期目标服务，最终达到自己的人生目标。

（2）目标设立的可行方法。

① "以终为始思考法"。即我们平时所说的 "倒推法"，想象几年后的自己要达到的目标是什么，然后再倒推回来，直到推导出当下需要做的，那也就是当下的目标。

扩展阅读

施瓦辛格：如果你知道要去哪里，世界都会为你让路

在很多人眼里，施瓦辛格就是强者和力量的化身，是美国人的精神偶像。在 14 岁时，他在家乡奥地利格拉茨市的一家商店橱窗里看到了一本健美杂志，封面人物是雷格·帕克，照片是他在电影里扮演大力神的造型。这个男孩对自己说："嘿！我的榜样就是他了！我要像雷格一样赢得宇宙先生称号，我要去美国，我要像雷格一样进军影坛，我要成为亿万富翁，然后从政！"

18 岁时，他前往德国参加欧洲先生的健美比赛，捧回了青年欧洲先生的奖杯。在 21 岁的时候，他获邀参加在美国纽约举行的国际健美健身联合会奥林匹亚先生争霸赛。但这次，他输了，屈辱的眼泪告诉他，要想彻底实现自己的梦想，他还有许多东西要学。在接下来的比赛中，他真的成为新的健美之王，并 5 年一直蝉联这项桂冠。

他拍摄的第一部影片是《大力神在纽约》，出道的第三部影片《饥肠辘辘》为他带来了一座金球奖。他并不满足，他有更大的梦想，他对自己说："我并不在意是否会成为一名演员，我将成为一个明星，而且每个人都将知道我的名字。"

在 56 岁的时候，他宣布参加加州罢免选举。他的夫人玛丽亚回忆说：当时除了我们两个，没有人能够觉察出他的潜力。每个人都在嘲笑他的梦想。他愈挫愈勇，毫不示弱，终于在选举中大获全胜，当选加州州长，登上了他的梦想之巅。

通过这样一个案例可见，有明确的目标很重要。从自己目标倒推到自己每一步需要做的，这会让我们更加清晰自己的定位和方向，也能减轻对未知的恐惧和不安，让自己找到方向。

②目标分解法。这个方法是将自己的终极目标分成很多子目标，所有的子目标都为最后的大目标服务。例如，你的目标是在这学期以 500 分以上的成绩通过英语六级考试，那么你可以把此目标分解为以下小目标。

第一，每周背 2 篇不少于 200 词的英语短文，并争取能默写下来，为英语的作文做准备。

第二，每天听一张原声英语碟片、一段原声英语新闻或一部原声英语电影，以锻炼英语听力。

第三，每天至少做 1 篇不少于 500 词/篇的阅读理解。

第四，每天浏览英文报纸或者英文网站，锻炼自己的快递阅读能力。

第五，每两天做一份全真模拟试卷，并加以分析提升。

第六，参加学校每周的"英语角"活动，提升口语能力的同时增强听力和阅读能力等。

（二）合理规划大学生活

目标对每个人的重要性已可见一斑，相信每个人也有了比较清晰的认识，它是一个人的行动方向和指引。因此，作为大学生，在大学阶段要及早设立职业目标，合理规划自己的职业生涯和大学生活。大学四年的生活应该有比较清晰的认识和规划。①

（1）大学一年级主要是"伸展"阶段，这个阶段的主要任务是自我发展：其一是积累知识和能力；其二是发展兴趣爱好。大学新生从中学生活转变到大学生活，中间需要一段时间的适应和调适，这段时间应该鼓励大学生展开自己，拓展自己的兴趣：首先，通过基础课程、参加自己感兴趣的社团、参与社会实践、志愿服务等学生工作、体育运动等各方面多角度、多维度来伸展自己，发展自我；其次，通过与父母、朋友和老师等谈论对于职业的兴趣来探索自己的兴趣、性格、价值观等；最后，通过参加求职相关的讲座、活动、测试等来了解自己的优势和不足，做好大学四年的规划。

（2）大学二年级全方位探索职业，了解职业信息，扩展职业视野。这个阶段的主要任务是：其一，考察职业领域；其二，收集职业信息。这个阶段大学生要勇敢尝试，积极探索职业世界，大致给自己"定向"：首先，可以列举自己感兴趣的职业，尝试通过网络、师兄师姐等资源逐步了解；其次，邀请已经毕业3年以上的师兄师姐做相关讲座，或者做生涯人物访谈，了解更多的职业和行业的信息；再次，学好相关课程以及语言达到相关要求；最后，还可以争取兼职机会，参与假期实习，参加招聘会等，充分接触社会，了解职业和行业。

（3）大学三年级在探索中寻求"定位"，根据自己的情况，逐步缩小选择范围。主要任务是：其一，确定职业目标，其二，做好求职准备。这个阶段已经进入大学高年级阶段了，每一个大学生都应该更明确自己的目标：首先，缩小职业选择的范围，尝试与目标企业员工建立联系，积累人脉；其次，提升专业能力和自己的"软实力"，不断提升自我管理技能和可迁移技能；再次，通过目标职位要求的相关考试和工作认证；最后，开始制作简历，积累面试经验，在大三暑假找到一份与目标职业相关的实习工作。

（4）大学四年级最主要的任务当然就是求职和面试，作出职业决策，完成"定点"的任务：其一，设定合理的职业目标；其二，积极参与求职。因为有了前三年的合理规划和目标的设立，到毕业的时候相对就会比较轻松，当面临职业选择的时候，能作出比较理性的职业决策。首先，锁定求职目标，有的放矢；其次，通过各种途径参与招聘会、企业宣讲会等，积极投身求职实践；最后，通过所有课程、顺利完成论文答辩等。

对大学4年的学习和生活有了以上这样明确的规划，从定向到定位到定点，一步步探索自我和职业世界，目标明确，逐步提升和完善自己，当面临职业决策时就能在掌握大量

---

① 参考新精英教育古典的观点。

信息的基础上作出比较理性的决策。

二、分析内外环境，增强自我效能

（一）了解自我和环境

人常说："当局者迷，旁观者清"，世界上最难了解的应该是自己本人了。本书第二章对个人自我探索做了比较详细的阐述，职业决策主体从个人兴趣、性格、价值观、能力、特质和不足方面不断了解和探索自我，虽然不能完全把自己摸透，但可以通过不断的探索和深入，一步步剖析自己，也可以通过自己亲近、对我们了解的人来了解自己，只有不断了解自己需要什么，了解自己的兴趣所在，了解自己为什么会有这样的想法，会做这样的决定，才能理解自己，也才能根据周围环境的变化来不断地调整自己，适应社会和生活。

除了对自己的了解和理解外，还需要清晰地了解和分析外部的职业世界与环境，做到"知己知彼"，才能"百战不殆"。了解社会发展的趋势、了解行业发展的情况、了解职位所需要的能力、了解企业看重的素质和技能等信息，才能不断提升自己。人终究是社会的人，不能独立于社会，必须不断了解社会，不断调适自己，推动社会进步。

（二）充分收集信息

能否做好职业决策，信息的多少、质量都是非常关键的。根据调查研究，企业最看重的人才素质中，其中有一项就是"获取信息并利用信息的能力"。可见在当今的信息时代，获取信息并能利用信息的能力是对每位大学生的要求。大学生在求职过程中，应该收集各方面的信息，如各用人单位的信息，包括它们的创立过程、发展传承、用人标准、企业文化、招聘职位的要求、主要业务、主要竞争对手，以及其在行业中的发展情况、在本年度的招聘计划等信息，这些都需要职业决策主体去认真收集，从而为职业决策做准备。

（三）参与社会实践

设立了目标和对自我探索后，为了提升决策能力和职业决策的合理性，决策主体就要多参与社会实习和实践，了解社会所需，了解行业发展，争取最大限度地获得社会支持，融入社会，这样才能为职业决策打下更好的基础。根据相关调查研究，大学生获得真实信息的途径，从网站，到交流会、亲友、企业网站、师兄师姐，再到生涯人物访谈，最后是自己亲身实习。其中，网络的可信度最低，亲自投身实践是自己参与社会、了解社会、融入社会最好的方式。因为人的独特性，每个人在社会中、在职场中的体验也不一样，别人说的永远是别人的理解，只有自己亲身体验 有让自己有更深刻的认识。当然，有了自己的亲身体验，在做职业决策时也就有了更加可靠的依据。

（四）积攒"人脉"

根据数学领域的"六度分割理论"[①]：你和任何一个陌生人之间所间隔的人不会超过 6 个，也就是说，任何两位素不相识的人之间，通过一定的联系方式，总能产生必然的联系

---

① 即 six degrees of separation，1929 年匈牙利作家卡西林（Frigyes Karinthy）在其小说《链》中提出此假说，1967 年哈佛大学社会心理学教授米尔·格兰（Stanley Milgram）进行一系列实验后发展了该理论。

或关系，可见大家的联系很紧密。在当今世界一体的大环境下，作为当代大学生，我们一定要适应社会潮流，融入社会。虽然在网络和信息化时代，我们可以足不出户就与世界沟通，但除了这些高科技的沟通，平时人与人之间也需要更多的沟通和联系，不断给自己积攒人脉，不断提升自己各方面的能力也是非常重要的。大学是社会的"练兵场"和前沿阵地，大学里非常重视学习能力和为人处世能力的培养与提升，而不仅仅关注学了多少科学文化知识，所有这些其实是一个融会贯通的体系，这两个方面都不容忽视，否则将会使大学失去很多色彩，甚至成为名副其实的"书呆子"。

大学生要集合各方面的力量，将自己身边的亲人、朋友、亲人的亲人、朋友的朋友都搜罗一遍，并做好相关记录，这些都将是自己宝贵的人脉财富。到了就业的时候，或者做职业决策的时候，都是可用的资源。

案例

李欣是广西大学一位活泼开朗的女孩，家乡在湖南。大一的时候，她便跟着同一个高中的师兄师姐加入了县城高中的同乡会，并且经常参加同乡会组织的活动，她积极主动，经常主动承担一些力所能及的事情。大二的时候，她和大家打成了一片，她还主动提出担任同乡会微信群的秘书，并承担建立同乡会微信公众号的任务，经常记录一些同乡会日常活动。每逢节假日，她主动给每一位同乡发送节日的祝福信息，微信公众号也会定期发送一些她收集到的高中母校的新闻。就这样，她也认识了很多同一个县城的同乡。在大三暑假，考虑到将来要找工作，她想去企业实习，便发了一条朋友圈，没过多久，就有师兄师姐邀请她去公司实习。

从这个案例中可以看出，资源是何等的重要，"人脉库"的建立和维护也是每位大学生的必修课，这是要稳稳地立足于当今信息世界和竞争世界的必备条件。在做职业决策过程中，有可选的选项、有可用的信息是前提因素，每位大学生都应该尽量去设立自己的信息库和"人脉库"。做到"天时、地利、人和"才能做好理性的职业决策，也才能拥有更加绚丽的大学生活。

从目标设立、自我评价、收集信息、参与社会实践到积攒"人脉"都可以看成职业决策的准备阶段，这些步骤都是为职业决策做准备的。

（五）激发自我效能感

自我效能感是指个人对自己的能力，以及运用该能力将得到何种结果所持的信心或把握程度[1]，研究发现，在实际生活和工作中，对个人行为起决定作用的往往不是个人实际能力的高低，而是个人的自我效能感。自我效能感如此重要，每个大学生都应该对自己充满信心，形成积极的心理暗示，就像隐藏在自己身体里的"小宇宙"，让它爆发。

---

[1] 钟谷兰，杨开.大学生职业生涯发展与规划[M]. 上海：华东师范大学出版社，2008.

案例

"十大三好学生标兵"评选是华南理工大学学生工作创先争优标杆工程建设的重要内容，也是本科生获得的最高荣誉。大二时，陈明的成绩只是位于班里的中等，他也不知道怎么再进一步，想着就这样混着能毕业就好。看着有些人发多篇 SCI 论文的报道，也感觉压根跟自己没关系，对自己来说太难了。一次偶然的机会，他现场观摩了"十大三好学生标兵"的表彰活动。其中，有一位选手刚好是他一个社团的一位学长，两人还经常一起打篮球。看着学长站在讲台上，聆听他的故事，他内心受到了很大的鼓舞，告诉自己也要像学长一样努力，站在这个舞台上。他仿佛看到了一年后的自己。自此之后，他开始对自己严格要求，不断地用学长的事迹来激励自己。一年后，他如愿以偿，凭借出色的成绩和科研成果获得了"十大三好学生标兵"的称号。

这个案例中，陈明之前对自己心里没底，觉得学习成绩过得去就好，觉得作为一个本科生发 SCI 论文太难了。但是当听到同一个社团的学长故事的时候，他的自我效能感被激发了，大大增强了自信心，经过努力，最终也收到了比较好的效果。

三、掌握分析方法，增强决策能力

在探索自我和收集大量的职业信息、大致了解职业和行业情况后，我们还是比较难作出明确的职业决策，这个时候我们可以用一些方法和技术来帮助我们澄清自己，给自己提供支持，在这里主要介绍决策平衡单、SWOT 分析法、生涯幻游活动和"空椅子技术"。

（一）决策平衡单

在职业决策的 CASVE 循环中，在评估这一重要的环节，对所有可能的选项进行排序的过程中，为了让自己作出更加理性的决策，我们需要详尽地考虑所涉及的各方面的因素。一个实用又有效的方法和职业决策技术就是使用决策平衡单，它是由 Janis 和 Mann 于 1977 年设计与提出的。在这个方法里，将决策平衡单分成四个主题：自我物质方面的得失、他人物质方面的得失、自我精神方面的得失和他人精神方面的得失，并将每一个主题按照个人实际情况列出细目，按照个人价值观赋予权重，将它们作为评判的标准，逐项对列出的选择进行加权打分，最后得出总分排序。具体操作步骤如下。

第一，列出所有的选项。将自己需要做决策的选项都列出来。

第二，列出生涯细目。这些细目是按照上面说的四个主题，根据个人实际情况来划分的，个人价值观中觉得重要的就列出来。

第三，分析各个细目的权重分数。以最重要为 5，最不重要为 1，按照个人情况对每个细目重视程度不同，分别赋予不同细目以加权分数。

第四，设定各个选项的程度分数。分数从–10 到+10 或者–5 到+5 都可以，根据对所列出的细目影响的大小来设定，正面影响就用正分，负面影响用负分，分数多少视个人实际情况而定。

第五，加权并算出分数，作出评估和排序。

值得注意的是，在列出选项的时候，不要用刚好相反的选项，如"就业"和"不就业"，这样就没有什么意义了。第三步赋予权重，是对个人价值观的深入探讨，把个人内心的观点从潜意识具体化到纸上，推动个人职业决策过程和进程。

案例思考

赵刚的决策平衡单

赵刚是中山大学一名大四毕业生，他的专业是软件工程，刚刚过去的暑假，他在一家大公司实习，在软件开发岗位上表现不错，用人单位透露了希望他毕业后能留在公司工作的信息。而他的家人希望他能够出国深造，并给他联系了出国留学的学校，希望他出国后能有更好的发展。在这两个选项中，赵刚不知道要如何选择，感觉很纠结，最后他选择用决策平衡单技术来分析（表7-1）。

表7-1　赵刚的决策平衡单

选择项		权重	选项一：大公司程序开发岗位		选项二：出国	
		−5～+5	+得分	−得分	+得分	−得分
自我物质方面的得失	收入	4	5（+20）		0（0）	
	休闲时间	3	0（0）			−1（−3）
	对健康影响	3		−1（−2）	2（+6）	
	未来发展	4	3（+12）		5（+20）	
他人物质方面的得失	家庭收入	3	5（+15）			−5（−15）
	家庭地位	2	3（+6）		5（+10）	
自我精神方面的得失	生活方式的改变	3	2（+6）			−3（−9）
	挑战性和创新性	5	4（+20）		5（+25）	
	兴趣的满足	5	5（+25）		4（+20）	
	成就感	4	4（+16）		4（+16）	
他人精神方面的得失	父母亲	4	0（0）		5（+20）	
	女朋友	3	5（+15）		1（+3）	
总分			133		93	

决策平衡单完成以后，赵刚清楚地看到，大公司程序开发岗位综合得分更高，做决策平衡单的过程也帮赵刚厘清了思路，更深层次地体会到内心的想法，最终作出了适合自己的决定。

思考：

1. 请根据自己的探索，列出 2 个感兴趣、有意向从事的职业。

2. 根据以上所说的四个主题列出你选择职业时考虑的生涯细目。

3. 对每个细目设置权重。

4. 设定各选项的程度分数，从−5 到+5 给分。

5. 加权计算分数，排出职业决策的优先顺序。

其实每个人在心中对每个选项都有所侧重，只是利用决策平衡单这样的技术来不断澄清自己内心的想法，给自己更多客观上的支持，从而根据自己的实际情况作出比较合理的职业决策。

（二）SWOT 分析法

SWOT 分析法又叫态势分析法，是由旧金山大学的管理学教授于 20 世纪 80 年代初提出的。该方法是将与研究对象密切相关的各种主要内部优势（strengths）、弱点（weaknesses）、机会（opportunities）和威胁（threats）通过调查罗列出来，并依照轻重缓急或影响程度等的次序按矩阵形式排列起来，然后运用系统分析的思想，把各种因素相互匹配起来加以分析，综合考虑多方面的利弊得失，找出正面预期多、负面影响小的方案，从而得出一系列相应的结论。进行 SWOT 分析时，主要有以下几个方面的内容。

1. 分析环境因素

运用各种调查研究方法，分析所处的各种环境因素，即外部环境因素和内部能力因素。外部环境因素包括机会因素和威胁因素，它们是外部环境对个体或公司的发展直接有影响的有利和不利因素；内部环境因素包括优势因素和弱点因素，它们是个体或公司在其发展中自身存在的积极和消极因素，是主观方面的原因。

2. 构造 SWOT 矩阵

将调查得出的各种因素根据轻重缓急或影响程度等排序方式，构造 SWOT 矩阵。用这种方法分析比较科学，也比较具体，不足之处是需要大量的技术、资源和信息，耗费的人力、物力比较大。如图 7-5 所示。

	优势（S） 1. 2. 3. …	弱点（W） 1. 2. 3. …
内容		
	机会（O） 1. 2. 3. …	威胁（T） 1. 2. 3. …
外部		

图 7-5　SWOT 分析法①

3. 制订行动计划

在完成环境因素分析和 SWOT 矩阵的构造后，便可以制订出相应的行动计划。制订计划的基本思路是：发挥优势因素，克服弱点因素，利用机会因素，化解威胁因素；考虑过

---

① 程良越，谢珊. 大学生职业生涯发展[M]. 广州：广东高等教育出版社，2011.

去，立足当前，着眼未来。运用系统分析的综合分析方法，将排列与考虑的各种环境因素相互匹配起来加以组合，得出一系列可选择对策。这些对策包括以下几种。

最小与最小对策（WT 对策），即考虑弱点因素和威胁因素，目的是努力使这些因素都趋于最小。

最小与最大对策（WO 对策），即着重考虑弱点因素和机会因素，目的是努力使弱点趋于最小，使机会趋于最大。

最大与最小对策（ST 对策），即着重考虑优势因素和威胁因素，目的是努力使优势因素趋于最大，使威胁因素趋于最小。

最大与最大对策（SO 对策），即着重考虑优势因素和机会因素，目的在于努力使这两种因素都趋于最大。我们可以通过评估自己的优势和弱点，分析向往的行业的机会和威胁，列出 3～5 年内自己的职业目标，选择和自己的优势以及外部机会最匹配的职业目标，优势和机会"强强联合"，使我们的职业目标达到事半功倍的效果。作为大学生，我们需要做的就是使自己的优势和行业的机会"联手"，充分发挥长处，扬长避短，从而找到合理的职业目标，作出理性的职业选择。

案例

李鹤是华南理工大学会计学的一名学生，将于 2020 年毕业，他想从事金融、会计相关的工作，他对自己的情况做了 SWOT 分析。首先，他分析了职业发展的优势和弱点。优势方面：一是专业优势，科班出身接受过专门的文化知识教育，取得了相关的专业证书。二是可塑性强，思维活跃，运用互联网搜索信息能力强；弱点方面：一是自我认知的程度还不够高，因为是独生子女，独立性比较差，也缺乏自我管理的意识；二是职业心态还不够成熟，还缺乏系统全面的认识和判断。接着，对机会和挑战进行了分析。机会方面：就业渠道不断增加，各级政府也力促大学生顺利、充分就业；威胁方面：用人单位比较看重社会实践经验、实习经历。经过 SWOT 的每一个因素分析后，他有针对性地制定了自己的 SO 策略、WO 策略、ST 策略和 WT 策略。如 SO 策略方面，他准备充分发挥自己的专业优势，不断强化自己的专业技能，认真复习专业知识，考取 CFA（特许金融分析师）、CPA（注册会计师）等专业证书。

本案例中，李鹤运用 SWOT 分析法，对每一个因素进行分析，并制定了相应的策略，扬长避短，增强职业决策能力。

（三）生涯幻游活动

第一章对生涯幻游活动已有比较详细的介绍，生涯幻游活动是结合音乐欣赏，透过幻游的画面，带领参与者到想象中的未来世界，并鼓励参与者分享自己的幻游情境，最终协助参与者了解自身的期待与价值观，对于未来给予期待与规划的活动。

在舒缓的背景音乐和指导老师的指导语指引下，幻游者随着音乐慢慢调整呼吸，逐渐放松自己，在指导老师的带领下，不断深入自己的内心，想象自己正处于未来的某个时间段，正在从事某一项自己喜欢的职业，以此来了解自己理想的生活形态，从而更加明确自己的职业理想和目标。

通过这个活动，参与者可以逐渐深入自己的内心，摒弃周围外在环境的干扰，看清自己真正期待的是什么，能更清晰自己的职业理想和目标，从而帮助当下的自己设立相应的目标，作出当下的理性选择。

（四）空椅子技术

空椅子技术是格式塔流派常用的一种技术，在心理咨询时使来访者的内射外显的方式之一。[①]通过这种方法，可使来访者充分地体验冲突，而由于来访者在角色扮演中能从不同的角度接纳和整合冲突的角色，通过自我对话，使人们内在的对立与冲突逐步整合而获得冲突的解决方案。心理学上，将空椅子技术分为倾诉宣泄式、自我对话式和他人对话式三种形式。

职业决策的过程实际上也是人内心冲突、纠结的过程，我们也可以在做职业决策时借鉴空椅子技术，主要是借鉴自我对话式。

当我们面对职业决策问题，内心矛盾而迟迟无法决断的时候，可以利用空椅子技术进行自我对话，放两张空椅子在自己面前，坐在一张椅子上，扮演自己做这个选择后的情境和可能的发展；坐在另外一张椅子上，扮演自己做另外一个选择后情境和可能的发展，这样依次进行对话，从而达到内心的整合。通过这样的自我对话，决策者能逐渐澄清自己的价值观，了解自己内心真实的想法，也帮助自己看清以后的可能发展，以此来帮助分析各种选择的利弊，找到解决问题的途径。

任何职业决策都是有风险的，它不仅仅是一个结果，也是一个过程，而且是让人非常纠结的一个过程。每个决策只是自己当下的选择，并不是一成不变的。因此，做每一个决策的时候，我们是需要谨慎，需要尽可能地结合自己的实际情况和外部环境来做出决定，但是也没必要像面临生死抉择一样来面对每一个决定。成千上万个决策导演了我们的人生，因此在做决策的时候，需要拥有良好的心态。正如台湾生涯规划大师金树人先生所说："决策之所以难，是因为两个问题，一是舍得，一是未来！" 舍得，有舍才有得，因此，职业决策的过程也是一个有舍有得的过程，有了这样的心态，做决策的时候就会相对比较从容而淡定。

大学生做职业决策时，尽量做到"择己所爱、择己所能、择世所需、择己所利"。在职业决策前深入地探索自己，认真了解和分析职业与行业情况，在当时的情境下作出当下的选择，只要在作出选择后觉得坦然、从容、淡定，问心无愧，就算几年以后回头再看，发现决策的效果并不是尽善尽美，这个时候我们也应该无怨无悔，毕竟我们善待了自己，善待了人生，而且影响人生轨迹的除了自己的决策还有太多其他无法抗争的因素。

职业决策作出后，就需要采取行动了，北京道锐思管理技术公司创始人之一、首席人力资源顾问刘启国先生对行动步骤建立了道锐思行动阶段模型，他认为人的行动分为兴奋期→疲劳期→寂寞期→收获期四个阶段，当一个人清楚了解后，就会想方设法地变成行动和现实，但一般都要经过以上四个阶段，要顺利度过四个阶段，坚持就显得尤为重要，"行

① 中国学生网[EB/OL]. (2010-03-22). http://mind.6to23.com/mystery/changshi/201003/9360_1.html.

动的主要目的就是形成习惯"，从无意识不熟悉→有意识不熟悉→有意识熟悉→无意识熟悉，也即是"此时无招胜有招"的最高境界，一步一步让自己成长，只有心中觉得自己有成长才能走得远，正如阿里巴巴总裁马云所说，"今天很残酷，明天更残酷，后天很美好，但大多数人死在明天晚上！"如果我们已经做了职业决策，就要不遗余力采取行动，不断坚持，直到达到自己的目标，从而再来一个新的职业决策循环。

核心概念

决策　职业决策　目标　CASVE循环　决策平衡单　SWOT分析法

客观题

自学自测

扫描此码

第八章

求职方法——开启追求卓越的职场之门

【本章导读】

陈现在校期间比较优秀，成绩突出，获得过多项奖励，也参加了很多社团活动。现在她要毕业了，在写简历时，听学长说简历应当简洁而重点突出，这使她有些拿不定主意，各种奖项、学生工作经历、实践活动，哪些应当写在简历上，哪些不写呢？

李闯开始找工作了，听同学说现在的面试各式各样，有结构化面试，有群面，有压力面试，还有电话面试，他听着觉得十分紧张，这么多面试，会问到什么问题，自己如何准备才能获得自己心仪的工作呢？

王江莱即将毕业于某高校电子商务专业，她按照从报纸、网上搜索到的招聘信息，发出了几十份简历，却没有得到任何面试机会，简历如同石沉大海。对此，小王很着急：如果连面试的机会都没有，那怎样才能找到一份工作呢？

第一节 求 职 准 备

一、简历制作

简历，是对个人基本情况及履历的基本描述，包含个人基本情况、求职意向、校内活动、社会任职、奖励证书、技能特长等基本内容的求职材料。在尚未谋面之时，仅凭简历说服用人单位给予面试机会是一项技术含量较高的工作，简历对毕业生来说有着"敲门砖"的重要意义。

（一）简历制作前期准备

根据"第一印象效应"，人与人第一次交往中给人留下的印象，在对方的头脑中形成并占据着主导地位，而简历就是求职者递交给用人单位的名片，是求职者留给用人单位的第一印象，因此简历在求职过程中的重要作用是显而易见的。

简历制作的前期准备可以分为以下几个步骤。

1. 确定求职意向——"树立目标"

确定求职意向是制作求职简历的核心，如同文章的中心思想，决定了文章的内容如何选择与组织。确定求职意向的过程是一个不断探索、漫长思考的过程。求职者可以根据本书前几章的自我探索、职业世界探索、生涯决策部分对自己进行合理定位，确定求职意向。明确的求职意向可以成为筛选就业信息的标准。简历上的求职意向也可以帮助用人单位进行人才筛选。求职意向不必过分单一，可以同时有多个，建议求职者根据岗位不同制作不同的简历。

2. 建立职位联系——"条件匹配"

当一份简历的求职意向确定以后，整份简历的各个板块都需要围绕这个目标进行组织，使求职者与求职意向的目标岗位实现匹配。建立职位联系可分为三个步骤。第一步，分析目标职位要求，如能力需求、专业知识需求、计算机技能要求等；第二步，根据目标职位的要求，挖掘求职者在专业知识技能、可迁移技能、自我管理技能、价值观、整体素质等各方面的实际情况；第三步，建立联系，实现二者匹配。例如岗位需求明确要求求职者英语达到国家六级水平，求职者就须在简历中如实写明个人英语能力；再如，岗位需求明确要求求职者是一个学习能力强的人，那么，求职者应当在简历中着重举例展现个人的学习能力。简单来说，求职者需要依照目标职位的要求将个人情况在简历中一一对应体现出来。可以做适度包装，但务必诚信。

3. 撰写成就故事——"落笔具体化"

简历中除了介绍个人资料外，更为重要的是需要用简洁、专业的语言对重要经历进行描述。简单来说就是"讲故事"。"讲故事"十分重要，因为这些"故事"是简历的重要构成部分，一些"故事"的叙述也将成为面试的常用问题。

如何将教育背景、校内实践、社会实践等板块用最为简洁、专业的文字具体化；如何在面试时沉着应对面试官的提问，为自己面试加分，这是决定简历制作水平高下的关键性问题。

具体化可以通过"成就故事"的方式表现出来，介绍一种编写成就故事的方法——"STAR"法则：S（situation）事情是在什么情况下发生；T（task）你是如何明确你的任务的；A（action）针对这样的情况分析，你采用了什么行动方式；R（result）结果怎样，在这样的情况下你学习到了什么。

STAR 法则，是一种讲故事的方式，是一个清晰、条理的作文模板。合理熟练运用此法则，不仅可以将个人成就故事清晰、有效地呈现在简历上，也能富有逻辑性、轻松地面对面试官的提问。

案例[1]

面试官：给我们讲讲你在大学里做得最有成就感的一件事情吧。

求职者：那我来说说我担任学生社团干部，成功拉赞助，为学生职业生涯服务的一件事情吧。

我是一个学生社团的干部。社团的宗旨是为学生的职业生涯发展服务。（S）

我本人也非常关注职业信息的收集，订了一本相关的杂志，每期必看。我觉得这本杂志可以为社团成员开阔视野，启发思路。（T）

---

[1] 案例来源：根据《生涯规划与求职技巧》课程学生的回答整理。

于是我从杂志上找到公司的联系方式，希望对方为社团提供一些赞助。经过协商，对方愿意为每位成员提供全年杂志的合订本共 260 本，但要求得到不少于 50%社团成员的E-mail 并完成一份有关杂志内容的问卷调查。我向社团主要干部通报了这一情况，并发动他们去征集成员的意见，是否同意将我们已经掌握的 E-mail 地址交给对方。（A）

最后在一天内得到了 50%成员的授权，并与杂志社签订了赞助合同。最终，我拉到了这笔价值 5 200 元的赞助，杂志受到了社团成员的欢迎，杂志社也很满意。（R）

（二）简历制作的基本内容

通常高校毕业生的简历包括个人基本情况、求职意向、教育情况、校内实践、社会实践、科研情况、获奖情况、个人技能、兴趣特长等板块。简历上不需标注"个人简历"等字样。

1. 个人基本情况

个人资料包括姓名、性别、学校、专业、学历、政治面貌、民族、联系方式等。学校专业等需全称，联系方式包括手机号码、邮箱、邮寄地址及邮编等。以上项目并不是全部需要列出，而是根据用人单位性质、要求选择性列出即可。

2. 求职意向

求职意向的书写建议比对用人单位的招聘广告。例如：某某公司市场营销岗位、某某学校英文教师岗位、某某企业生产技术岗位等。

求职意向在简历中的位置非常重要，一方面直接向用人单位表达了求职者的求职目标，便于用人单位区分；另一方面在整份简历中具有提纲挈领的作用，是"靶心"。

3. 教育情况

教育情况主要指大学期间的教育经历，通常采取倒序的形式，即从求职者的最高学历写起，通常只记录至本科学校即可，除非所就读的中学是特别突出的学校。书写格式一般为某段时间在某某学校就读何专业，获得何种学位。如果成绩特别好还可以在后面备注自己的名次排名等信息。

一般情况，不需要将个人所学的课程名称列出。辅修或者与应聘职位相关的选修或自学科目（需达到一定程度）也可以在这一部分表现。如有交换生等其他经历的也可以在这一部分表现。

4. 校内实践、社会实践、科研情况

校内实践、社会实践、科研情况是一份简历的"重头戏"。"校内实践"板块主要体现求职者的在校学生工作经历，"社会实践"体现了求职者社会兼职、寒暑假社会实践等情况，"科研情况"体现求职者进行科学研究、科研成果的情况。

建议求职者使用动宾短语描述在此经历时重点做了什么代表性的工作，如何开展工作，在过程中是否遇到困难及如何解决，获得何结果，有何提升等内容，将经历"具体化"。经历过程的具体内容的选择呈现以求职岗位需求为标准，即注意与求职意向的"匹配"。这些板块是求职者可迁移技能、自我管理技能及专业知识技能的综合体现。

5. 获奖情况

获奖情况一般写求职者在大学期间获得的主要奖励情况，求职者在中学阶段的奖励除非是含金量很高，能够吸引用人单位眼球的奖励，其他一般省略。获奖情况通常也是按照倒序的形式编写，书写格式一般为某某时间获得由哪个部门颁发的何种奖励，时间需要明确，部门及奖励全称建议写全称。

获奖情况包括三好学生、奖学金、优秀团员、优秀学生干部以及在各级比赛中获得的奖励。如果获得奖励较多，受篇幅限制，建议选取部分与应聘职位有关或获奖级别较高的奖励。也可以将奖励分类列明，如科技类、文娱类、学术类等。

6. 个人技能（所获资格证书）

此板块目的为展示求职者所掌握的技能，更深层的目的是与求职意向岗位的要求达成匹配。此处的个人技能多为专业技能。对于大学毕业生来说，最为常见的技能就是外语技能、计算机技能等，可以根据职位要求做更进一步描述。此外，求职者若是掌握与应聘岗位相关的资格证书也可以反映在这个板块。比如应聘律师事务所的具有的司法资格证，应聘会计师事务所具有的注册会计师证等。这一板块的内容多反映求职者的"硬件条件"。

7. 兴趣特长

如果求职者的社会工作经历较少，可以突出表现兴趣特长，以展示个人的修养、社交能力及与人合作的能力。但需要注意的是大多数人在撰写兴趣特长板块时仅是泛泛而谈，殊不知兴趣特长也可能成为为自己加分的亮点。

曾经有这么一个事例，几名实力相当的求职者去应聘同一个工作岗位，在用人单位难以取舍之时发现其中一名求职者的简历上写明自己具有篮球特长，而这个单位的篮球队正在竞争全市三甲，最后结果是这名求职者胜出。因此，若求职者在应聘伊始能做好充分调查工作，将个人兴趣特长与工作岗位结合，将会取得意想不到的效果。

（三）简历写作技巧

1. 紧扣求职意向，整合资源，突出个人优势

简历制作的最终目的是获得求职意向岗位，证明自己有能力获得这一岗位，求职意向在简历中起到提纲挈领的作用，所以简历的各个板块皆应围绕求职意向制作。

很多毕业生在制作简历时，无论与申请的岗位是否有关系，将大学期间全部经历都塞进简历，这样就忽略了不同单位对员工能力和素质要求不同，不能反映个人优势。

毕业生应根据用人单位和职位的要求，事先对其所需的能力和社会实践经历进行分析，在制作简历时能"整合资源"，突出优势，给人留下鲜明深刻的印象。例如，应聘管理岗位，在简历中要突出社会实践和组织活动的经历，简历要围绕展示"管理能力"这个中心表写，可以通过简要介绍曾组织的有代表性活动来突出自己的管理能力和组织协调能力；若应聘技术岗位，应突出学习成绩和学术水平，通过简要介绍获奖的比例等来强化用人单位对奖学金等证书"含金量"的认识。

毕业生在简历中要突出重点，简化或略去与应聘岗位无关的个人经历，展现自我优势，

吸引用人单位给予进一步关注的机会。

2. 调整简历板块，合理设计，抓住用人单位眼球

通常，一份简历在用人单位招聘人员手中停留时间大约是 15 秒。要在 15 秒的时间内抓住招聘人员的眼球，需要简历优势突出、板块分明。

例如，在教育背景一栏，用人单位最想看到的是求职者的最高学历、专业。再如，在获得奖励一栏，如果求职者有与目标职位相关的较高级别奖励，建议将这一奖励置前等。除了简历基本板块内部调整，简历的各个板块次序也可作相应调整。例如申请管理类岗位就可将校内外社会实践及社会活动板块置前，教育背景等板块就显得不是那么重要。而当应聘技术类岗位时，教育背景等板块应放在前面醒目的位置，并可以根据需要及自身情况加上科研情况等板块。简历是为求职者服务的，简历的格式是可以灵活调整变动的。

3. 善用数字、比例，适当使用专业名词，为简历增加分量

在简历中善用数字、比例，适当使用专业名词能够让简历说服力强，令人印象深刻。例如在"所获奖励"板块，一份简历写道"2018 年 9 月获得 2017—2018 学年度国家奖学金"，而另一份简历写道"2018 年 9 月获得 2017—2018 学年度国家奖学金（全校仅 10 人获得）"，两种写法优劣可见一斑。再如，描述成绩时，"班级排名 1/50"的说服力就比"班级排名第一"要吸引人注意。在描述个人技能时，"熟练操作 MS Office software，例如使用 Word 制作方案书、利用 Powerpoint 进行产品演示，通过 Excel 建立客户信息数据库"就比"熟练计算机操作，能较好运用办公软件"有更强的说服力。

4. 重点部分、数据可加粗，增强视觉效果

由于人力资源部门（HR）筛选简历时间很短，每日对着成百上千的简历难免会有困倦疏忽，求职者制作简历一个很重要的技巧就是尽量帮助 HR 减轻负担，并吸引 HR 眼球。将重点部分、重点数据加粗是一个不错的办法。善用加粗或黑体等方式可以将个人优势清晰快速展现在用人单位眼前，提高简历通过成功率。

5. 简历尽量简洁，罗列关键词，增加搜索成功概率

当今部分公司对于网投的简历采用关键词搜索法，筛选简历的第一轮中必须符合设定关键词的简历才可以通过，如最常见的"英语四级""计算机二级"，一般均是一些硬件条件。有些求职者符合这一条件，但却因为不会组织语言或者简历制作不全面而丧失入选机会，着实可惜。

（四）简历制作注意事项

1. 求职意向——简历的灵魂

关于求职意向在简历中的地位，部分求职者认识不够。许多求职者忽略求职意向一栏，认为求职意向并不是简历的必要构成因素。还有部分求职者虽然知道简历中应有求职意向，但认为在简历制作好之后再添加上就可。以上这些均是在求职意向板块存在的误区。

求职意向在一份简历中的地位好比简历的灵魂，在简历制作尚未开始就应当确定求职

意向。所有板块的制作，包括能力素质展现、重点层次排列均是围绕特定的求职意向展开的。建议求职者根据不同的求职意向制作不同的简历，以增加简历通过成功率。

2. 内容真实——简历的生命

简历一定要按求职者实际情况填写，决不能掺杂任何虚假内容。原因有三：第一，社会注重诚信，简历上的虚假内容一旦被发现，轻者丧失这次机会，重者甚至会被整个行业列入黑名单，得不偿失。第二，企业用人十分慎重，往往需要几轮的笔试面试，一旦有虚假内容，难以逃开招聘人员的火眼金睛。第三，即使侥幸过关，但凭借虚假信息获取的职位因与真实的个人情况不符，难免会在工作中暴露问题，引发他人的质疑，也增加自己的忧虑和担心。

3. 内容翔实——简历的核心

对于应届生而言，简历中核心表达能力素质的内容一般体现在"社会实践""项目经历""学生工作""科研成果"等板块。简单地说，这些板块是一份简历的"重头戏"。

例如，在描述个人项目经历时往往有同学仅简单罗列个人经历，介绍参与项目的时间、项目名称、个人职务等，这样是远远不够的，如果这个项目经历与求职意向密切相关，应将其作为简历重点制作，应当用简洁的语言详细地说明自己在项目中做了什么，如何做，遇到什么困难，如何克服，取得什么成效，获得何种成绩，等等。只有"具体化"的表述才能让用人单位通过描述看到求职者的能力素质，衡量与求职岗位是否匹配。

但是具体化并不表示啰唆、拖沓。表达具体化的语言应当是简洁明了、有力度的。在具体化描述中可多用动宾短语。

4. 文字简洁——简历的风格

简历，顾名思义，是用简单明了的语言介绍个人的履历。简历是求职的第一步，是"敲门砖"，简历切忌长篇累牍。HR 有时一日要筛选成百上千份简历，过长的简历容易让人疲劳，甚至产生厌烦心理，因此，简洁的简历是受 HR 欢迎的简历。

5. 格式清晰——简历的外观

简历是求职者留给用人单位的第一印象，第一印象往往能够左右用人单位对求职者的判断。简历中如果有错别字、文字排版不整齐，那么用人单位势必会推测该求职者马虎粗心，甚至还会认为求职者的求职态度不端正，并不在意这次求职。

此外有些简历过分讲究包装，实际上，除非应聘艺术类、广告类岗位，一般来说简历不用制作得太过花哨，用质量较好的 A4 白纸就可以了。可以选择彩色打印，但是页面仍应以整洁、美观为标准。

练习

请登录你所在学校的就业中心网站，在"招聘信息"一栏，筛选出自己心仪的岗位，依照自己的实际情况，制作一份简历。

（五）简历投递

简历制作完成后并非大功告成，因为对求职者来说还有一个十分重要的环节，那就是简历的投递。许多求职者并不重视这一环节，殊不知简历投递也是一个能够左右求职成功与否的环节。

简历一般有两种投递方式：一是现场投递，二是网络投递。现场投递是指在宣讲会、招聘会上将打印版的简历直接递交给用人单位。此时，因为直接面对用人单位，因此在投递的时候更需要注意礼貌礼仪，同时注意简历需平整勿折叠。有时，在现场投递简历时，用人单位会有一个简单面谈过程，也需做好心理准备。

网络投递是一种常用的方式，网投时求职者应注意以下事项。

（1）邮件必须写名称，名称单刀直入地点明主题："某某应聘某某职位"。或用新颖的邮件标题吸引用人单位。

（2）注意简历与职业的匹配，不用过分在意用人单位对职位的描述需求。

（3）发送邮件的同时给自己"密送"一份，确认没有乱码。

（4）为确保对方收到简历，邮件发送可设定"请求阅读回执"。

（5）简历应设置成为文档兼容模式，以防邮件无法正常打开。

（六）优秀简历举例

刘小华			
*****大学	电子与信息学院	信息工程	2020 届本科毕业生
手　　机：	1000060	E-mail：	liu000000@foxmail.com
应聘职位：	项目软件测试实习生		

求职意向&专业特长

软件工程师，学习能力强，擅长技术和项目管理，有丰富的项目研发实习经验
- 工作踏实细心，具备较强的学习能力和综合素质，**班级排名：1/50**；
- 多个国家级、省级创新研究项目核心成员，在人机交互领域有**多项专利**；
- 领导团队参加国际性竞赛并取得优异成绩，具有较强的责任心、逻辑思考能力及团队合作精神

项目经历

2018/09—2019/02　**美国数学建模比赛　｜　队长**
- 经过两轮严格选拔，三次培训，入选学校代表队；
- 美国赛期间，负责建模和 **MATLAB** 编程工作，参与英文论文撰写，荣获美国赛二等奖

2018/05—2019/05　**非接触式人机交互中的用户行为分析与控制规范研究　国创项目　｜　组长**
- 主要研究人机交互中的规范性设计和分析用户行为；
- 主要负责：组织用户行为分析，安排编程任务，设计人机交互界面，编写 Qt 测试平台；
- 项目成果：专利 《一种非接触式的门控制系统及其控制方法》等三项专利

2017/05—2018/05　**新型非接触式人机交互关键技术研究　SRP 项目　｜　组长**
- 主要研究非接触人机交互中的关键技术，具体涉及手势识别和语音识别；
- 主要负责：应用 **OpenCV** 编写手势算法，应用 **Qt** 设计人机界面，实现各功能模块的整合；
- 项目成果：专利 《一种选择性消噪装置及其实现方式》　第一发明人

学生实践活动

2017/09-2019/09　某某大学 电信学院 信息工程 **4 班**　｜　团支书

◆ 成功策划、组织了白云山之行、清远一日游、团支部推优等活动；

◆ 领导团支部工作顺利进行，团结同学，被推举为**优秀共青团员（校 5%）**

2017/10—2018/05   某某理工大学 院团委科技创新部 | 主管

◆ 多次负责 **300 人以上**的大型宣讲会活动的策划和组织，如电信节、华为宣讲会等；

◆ 作为活动主持人，成功主持过华为宣讲会、"挑战杯"交流会等大型活动

奖励情况

◆ **学术类**： 2017—2018 学年 **获国家励志奖学金（校 5%）**
          2018—2019 学年 **获蔡建中奖学金（4/416）**
          2019—2020 学年 **获国家奖学金（校 2%）**
          连续三年获"校三好学生"称号

◆ **科创类**： **2019 年 美国数学建模竞赛 二等奖（担任队长）**
          某某理工大学"挑战杯"大学生课外学术科技作品竞赛 三等奖
          某某理工大学 体验电子设计竞赛 三等奖

◆ **实践类**： 某某理工大学 **优秀共青团员（校 5%）**
          某某理工大学 寒假社会调研先进个人（担任队长）

◆ **文体类**： 电信学院 演讲比赛 **亚军（2/1248）**
          电信学院 模拟招聘会&简历制作大赛 冠军

技能/培训

◆ **英语认证**：CET-6（536 分），良好的英语阅读听说能力；

◆ **技能掌握**：熟练掌握计算机基本操作，熟悉 Matlab、Qt 编程软件；

◆ **其   他**：3 年的课外兼职经历，包括家教、代理、勤工助学等，能应变重复性工作。

二、求职信制作

　　求职信，也称自荐信，是指求职者以书信的方式进行自我推荐，表达应聘意向，展示个人能力及能为单位创造的财富，阐述应聘理由的一种应用性文本。

　　一封好的求职信可以向阅读者说明自己的才干，吸引用人单位阅读自己的简历。求职信是一种沟通的方式，能弥补简历的不足，将简历讲授不明之处继续阐述，并能充分展示个人优势。如果说简历的着眼点在于强调求职者优势，那么求职信的着眼点在于强调能够给对方带来什么。部分求职者认为求职材料只需简历即可，殊不知简历与求职信皆有各自的作用，两者相互配合更易取得成功，其实这也是国际通行的做法。一封得体漂亮的求职信，能在求职者和用人单位之间架起一座沟通的桥梁，为求职者赢得面试的机会。

（一）求职信的特点

　　自荐性是求职信的首要特点。求职信是双方在未曾谋面的情况下，求职者为谋求职位，向用人单位提交用以表述求职愿望的书信。如何能够让用人单位给予面试的机会？这就要求求职者具备"毛遂自荐"的勇气与智慧，大方得体地推荐自己，让对方产生值得一见的感觉。

　　其次，求职信具有情感性的特点。许多学生认为，求职信是一种应用文体，它的特点应该是冷静客观，不应有太多的情感成分。其实，这是一种误解。求职信首先是一种人际沟通，而人际沟通本来就是人与人之间情感的互动。求职信不同于个人简历，它不是客观材料的堆砌，也不是硬性指标的罗列，而应该充满热爱工作的情感温度与渴求工作的情感

烈度。它要求陈辞恳切、语气中肯，做到以情感人、以诚动人。

再次，求职信具有针对性的特点。俗话说，一把钥匙开一把锁。求职信要充分考虑用人单位的不同情况、应聘岗位的不同特点，有针对性地书写求职信。重点讲授自己能够给用人单位带来什么价值，将自己的优势与求职意向岗位相结合。

最后，求职信具有独特性的特点。世界上没有两片完全相同的树叶。正如每一个生命个体都具有不可复制性，求职信也应各具特色，展现求职者独特的个性。通常情况下，一个岗位会有许多的竞争者，求职人要想在堆积如山的求职材料中脱颖而出，就应该在内容与形式方面另辟蹊径，让人耳目一新，吸引用人单位的注意。

（二）求职信的结构

求职信最重要在于它与简历作用不同、讲述重点不同，简历是告诉用人单位你的优势，而求职信应是"如果被用人单位录用，则自己能为对方提供何种价值"及"为何我是这份工作的最佳人选。"

一份求职信应该包括以下三个部分。

首先是开头部分。开头首要介绍自己应聘的职位，说明自己为什么要投递简历，以及通过何种渠道获知的求职信息。例如对贵单位心仪很久，一直关注网站，最后获得这个岗位信息。这样会使用人单位产生认同感，拉近距离。因为求职信说到底也是一种沟通，所以，在最初就能建立感情是非常重要的一件事。需要指出的是，若是岗位信息的获取是通过熟人介绍，那么一定要讲这个情况说明清楚，这时，阅读者也会更加重视自己的求职材料，可以帮助自己的求职更为顺利。

其次是求职信的正文部分。这一部分主要讲授应聘原因、个人优势、对用人单位的了解，重点强调个人能力和经验将有利于用人单位发展。弱化个人优势，而强化为用人单位发展能起到的有利作用。

有些求职者会围绕简历做具体陈述，其实是一种不当的做法。求职信无论是介绍的侧重点还是目的都应当与简历有所区别。这部分同样需要运用"共情"的技巧以拉近用人单位与求职者的距离，通常最有效的办法就是在讲授应聘原因并给予对方适度赞扬。

最后是结尾部分。求职信的结尾十分重要，主要表达的意思应为请求用人单位给予面谈的机会。这一段的写作非常有技巧，需要求职者有不卑不亢的态度，在表明个人意思时应表明可以面谈的时间，将个人的各种联络方式告知对方，并告知若几天内没有接到电话，将主动致电询问对方态度。如何将意思表达清楚，并表明个人坚定的获取职位的信念，有礼有节同时又不令对方产生反感，这对于求职者的行文水平要求较高。

（三）求职信的制作技巧

1. 围绕求职目标，有的放矢

求职信是自荐信，写作目的就是向用人单位表达个人优势，重点从用人单位角度出发，说明个人将为用人单位带来的价值。围绕这一写作目的，求职者首先要做的是表达个人与职位间的适配度。建议求职者要确立求职目标，仔细阅读招聘单位的用人标准，针对对方的条件，认真挖掘自身优势，有的放矢，展示优势。

一些求职者对用人单位及自身皆缺乏深入认知，对未来职业认识模糊，于是在求职信的写作上，容易将各种内容简单罗列，无论是家庭背景、性格爱好，还是专业技能、社会实践，统统搬上求职信。而这种方式并不能帮助求职者寻找到好的职业机会。

根据霍兰德职业类型论，霍兰德认为大多数人可以被区分为六种人格类型，与之相对，霍兰德将职业分为六种类型。人们在寻找职业时，均在寻找这样的职业环境，那就是可以让其展示才华，表达其态度和价值观，解决其愿意解决的问题，担当适当的角色。因此求职者可以根据霍兰德职业类型论将个人与职业结合评估，找到适合自己的职业，提高职业匹配度。而在求职信中，求职者首先需要将个人与目标职位的适配度表现出来，围绕目标职位，有的放矢。

2. 表达热切真诚，扬长避短

求职信的重点是向对方表达个人能够为用人单位带来什么价值，以此抓住对方的心，获取进一步面谈的机会。在表达时需要热切真诚，措辞得体，既要讲究礼节，又要不卑不亢。展示优点时，要实事求是，恰如其分，不能狂妄自大，目中无人。在求职信的写作过程中，一定要多用事实和数据说话，求职者要想打动用人单位，在介绍自己能力素质、性格脾气的时候，就要详细具体，多用生动的事实和准确的数据。例如当介绍自己良好的专业成绩时，可用具体的考试分数、专业能力大赛获奖的次数等具体数据进行佐证，给用人单位具体直观、真实可感的深刻印象。

对于个人的劣势也可以适当阐述，坦诚直率，不编造不杜撰，勿扑朔迷离，遮遮掩掩。有时，恰当的解释，合理的分析，也能使自己变劣势为优势，获得良好的效果。例如，某旅游公司招聘导游，要求求职者为19～24周岁的女性。一位30岁的男导游是这样"扬长避短"的："我报考导游有两个不利条件。第一个不利，是我的年龄，我已进入而立之年。但任何事物都不是绝对的。一方面，我可以通过充满活力的激情和智慧轻松的幽默来弥补，另一方面，年龄上的成熟，也许在游客看来，正是稳重、值得信赖的标志。第二个不利，是我的性别。导游工作，以前大多是由温柔美丽的女性来从事的，但随着时代的发展，人们选择的多元化，也许，具有阳刚之气的男性导游会更让人青睐。长期的健身活动让我身体强健，使我拥有充沛的体力和精力，更能适应长途跋涉、连日奔波的工作；年龄上的成熟，让我具有了稳重的气质，也更增添了耐心细心，以及对他人情感的理解与关注……"这位求职者坦诚直率，对自己的不利条件毫不隐晦，而是开门见山，指出了这些因素的有利效果，化劣势为优势，达到了良好的效果。[①]

3. 适当赞美对方，拉近距离

求职信本质是一种沟通手段，在沟通中若能一开始就获得对方的好感，那么对于沟通目标的达成非常有益，而使得对方产生好感的一种简单易行的方法就是适度地赞美。这一方法在求职信中同样适用。求职信的主要对象是用人单位，所以在求职信中可以简单介绍所了解的单位信息，表达自己的"倾慕之情"，适度地赞美。有人曾将找工作与找对象相提并论，认为"情人眼中出西施"，事实也正如此，意向职位一定是求职者所喜爱的，而适度

---

① 张华. 求职信写作的策略[J]. 科技视界，2012(13).

地赞美用人单位会让双方距离迅速拉近，为求职下一步的进行打下良好基础。

4. 反复修改审阅，避免纰漏

求职信和简历均是求职者留给用人单位的第一印象，求职信能够给用人单位提供更为丰满、具体的信息。求职信是用人单位了解求职者的一个有效途径。通过求职信，用人单位可以了解求职者的专业素养、沟通表达能力、逻辑思维能力以及日常处事的态度与习惯。正所谓"文如其人"，一封好的求职信能给用人单位留下深刻良好的印象，而一封有错漏的求职信将可能断送本次求职经历。因此，求职者一定要高度重视求职信的写作，字斟句酌，严谨认真，确保格式规范、措辞严谨、用字准确。求职信写作完毕之后，求职者要反复阅读修改，力图给用人单位留下良好的"第一印象"，从而争取到面试机会。

（四）优秀求职信的举例[①]

尊敬的大公阁下：

来自佛罗伦萨的作战机械发明者达·芬奇，希望可以成为阁下的军事工程师，同时求见阁下，以便面陈机密：

一、我能建造坚固、轻便又耐用的桥梁，可用来野外行军。这种桥梁的装卸非常方便。我也能破坏敌军的桥梁。

二、我能制造出围攻城池的云梯和其他类似设备。

三、我能制造一种易于搬运的大炮，可用来投射小石块，犹如下冰雹一般，可以给敌军造成重大损失和混乱。

四、我能制造出装有大炮的铁甲车，可用来冲破敌军密集的队伍，为我军的进攻开辟道路。

五、我能设计出各种地道，无论是直的还是弯的，必要时还可以设计出在河流下面挖地道的方法。

六、倘若您要在海上作战，我能设计出多种适宜进攻的兵船，这些兵船的防护力很好，能够抵御敌军的炮火攻击。

此外，我还擅长建造其他民用设施，同时擅长绘画和雕塑。

如果有人认为上述任何一项我办不到的话，我愿在您的花园，或您指定的其他任何地点进行试验。

向阁下问安！

达·芬奇

第二节 求职应聘

一、面试技巧

面试是在特定场景下，以面试官对求职者面对面交谈与观察为主要手段，由表及里测

[①] 周俊. 向达.芬奇学写求职信[J]. 秘书，2011(2).

评求职者的知识、能力、经验等有关素质的一种考试活动。面试是用人单位招聘时最常用的一种考核方式，采取面试官与求职者面对面的形式给求职者一个阐述个人优势、表明求职意向、展示个人价值、进一步了解用人单位的机会。通过面试，面试官也能够很好考察到求职者随机应变的能力，更多了解到求职者的信息和资料，还可以了解求职者的气质相貌、口头表达能力、为人处世能力、实际操作能力、独立处理问题能力、兴趣爱好、气质秉性、道德品质等。以上也正是用人单位通过面试考察的主要内容。通常面试是决定求职成功与否的关键，在求职中具有重大意义，因此，大学生在求职中应充分做好面试准备，了解面试主要形式，掌握一定面试技巧，注意相关面试注意事项。

（一）面试常见形式

1. 按照人数分类

（1）一对一面试。面试官与求职者一对一"过招"，是最常见的面试方式。

（2）多对一面试。多名面试官同时面试一名求职者。面试官一般由人力资源部门、意向部门人员或多名人力资源部门人员组成。

（3）多对多面试。多对多面试最有代表的就是无领导小组面试。即多名面试官同时考察一组求职者。多对多的面试有以下几种作用：一是可以横向比较求职者，大致了解每个人的特色；二是可以考察小组成员团队合作精神；三是节省时间。

2. 按面试进展分类

（1）初试。初试将不符合条件的求职者筛选出来。例如在高校就业中心经常看到的企业宣讲会接受简历后现场组织的面试，很多就是起到一种筛选不符条件求职者的作用。

（2）进阶面试。在经历初试后，不少求职者会收到进阶面试的通知，进入到面试的最关键阶段。进阶面试包括俗称的"二面""三面"甚至更多。有些企业在面试环节会组织七八轮面试。从综合素质、能力、专业水平、压力管理、团队协作等各方面对求职者进行选拔。进阶面试要求求职者具有强健的体魄、百折不挠的意志。

（3）终面。顾名思义，终面就是最后一轮面试，通过这轮面试的求职者一般就能进入用人单位了。许多企业的终面都是由企业的第一负责人对求职者进行面试，如每一位进入微软（中国）的员工，都会在终面见到唐骏。由于能进入终面的都已是佼佼者，所以终面的感觉比较放松，但是考核的却是求职者最为核心的部分——价值观。简单说来就是求职者是否真正认同该用人单位的文化，是否能够较好融入应聘岗位。所以在这个环节，同样存在淘汰。

3. 按考察方式分类

（1）场景面试。有时候面试官会出一些类似于场景小测验的题目，让你设想你处在某个职位上，虚拟一个工作环境来考察你的应变能力。例如：面试官向你描述两个十分重要的客户，但客户自身有差别。如果要你在半小时内准备一份材料，并且时间只允许你准备一份的时候，你将如何处理？这种测试往往没有标准答案，选择哪个客户并不重要，重要的是你在回答过程中为了达到什么目的而考虑了什么因素。

（2）案例面试。一些大型咨询公司，如麦肯锡、贝恩，经常会采取通过案例分析的方法来面试求职者。这并不是让你给出一个精确的标准答案，通常，这些资深的面试官会有意地提供有缺漏的信息，他们希望通过你的提问索要更进一步信息来考察你的逻辑思维能力。例如：怎么算出一个飞机的重量，你可能会问是不是可以给有关人员打电话询问。当被告知不可以时，你可能会继续问：飞机是什么材料的、体积多大、空箱满箱、乘坐多少人等一系列问题。面试考官会从这些问题里判断你思考问题的多样性和周密性，以及你在思考解决方案时体现出来的决策水平。

（3）轻松随意面试。有时公司会安排一些很轻松随意的面试，如共同进餐或喝杯咖啡等。餐桌礼仪（table manners）在实际工作中非常重要，与客户打交道难免要上餐厅，潇洒的言谈举止一定能够得到老板的赏识。在中国通常不会对学生进行这方面的考察，但在美国著名商学院这类面试却频频发生。招聘者会把一行数十人邀请到餐厅就餐，并对面试者大为称赞。比如"你们都是高才生""我们求贤若渴"等，人事部经理特有的口才，会说得求职者心花怒放、轻松自如，平时的品行习惯会在不自觉中表现出来，让面试官尽收眼底。

其实，在这种所谓的轻松之下，个人礼仪、修养这类在正规的面试中无法全方位观察的素质都会有所体现。面试官不会因为一个人在饭桌上的表现不是很到位就直接把他"枪毙"掉，开除出局，但是他会通过饭桌来发现，谁才是人才。

（4）压力面试。压力面试是指有意制造紧张，以了解求职者将如何面对工作压力。压力面试的表现形式多样，如面试官通过提出生硬的、不礼貌的问题故意使求职者感到不舒服；又如针对某一事项或问题做一连串的发问，打破砂锅问到底，直至无法回答；或者在某些情况下，面试官不理会求职者，对其回答不置可否；等等。压力面试的目的是考察求职者对压力的承受能力、在压力前的应变能力和人际关系能力。压力面试在一些需要较强心理素质的岗位常被用到，如华为公司在应聘销售人员时常采用压力面试的方式。

（5）电话面试。有些公司会采用电话面试的形式对求职者进行考察。电话面试的好处是显而易见，能够节省求职者的时间、金钱，但电话面试在没有事先约定的情况下会显得比较突然，给求职者带来压力。通常建议求职者备好简历，以防自己回答内容与简历不符。此外，应备好纸笔做记录。如果实在不方便，也可以直接有礼貌地告诉对方，如自己现在在外面不方便接电话，过20分钟再打过来。这样可以为自己节省宝贵的准备时间。

（6）无领导小组讨论面试。无领导小组讨论是经常使用的一种测评技术，采用情境模拟的方式对求职者进行集体面试。它通过一定数目的求职者组成一组（6～9人），进行一小时左右时间的与工作有关或无关问题的讨论。以此观测求职者的组织协调能力、口头表达能力，辩论的说服能力等各方面的能力和素质是否达到拟任岗位的要求，测试在团队中求职者担任的角色。

无领导小组讨论面试由于其科学性，能够真实考察求职者综合素质，故被越来越多的用人单位采用。在无领导小组讨论面试中，建议求职者保持自然大方开放的心态，抱着自信的态度，发言时不可滔滔不绝垄断发言，也不可保持沉默，最好能够包容接纳他人建议，并能总结归纳。无领导小组讨论面试需要求职者在平时养成积极思考的习惯，对于求职者的思维能力、知识储备、心理素质、表达能力等都有较高要求。

4. 据面试的结构化（标准化）程度分

（1）结构化面试。结构化面试是指依据预先确定的内容、程序、分值结构进行的面试形式。面试过程中，面试官必须根据事先拟定好的面试提纲对求职者逐项测试，不能随意变动面试提纲，求职者也必须针对问题进行回答，面试各个要素的评判也必须按分值结构合成。也就是说在结构化面试中，面试的程序、内容以及评分方式等标准化程度都比较高，使面试结构严密，层次性强，评分模式固定。

面试前，要根据具体职位的需要对求职者不同方面的素质进行问题设计，有时还会预先分析这些问题的可能回答，并针对不同的答案划定评价标准，以帮助面试官进行评定。

在面试中，面试官根据面试提纲逐项向求职者提出问题，求职者必须针对问题进行回答。多个求职者都会面对同样的一系列问题，内容具有可比性。这样，对所有求职者来说比较公平。由于求职者对同样问题进行回答，面试官根据统一的评分标准进行评价，操作起来比较方便而且也容易作出公正的评判。

目前，结构化面试因其直观、灵活、深入、具有较高的信度和效度而不断被越来越多的用人单位接纳和使用，它作为现代人员素质测评中一种非常重要的方法也日益受到人们的重视。但它在实际操作中仍然存在测评要素设计、评委评分一致性等问题。

（2）非结构化的面试。非结构化面试的方式非常"随意"。关于面试过程的把握、面试中要提出的问题、面试的评分角度与面试结果的处理办法等，面试官事前都没有精心准备与系统设计。非结构化面试颇类似于人们日常非正式的交谈。除非面试官的个人素质极高，否则很难保证非结构化面试的效果。目前，非结构化的面试越来越少。

案例思考

幸运来敲门，我该做些什么？

陈小明是南方一所工科大学的大四学生，学计算机专业的他一直心仪腾讯公司的技术岗位。大四一开始，腾讯公司就启动了校园招聘，小明认真准备简历和求职信等求职材料，并且按照公司要求将自己的材料递给对方，在对方承诺的两周内，小明很幸运地接到了腾讯公司 HR 打来的电话，通知他三天后去腾讯公司总部参加面试。

思考：

1. 如果你是小明，针对面试，你会着手做哪些准备呢？厘清思路，给出回答。

2. 面试中，最可能被问到的问题大概会有哪些？想一想，并给出回答。

（二）面试过程准备

面试是求职者与用人单位的一次接触过程，应利用这一机会向对方传递你的能力与意愿，在面试中将个人的魅力与综合素质完美展现，将个人的专业知识、人格、气质、素质等有机结合进而努力获取心仪职位，这些都需要面试前精心地准备。

面试前准备可分为了解对方、塑造自我及面试常见问题准备三个部分。

1. 了解对方

俗语说："知己知彼，百战百胜"，这句话在面试中同样管用。面试实际就是与用人单位的"交锋"过程，求职者对于用人单位事先进行摸底调查，做全方位了解，做到心里有数，可增加面试成功率。很难想象用人单位会录用一名对面试单位一问三不知的求职者。

对用人单位的了解可分为以下几个方面。

首先是求职目标的具体情况，包括工作岗位具体内容、对求职者具体素质要求、看重的素质、工作环境、培训轮岗情况等。

其次需要了解用人单位概况，包括用人单位历史、性质、规模、产品情况、企业发展前景、待遇、违约金、单位主管部门等。

对于应届毕业生来说，常被忽视但十分重要的一项是企业文化。近年来，企业文化被提升到越来越重要的地位，尤其是一些大型单位，也越来越重视企业文化的建设。企业文化犹如一个企业的灵魂。企业文化的内核是价值观，简单来说就是企业最看重什么，如谷歌公司的企业文化可归纳为平等互敬，谷歌的员工可以在上班时间穿着短裤遛狗，也可以带孩子，一名普通员工可以与 CEO 共用一间办公室。然而"甲之熊掌，乙之砒霜"，是否能融入企业文化将直接关系到日后求职者的工作状态，所以，企业文化的考察在面试准备环节是十分有必要的。求职者可以通过查看官网，联系熟人，"泡"论坛等方式了解用人单位的企业文化。

最后，在条件允许的情况下，求职者甚至可能先对用人单位进行实地考察，进一步增加自己的感性认识。提前了解该单位所处地理环境、工作环境等。

了解用人单位在面试环节十分重要。一名对求职意向职位十分向往的求职者一定会早早做好前期调查工作，当用人单位提问时，能够对答如流。试想若在用人单位提到有关单位问题时，求职者一问三不知，那么，留给面试官的印象一定是这名求职者并不渴望进入这个公司，求职者并不喜爱这个公司，只是想来尝试一下而已，面试成功率就可想而知。此外，提前了解用人单位也能够帮助求职者做判断选择，也为今后的职业稳定打下良好基础。

2. 塑造自我

塑造自我包括对自己进一步分析、求职材料的整理、求职形象的塑造及求职心理准备四个方面。

对自己进一步分析包括再次思考应聘岗位的原因，考虑个人与用人单位企业文化是否相符，自己是否十分喜欢这份工作，是否喜欢与之相符的生活方式。思考个人竞争这个的岗位的优势与劣势等。这些问题的思考能够帮助自己树立信念，梳理思路，客观评价自己。

整理求职材料是指在面试前求职者应整理完备个人携带的求职应聘材料。求职材料包括求职信、简历、毕业生推荐表、证明材料等。应注意简历上一定要标明本次面试的目标职位，并建议求职者根据不同的岗位制作不同的简历。求职者也可以找到合适的人为自己写一份推荐信。证明材料种类很多，凡是能够证明求职者具备素质和能力的书面东西都可以整理成证明材料。如毕业证、学位证、外语等级证书、计算机等级证书、获奖证书、职业资格证书、技术鉴定证书、职业水平证书等。证明材料多用复印件，在复印时可将两份以上的证明材料复印或扫描至一张 A4 纸上。如证明材料过多，建议在首页设置证明材料目录，与职位无关材料勿附。

求职形象塑造主要是指求职者的应聘礼仪、谈吐气质、着装形象的修饰等。求职者的形象给面试官印象好坏关系到是否能顺利晋级，找到合适工作，因此在面试前，毕业生对个人形象进行塑造十分重要。外表是人们踏上社会的第一张名片，在去面试前应注意自己的着装不要过于花哨，整洁、大方为好，建议求职者能够根据应聘的岗位性质着装打扮。若是行政职位，建议着西装等正式衣着；若是设计类岗位，那么穿出个人品位也不错。关于求职形象塑造在本章后面部分会有详细阐述。

求职心理准备是帮助求职者顺利面试的必备"武器"。面试是求职者与面试官第一次心理交锋。保持良好心理状态能够帮助求职者将自己素质、能力、知识在面试中得以完整展现，良好的心理素质甚至还可帮助求职者超常发挥。求职心理准备最重要的就是自信。自信可以帮助求职者敲开成功的大门。求职者赢得面试机会后，应当尽力调整好心态，以热情、积极、自信的心态去迎接挑战。面试前，应适当放松，注意休息，保持充沛的经历，使得自己能够以饱满的精神状态面对招聘者，力争取得最佳的面试效果。面试过程是一个漫长的过程，在这个过程中，求职者会经历紧张、担忧、兴奋、激动、开心等诸多感受，情绪起起落落必然会对面试造成一定影响。因此面试中的心理准备也十分必要，在本章后面部分会有专门篇幅阐述。

3. 面试常用问题准备

面试是多种多样、千变万化的，企业之多，使得求职者似乎无法为面试做具体问题的准备，然而任何考试都有技巧，求职者可"以不变应万变"，抓住面试中经常问到的问题，提早准备，有效包装自己，提高胜算。以下列举一些常见面试问题及建议回答方式。

（1）关于求职动机和愿望的考察。

【测评要点】 ①是否以企业发展为目标兼顾个人利益；②回答是否完整、全面、适当；③是否具有说服力。

【测试题目】

①你选择本公司的原因或你对本公司的看法。

分析：面试官希望通过求职者的亲身经历来考察求职者对公司的了解和对公司的兴趣程度。你可以描述一下你第一次或是近来某次接触该公司或其产品及其服务的情况。记住，面试官看重的，不仅仅是你对该公司所做的一些表面上的调查了解，而是能真正反映你工作动机和兴趣的事例。很多学生为了表示自己的渴望，一味地强调参加某公司可以得到如何好的培训机会，可以掌握哪些专业技能。但他们忽略了招聘者的感受，雇主并不是为了提供免费培训而去进行招聘，而是要新人能够对公司有所贡献。因此回答这类问题时要强调自己在公司有发展的空间。

②你打算继续深造吗？

分析：这是一个简单的问题，它可以用来衡量你的志向，也可以判断企业对你的重视程度是否会影响你对自己未来的重视程度。回答时既要显示求职者的雄心、热情以及动力。同时也要表明，求职者具有与众不同的头脑，而且对重大职业决策非常认真。

解答举例：作为一名大学生，我学到了很多知识。如果有合适的机会，我当然会考虑继续深造。但是，我会认真考虑这件事情，我觉得很多人回学校学习是很盲目的。如果我发现自己所做的工作确实有价值，而且也需要获得更多的教育才能在这一领域做得出色，我当然会毫不犹豫地去学习。

（2）关于交往能力的考察。

【测评要点】 ①合作意识；②协调沟通能力。

【测评题目】

①请你介绍你的家庭。

分析：这一问题对于了解求职者的性格、观念、心态等有一定的作用，这是招聘单位问该问题的主要原因。建议：①简单地罗列家庭人口。②宜强调温馨和睦的家庭氛围。③宜强调父母对自己教育的重视。④宜强调各位家庭成员的良好状况。⑤宜强调家庭成员对自己工作的支持。⑥宜强调自己对家庭的责任感。

②你怎样影响他人接受你的看法？

分析：你的回答将告诉面试官，首先，你对影响别人有什么看法。其次，你影响别人的能力究竟有多大。

解答举例：这是多年来我一直非常努力探索的一个领域。对于好的想法，甚至是伟大的想法，人们有时并不接受。我现在认识到这样一个事实，那就是你表达想法的方式同想法本身一样重要。当我试图影响别人时，我一般会假设自己处于他们的位置上，让自己从他们的角度来看待问题。然后我就能够以一种更利于接受的方式向他们陈述我的想法（举一个事例）。

（3）关于计划、组织、实践能力的考察。

【测评要点】 ①分析、处理、解决问题的能力；②计划、组织、协调的能力；③如何实施计划、评价成果的能力。

【测试题目】

①你是怎样准备这次面试的？

分析：这个问题通过了解求职者和面试官共同关心的事情——面试，可以反映求职者的计划能力。这是一个绝好的机会，你可以利用它展示自己的计划能力和组织信息的能力。

解答举例：首先，我研究了你们的年度报告。然后，我在主要的贸易期刊上查找了有关贵公司的文章，其中一些重要文章促进了我对贵公司的了解。接着我联系了一个我认识的人，询问他对你们企业的印象——他最近与你们公司有些接触。我把了解到的情况都记了下来，而且还在来之前复习了这些笔记。

②你想过自己创业吗？

分析：这道题目主要是看你对自己的职业生涯有没有较为长远和清楚的规划。你可以按照自己的实际情况来回答，但不管你的回答是"有"还是"没有"，你一定要给别人留下这样的印象：你对自己的职业生涯有清楚的规划，你充满了工作的激情和活力，你是个头脑清醒的人。

解答举例：在我看来，创业不过是为了最大限度地实现自己的人生价值。创业需要激情，但创业更需要包括管理、市场拓展等在内的综合能力。达到创业水平的过程，就是自我能力逐渐提高的过程。对于我来说，不管未来会不会创业，我都会以自我提高为基础，为公司创造更多价值。

（4）关于应变能力的考察。

【测评要点】 ①情绪的稳定性；②思维反应的敏捷性；③自制力、连续处理问题的能力。

【测评题目】

①你认为自己最大的弱点是什么？

分析：这是比较令人尴尬的问题。面试官提出这个问题的目的不在于了解你的具体缺点是什么，而在于你对于自身的认识如何、你如何阐述自己的缺点。从对该问题的回答中，面试官可以了解你的价值观和对自身的看法。你可以列举一个对自己所应聘岗位或工作无足轻重的缺点，这样既可以使你显得真实，也可以表明自己能够正确评价自己，从而显示你的成熟与稳重、自信与自知。

不宜说自己没缺点。不宜把那些明显的优点说成缺点。不宜说出严重影响所应聘工作的缺点。不宜说令人不放心、不舒服的缺点。可以说出一些对于所应聘工作"无关紧要"的缺点，甚至是一些表面上看是缺点，从工作的角度看却是优点。

解答举例：和大多数的年轻人一样，我觉得我的主要缺点是有些浮躁、经验不足，因为我们还年轻，但是，随着时间的推移和经历的增加，我会变得理性和稳重。

②你缺乏经验，如何能胜任这项工作？

分析：如果招聘单位对应届毕业生的求职者提出这个问题，说明招聘单位并不真正在乎"经验"，关键看求职者怎样回答。对这个问题的回答最好要体现出求职者的诚恳、机智、果敢及敬业。

解答举例：作为应届毕业生，在工作经验方面的确会有所欠缺，因此在读书期间我一直利用各种机会在这个行业里做兼职。我也发现，实际工作远比书本知识丰富、复杂。但我有较强的责任心、适应能力和学习能力，而且比较勤奋，所以在兼职中均能圆满完成各项工作，从中获取的经验也令我受益匪浅。请贵公司放心，学校所学及兼职的工作经验使我一定能胜任这个职位。

（5）关于诚实、敬业精神、个性品格的考察。

【测评要点】 ①诚实、求是精神；②责任心、进取心；③原则性、灵活性。

【测评题目】

①最基础的工作你愿意干吗？

分析：很多人会毫不犹豫地说愿意做最基础的工作，还画蛇添足地补充说自己级别低也干不了什么大活，这无疑暴露出如果给你这份工作，你显然不会心甘情愿地贡献，只是在应付差事。倒不如承认自己有弱项，如果不在压力的环境中得到锤炼，也就不可能往上提升。有些基本功不够扎实，没有通过单调、枯燥的工作得到磨炼的人，将来在挑战性很大的工作中，很难有毅力去征服困难。某种程度上，早期的单调工作对长远的更大成功来说是一种难得的磨炼机会。

②你打算在我们公司工作多长时间？

分析：这个问题不难回答，问题是你有时候实在不想说："我愿意做一辈子""也许几年"或者其他相类似的话。那你应该如何说呢？你需要重新架构回答内容，先说你想待在这家公司的原因，将话题转到这份工作能激励你哪些潜能、对你有多少吸引力。例如，你认定这份工作能使你一展才华，你要这样回答："只要机会一直存在，我就会一直待下去。"

③说说你迄今为止最困难或最失败的个人经历。

分析：这个问题并非很常见，但能有效反映一个人生命历程的深度和广度。如你只能答出类似高考因未能考到满意的大学而痛哭了好几天，那就容易判断你是一个经历单纯、未历逆境的人。接下来可以判断出你思想的深度和悟性。面试官想知道在压力下，你是如何挺过来的，描述你个人或工作上使你陷入困境时承受巨大压力的情形。特别要具体指出什么问题，以及你是如何解决这些问题的。

④你对加班有什么看法？

分析：首先说明，高效工作是人才的一个必备素质，也是为企业提高效率的一个途径。因此，能在工作时间内完成的就不要拖到休息时间。但如果是工作需要，或者公司做了临时的安排，那加班完成工作当然是义不容辞。另外，最好还能说明自己可以加班的条件，比如目前尚无家室，可以抽出较多的时间来工作。

解答举例：我对自己的办事效率还是非常有自信的，但是如果因为工作需要而加班，那当然是义不容辞的，把事情做好是我一贯的准则。而且，我目前尚未成家，也可以抽出比较多的时间和精力。

（三）面试应聘技巧

面试应聘技巧是指在各种面试类型中，在各个面试阶段皆可使用的方法。关于面试技巧的叙述林林总总、不一而足，本书将面试技巧归纳为倾听、表达、观察及提问四个方面。

1. 倾听的技巧

面试的本质是沟通，是求职者与面试官的一种沟通。沟通是双向的，包括倾听与表达。面试中，倾听时常被人忽略，因此在面试中提高倾听的技巧十分重要。

注意倾听是交流信息的一种技巧，也是显示对面试官的尊重，只有通过认真倾听，才能抓住问题的实质，否则就可能不得要领，答非所问。在不明晰面试官的提问时，可以有礼貌地要求面试官重新表述问题，或者用自己的话语复述提问并向面试官确认。此外，对于面试官的任何问题都需要有明确的回答，遇到不知道的应当诚实地回答。面试官的问题有时虽然刁钻，但可能是测试你的应对技巧、反应能力，不管求职者反应如何，都需要有一个明确的答案而非拒绝回答。明确面试官的提问对于面试至关重要，是良好进行沟通的第一步。

2. 表达的技巧

在明确了面试官的提问后，需要求职者如实表述个人情况，表达个人的能力素质，核心是围绕面试官的提问，表达个人与应聘职位相匹配。

在表达中需要注意如下几个方面。

（1）诚实诚恳，以诚感人。诚实是一种宝贵的品质，也是面试中考察的重点，在用人单位选拔人才的过程中，不诚实会被"一票否决"。在面试中万不可投机取巧，编纂事实。

面试问题皆环环相扣，如有虚假很容易就被面试官识破，造成的后果轻者不被录用，重者可能会打入行业"黑名单"，同时也给学校抹黑，得不偿失。在面试中，遇到不清楚的问题是很正常的事情，只需以平常心向面试官表达自己这方面知识缺乏，表达面试结束后将认真补习的态度就是很好的回答。

（2）毛遂自荐，扬长避短。面试要展现自己的优点，面试是向面试官展现个人能力的唯一机会，"机不可失，失不再来"，求职者一定要好好把握这个机会。过分的谦虚无法让对方了解求职者的真正实力。每个人都有自己的优势与劣势，如何包装、表达是一种技巧。当然，这并不代表要夸大其词、滔滔不绝地说明自己有多么能干，而是应当在事实的基础上，站在对方的观感来思考表述的方式，抛弃过于主观的表达，以较客观的方式品评自我。

（3）结构简明，逻辑严谨。面试中问题一般比较复杂，封闭式问题很少。这要求求职者自己丰富答案，组织语言。面试中回答问题一定要有条理。有条理地将复杂的问题简单化，可以将个人思路完美呈现给面试官，帮助面试官更好认识自己。建议求职者在回答事例性问题时采用"STAR"表述法，在回答对策性问题时使用"第一、第二、第三"等表述方式。要知道，面试是呈现求职者能力的一个途径，但是面试过程本身也考察到求职者表达能力、逻辑思维能力、应变能力。

（4）语速适中，自信有力。面试中需注意个人的语音、语调、语速控制，这些均不是一蹴而就的，而是需要长期锻炼才能提高。面试者良好的状态应当是语音自然放松不紧绷，语调不高不低，语速不急不缓。在较放松、自然、自信状态下的语音、语调、语速才是最为完美的。

3. 观察的技巧

面试中的观察包括对面试环境的观察及对面试官的观察。

面试的环境观察是指在面试进行前，求职者初到面试地点时，对于面试地点的观察。有的面试设立在用人单位工作场所，有的设立在学校，有的设立在宾馆等场所。初到一个环境，迅速融入环境，适应环境，这是对求职者的要求。例如网络流传的一个小故事，3个能力相当的求职者进入终面，在面试室一旁横放着一个拖把，唯一一个扶起拖把的求职者最后赢得了心仪职位。这个故事虽无法溯源，但从侧面说明了对面试环境观察的重要性。对于面试环境提高重视更重要的一点在于，在求职者踏入面试场所那一刻起，面试就已经开始了，求职者应时刻注意自己的言行举止。

面试官的观察是指面试过程中，求职者对面试官的观察。包括观察有几位面试官，他们的地位如何，如果可以最好记下姓氏称呼，在接下来的面试中可以称为"某某老师"或"某某经理"，有利于情感沟通。此外，面试过程中求职者万不可一人滔滔不绝、口若悬河，因为面试的本质是沟通，应当是双向互动的过程。因此，适时观察面试官的反应是十分重要的。例如，一个问题抛出后，求职者回答，如果回答之后发现面试官仍饶有兴趣有继续探讨之意，则可继续追加回答；如果问题还没回答完，但面试官已开始低头看表、环顾其他则有必要迅速结束答题。对面试官反应的观察本质也是对求职者情商的考察。

4. 提问的技巧

一些求职者认为面试就应当是面试官发问，求职者回答，其实不然，求职者良好的提问可以为面试增加分数。

求职者的提问可大致分为如下几个场景。

第一个场景是在面试过程中，面试官长时间保持沉默，这可能是面试官有意考验求职者的反应，遇到这种情况，多数求职者因没有思想准备，会不知所措。应付这种局面的办法一般有如下两种解决方式，第一种是顺着前面的谈话，继续谈下去。如"您对我刚才的回答还有什么疑问吗？"；第二种是预先准备一些适合的话题，乘机提出，打破僵局。实际上，无论在面试前还是面试过程中，求职者主动致意与交流，会给面试官留下热情、主动与善于沟通的良好印象。

第二个场景是在面试即将结束时，面试官会问求职者是否还有问题提问。一些漂亮的提问能够为面试增色不少。建议求职者根据个人情况在面试前适当准备一些问题。这些问题的设计也是大有玄机，问题的本身一方面能够解答求职者的疑问，更重要的是要向面试官表明诚意及努力工作的决心。一般不建议直接问薪酬福利待遇等性质问题。

案例[①]

知己知彼，百战不殆

案例人物：陈义，华南理工大学工商管理学院 2019 届本科毕业生，签约华为技术有限公司市场经理岗位。

1. 知己

作为基本毫无工作经验的应届生，我们怎样向面试官展现我们就是企业需要的人才，一般的方法是通过自己以前经历过的、有收获成就或具有积极意义的、跟企业需求相关的经历来展现。所以提前对自己大学的经历进行梳理非常重要。

所获成就（STAR 法，一一对应）

序号	Situation	Task	Action	Result	High-point
同乡会					
川藏线					
家教					

关于经历梳理的方法，大家比较常用的是 STAR 法则，即情境（situation）、任务（task）、行动（action）、结果（result），通过这个思路可以让你把经历说得更生动、更具有故事性。不过请留意表格的最后一列我加了一个 High-point，也就是你的每一条经历都需要有比较清晰的目的性——"你想通过这条经历来向面试官表达什么"。

例如：我的同乡会经历里边，我的第一个 Action 是亲自策划和组织了 30 余场活动，这里我想向面试官展示的是我具备优秀的活动组织策划能力；第二个 Action 是讲我如何带领执委会成员的，这里我想向面试官展现的是我的团队管理能力以及良好的领导潜质。

---

① 案例来源：华南理工大学学生就业指导中心官微"签约故事汇"栏目第 78 期。

对于雇主来说，你的价值就在于你的技能。所以我们需要充分了解自己具备什么技能，才能更好地展示给别人。技能分为硬、软技能，一一梳理出来，并同时准备一两个可以证明你具备这项能力的经历或事例。

梳理职业价值观，重点在于通过这个过程让自己想一想什么对于自己是最重要的。它能够发挥的作用是在你一开始投递时引导你进行行业以及公司的选择，以及你后来拿了不止一家 offer 时如何做最后的抉择。我梳理了 15 条，最为看重的 5 条是学习机会、晋升机会、工作和生活的平衡、时间自由、有益社会。当然这个因人而异。

2. 知彼

知彼即在于了解行业、企业以及岗位。了解行业和企业是决定想去哪里，了解岗位是指通过岗位要求掌握企业的需求，然后朝这方面去表现自己，主动"告诉"面试官你就是他们需要的人。

第一，简要了解公司历史；重点了解公司主要业务和产品。

第二，重点了解企业文化，然后准备自己相关的经历去匹配。

第三，岗位要求一定要清楚，这是一份书面的判断你是否能胜任这个岗位的标准。另外，关于具体公司的面试准备，可以通过应届生 BBS 等渠道去搜搜别人的面经，了解面试官喜欢问什么样的问题，以及有什么注意事项等。

如果是现场的面试，个人的自信和气场是非常重要的，另外从走进面试场到你离开，其间的每一个细节都可能成为面试官考量的因素。

（四）面试后续工作

面试结束并不代表求职过程的结束，面试后适度的跟进工作能够加深面试官对你的印象，也可以适当弥补在面试过程中的不足。通过跟进工作可以及时了解录取信息，争取时间为下一步的工作做好准备，增加求职成功的可能性。面试后的跟进工作一般包括如下几个环节。

（1）对面试官表示感谢。面试结束两天内，求职者可致电面试官表示谢意，致谢电话要简短，内容包括感谢面试官给自己一个面试的机会，感谢面试官在面试过程中给予自己的指导，询问何时能够获取最后结果等内容。电话要简短，一般 3 分钟以内。也可以用写信的方式表达感谢。

（2）查询结果。在面试两周后或面试官承诺的通知时间过后，若还未接到对方答复，可以写信或打电话询问。

二、求职礼仪

著名的心理学家、教育家卡耐基说过，人的成功取决于 15% 的才能和 85% 的人际关系。要想成功，必须得建立良好的人际关系。而礼仪正是人际关系交往中不可缺少的联系纽带。求职对个人来说是一次非常重要的经历和机会，首先要在求职过程中注意自己的行为举止，以表现出自己良好的专业知识和修养，从而获得成功的第一步。

本文从面试礼仪、服饰礼仪、形象礼仪、举止礼仪及其他礼仪五个方面对求职礼仪进行详细阐述。

（一）求职中的面试礼仪

1. 准时守信

参加面试特别要注意遵守时间，一般要提前到达，不要迟到，以表示求职的诚意，给对方以信任感。同时也可以利用早来的时间，放松自己的心情，调整自己的心态，做一些必要的应试前准备。

2. 适当赞美

面试的本质是沟通，沟通中人的情感沟通又占据重要位置，良好的情感沟通能够使沟通更为顺畅、更有效率、更有效果。如何能在面试中与面试官进行情感沟通是考量求职者情商的一个问题。

赞美是迅速拉近面试官与求职者关系、加强情感沟通的有效途径。给予面试官适当赞美是面试礼仪的一个重要组成部分。

面试中的赞美需注意以下几个方面：第一，赞美必须真诚发自内心。例如在遇到一个专业技术问题时，求职者已作出回答，面试官继续进行补充解释后，求职者可以给予面试官适当赞美，如赞美面试官的知识渊博、思路创新、经验丰富等。第二，赞美必须适度。考虑到面试中面试官与求职者间关系，一般并非平等关系且绝大多数是陌生人关系，因为过分的褒扬及夸大的赞美不适合。面试中的赞美表达出来即可，要把握赞美的"度"。第三，赞美必须挑选时机。赞美的话人人爱听，但在面试中，应注意挑选时机。一般在双方沟通较为顺畅，心情较为放松，时间比较充裕的情况下建议可以考虑赞美。但是如果面试过程压力很大，时间紧迫，那么，生硬的赞美并不能起到好的作用。

3. 控制情绪

面试是对求职者的一次全方位的考察，情绪考察也在其中，情绪控制实际是求职者情商的一个重要组成部分。面试的目的是求职者展示个人能力以期获得意向职位的过程，在这一过程中，面试官设置种种考核，导致面试中会有压迫感、有困难、有紧迫感等，在这种情况下保持情绪稳定，用平和自然的状态应对也是面试礼仪之一。

（二）求职中的服饰礼仪

在一定场合的穿着讲究，不仅是个人文明的表现，也是社会文明的表现，也是社会发展和自我发展的要求，是一个人内在美的外在体现。人们常说"衣如其人"，衣着素养与人的学识、审美有着紧密的关系，衣着显现了人们的心灵和思想，服饰是一种非语言的视觉符号，它能反映穿着者的个性、文化心态和生存境遇。因此，大学生在求职择业的过程中，着装礼仪设计十分重要。

大学毕业生在求职过程中的着装要尊重社会规范，要符合社会大众的心理，不要奇装异服，关键是整洁、大方、朴素。首先，要选择一套合适自己的服装，大小适中，最好选择自己在正式场合原本就最合适的服装，并要注意使服装能反映你的气质，不要选择过于孩子气的服装，要尽量使自己看起来成熟稳重一些。男同学一般应选择西服，系领带，领带的选择应与衬衣和西服的色调相协调，不要搭配不适的衣服（如西裤搭配运动鞋）。女同学以职业装最为适宜，但要注意款式和颜色，款式要符合常规，颜色不要过分艳丽，要注意与自己的特点、性格和爱好相协调。其次，要注意装扮的细节，男生笔挺的西装，可衣袖上的商标却不知道撕下，女生穿着漂亮的裙子，可腿上却不穿丝袜或丝袜皱褶甚至破洞，这些情况都会带给人不舒服的视觉感受，是千万要避免的。

总之，着装设计要给人以整洁、大方、朝气蓬勃的感觉，要体现现代大学生的气质和风度。

（三）求职中的形象礼仪

一个人的外貌仪表与其工作能力并无本质关系，但客观上却不容忽视。在求职过程中，有相当一部分的面试官常常会把外表看作决定是否录用的重要条件之一，因为你的形象不仅代表你自己，更重要的是还将代表单位，"以貌取人"已经成为不争的事实，因此大学毕业生应努力去适应。仪表形象设计主要应根据自己的特点来考虑，要注意给人以精明、干练、奋发向上的印象，切忌过分"包装"。

仪表的修饰最重要的是干净整洁，不要太标榜个性。发型是构成仪容形象的重要内容，美观的发型能给人整洁、庄重、洒脱、文雅、活泼等多种感觉。因此，大学生求职过程中首先要注意发型的设计。发型设计选择要力求简单、自然，男生注意保持头发柔顺、清洁，给人留下精力充沛、容光焕发的清新形象。女生的发型切不可过分追求新潮，应给人以青春、自然的感觉。合体的化妆修饰也是必不可少的，男生可适当做些面部修饰，刮好胡子，保持面部清洁；女生化妆要以轻柔、优雅的淡妆为主，切忌浓妆艳抹、过于前卫。另外，对女同学来说，适当地搭配一些装饰品无疑会使你锦上添花，但搭配饰品应讲究少而精，要简洁、高雅，能恰到好处地体现你的气质和神韵。

总之，形象仪表设计要体现自然、协调的原则，符合自己的学生身份和个性气质特点。

（四）求职中的举止礼仪

1. 沉着自然

面试时往往会有数位人员候试，在接待人员引见之前，千万不可因等候时间较长而急躁失礼；进入面试室前，要轻轻敲门，得到允许后再进入，切忌冒失进入；见面时，要先向面试官主动问好致意，称呼要亲切得体，面试官没有请你入座时，切勿急于落座；允许后，应道谢，坐下后要保持良好的体态，坐姿要端正、大方、舒展。着裙装的女生，应先双手拢平裙摆后再坐下，双腿宜并拢，不要跷起二郎腿。坐定后，要安心等待询问，不要四处巡视和左顾右盼。

2. 应答自如

面试应答时，态度要热诚，要面带微笑，目光要集中在面试官的额头上，且眼神要自然；回答问题时，口齿要清晰，声音要适度，语速要适中，答话要简练、完整，行为要自然，切忌做一些捂嘴、扣鼻等小动作。女同学更不要故意撒娇、忸怩作态或过于泼辣、随便，也不要羞羞答答、畏畏缩缩。

3. 重视结束环节

面试结束时，求职者应一面徐徐起立，一面应以眼神正视对方，趁机做最后的表白，以显现自己的满腔热情，并打好招呼。比如说"谢谢您给我一次面试的机会，如果有幸能进入贵单位工作，必将全力以赴"。然后，欠身行礼，说声"再见"，轻轻把门关好。告别的话要说得真诚，发自内心，这样才能让面试官"留有余地""回味无穷"。

（五）求职中的其他礼仪

大学生求职过程中有时也会遇到一些意想不到的场合。如有些用人单位把面试安排在餐桌上，这时，求职者就要注意餐桌礼仪。用餐座位须等主人坐定后，才能入座；用餐时，必须等主人动餐后，才能跟着动；吃菜时，要尽量避免嚼出声响，求职者最好不喝酒等。招聘单位人员与求职人握手时，求职人要坚定有力，神态专注、友好、自然；男女之间，女士伸出手后，男士才能伸出手来相握。求职者与面试官一同乘车时，求职者要主动为面试官打开车门，面试官驾车，求职者要与之前排就座，以示尊重对方。

总之，求职中的礼仪礼节是多方面的，应该引起大学生的广泛关注和培养。在求职过程中需要注意的礼节和细节问题是很多的，所以，大学生在日常生活中应掌握一些礼仪知识，并养成良好的习惯，在礼仪细节方面展现出当代大学生的良好素质，相信有知识、有能力的大学生一定会在激烈竞争的市场人才竞争中找到自己的位置。

第三节　求职心理调适

案例

大学生常见求职心理问题[①]

求职对于毕业生来说是一场没有硝烟的战火，除了要有深远的谋划和坚韧的执行，还必须拥有良好的心态。然而，不少毕业生在面临漫长的求职季时会遇到各式各样的问题，焦虑、不自信、纠结、迷茫等心理问题接踵而至。

笔者结合日常咨询工作中的案例，节选了部分来访者的问题，这些问题在毕业生群体中具有一定的代表性，分析他们都面临了哪些求职心态问题？

（1）进入4月，我仍未拿到企业 offer，求职面试屡屡碰壁受挫，不知如何是好。对自己的能力也产生了怀疑和不自信：一方面，自认为是一个好学生，认真对待找工作的过程，也非常努力。不知道为何处处碰壁。另一方面，因为常常受挫，产生对本人所学专业和求职职位的怀疑，是不是我并不适合这些岗位，我该如何认清自己内心的想法。

（2）我经历多次面试失败，群面与一对一面试都不满意，面试时会很紧张，导致语无

---

① 案例来源：根据实际工作中的个体咨询案例整理。

伦次，说话缺乏逻辑。同时对个人的职业规划也不够明确，为了找到工作一会儿选择销售，一会儿选择技术，一会儿选择管理，但是都面试失败。所以，目前我觉得自己好迷茫。不知道该怎么办。很想拿到一份 offer，但是多次碰壁。都说第一份职业很重要，要选大公司，可是我大公司进不去，小公司又错过了，内心挺不平静。

（3）刚踏入社会的十字路口，可以选择的路很多，我想积极找工作，但是父母辈劝我再考一次研究生，比较困扰，该怎么调整和整理心态。

（4）我手握多个 offer，不同行业（医疗、快消、咨询），不同岗位（研发、销售、供应链、咨询），但怎么选择，超纠结。

（5）这是我博士第五年，面临着毕业、就业、感情三重压力，我觉得不堪重负。

（6）我对自己的专业方向就业前景感到迷茫，拿到了一些公司的 offer，但总觉得不满意。对于未来自己想做什么没有很清晰的规划。

（7）大四以来一直都在备考公务员，没有去准备秋招和实习。但是，国考上岸概率很渺茫了，最近的选调生面试又失利了，感觉这几个月的付出全都白费了。我的学习成绩一般，也没有什么专业技能，除了考公，我什么都不会了。我都不知道自己适合什么工作，感觉自己一无是处了，好难过，我觉得我的大学过得一团糟，看到其他同学都有了职业选择，而我还在原地踏步。我该怎么办，父母对我期望又太高，觉得自己很没用。

（8）我大概找了一个月的工作，投了有将近30份简历了吧，至今没有拿到任何 offer。自诩能力尚可，看着身边不如自己的同学拿到了网易的 offer，和自己差不多的拿到了华为的 offer。心理很不平衡，也不清楚该如何调适。

当前高校毕业生就业形势严峻、竞争激烈，大学生在求职、择业过程中，常会遇到许多难以想象的困难和阻力，涉世不深的大学生由于缺乏充分的心理准备，面对就业压力产生出迷茫、焦虑、自卑、自负、攀比、依赖等心理障碍，影响正常择业、就业。正确认识大学生就业中的心理矛盾和心理障碍，帮助大学生做好充分的心理准备，正确面对新形势下的各种就业挑战，对大学生顺利求职择业极为重要。

一、常见求职心理问题

1. 迷茫心理

大学生在求职择业的过程中，面临着种种剧烈的心理冲突，因而产生不同矛盾心态：他们希望自主择业，但又不愿承担风险；渴望竞争，又缺乏竞争的勇气；胸怀理想，却不愿正视现实；注重专业能力发展，但又爱慕虚荣、互相攀比；重事业、重才智发挥，在价值取向上看重物质、利益；对自我抱有信心，但受到挫折之后，又易自卑；既崇尚个人奋斗、自我实现，又有依赖感。显现出职业目标上理想和现实的反差，自我认知上自傲与自卑并存，职业选择上独立性和依赖感错位，使得部分大学生在就业中感到困惑和迷茫。

2. 焦虑心理

面对纷繁复杂的社会，面对日趋严峻的就业形势，面对国家需要、个人意向，有限的供职岗位、多元的工作环境等因素组合的职业选择，如何作出正确的抉择，是每一个涉世不深、社会经验缺乏的大学生最为困惑的难题。为数不少的大学生在各种选择和诱惑面前无所适从；或职业期望过高，不切合实际；或希望尽快落实就业单位，急于求成；或幻想无须付出多大的努力就能得到称心如意的工作，而实际生活中往往事与愿违。因此，大学生在求职择业过程中易出现焦虑和烦躁不安甚至恐惧的心理。

3. 自卑心理

自卑心理也是大学生就业过程中一种常见的心理现象。一些大学生自我评价过低，表现在就业过程中，有的大学生对自己缺乏信心，缩手缩脚，优柔寡断，从而错失良机；有的学生由于某些缺陷和不足而丧失了勇气，悲观失望、抑郁孤僻，不敢参与就业市场竞争。有的学生对自己的评价总是过于保守，临阵退缩，放弃了机会。而失败更强化了自己的错误认识，对自己更缺乏信心，导致了自卑心理的产生。

4. 自负心理

相比起自卑心理，有部分学生具有自负心理。这些同学部分是在大学中学习成绩、社会实践、项目经历等都不错的，因为有较好的成绩做背景，所以这部分同学对自己的评价过高，在求职时会脱离自身情况，一味寻求过高的职业目标，最后往往是"高不成，低不就"。还有部分同学是盲目自信与乐观，对工作环境的探索不够深入，对自己及对社会均缺乏客观认识。

5. 攀比心理

在就业工作中，由于每个人生活的环境、家庭背景以及能力和性格、所碰到的机遇不尽相同，因而在择业目标、职业选择上不具有可比性。而某些大学生争强好胜、虚荣心较强，容易引发攀比心理。

在求职择业过程中，攀比心理使一些大学生对自我缺乏客观正确的分析，不从自身实际出发考虑所选单位是否适合自己，而是盲目攀比，不愿到基层工作，总想找到超过别人的工作，这种攀比心理使得不少毕业生总是推迟签约。

6. 依赖心理

随着应届毕业生中"90后"成员成为主导，具有依赖心理的学生也成为一个不可忽视的部分。在丁克里奇对决策风格的划分基础上，我们将决策风格划分为困惑和麻木性决策、直觉性决策、信息性决策和依赖性决策。依赖性决策体现为顺从型和宿命型两类[①]。部分学生从小到大都是由父母长辈做主，当然，这其中有家庭的因素也有个人的因素，导致遇到生涯问题时，学生只能求助父母长辈。这种状况对于学生的影响是负面的。

二、求职心理调适方法

1. 认清就业形势，确立职业目标

新世纪，我国高等教育进入大众化阶段，高校毕业生就业工作也随之走上了改革和发

---

① 钟谷兰，杨开. 大学生职业生涯发展与规划[M]. 上海：华东师范大学出版社，2010：92.

展的历程，在取得喜人成绩的同时，面临新的挑战。2020年我国高校毕业生人数超874万，达到历史新高。受中美贸易摩擦及经济结构转型影响，我国社会总体就业形势比较严峻。

大学生中有不少人在择业时抱着观望态度，想找一个工作环境、薪金等条件比较好的单位，期待"一步到位"而导致错失良机。因此，大学生需要认清就业形势，自觉调整就业期望值，确立职业目标。没有明确的职业目标的人，大多都是高不成、低不就，在机会面前犹豫不决。大学生应当结合自身实际情况，对自己有一个正确的评价，以选择适合自身条件的职业，使自身职业活动更有利于社会和个人的发展。现在用人单位的招聘信息很多，竞争也很激烈，只有认清就业形势，明确职业目标，才能在众多信息中做出取舍，把握择业主动权。

2. 正确自我认识，做好角色转换

对于大学生来说，选择职业的过程本身就是一个认识自己、了解自己的过程。性格、兴趣、爱好、气质和能力等，这些都因人而异，决定着适合个体自身的职业以及发展方向。大学生就业中有许多心理困扰来自对自我认识不正确，往往自我感觉良好，认为自己优秀于别人，但经过求职挫折后才发现一山总比一山高，容易产生消极悲观情绪，因此自我认识对帮助大学生确定就业方向很重要。自我认识也是认知信息加工理论中的基础部分，通过自我认识，全面地了解自己，客观、冷静地看待自己优缺点，找出自己的兴趣爱好的领域，才能有针对性地明确职业方向而不盲目化，这是走好就业之路的关键。

即将走向社会的大学生，他们面临的是角色的转换。大学生活相对单纯、轻松，稳定且有规律的学习、生活，让学生容易对社会理想化。但社会与学校相比，生活环境、工作条件、人际关系都有着很大的变化，难免使大学生造成强烈的心理反差，产生就业心理障碍。因此大学生要尽快转变角色，抛开一些幻想，面对社会现实，使自己的心理意识与外部环境一致，才能以平常的心态看待就业环境，冷静理智地作出职业选择，寻找适合自己的职业岗位。

3. 增强综合能力，提高自身素质

一切职业都要求从业者具有相应的知识、能力和技能。知识是人类实践活动和思维成果的结晶，是培养能力和提高技能的基础。对于大学生来说，知识的积累是其成才的基础，也是其就业的必备条件，大学生在就业前应该学好专业知识。但是，目前有不少大学生在就业过程中，因专业知识学习不牢固，在学校学习多是应付考试，考试结束后，知识都忘得差不多了。还有的大学生实际知识应用能力差，知识不能转化为实践能力，因此在就业市场中缺乏竞争力，在就业竞争中四处碰壁，产生心理挫败感。对于大学生，都要具备一定的专业能力，学好专业知识，掌握专业技巧，提高实践操作能力。此外，在大学期间，大学生不仅要学好专业知识，同时要积极参加有益的校园文化活动和社会实践活动，全面提高自身素质，增强综合能力。

4. 树立端正就业期望，正视就业心理落差

刚刚从象牙塔里走出的大学生梦想着在社会大舞台上一展身手，实现自己的人生价值，因而就业期望值较高。但由于职业意识的缺乏和工作能力的不足，初涉职场的毕业生会因

受到领导、同事的批评冷遇而导致心理失衡，甚至"跳槽"走人，错失工作良机。对于每一个人来说，以往的成败得失只能代表过去，新的起点需要重新开始，以自己的实际表现来赢得别人的尊重和信任，所以，大学毕业生要对期望值与现实的差距有一定的心理准备，宠辱不惊，不断完善、提高自己。

核心概念

简历　求职信　面试　求职礼仪　求职心理调适

客观题

自学自测　扫描此码

第九章

从校园到职场——大学生融入社会的华丽转变

【本章导读】

一年一度的"校友返校日"热闹非凡，毕业一年的小 M 也受邀回到了学校，与师弟师妹分享自己校园与职场成长经验。校园里，小 M 也算个小有名气的人物，他曾连续三年获得学校奖学金、担任过学生社团主要负责人、带领团队获得全国创新大赛金奖、有多个知名企业的实习经历。毕业后，小 M 也如愿进入国内某知名的高科技企业，有着令人羡慕的薪酬。身处职场这一年，小 M 感慨颇多。换位思考、放下身段、虚心学习、主动沟通、彼此尊重，是小 M 最深的体会。虽然自己是名校出身，在校深得老师和同学的认可，自带光环与优越感，但到了职场，作为社会新人，重新做回了"小学生"，从基层开始做起。作为管培生，他需要在不同的岗位面对不同的工作内容和同事，部门和岗位不同，同事的工作方式和工作文化也有差异，自己需要学会用他们能接受的语言和方式与他们沟通。进入职场的第一年，虽然有前辈的指导，但小 M 也经历了艰难的适应期，碰过壁、走过弯路，但在磕磕碰碰中，顺利地完成了从校园到职场的过渡。

从校园到职场，也许会经历种种的不适应，因为这是两种完全不同的文化。接受、适应职场文化，首先要完成自我角色的转变。从踏入新单位的那一天起，自己就不再是学生，而是一位职场中人，在新环境中要懂得融入新的团队。作为一名新人，对未知的工作世界，也要保持谦卑、好学的态度，就像刚入大学校门的时候，一切都是全新的学习。大学里，我们成长了；踏入职场，一样需要成长。做好职场新鲜人，相信自己能完成从"校园人"到"职场人"的完美蜕变。

第一节 角色转换

我们一生中经常会遇到角色转换问题。所谓"角色转换"，"即个体的人在社会关系中的动态描述""人的社会任务或职业生涯不断变化，角色也随之变化，从一个角色进入另一个角色，这个过程又称为角色转换"。[①]职业生涯规划大师舒伯提出人在不同人生阶段所需要扮演着不同的社会角色，在大学毕业以前，我们所扮演的最重要的角色在学校是学生，在家是子女，随着年龄的增长，步入社会之后，我们扮演着工作者的角色，在家里同时扮演着子女和为人父为人母的角色，仅从年龄而言，我们的角色就会从儿女转变为父母，再

---

① 胡恩立. 大学生职业发展导论[M]. 西安：西安地图出版社，2008：252-253.

从父母转变为祖父母。人的一生就是在转换自我角色、不断丰富人生角色中，得到充实和完善。

从校园到职场，毕业生从学校这一社会组织角色（学生）转变为另一个社会组织角色（公务员、企业员工或其他），这是一个从角色认知、角色定位，以及职业中自我动机的培养和激发过程，只有深刻意识到不同环境中的角色要求和角色期待，并努力让这些角色要求内化成自己的行为，融会到自己的言谈举止中，才能适应职场的新环境，为自己的职业生涯打下坚实的基础。

一、职场人的角色认知

角色认知"是指个体在角色占有后到角色实践之前，个体按照其独特的社会文化类型对与自己所处地位有关的社会角色规范和角色评价信息进行不断加工和处理，在心理上确定相应的社会反应模式的过程"①。角色认知使我们明确自己所扮演的角色所处的位置是什么，知道自己该做什么，什么是不适合自己做的，从这些认知状态获得自己所应有的行为模式，为自己的角色实践做好准备。

（一）从校园到职场——身处环境的变化

大学和职场是两种完全不同的文化，表 9-1 是两种文化差异的具体体现。在学校里，时间对于我们来说是相对弹性的，偶尔的缺课也会得到老师的原谅；我们的学习和工作有专业老师与学生组织指导老师的专门指导，能得到他们定期的乃至个别的有针对性的反馈；对于学生来说，最幸福的事莫过于有寒暑假，能利用这两个长假做些自己喜欢做的事情；在学习上，根据教学计划和教学大纲，沿着老师的授课思路，我们可以很清楚地明确自己的学习任务和目标，对于学习的问题有明确的答案；个人优势主要还是体现在个人成绩上，与同伴的竞争也主要是个人考试分数和综合能力分数的竞争；生活相对比较规律，上课、学习、社会工作是大学生活的主题，每月一次的班会，4 个月左右一个学期；对个人的评价和奖励会有相对客观的评价标准体系。

在职场中，工作的时间更为固定，除了朝九晚五之外，有些工作为赶进度，加班也是家常便饭，想要翘班，那可是丢饭碗的事；没有了寒暑假的生活，持续好几个月乃至好几年的长时间地工作，只能通过为数不多的国家法定假日和年假让自己有放松和喘息的机会；工作中直接面对的是上司，上司往往只是布置工作任务，工作的效果如何，是否还需要改进，有什么好的建议和意见，这样的问题反馈往往是很少出现的；而我们接到的任务也往往是大致的、模糊的、不是很清晰的，具体如何操作，还需要自己细化；工作中的我们不能一个人战斗，因为身处在一个工作团队中，团队的业绩才是自己的骄傲；而对于某些性质的工作来说，评价和奖励受主观因素的影响较大，自己还需要在工作中调整好自己的心态。

---

① 陈卫平. 角色认知的概念与功能初探[J]. 社会科学研究（成都），1994（2）：24.

表 9-1　大学文化与职场文化差异的对比[①]

大学文化	职场文化
✓ 弹性的时间安排	✓ 更固定的时间安排
✓ 你可以逃课	✓ 你不能缺勤
✓ 得到的反馈既规律又具体	✓ 得到的反馈既无规律又很少
✓ 充足的假期和自由的节假日	✓ 没有暑假，节假日也很少
✓ 问题总有正确答案	✓ 很少有问题的正确答案
✓ 教学大纲提供明确的任务	✓ 任务模糊、不清晰
✓ 分数上的个人竞争	✓ 按团队表现进行评估
✓ 工作循环周期较短：每周班级会面 1～3 次，每学期 17 周	✓ 工作循环周期更长，持续数月或数年
✓ 奖励以客观标准和优点为基础	✓ 奖励通常以主观标准和个人判断为基础

面对差异，我们对自己的要求和定位也有所不同。从个人身份来说，由大学里的学生角色转换为职场中的员工角色，相处的伙伴也由同学变成了同事，对我们布置工作的对象从老师变成了上司，角色的变化要求我们在自己的职业发展中独立地完成个人专业的学习、专业技能的培养，协调各类不同文化背景的矛盾。

（二）从学生到员工——个人身份的变化

从学校到职场，我们的身份从学生转变为员工，从知识的学习者到社会财富的创造者，从纯粹的受教育者成为社会责任的承担者。

1. 知识的学习者到财富的创造者

大学生以学习和探索为主要任务，通过加强自身品德修养的锤炼来构建自己丰盈完整的精神世界，通过学习科学文化知识来探索智慧浩瀚的知识世界，以及锻炼自己的各项能力，培养自己全面的综合素质，创造属于自己的丰富充实的生活世界。走出校门，进入社会职场则进入另一个学习阶段，在这个阶段用大学时打下的基础进行新的学习，并用自己所拥有的知识、技能和劳动获得报酬，创造社会财富。

2. 受教育者到社会责任的承担者

学校里学生是受教育者，学校有相关行为规范对我们进行约束，学习、工作和生活中偶尔犯一些错误，学校和老师也是秉着教育的原则给予宽容，但职场中个人的丝毫不负责的行为都会对企业、对社会造成危害和损失，因此对职业角色的规范会比学校的行为准则更为严格，在工作中所犯的错误，只能由自己承担相应的风险和责任，乃至相应的社会责任。

（三）从同学到同事——相处伙伴的变化

从学校到职场，我们身边的伙伴由同学变成了工作的同事，人与人之间的关系也发生了变化，如表 9-2 所示。在学校，同学和我们朝夕相处，关系亲密，无话不说的好伙伴就算平时偶尔有些激烈的冲突，也是过眼云烟；同学间有不同的观点和意见都会直接提出来，平时对问题的争论和讨论更能激发思维的火花；学习上彼此相对独立，自己按照教学计划

---

① 里尔登，伦兹，桑格森，等. 职业发展与规划[M]. 侯志瑾，等译. 北京：中国人民大学出版社，2010：254.

和老师的指导做好个人的大学规划，同学之间是平行的关系，不会有太多的交集；当同学遇到困难时，也会互帮互助，在相对公平的竞争环境下，很少有直接利益的冲突，即便有，也是评优、评奖之类的荣誉的竞争。

表 9-2　从学校到职场同伴关系的差异①

你的同学	你的同事
✓ 相对独立地学习	✓ 与你一起组成工作团队
✓ 朝夕相处	✓ 主要是工作时在一起
✓ 关系很亲密，但有时冲突会很激烈	✓ 彼此很客气，很少有很直接的冲突
✓ 很少有直接的利益关系	✓ 经常有直接的利益关系
✓ 对你有意见往往直接提出	✓ 对你有意见往往会委婉地提出

在职场上同事们除了工作关系很少会有生活的交流，主要是工作的时候在一起，下班之后各有各的生活；没有经历朝夕相处的经历，只是上班工作上的接触，同事们之间的感情远不如校园里的好友，彼此之间也会比较客气，以礼相待，对自己的不满和意见也只会委婉地提出；由于社会中的体制内、体制外的单位的组织结构大多是"金字塔"式的结构，这使晋升的渠道相对比较窄，同事之间有更多的直接现实利益的竞争，如职位晋升、待遇的差异等；在工作上，同事和我们一起组成工作团队，个人的发展要考虑到团队的总体利益，工作中不同的意见和声音都需要我们倾听，必要时为了团队的利益我们需要作出妥协，同事间是互相合作的关系，如果说在学校里，自己的精彩是一个人的精彩，那么工作后，团队的精彩才是真的精彩。

（四）从老师到老板——领路人的变化

从学校到职场，我们面对的"上司"由老师变成了老板，老师和老板分别是我们在学校与职场的领路人，但角色的差异决定了他们对待我们方式也会有不同，如表 9-3 所示。学校里老师是教育者，以"传道授业解惑"为职责，对待学生以"知识、方法、情感"为导向，向我们传授知识、教给我们学习的方法、培养我们丰富的情感和良好的道德情操；为了激发我们思维会鼓励我们讨论，交代任务和布置作业会明确而且具体，对我们的学习效果看重结果的同时也更看重学习的过程；对学生的评价在既定指标体系的基础上，会以"公平、公正"为原则，会善于发现不同学生身上的闪光点，根据不同学生的长处制定有针对性的教育方案；当我们遇到难题和困惑时，老师也会耐心地给予启发和指导。

与学校老师不同，职场中的"老板"是组织利益的维护者，实现组织利益的最大化是其最重要的职责，对于企业来说，就是追求企业的最大利润，是否能为企业创造利润，为组织做好服务工作是老板评价下属的重要指标，结果和利益导向是老板与老师的最大区别；在工作的方式上，老板大多是安排工作，很少会与下属有心灵的交流，面对紧急的工作任务时，由于交付周期短，我们要无条件地加班完成，对老板，我们无法说"不"；对于自己

---

① 全国高等学校学生信息咨询与就业指导中心组编. 大学生职业发展与就业指导[M]. 北京：高等教育出版社，2009：183.

的一些见解和想法，老板更愿意听到直接的结果，而不是思考的过程和无休止的逻辑推理；对员工的评价往往只看到直接的行为结果和凭个人的主观判断，并不总是很公平。

表9-3 从学校到职场领路人变化的对比①

你的老师	你的老板
✓ 鼓励讨论	✓ 通常对讨论不感兴趣
✓ 规定完成任务的交付时间	✓ 分派紧急的工作，交付周期很短
✓ 被期待是公平的	✓ 有时很独断，并不总是公平
✓ 以知识为导向	✓ 以结果（利益）为导向

（五）从理论到实践——学习过程的变化

俗话说，活到老学到老，走出校园不是学习的终结，而是新的开始。对比校园和职场，我们学习内容和学习过程也发生着变化（表9-4）。大学里，我们的学习以抽象性、理论性为原则，"重人品、厚基础、强能力、宽适应"是我们在大学里学习的指导思想；书本和老师教给我们的是学科的基本原理，有完善的知识体系和完整的知识结构，以开阔知识视野和培养持续的学习能力为主，所学的知识具有迁移性；学习的过程是个人化的学习，在完成教学计划的基础上结合自己的兴趣、优势，制订适合自己的个人学习规划，在大学的每一个阶段完成相应的学习任务。

工作中，我们的学习以解决具体问题为导向，是学校学习的知识在具体情境中的运用，如果我们只从理论上进行论证和判断，不能解决实际中的具体问题，无法得到肯定。因此进入职场后的我们仍然需要以工作中发生的临时性事件和具体的真实生活为基础，边做边学，在团队中通过观察、思考、向前辈请教等方式进行分享性的社会性学习，相对于学校里计划性、系统性和针对性的学习，职场中的学习更具有临时性、情境性和创造性。

表9-4 大学和工作学习过程的差异

大学的学习过程	工作的学习过程
✓ 抽象性、理论性的原则	✓ 具体的问题解决和决策制定
✓ 正规的、结构性的和象征性的学习	✓ 以工作中发生的临时性事件和具体真实的生活为基础
✓ 个人化的学习	✓ 社会性、共享性的学习

二、职场人的角色定位

在职场中，我们要对所从事的工作有一个明确的角色定位。所谓"角色定位"指的就是一个人在工作过程中必须准确地确定好自己在工作过程中需要扮演的角色，包括明确自己所扮演的角色是什么，根据职场角色的要求为自己设计怎样的角色形象，扮演好角色需要的职业素质要求是什么、如何提升，如何在职业发展中不断调整自己的角色定位，等等。

---

① ②里尔登，伦兹，桑格森，等. 职业发展与规划[M]. 侯志瑾，等译. 北京：中国人民大学出版社，2010：254.

（一）了解职场环境

职场中，有国家体制内的行政事业单位和国有企业，也有国家体制外的外资企业、合资企业和民营企业，而不同的单位和企业内部也有工作职责和工作对象各不相同的职位类型，这些性质不同的职业和职位类型构成了丰富的职场环境。了解职场环境是职场新人作出准确角色定位的前提（本书第六章已对职业世界做了详细的论述，此处不做理论的全面介绍），不同的环境对我们的角色所应有的行为规范和做事风格有着不同的要求。

1. 组织文化

组织文化是一个组织在长期的实践活动中形成的已经为组织成员认可和共同遵守的做人做事的准则，是组织中的人们普遍的价值体现，组织间的文化差异通过组织的规章制度、人们的行为表现和对人对事的态度体现出来。身处不同的职场中的组织，只有认同与适合相应的文化，才会在组织内得到肯定和认同，也才能找到组织的归属感。

例如，国家行政事业单位有鲜明的体制内单位的特点，工作要符合国家的大政方针政策，职工的工作严格按照国家的指令和要求，体现出很强的执行力文化，而企业以创造效益和追求利润为目标，工作的灵活性和对人创造性的要求较大，对创新文化的要求较高。不同的企业，文化也存在差异，而外资企业还会带有不同国家文化的特点。就拿外企销售来说，加拿大公司一般重结果而不重过程，只要完成公司所要求的销售额即可，平时不需要定时定点上班；日本公司不仅要求有工作业务量的要求，还强调对公司各种规章制度的遵守。因此，如果一位同学到了日本公司，以为销售的时间比较灵活，而不用遵守公司上下班的规定，那么，即使获得很好的销售业绩，也不一定被公司认可。

2. 岗位职责

岗位职责是人们从事不同的岗位应承担的职责和责任，包括工作任务、工作范围、工作的权限和责任等。简而言之，就是明确从事这个岗位的人应该做什么，不能做什么。岗位职责是人们组织里开展各项活动、完成各项任务的基本依据，就像路上的各种车辆，要在相应的车道上按照交通规则行驶，机动车走机动车道，自行车走自行车道，才能保证交通的通畅，否则就会使交通发生混乱，甚至发生交通事故。职场新人来到新的工作环境，应该了解自己所从事岗位的主要职责，这有助于明确自己的角色定位。

例如横向而言，企业有研发部、市场部、销售部、财务部、人力资源部、行政部、采购部等不同的部门；纵向而言，每一个部门里有普通的工作人员，如财务专员、助理工程师等，也有中层管理人员，如财务经理、法务经理、研发主管等，也有高级的管理人员，如人力资源总监、行政总监、财务总监等。不同部门、不同职位岗位职责也有所不同。刚刚工作的职场新人往往有很大的工作热情，什么工作都想尝试，想多给自己一些机会多学点东西，但每个人的时间和精力是有限的，只有根据岗位职责分清哪些事情是必须做的、哪些是可做可不做的、哪些是不该由自己做的，明确角色定位，这样才会更好地在自己的角色中对自己的时间进行管理，高效高质地完成工作。

3. 发展路径

职业发展路径是人们在选定一个职业之后，为了实现自己的职业目标和职业理想而选择的路径。任何一位刚踏入职场的新人都会对自己职业的未来持有梦想，期待自己能经过若干年努力工作后能达到一定的事业高度，正如有人梦想成为一名出色的建筑师，有人会梦想成为知名外企的财务总监，有人梦想能拥有属于自己的企业。然而，仰望星空的同时，我们也需要脚踏大地，立足当下。应了解我们的职业发展的路径，明确在职业发展过程中的每一阶段应扮演好什么角色，要做些什么，以便为自己的将来打下坚实的职业基础，为实现我们美好的愿景做好充分的准备。

职业发展路径和单位或企业性质有关。在高校事业单位，教学系列一般是"助教—讲师—副教授—教授"的路径，行政系列是"科员—副科—正科—副处—正处……"的路径；在企业里，专业技术系列一般有"助理工程师—工程师—高级工程师"的路径，走销售路线的一般是"销售助理—销售主管—区域销售经理—销售总监"的路线，二线部门有"行政专员—行政主管—行政经理—行政总监"、"人力资源专员—人力资源主管—人力资源经理—人力资源总监"的路线[①]，当然二线部门非专业技术路线也会有同级平调的情况。职业发展路径中的每一个阶段对职业素质有不同的要求，在职业发展的不同阶段也需要不断调整自己的角色定位。

（二）职场角色定位

如果把社会比作"大舞台"，那么每个人就是其中的"演员"，在社会的舞台上扮演着特定剧目中属于自己的社会角色。人的社会角色在不同的时期不同的场合需要进行不同的转换，就像演员只有进入角色才能演好戏，我们在属于自己的职业中扮演好自己的角色才能取得职业上的成就。与学校里的学生、生活中的休闲者、家庭中的持家者不同，职业者要明确好以下角色定位。

1. 独立和责任——职业人的角色

"独立"和"责任"是职业人角色的两大关键词。除了离开家庭和学校的经济支持，只能通过自己的劳动获得自己的经济独立，实现财务的自由之外，也没有了学校规则的约束、老师和家长的时时提醒、遇到挫折时老师和同学的鼓励与安慰，我们在社会行为和情感心理上也要实现独立。从成为职业人的那一刻起，我们必须依靠自己的能力，加强自我管理，对自己的工作和生活全面负起责任，独立承担起家庭、职业和社会的责任，自己去面对新的组织、新的文化、新的工作方式，独立地处理各种复杂的人际关系；当我们度过了刚迈进职场时的兴奋和好奇阶段后，遇到理想与现实的矛盾冲突时，也需要我们自己调整平衡心态，自己寻找职业发展的突破口，让自己适应职场环境。

职业人角色要求每个人以特定的身份去履行自己的职责。职场上体现的是严格的纪律、等级分明的上下级关系、按部就班的决策程序、重视结果的奖惩机制等特点，职场的竞争关系到个人的现实利益分配，职业中的错误直接影响到组织信誉、资产和利润的损失，而

---

① 师至洁，盛希. 招聘专家解读人力资源职业[M]. 北京：清华大学出版社，2010：54.

所有因个人的错误导致组织利益的受损都需要自己来承担责任。工作涉及的不只是私人的范畴，还会影响到工作的对象，以及社会组织的顺利运转，职业人在工作过程中应承担起社会责任，更应具有敬业的精神和理性的行为，从组织整体的角度进行思考，用自己的知识、能力、智慧、依法行使职权，依据行业、组织的规章制度开展工作，同时通过在职业生涯中不断地学习，提高自身的专业技能和业务能力，通过个人的才干和专业成长服务于组织的成长，最终实现自我。

2. 团结与协作——团队成员的角色

职场中人更多是以团队的方式进行工作，去个性、重协作是团队工作取得成效的基本要求。团队角色指的是"团队成员为了推动整个团队的发展而与其他成员交往时表现出来的行为方式"。[①]特定的组织为了实现管理的高效，会把组织分成若干个团队，有些单位某些部门就是一个工作团队，如财务部门、行政部门、采购部门等，有些部门会根据工作内容的不同分成若干小团队，如市场部门会根据不同的区域分成不同的营销团队，研发部门会根据不同的产品分成不同的研发团队，而有些企业会以产品的品牌为核心，如宝洁公司实行的品牌管理，联合不同的部门（如研发、销售等）的成员形成一个团队，企业里的考核往往是以集体为衡量标准进行团队的考核。[②]

人的个性、能力、优势各有不同，每一个团队既没有最好的角色，也没有最差的角色，而成功的团队需要不同的角色共同推进，通过角色互补来协同工作，每一个角色都有其独特的作用，每一个角色对于团队的成功来说都很重要，团队的高效运作需要通过不同的角色组合不断地达到完美。因此，处于同一团队中工作的成员要尊重彼此之间的个性差异与角色差异，认清自己的优势和劣势，并把自己的角色优势发挥到极限，同时限制弱点和不足带来的负面影响。为了实现团队目标，达到优良的业绩，团队中的成员还要有明确的分工、各司其职、互相配合，遇到问题互相讨论、遇到矛盾要沟通，培养问题意识，以开放的心态倾听彼此的不同观点和不同意见，以团结和协作的心态充分发挥出自己的智慧，推动团队的建设和发展。

3. 实际与实干——行动者的角色

职业人是社会财富的创造者，主要任务是完成单位安排的工作，为企业创造利润，体现出的核心能力是解决问题的能力和创新能力，工作重点是对各种知识和技能的运用，去解决工作中面临的实际问题；在解决问题的过程中，需要综合地考虑现实的各种因素，而不能仅仅进行理论的推导；职业人要求用职业的眼光去看待问题，用职业的意识去思考问题，用职业的思维去解决问题。职业的现实需要职业人具备务实和实干的精神。

"理想很丰满，现实很骨感。"初入职场的新人会发现学校所学理论与工作实际之间存在巨大差距。所谓"学无止境"，面对这些差异，不自负、不抱怨，能始终保持对未知事物的好奇心，虚心向前辈、向同事请教，脚踏实地地从小事做起，无论工作的大小、轻重，都尽自己最大的努力把它做好，工作中善于思考，发现自己的弱项和不足，通过在实践中

---

① 王青. 团队管理[M]. 北京：企业管理出版社，2003：7.

② 马宁. 宝洁与联合利华：全球两大日化帝国的品牌行销策略[M]. 北京：中国经济出版社，2006：25.

以开放的心态学习新知识，提升自己的能力和价值，提高的专业技能和业务素质服务企业，做个永不落伍的职场"新人"。

第二节　融入专业

融入专业是职场新人承袭原有或纳入新的知识和专业体系，在职业生涯中分阶段逐渐实现个人的专业发展与提升，形成专业领域知识心智的过程。职业性质存在差异，对职场人的知识标准也有所不同，而职场新人需要了解所从事职业对专业的知识、能力的要求，不断积累实践经验，在实践中提高从专业的角度提出问题、分析问题和解决问题的能力，成为领域内的专家。

一、职场人的专业要求

根据未来主要从事的工作性质及专业特点，可将工作为四种类型：学术科研型的工作、技术型的工作、管理型的工作和复合型的工作。[①]工作类型不同，对专业知识、专业技能的要求也有所差异。经过大学四年的学习和锻炼培养，大学毕业生的身心已经相对成熟，会基于已经拥有的职业发现自己的优势，找准定位，有意识地培养自己、锻炼自己，不断提高自己的专业水平，实现自己的职业目标。

（一）学术科研型的工作

学术科研型的工作是以深厚的学科基础、全面的专业知识和严谨的思维，在前人研究的基础上提出自己对学科和领域范围内的独特见解，善于创造性地发现问题并对此进行严谨的实验研究和理论探索，能正确处理继承与创新的关系的工作。学术科研型的工作要求人具有不断进取、积极开拓的创新精神，从事此项工作的人要有较强的分析综合能力，较强的组织协调科学研究和进行技术管理的能力，如果是工科的科研型工作还要求有一定的动手能力。随着国际化学术交流的频繁，科研工作人员还应具有较高的外语水平，能阅读国外本学科文献资料。

高校里的教学和科研岗位，研究院，国家事业单位的政策分析、研究性的部门或岗位，企业里的研发部门、研发中心等，都有学术科研型的工作。由于学术科研型工作对科研能力、创新能力的要求比较高，因此从事学术科研型的工作一般情况下要求有学术型的硕士或博士学位。从事科研型工作，我们在工作中要尽可能多参与科研项目，在项目中能勇敢地提出自己的观点和看法，这类工作的职业发展一般遵循研究性工作的路径，如在高校是"助教—讲师—副教授—教授"、研究院是"研究实习员—助理研究员—副研究员—研究员"的职业路线，高水平的学术论文、项目研究成果是这类工作的职业价值的体现。

（二）技术型的工作

技术型的工作主要是综合运用基础理论研究和应用现有的科学成果来解决具体的实际问题的工作。从事技术型的工作要求具有广泛而扎实的知识基础和动手操作能力，同时要

---

① 孙绍荣. 高等教育方法概论（修订版）[M]. 上海：华东师范大学出版社，2010：115-118.

具备分析问题、解决问题的能力。例如在工科的领域里，技术型的工作主要是研制新产品、使用新技术，机械制作中的制图、设计、测试等；经济金融财务领域里的经济分析、行业分析、财务分析；社会科学领域里的定量的数据统计与分析，政策的制定、规范的形成等都是属于技术性的工作。

国家行政事业单位的政策性部门工作人员，企业里负责设备的维修和保养、产品检测等的一线的工程技术人员，为企业决策提供数据支持的财务分析人员等都属于技术型的人才。从事技术型的工作，要多到一线锻炼，从一线的工作中培养自己分析和解决实际问题的能力，这类工作一般是遵循技术型的职业发展路径，工程技术系列是"助理工程师—工程师—高级工程师"，财会领域有"初级会计—中级会计—高级会计"，财会岗位是"财务助理—财务主管—财务经理—财务总监"的发展路径。

（三）管理型的工作

管理型的工作是指从业人员综合运用组织、沟通、协调、控制等管理技能，对组织中的人和事进行资源调配，使组织高效运作的工作。美国管理学会曾对 34 000 名优秀管理人才进行调查，并从中选出 1 800 名进行研究，得出优秀管理人才的四方面特征[①]：第一是企业家的特征，工作效率高、主动进取；第二是在才智方面有较强的逻辑思考能力、概念化能力和判断能力；第三在人际关系方面，自信、愿意并且有能力帮助他人提高、能以自己的行为影响别人、明智地行使自己的权力、热心关心他人、使人积极而乐观，以及愿意与他们沟通交流，并善于动员、发挥他人的能力和集体领导的能力；第四在知识上有较强的管理业务和技术的知识，并且随着层次的提高，所拥有的管理知识增多，并且能运用管理知识在领域内高效地从事管理活动。

任何的企业、事业和行政单位根据层次的高低，理论知识、工作经验和工作能力的程度，分为初级管理人员、中级管理人员和高级管理人员。例如企业里的部门主管、研发团队的队长属于初级管理人员，部门经理属于中级管理人员，总监和 CEO 级别的属于高级管理人员。管理型的工作具有很强的实践性，要求有很强的在实际情境中解决问题的能力。在通用技能上，管理型的工作对组织、沟通、协调和领导能力的要求会更高。国内外有专业型的硕士（如 MBA、MPA）以重视案例教学和研讨式教学的课程体系与培养方式，对中高级的管理人才进行培养。

扩展阅读

现代管理人才的六大特征[②]

1. 战略性

一般的管理者的主要特点之一是战术性的，只站在本国、本地区、本组织范围内思考问题，只着眼于当前的环境、当前的问题、当前的利益，只考虑具体的管理事务怎么做，

---

① 车夫. 中国企业实用大全[M]. 成都：成都科技大学出版社，1993：597.
② 张志永，何解山，廖晓明，等. 现代管理论[M]. 南昌：江西人民出版社，2001：402.

往往拘泥于一时一地的得失。而现代管理人才的主要特征之一是战略性的，视野开阔，能超越具体国家、地区、组织的范围和一个个局部的领域、问题，着眼于全球性和全局性，善于分析和把握国内外、地区内外、组织内外的环境和变化，从整体上把握管理的形势，统筹全局和驾驭全局，谋划国家、地区、组织的发展；能从系统出发、整体出发，始终着重于整体与部分、部分与部分、整体与环境的关联，研究系统运行的规律，既考虑当前的环境问题、利益，又考虑未来环境的变化、问题的发生和长远的利益，尤其在某些特定情况下，能着眼于未来环境的变化和长远的目标，而不拘泥于管理中局部的、一时一地的得失。管理层次越高，战略性特点就越明显。

2. 知识性

一般的管理者的主要特征是经验性的，在管理中，管理者总是凭借自身有限的管理活动的心理体验，拍脑袋办事情，对部属和管理事务总是按经验予以处置。而现代管理人才是知识性人才，以知识性代替经验，具有高、深、广的理论知识和深厚的哲学功底；具有由经验向理论转化的升华力、对事物和现象的洞察力、对事物本质和规律的判断力、对事物之间内在联系的想象力；重视知识的学习、交流和共享，推动对新知识的有效研究与开发，支持从外面获取知识并提高吸收消化知识的能力；能确保知识在组织内及时扩散，促使组织成员都能利用与组织目标相关的知识，确保组织内所有成员都能知道知识在哪里并在需要的时间和地方都能得到，还能充分利用现代科学技术知识的成果特别是信息技术。

3. 竞争性

当今社会，科学技术迅猛发展，全球经济一体化，竞争变化的速度和复杂程度加快，竞争日趋激烈。面对着竞争环境，一般管理者总是害怕竞争，而现代管理人才则敢于参与竞争，制定组织竞争的战略，确立自己的竞争目标，寻找自身竞争的优势，培养自身核心的竞争能力，争取有利可图和持久的竞争地位；敢于冒风险，敢于改变组织的现状；当改变组织的现状遇到风险时，有承担风险的心理素质，并善于识别风险、衡量风险，提出对付风险的可能对策，尽量消除或减少风险。现代管理人才是竞争性人才。

4. 创造性

一般管理者面对管理事务总是墨守成规、照章行事、维持现状。而现代管理人才是创造性人才，对周围事物和现象，有敏锐的洞察，思路宽广，触类旁通，能迅速抓住问题的实质；对事业对工作总是抱有极大的热情，对新事物有强烈的好奇心、求知欲和探求心理；能从管理背景知识的分析中寻找到管理中的问题，对问题的解决能提出设想，寻找到不寻常的解决方案；善于发现下属的心理活动和内在潜质；敢想、敢说、敢做。

5. 自信性和坚忍性

现代管理人才的重要特征之一是富有自信心，对组织、对事业、对自己很有信心，相信组织和自身所从事的管理事业是正义的，相信组织和自身有能力搞好所从事的管理事业。我想什么，我就能做什么，我就能成就什么。在遭遇挫折甚至失败时，不气馁，不迁怒于人，不固执己见，总是善于倾听各种不同的意见，善于总结经验教训；对事业百折不挠，坚毅忍耐。为了事业，即使前面是悬崖峭壁、地雷阵，也勇往直前，鞠躬尽瘁，死而后已。

6. 情感性

一般的管理者重物本管理，而现代管理人才是有血有肉的情感性人才。能很好管理自己的情感，重视对他人的情感；了解和研究他人的本质本性、需要、动机、情绪，并据此采取相应的行为；激励他人，帮助他人维持积极的情感，转化消极的情感，善于设身处地、站在对方的立场上想问题；善于待人接物，待人热情诚恳，对人客观、公正、公平。

（四）复合型的工作①

复合型的工作是指需要从业人员运用多方的知识背景和多面的综合能力处理各类人与事务的工作。在知识上，要求知识面广、基础宽厚，以及各类知识的融会贯通。从事复合型工作的人基本通晓两个或两个以上专业或学科的基础理论知识和基本技能，这为多学科知识的融会贯通提供了条件，也为不同专业知识的学习和能力的培养提供了良好的基础，通过对看似松散的没有联系的知识的融合，形成新的知识、新的思维方法，有利于解决工作中的难点问题，并有所创造。在能力方面，复合型的工作也体现了能力的综合性和创新性，"通过不同学科知识和能力的融合而达到对原来的知识、能力的超越，即能用一种全新的思维方法来思考所遇到的问题，提出新的解决办法，这也是人的创造力的迸发，是人的智能的飞跃"。

现代企业里复合型的工作很常见。研发和技术团队的项目管理就要求有技术和管理的双重背景；在新闻行业，如果要从事某一领域的新闻工作，一般也要求有"新闻+专业（新闻之外的另一个专业）"的背景，如财经新闻有新闻和财经专业的知识背景，体育新闻在新闻专业的基础上，有体育方面的知识背景会更好，等等；在经济领域，除了经济学之外，如果有人文、管理和法律相关的知识背景对工作更有利。目前高校中的选修制、双学位制、主辅修制都是为复合型的工作培养人才的模式，社会中也有一些相应的资格证书考试，当人们通过有关考试，获得某种专业证书后，就可以获得相应的从业资格，当然自己广泛涉猎人文、社会、自然科学等各方面的基础知识和新技术、新发现、新理论等，也有利于自身更好地胜任复合型的工作。

二、职场人的专业提升

职业生涯是漫长的，从职场新人到行业的骨干精英，并不是一两年就能完成转变，专家不是毕业了就是专家，高管也不是刚工作的时候就是高管，这需要经过长期在职场中学习、积累和锻炼，才会在职场中完成华丽的转身。从职场中各行业、各领域的专业人才发展的角度来看，从所谓的"职场菜鸟"到职场中各领域的创新型骨干人才的转变大致经历了"沉淀期""发展期"和"成熟期"三个阶段，如图9-1所示。

沉淀期 ⇒ 发展期 ⇒ 成熟期

积累
知识、技能、策略 | 发现问题
重新界定与重构 | 形成
标准判断

图9-1 专业能力提升的过程②

① 朱砚. 从高校复合型人才培养看人才培养模式的改革[J]. 继续教育研究，2009（2）：97.
② 衣新发、蔡曙山. 创新人才所需的六种心智[J]. 北京师范大学学报（社会科学版），2011（4）：31-40.

（一）专业沉淀期

沉淀期是工作专业知识与技能的学习、经验的积累和策略的探索阶段。创造力是职场中创新型骨干人才所应具备的核心能力，而创造力的形成"需要坚实的知识基础，专门领域知识的积累是创新人才产生的必要条件"。有人曾经研究发现，创造性作品产生存在着"十年规则"的现象，如国际象棋大师领域知识积累和棋艺的提升，"在前期相对沉寂的阶段，刻意练习，从而积累本领域足够的专门领域知识和技能，并达到纯熟的掌握，是后来产生重要创造性成果的基础"[①]。科研人员要在科研中有新的发现，需要日复一日、年复一年的在实验室中从事大量的实验研究，获得大量的实验数据，需要阅读大量的国内外的科学文献，寻找突破点。

成为专业型、专家型的创新型人才，必然经过多年的沉淀期的积累。沉淀期的积累主要包括知识的积累，即在工作中学习和掌握广博的行业领域相关的知识和广泛的工作经验；技能的积累，即勤于工作，掌握与工作相关的必要的通用技能和专业技能；策略的形成，即能合理运用所拥有的知识和技能，处理工作中发生的各类问题的策略。例如医生要获得执业资格，除了要通过医师执业资格考试，掌握从业医生所应具备的知识之外，还需要经过多年实习医生和培训医生的阶段，获取大量医学各领域的案例，熟悉各类病症的处理方法；IT行业程序员要成长为拥有丰富经验的技术经理再到项目经理，需要有独立地带领团队完成整个项目的经历，要经过4~6年的时间，而要成为核心的架构师，则需要参加过多个大项目的核心设计，还需要经过5~8年的时间，亲身体验和实际操作大型项目，这是成为IT行业高级项目管理人才的基础；一个销售部门的经理需要有多年销售员的经验，并取得较好的销售业绩；很多企业要求管理人员从基层人员中进行选拔，如酒店行业的管理人员需要在各一线部门进行体验和轮岗，政府部门的管理人员需要到基层挂职，说明一线工作经验的积累对管理人员的成长有着重要的作用。

很多企业为了提高企业人才素质，充分开发企业人力资源，使企业保持稳定快速发展，创造更大的效益，会有一套自己特色的人才培养策略。处于沉淀期的职场人，可以把自身的职业发展、专业素质和业务能力的提高，与企业的人才培养策略保持一致。

1. 认真接受企业的各项培训

高等学校的理论知识是基础，职场的实战知识是应用，企业针对不同阶段、不同岗位的员工会有针对性地培训。例如对销售人员进行销售技能和销售管理技能的培训，包括公司的产品和服务、业务和销售的基本知识、如何与顾客交流、怎样举办会议、怎样把课讲好、怎样进行有效的时间管理，以及基本的业务技能等。企业的培训是职场专业知识、专业技能学习和培养的基础。

2. 虚心向前辈学习

为了实现知识和经验的共享与传递，很多企业在人才的培养计划中采用"导师制"，即为每一位新员工或经验不够丰富的员工有针对性地指定一位导师。导师一般由企业中经验

---

① 衣新发、蔡曙山. 创新人才所需的六种心智[J]. 北京师范大学学报（社会科学版），2011（4）：32.

丰富的资深员工来担任，由这位导师通过正式的或非正式的途径向新员工等传授自己丰富的知识和经验，帮助新员工在新工作中得到较快的适应和发展，资深员工会在传统的生产工艺、生产技术等方面进行引导。销售部门、市场部门也同样适用导师制。资深员工除了在知识和技能方面帮助新员工成长之外，在人际关系的处理、工作中的沟通、协调等方面也会与新员工交流。作为新员工，则应抱着虚心学习的态度，多向老员工学习和请教，这对自身专业的成长有很大的帮助。

3. 甘于从基层做起

管理人员从基层岗位中选拔，几乎成为各行业人才选拔的共识。基层的工作为人才的经验积累提供了第一手的案例和素材，是每一位创新型人才个人职业成长的必经阶段。毛泽东同志曾指出，"群众是真正的英雄，而我们自己则往往是幼稚可笑的，不了解这一点，就不能得到起码的知识。"职业发展之初，在基层或一线工作，首先要摆正心态、端正态度，带着学习的初衷和目的，在实践中不断提升分析问题、解决问题的能力和水平，才能为长远的事业发展打牢基础。习近平主席青年时代曾在陕北农村扎根七年，在从政起步的河北正定县工作期间，走遍全县每一个村。被群众亲切称为"草帽书记"的杨善洲，担任领导干部30多年，却很少待在机关，大部分时间都在乡下跑，顶个草帽，穿双草鞋，地里看过了，群众访过了，才回到乡上、县上。习近平曾指出，"我们学习杨善洲精神，就要像他那样以正确的世界观立身；就要像他那样以正确的权力观用权；就要像他那样以正确的事业观干事；就要像他那样以正确的群众观做人。"

案例思考

华为新员工培训"721法则"①

任正非在《致新员工书》中，告诉华为新员工，实践是水平提高的基础，它充分地检验了自身的不足，只有暴露出来，才会有进步。实践再实践，尤其对青年学生十分重要。只有实践后善于用理论去归纳总结，才会有飞跃的提高。要摆正自己的位置，不怕做小角色，才有可能做大角色。

"您想做专家吗？一律从基层做起"，这句话已经在华为公司深入人心。

图9-2　"721"培训法则

从2012年开始，华为对新员工入职培训进行了大刀阔斧的改革，将授课式培训、网络化授课方式全部取消，然后运用"721"法则进行员工培训。

如图9-2所示，华为运用的"721"法则，其中70%的能力提升来自实践，20%来自导师的帮助，10%来自课堂的学习。

这一培训法则的变革与确定，是华为根据各方面

① 资料来源：根据任正非2014年12月19日最新修订的《致新员工书》以及华为新员工培训全流程等资料整理。

变化作出的调整，并据此合理安排各个阶段的培训内容和时间安排，强调"实践出真知"，强调实践对新员工未来成长的重要性，也给新员工明确了一个信号，就是要想有所作为，就必须扑下身子脚踏实地工作。

思考：

1. 华为的员工培训"721 法则"指的是什么？为什么任正非强调员工要从基层做起？

2. 华为的"721 法则"对我们职业发展有什么启发？

3. 作为职场新人，如何看待入职后的一线基层工作？

（二）专业发展期

发展期是工作中专业能力提升和发现问题的阶段。随着工作经验的积累和不断丰富，我们会逐渐对从事的职业形成自己的认识和知识体系，专业的能力得到不断提高，已能从所掌握的知识体系中提出问题。衣新发等曾在创新人才的所需的心智中提出"问题发现心智"，认为"问题导向的知识架构不仅包括解决问题所需要的知识、技能与策略，更重要的是发现问题的能力"，"杰出的创造者几乎都敏于寻找问题、创造问题或发现知识的鸿沟与矛盾，所谓'从无疑处有疑'，从看似闭合和应然的知识体系中发现缝隙"，就是指问题发现心智[①]。从个人的专业发展和职业成长来说，问题发现心智一般是在发展期这个阶段形成。

从个人的职业发展而言，基于第一阶段对所进入行业和未来职业定位的全面认识，也许我们会对自己原有的职业定位和计划作出重新的审视，结合当前的状况作出新的调整，重新提出"我的职业该如何规划""我的职业发展路线是什么""为了实现我的职业目标我的职业之路应该如何走"等问题。例如大学刚毕业时，我仅仅想从事结构师的技术方向工作，工作后对该工作有了全面的认识，会逐渐形成成为行业内专家的职业目标，那么自己如何达到这个目标呢？基于第一阶段的知识积累，在专业负责人的指导和监督下，经过1～3 年的积累，具备了基本的专业设计能力，取得了助理工程师的职称后，在发展期的这个阶段，能独立或作为团队负责人带领自己的团队完成既定的项目计划，继续走专业技术的路线，成为主管工程师，获得中级职称[②]；或有的人因工作需要或对工作的重新认识，转入技术管理岗位，重新调整个人的职业方向。

从个人专业的提升而言，这个阶段是在领域内发现问题的关键阶段。例如进入人力资源部门工作的新人，有的负责员工培训，有的负责招聘，有的负责员工关系管理，工作了1～3 年的时间，善于在工作中思考的人会逐渐发现工作中存在的各种问题。负责员工培训的会提出如何提高员工培训的效果、如何激励员工更好地参与到团队研讨活动、如何培养员工的全球化意识、如何提高讲师的质量等问题；负责招聘的会对历年招聘人才的质量进行评估和分析，提出如何提高招聘的效率，以招聘到最适合企业发展的员工等方面的问题；负责员工关系管理的通过经常处理各种员工的意见和矛盾的个案，形成对企业员工关系的大致看法，可以提出如何提高员工对企业的认同感、满意度，如何处理员工方面的突发事件等问题。

---

① 衣新发，蔡曙山. 创新人才所需的六种心智[J]. 北京师范大学学报（社会科学版），2011（4）：34.

② 师至洁，李建波. 招聘专家解读建筑房地产业[M]. 北京：清华大学出版社，2009：68.

（三）专业成熟期

成熟期是工作专业标准的形成和创新性开展工作阶段。在批判的基础上提出问题，提出解决方案，并且这些方案得到实践的验证是可行的、被得到认可的时候，个人的成长和职业发展会很快进入第三个阶段，即成熟期阶段。"个体如果想要在某一个领域有杰出创造，必须掌握该领域群体所使用的判断原则或价值标准"，而"对所在领域的知识长期学习和系统掌握之后，个体会见识不同水平的知识状态，从而建构起对该领域从业人员素质和作品表现高下的判断标准"[①]。处于成熟期的职场人，经过了沉淀期知识的积累、技能的掌握，发展期问题的提出和思考，将这些积累和问题内化成本身对专业标准的独特看法，能独立地创新性地开展工作。

在这个阶段我们可以看到，走技术路线的结构师已经能独立担任本专业的专业负责人，带领专业团队完成设计任务，具备处理施工中与本专业相关的较为复杂专业问题的能力，一般能够具备副高职称和一级注册结构师执业资格，而一些人能够提供综合解决方案、能够跨专业协作、具备处理施工中跨专业的综合性技术或者是工作协调等，可能达到高级工程师或总结构师的专家水平；此外，产品设计师能设计出具有个人特色的各种新颖的作品，科研人员能有高质量的论文和属于自己的创新型成果，财务审计人员能独立对公司投资企业财务情况的进行分析及预警工作，教师能形成自己有效而具有个人特色的教学方法，医生能对专业内的各种疑难病症提出有效的治疗方案。

扩展阅读

专业人才成长的标准、要求和技术发展通道
——以建筑行业和建筑师为例[②]

在建筑设计企业，建筑师大体有如下四个发展方向：

1. 大师

大师跟踪、引领行业的前沿和技术发展趋势，对普遍性的难题能够提出具有行业创造性、领先性、前瞻性的解决思路及办法，在业界享有相当高的声望，为整个行业技术水平的进步作出一定贡献，他们是建筑房地产行业技术高度的代表。

2. 专才

专才是对某细分的专业领域有深入研究和独到见解的专业技术人才，如节能计算专家、住宅设计专家等，虽然没有大师那样辉煌和荣耀，但对行业的进步和技术的提高有重要的作用，是建筑房地产行业不可缺少的力量。

3. 通才

通才既有较好的专业特长，又有广博的知识面，有管理才能、善于经营、有足够的领导力，能针对各种资源进行组织协调。例如项目经理(工程主持人)、设计业务管理者等在把

控设计进度和质量，提升建筑房地产行业产品品质方面有不可替代的作用。

4. 管理者

管理者是建筑专业出身，有一定的专业基础水平，掌握系统的管理思想和方法，对建筑房地产行业有比较透彻的理解，有大局观、领导力、决策力，善于协调与沟通，能够管理多样化的团队，是建筑房地产行业走向国际化、市场化、规范化的主要力量。

大师是绝大多数建筑师的梦想，都希望自己能成为贝聿铭那样国内外闻名的建筑大师。然而，大师的皇冠虽然光辉荣耀，而大师之路是漫长而曲折的，能取得桂冠的人寥寥无几。所以，即使成不了大师，我们也可以在建筑房地产这个热门行业有一席之地。

建筑师的专业技术发展通道一般分为如下五个阶段：

1. 学习阶段

这个阶段的职位一般是助理建筑师，具备初级职称。在这个阶段，能够掌握设计的基本理论、概念与方法，具备基本的专业设计能力，能够在专业负责人的原则指导和监督下，按照既定的项目方案和计划，独立承担功能相对独立的设计任务，或与他人共同完成本专业团队的设计任务。大学本科毕业两年以内基本属于这个阶段。

2. 发展阶段

这个阶段的职位一般是建筑师、主管建筑师，职位稍高一点的为中级职称。在这个阶段，设计概念清晰，熟悉绘图要求，设计图纸表达清晰、准确，能够根据工程特点将设计意图表达清楚。能够带领团队完成既定的项目计划。大学本科毕业2~5年大都属于这个阶段。

3. 成熟阶段

这个阶段的职位一般是主任建筑师、主创建筑师，具备中级职称或副高职称，具有一级注册建筑师执业资格。在专业能力上有较为丰富的实践经验，能从设计的整体出发看待本专业和其他专业的关系，与其他专业的负责人共同协商处理设计技术问题，具备处理施工中较为复杂的专业问题的能力。大学本科毕业5~10年基本属于这个阶段。

4. 专家阶段

这个阶段的职位一般是设计总监、总建筑师，具备副高以上技术职称，具有一级注册建筑师执业资格。在专业能力上具有深入的专业知识和丰富的实践经验，深入了解建筑专业和其他专业之间的关系，能提供综合解决方案；具有通过跨专业协作，处理施工中跨专业的综合性技术或者工作协调等所有问题的能力。到达这个阶段的专业人才不是很多，一般在单位担负着技术带头人的角色。能够达到这个阶段的人才通常需要10年以上。

5. 顾问阶段

这个阶段被称为建筑大师，具备教授级高工职称，一级注册建筑师执业资格。在专业能力上：具备行业领先的技术管理和实践经验，为推动整个行业技术水平的进步作出一定贡献，能够对具有行业普遍性的难题提出具有行业前瞻性和指导性的解决思路及办法。达到这个阶段的人凤毛麟角，至少要有15年的实践和积累。

第三节　融　入　组　织

融入组织是个体通过与组织成员之间的沟通、分享，得到组织成员的理解、支持和信任的过程。"一位有创造性的优秀人才，也应该是一位卓越的沟通者，能够以某种有效途径把自己的创新型想法或产品传播出去，影响并感染受众"[1]。职场新人往往想法多、有干劲、创新意识强，而当自己有创新性的想法时，如何站在对方的感受、想法和需求的立场上，选择合适的渠道和场合，有效地与对方沟通想法、表达情感，以引起共鸣，这需要融入组织所必备的说服传播的心智。

创新的想法和理念的说服与传播是个沟通的过程，对方是否能理解和接受自己的思想和想法取决于三方面因素：自己对思想和理念是否有充分的理解与足够的自信，是否能准确地将这些思想和理念用双方都能理解的语言与方式表述清楚；沟通是否选择合适的传播途径，传播的过程是否受到外界其他因素的干扰；沟通的对象是否理解了这些思想和理念，这些思想和理念是否是他们最想了解、最需要的信息。如果这些问题的回答是肯定的，实现满意的沟通结果才有可能。

日常生活和工作中，说服传播心智的外在表现是具备相关的沟通表达技术，这种沟通过程也是融入组织的过程。组织中的沟通主要是面对上级和同事的沟通，以及把个人的想法向下属传达，按传播的信息流向和对象不同，组织中的沟通主要分为"上行沟通""平行沟通"和"下行沟通"，如图9-3所示。

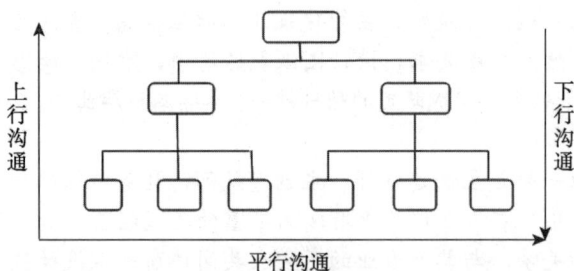

图 9-3　上行沟通、平行沟通与下行沟通模式图[2]

一、职场中的上行沟通

如果你发现领导在一次与客户的会谈中表达有严重错误，如果不指出会造成别人的误解，导致组织的损失。但是这位领导非常要面子，你当场指出他可能会改正，但也有可能对你产生看法，影响其今后对你的评价。你很犹豫。如何说服自己，把自己的真实想法告诉他？

对工作中有自己的独特想法和创新性的见解，对组织存在的问题能提出可行性意见和建议，有想让上司了解和接受的意愿，对工作的执行和进展向上司请示和汇报。那么作为下属，如何让这些想法、见解、意见和建议很好地被上司接受和采纳？如何请示和汇报更为有效？这在组织的沟通中属于上行沟通的范畴。

① 衣新发，蔡曙山. 创新人才所需的六种心智[J]. 北京师范大学学报（社会科学版），2011（4）：35.

② 参考罗宾斯，库尔特. 管理学[M]. 孙健梅，黄卫伟，等译. 9版. 北京：中国人民大学出版社，2008：290；浙江省人事厅. 组织行为学[M]. 杭州：浙江人民出版社，2007：156；德斯勒，菲利普斯.现代管理学[M]. 北京：清华大学出版社，2010：500；杜慕群.管理沟理[M]，北京：清华大学出版社，2009：128-139.

上行沟通是信息从下属人员流向管理者的沟通。有关工作的进展和出现的问题，通常需要上报给管理者，它使管理者能了解下属人员对他们的工作、同事及整个组织的看法。管理者也需依靠上行沟通来获得改进工作的意见。[①]

从沟通内容看，上行沟通内容主要是"下级的工作汇报、工作总结、当前存在的问题、工作行为和反映、申诉、建议和意见"等等。从上级的角度来看，上行沟通是管理者听取员工意见、想法和建议的重要渠道，给员工提供了参与管理的机会，建立员工和上级之间的信赖关系，激发员工的主人翁态度和参与企业管理的主动性，以自己的创新意识提高企业的创新能力。从下属的角度而言，上行沟通的对象是领导或上级部门，而作为下级，要理顺工作中的各种关系，顺利达成任务目标，离不开上级的支持，需要主动积极开展上行沟通，而要达到沟通的高效沟通目的，需要有良好的沟通技巧和有胆有识的策略。

沟通对象的特点决定了沟通方式。上行沟通的对象是领导，领导的不同性格特点往往直接影响到他的领导作风和使用权力的方式，这对团体的工作效率和人际关系产生重要影响，也对我们采用的上行沟通方式产生影响。德裔美籍心理学家勒温等人，根据领导作风和使用权力的不同方式，把领袖人物的性格划分为"专制型领导、民主型领导和放任型领导"三种类型。[②]

专制型领导主要靠个人的能力和知识经验来指导团体与下属的工作，往往不太重视下属的意见，团队的工作机械化、程序化，人际沟通的机会较少，面对专制型的领导往往很难通过正式的沟通方式（如会议、意见箱等）让自己有表达观点的机会，非正式的沟通渠道（如电子邮件、休闲的场合等）可以为自己创造机会。

民主型的领导鼓励下属最大限度地介入和参与决策，所有的目标、方针和策略均由团体集体讨论确定，重视下属的能力和知识经验，领导与团体成员之间的社会心理距离很近，双方是民主与平等的关系，互相尊重。面对这类领导，可以在任何场合就自己的创新性的观点与理念与之进行沟通和交流，包括正式场合（如会议等）。

放任型的领导把权力下放给每一个团体成员，一切措施由团体成员自我摸索、自行确定。面对放任型的领导，要达成组织目标，个人需要与团队成员有更多的沟通，只需要把结果向上级进行反馈。

扩展阅读

与上司沟通的技巧[③]

在不同的团体中，团体领袖性格特点迥异，与上司能否顺畅沟通，除了了解他的性格特点和个人心理之外，还有一些因素不能忽视，如适当的时机和地点、有力的依据、对于结果的充分预测等，这些都是保证有效沟通的重要因素。

适当的时机。通常早晨刚上班的时候上司最繁忙，而快下班的时候又是他疲惫心烦的

---

① 罗宾斯，库尔特. 管理学[M]. 孙健梅，黄卫伟，等译. 9 版. 北京：中国人民大学出版社，2008：290.

② 赵颖. 秘书沟通协调与谈判技巧[M]. 北京：中国人民大学出版社，2009：79-81.

③ 昆荣. 如何与领导沟通[J]. 职业，2005（11）：41.

时候，显然都不是最好的沟通时机。建议在上午10点左右找机会与领导聊聊，因为这时上司可能刚刚处理完清晨的业务，有一种如释重负的感觉，你适时地提出问题和建议，会比较容易引起他的重视和思考。无论什么时间，如果他心情不太好的话，奉劝你最好不要打扰他。

适当的地点。他的办公室当然是最好的谈工作的地点。但是如果他经过你的座位，突发奇想要就某个问题与你探讨或者你们刚好同乘电梯，而他又表现出对你工作的兴趣时，也不失为沟通的好场所。

提供极具说服力的事实。推广一项新的提案或者提出改进现有工作制度、程序的建议，你一定要有足够的说服力，不能给上司留下一个头脑发热、主观臆断的印象，提案中不可或缺的是真实的数据和资讯，事实胜于雄辩。

预测质疑。对于你的建议和设想，上司可能会提出种种质疑，如果这时你吞吞吐吐自相矛盾，会给上司留下你逻辑性差、思维不够缜密的印象。最好充分预想上司可能产生的疑虑并准备好答案，这样你就可以胸有成竹地站在上司面前了。

突出重点。先弄清楚上司最关心的问题，再想清楚自己最想解决的问题。交谈时一定要先说重点，因为上司的时间是你难以把握的，很可能下一分钟就有一个电话进来或者一件重要的事情打断你们的谈话。如果你还东拉西扯，可能这就是一次毫无意义的交谈。

切勿伤及自尊。无论你的建议多么完美，你也只是站在自己的角度考虑，而上司要统筹全局，他要协调和考虑的角度是你不曾涉及的。因此阐述完你的建议后应该给他留一段思考的时间，即使他犹疑或否定了你的建议，也不要出现伤及上司自尊的言行，这不单是对上司的尊重，也是你的涵养和素质的体现。总之，与上司经常性地进行适时、恰当的沟通，可以帮助你建立一个和谐的工作环境，而且融洽的上下级关系能培养自己积极进取、豁达乐观的心态，这也是事业取得成功的必要条件。

二、职场中的平行沟通

如果你是销售部的一名员工，对目前因产品不符合消费者的期待，在市场上的竞争力不足的状况深表忧虑，通过自己的调研了解消费者对产品的期待和需求，而研发部门却对自己的产品非常自信，那么你如何将自己的这些调研结果和对产品的改进方案很好地让研发部门的同事接受呢？这种部门之间的沟通属于平行沟通的范畴。

平行沟通是组织中处于同一层级上的个人或群体之间的沟通，以加强平行单位之间的了解、工作协调、增强团结等。同一个部门或同一个团队，为了完成部门或团队的项目，对彼此工作中存在的问题进行沟通；也有部门之间的沟通，如之前所描述的市场部门、销售部门、研发部门、生产部门之间的沟通。不同组织之间或一个组织内部同一层级的部门和个人之间的沟通，有利于加强平行单位和个人之间的相互了解，解除组织中的信息不对称，协调矛盾。

表9-5体现的是"不同部门眼中的'我'和'他'"，从表中可以看出，无论我们从事的是生产、市场、财务工作，还是销售、人事、研究开发的工作，都会发现自我评价与其他部门的评价相去甚远。但作为一个整体，各个部门、同事之间的合作却是相辅相成、缺

一不可的。组织正常良好地运作，实现组织目标，不是某一个部门或个人有一些特别好的创新性的想法就能实现，个人或组织的任何创新性的想法和理念，都要通过平行沟通达到一致。

表 9-5　不同部门眼中的"我"和"他"①

生产部门心中的自我	其他部门对生产部门的看法
我们从事生产工作，每天很辛苦，工作环境又不好，公司的产品是由我们生产出来的。业务部门以及财务部门的人却常常来找我们的麻烦，他们不体谅我们的困难。我们任劳任怨地工作，却没有得到应有的肯定。毕竟因为有了我们，才有了产品；如果没有我们，公司又如何做生意呢？	他们喜欢起哄、诉苦，又做不好事情，他们封闭在以自我为中心的世界中扬扬自得，根本不去关心顾客真正的需求。他们非常短视，只看重产品，而不了解公司的生存必须依靠全体部门的共同努力。他们一天到晚就知道交货期限、生产日程、原料、品质管理，真不知道他们还懂些什么？
市场部门心中的自我	其他部门对市场部门的看法
公司的前途都靠我们，我们看得准市场的方向，能够制定出明确的决策，并且带领公司走向成功。我们还有很好的眼光来应对变化中的市场，并策划出未来的成长。但即便如此，在公司内部，我们还必须与那些狭隘短视的财务人员、销售人员以及生产人员打交道。幸好有我们在，公司的未来才不会出现问题。	他们是一群不切实际的幻想家，只是仰望着天上的星星，却看不见脚下的陷阱；他们与日常作业的实务相脱节，却忙着规划公司的未来；他们不应当好高骛远，而应当脚踏实地，好好地做些正经事才对。
财务部门心中的自我	其他部门对财务部门的看法
我们是公司资金的守护神。我们控制成本以确保利润。我们做事小心谨慎，能够防止公司发生重大错误。如果让生产部门的主张实现，我们会买更多、更昂贵的机器设备而浪费资金，减少利润；至于市场部门，如果放手让他们去干，他们可能会做太多而无益的广告。	他们只是一群在例行作业上埋头苦干的人。他们缺乏远见，太过小心，斤斤计较，只会用数字来衡量事情；他们只知道要控制成本，却无法创造利润。

高效的平行沟通需要"胸怀"：懂得换位思考、设身处地理解对方；多倾听、少品头论足；多赞美，少背后评价不足；用平常心主动并怀着体谅、谦让的心态与对方沟通；对同事要先自己提供协助，再要求对方配合；心怀"双赢"的沟通理念；注意沟通方式；尊重对方的态度和立场；对待分歧，求大同存小异。②只有秉着开放和包容的心态，才能达到良好的平行沟通的目的。

三、职场中的下行沟通

如果你是研发部的一名主管，接到部门上级的一项工作，要求针对消费者的需求，带领自己的团队开发具有某种特征的产品，而你需要将产品的要求、项目的目标、计划和方案向你的团队成员传达，并对工作任务进行分解，安排不同的成员完成不同的内容，而在这过程中，也许你的成员对产品有不同的看法，那么你如何能让下属接受这一组织的决定，或者听取他们更好的想法，让他们能乐意接受这一决定，以便你能顺利带领这个团队完成任务呢？这种自上而下的沟通，属于下行沟通的范畴。

---

① 崔佳颖. 360度高效沟通技巧[M]. 北京：机械工业出版社，2010：16-17.

② 杜慕群. 管理沟理[M]. 北京：清华大学出版社，2009：138-139.

案例思考

为什么上下级会出现不一致[①]

美国管理协会曾进行过一个统计研究，试图确定在对下级的具体工作职责上，上下级之间存在的一致性程度。研究结果如表 9-6 所示。

表9-6　上下级意见和看法一致性程度　　　　　　　　　　%

项目	0 几乎完全不一致	1 不到一半项目一致	2 一半左右项目一致	3 一半以上项目一致	4 几乎所有的项目都一致
工作职责	3.4	11.6	39.1	37.8	8.1
工作要求	7.0	29.3	40.9	20.5	2.3
下级工作的未来变化	35.4	14.3	18.3	16.3	18.7
妨碍下级工作的因素	38.4	29.8	23.6	6.4	1.7

思考：

1. 在单位中，为什么会出现上下级意见和看法的不一致？

2. 这种不一致会导致上下级的沟通出现什么问题？

3. 如果你是上级主管，有什么方法和途径可以更好地避免这些问题的出现，使信息的传达更快速有效？

下行沟通是信息从职位高的员工向职位低的员工的流动，如从经理到主管、从主管到专员，从项目经理到项目成员等等"。这种情况下出现的沟通行为就是"下行沟通"。下行沟通一般"围绕如何开展工作、绩效目标、公司政策和公司目前的绩效成绩等信息展开[②]"。除了日常通过公告栏、政策手册等传统媒介，电子邮件、门户网站、微博、微信等即时的通信方式之外，管理人员走出办公室，与下属"亲密接触"，与基层员工非正式的交流，也是促进下行沟通的非常好的方式。

管理者管理工作的成功与否，很大程度上取决于同下属的沟通。由于复杂的组织结构的存在，以及上下级之位角色定位、沟通心态等原因造成障碍，下行沟通更注重"情感"的原则，用心用技巧进行沟通：淡化"上下级"观念、善待下属、平等待人；鼓励员工积极参与、给予机会；建立有效的信息反馈机制和多种沟通渠道，用心倾听下属的所思所想；传达命令时态度和善、语言礼貌，给下属提出疑问的机会，引导下属认识到命令的重要性；批评下属时尊重客观事实、选择适当场合。恰当运用赞美；赞扬下属时以诚相见、见微知著、及时肯定，以及恰当地通过第三方传达欣赏和赞美之情。[③]

---

① 孙健敏，李原. 组织行为学[M]. 上海：复旦大学出版社，2005：279.

② 德斯勒，菲利普斯. 现代管理学[M]. 北京：清华大学出版社，2010：500.

③ 杜慕群. 管理沟理[M]. 北京：清华大学出版社，2009：128-131.

松下幸之助的"下行沟通"理念[①]

被称为日本"经营之神"的松下幸之助曾提出了著名的"沟通无限论"：企业管理过去是沟通．现在是沟通，未来还是沟通。他认为，下达指令是"下行沟通"的一种基本形式。指令下达的方式、方法不同，可能会导致完全不同的结果。因此，下达指令也必须讲究艺术，这是保证指令被有效执行的前提。

松下幸之助对管理者下达指令提出了几个规范要求。

领导者对指令要有明确、全面的界定。指令的具体内涵是什么?为什么下达这一指令?指令的具体要求是什么?由谁监督指令的实施?什么时候对指令的落实情况进行检查?在什么时间和地点验收结果?对指令的实施有什么方向性思路?

态度要平等，用词要礼貌。多使用"请"、"我们"等词向下属下达指令，而避免用"你应当怎样"、"你只能怎样"、"企业要求你怎样"等命令式口吻下达指令。

要多激发意愿，让下属自己承诺，主动请缨。避免让下属被动地接受指令，不要以一种绝对不容置疑和不可挑战的组织原则，强制性地下达指令。

让下属充分理解指令的意义和价值，让下属感到所接受任务的光荣，以及他能承担这一任务的自我价值。

及时询问下属落实指令的困难，并指明解决的途径，帮助下属树立信心。松下幸之助经常询问下属："说说看，你对这件事是怎么考虑的?"他还经常到工厂里去走走，一方面便于发现问题。另一方面有利于听取工人的意见和建议。

允许下属提出问题和要求，并给予正面解答。

第四节　融入多元文化

在坚守社会主义核心价值观的基础上，我们也要有海纳百川、包容多元文化的胸怀。多元文化下的社会为我们个人的成长创造了广阔的平台，而文化之间的差异也使我们面临着如何在多元文化背景下生存和发展的挑战。在全球化程度日益加深的今天，人们越来越看重多元文化经验对于不同文化之间的沟通、理解和建立信任的重要作用，也开始意识到多元文化经验心智对丰富创新人才心理空间有着特殊作用。

一、文化多元的社会环境

（一）全球化影响下的多元文化环境

自从 15 世纪航海家哥伦布发现美洲新大陆，人类的国与国之间不再是孤立的、隔离的状态，世界开始成为一个相互联系的整体。随着各国经济的发展，国与国之间的依赖关系

---

① 彭清一，司马剑明. 藏在你口中的财富[M]. 机械工业出版社，2011：123-124.

256 大学生学习与职业生涯规划（第二版）

日益加深。为了促进世界经济的发展、提高资源配置的效率，第二次世界大战后，世界经济的全球化成为不可抗拒的潮流，生产的全球化、贸易的全球化、投资的全球化、金融的全球化和区域经济的一体化在不断扩大，出现了众多的跨国公司。

改革开放40多年来，中国更全面深入地参与到经济全球化的进程中，中国经济与世界经济的联系和互动明显加强，许多跨国公司都把进入中国市场、利用中国因素作为提高国际竞争力的重要战略，如果跨国公司不与中国开展合作就算不上一家真正意义上的跨国公司。商务部国际贸易经济合作研究院发布的《跨国公司投资中国40年》报告显示，40年来，跨国公司成为中国改革开放的重要参与者、见证者、受益者。截至2018年底，中国累计设立外商投资企业96.1万家，实际使用外资2.1万亿美元。自1992年起，中国连续27年成为吸收外资最多的发展中国家。2017年至2019年全球跨国企业最佳投资目的地排名中，中国继续稳居全球第二、发展中国家第一。[1]

除了吸引外资，中国企业也逐步走向世界，海外的业务拓展取得了较快的发展。经过改革开放40多年的发展，中国的一些国有企业、民营企业也逐渐成为海外投资的主体，华为、新希望、海尔、大疆等公司，都已不同程度地走向国际市场。2017年，中国对外直接投资净额为1 582.883亿美元，广泛分布在亚洲、欧洲、北美、南美、非洲的国家和地区，涉及商务服务业、金融业、采矿业、批发和零售业、制造业、交通运输业等不同的行业。[2]

2013年，中国国家主席习近平提出建设"一带一路"的合作倡议，积极发展与沿线国家的经济合作伙伴关系，积极融入全球产业链和价值链。目前，中国已成为全球120多个国家和地区的最大贸易伙伴，成为全球产业体系中不可或缺的重要环节。2019年1—8月，我国对东盟、欧盟及"一带一路"沿线国家进出口同比分别增长11.7%、9.7%和9.9%，明显快于全部进出口增速。[3]

国家之间的经济互动，促进了彼此之间的政治、经济、技术与文化交流，也使我们的职业世界处在一个多元的文化环境中，我们的工作对象也拥有着不同国别和不同文化背景，经济全球化给我们带来的是每个人都不得不面对的多元文化交流、融合和冲突的社会环境，我们也需要在工作环境中用多元文化的思维思考。

（二）文化观念的差异

随着经济全球化，社会逐渐形成利益格局多元化，而成长于不同的地域环境、不同的年龄段的人群当中，文化观念也出现了差异化和多元化。

中国地域辽阔，文化的差异具有明显的地域色彩。从历史的形成来说，有长江、黄河流域的"农耕文化"，天山南北、蒙古草原的"游牧文化"，沿海地区的"商业文化"。文化的差异从大处讲，有南北之分、东西之别，从小处具体到不同的地区，有京派文化、海派文化、南粤文化、淮海文化和中原文化之异，也有巴蜀、黔桂、西藏、新疆、滇云、三秦、甘陇、香港、澳门等不同的文化差别。地域文化的差异，影响到个人生活中的衣、食、住、行，也影响到工作中的做事风格、相处之道。

---

① 董兆瑞，鲍聪颖. 我国累计设立外商投资企业96.1万家[N]. 北京日报，2019-10-20（02）.
② 数据来源：中华人民共和国国家统计局2018年对外经济贸易数据。
③ 郭同欣. 中国经济发展韧性强动力足潜力大[N]. 经济日报-中国经济网，2019-09-27.

随着社会变化和发展，中国社会也出现代际文化和观念差异。"90后"和"00后"，价值观念更加多样化和个性化，从服装时尚到流行歌曲、从互联网到闲暇生活、从企业文化到社会观念，呈现出更加年轻化、时尚化的趋势，在消费观念上从老一辈的省吃俭用习惯已转变成新一代流行的超前消费等。

扩展阅读

生存挑战不同代际观念差异明显[①]

自 2000 年 8 月至今，浙江师范大学连续 18 年组织学生赴厦门、深圳、青岛、上海、北京、南京、天津、西安、南宁、成都、贵阳、昆明等城市开展了以"50元在陌生的经济发达城市生存15天"为主要形式的生存训练活动。生存团队需要通过各种合法方式选择就业。迄今为止，已经有 700 多人参与。

"'80后'的学生更吃苦耐劳，'95后'的学生创新意识更强。""10多年前，有学生赚了钱去肯德基吃大餐庆祝，我们是要批评的；现在则顺其自然。"作为浙江师范大学"50元在陌生城市生存15天"的带队老师，李晓东已经参与该活动 10 多年。他表示，不同代际学生之间的观念差异明显；社会变迁对人的思想、行为的改变影响很大。

1. 从体力向脑力转化

李晓东第一次带队是在 2005 年。"2005 年，队员的工钱，一天结余 25 元的已经很厉害了。现在，基本每天能有 100 元，少的也有七八十。"这么多年下来，李晓东感受最明显的是队员工资的巨大变化。

这其中的差异，除了一些经济因素外，李晓东觉得最大的原因是队员工作的机会增多了：10 多年前，找工作基本靠沿街问，大多数工作也都是一些简单的体力劳动，如发传单、端盘子。工资低，又固定，"从四五年前开始，有队员陆续在微信上卖东西，省了体力不说，而且可以同时做几份工作"。

除此之外，越来越多的队员开始在培训机构找工作。

"社会上这样的机构越来越多，家长越来越重视孩子的功课，包括兴趣爱好，所以不仅是辅导数理化，像篮球教练、游泳、救生员，这样的暑期工需求量也在变大。"

也正是因为此，虽然从 2000 年到今年，生存基金一直是 50 元保持不变，但如今，队员们利用 50 元作为启动基金，赚到的钱比以前多多了。

2. 从找工作到自己创业

从 2005 年带队到现在，李晓东接触到的学生，也从"80后"跨度到"90后"以及"95后"，作为队员，他们的生存理念也大不相同。

"举个例子，以前"80后"的队员，住的地方即使有空调，也很少舍得开，因为他们觉得，出来就是要吃苦的。但"90后"的孩子们，有这个条件，就会尽量利用起来。"

今年 31 岁的丁坚江，如今是绍兴职业技术学院的团委书记，2008 年，他在浙江师范大学读工商管理专业，当年他们生存挑战去的是广西南宁。

"我在一家螺蛳粉店做临时帮工，每天从住的地方步行一个半小时过去。"丁坚江至今

[①] 山西青年报 2018 年 08 月 24 日大学生 07 版。

记得，那时候公交车是 1.2 元，"就是为节省一天 3 元多的路费，另外也觉得应该这样吃苦。"

后来的生存队员很少这样做，因为他们的想法不一样。"'95 后'这一代，我经常听他们说起的是，时间就是金钱，所以要把能节省的时间都节省出来。"李晓东说。

今年 36 岁的施佳是浙江师范大学地理环境科学学院党总支副书记，2002 年，在浙师大读汉语言文学的他曾去青岛参加生存挑战，毕业留校之后，他也做过七八年的带队老师。

"后来的学生可能更追求最大的效益。不仅体现在交通出行上，还体现在物质生活上，我们那个时候就是吃白馒头，觉得这是吃苦的一部分，但之后几届就有不一样的想法，他们会想'我在保证收入基本支付开支外，能不能稍微吃好一点，因为这样更有利于我生存下去'。"施佳的一个感觉是，"80 后"很多是找工作，到了"90 后"，特别是"95 后"，更善于自己创业，如做微商。再比如，从五六年前开始，就有人从义乌批发小商品带到挑战地去卖。

"我们那个时候就觉得要找份稳定的工作，旱涝保收，觉得做小生意不牢靠。但现在的学生，更喜欢这种不稳定性的挑战，最后反而盈利更大。"

3. 从单打独斗到组团发展

与此同时，一些职业观念也在悄然改变。

丁坚江 15 天内一直坚持在螺蛳粉店打工，每天 50 元工钱，最终结余 270 多元。他的学弟学妹们，渐渐地不再满足于只做一份工，而是在这个过程中，不断选择、尝试。

"我们当时很少辞职，除非发生意外情况，那种心理就是，当初老板好心给你提供了一份工作，以后即使遇到更好的机会，也不好意思开口说不做了，换工作。"施佳观察到，后来的学生有了不一样的想法。

"'90 后'的学生更想有更多的尝试，他们希望在这么短的时间内接触体会不同的工作，所以会有更多选择。但我们也会给学员强调，找工作时，要言而有信，如果对商家有承诺，就要践行，处理好这个问题。"李晓东说。

最近五六年，参加生存挑战的队员另外一个变化是"越来越抱团"。"原来基本都是单打独斗，渐渐地，队员们开始组成小组，大家一起讨论、做功课。"李晓东说，这样的改变应该正是因为大家的生存办法不一样了，"自己创业，当然需要团队"。

2017 年在昆明生存挑战中，通过开微店卖鲜花饼谋生的女孩蓝詹宁，就在开店之初拉了三位队友一起做。

"因为启动需要资金嘛，我只有 50 元肯定不够，三个人一起做，就有 150 元啦。"

4. 从批评到顺其自然

从 2000 年到现在，社会在发生巨变，这么多年下来，生存是越来越难，还是越来越容易呢？

"相对来说，应该是生存容易了很多，因为机会越来越多。"10 多年带队老师做下来，李晓东有这样一种感受。

2016 年，李晓东曾带队去厦门，这是他第二次去这个城市，第一次是在 2007 年。

"第一次去，队员主要的工作还只能是一些传统的卖报纸、刷盘子，几乎没有其他更好的选择。但第二次去，厦门已经游客如织，厦大作为一个景点，很多人去参观，我们的队员就在里面做导游带团，带一个团就可以收入 80 元。"

但是后来者也有后来者的不易。"举个简单的例子，现在城市的发展越来越快，城市越来越大，原来找工作，可能就在一个区，现在基本都是跨区，所以往返的路程会很长。"李晓东解释，这也是以前的学生可以靠腿丈量城市，现在越来越少人靠走路的原因，"而且城市的交通越来越发达，除了公交车，很多城市都有了地铁，还可以骑共享单车"。

随着时代的改变，李晓东指导学生的理念也在悄然变化。"2004 年的时候，在北京，我们有一个队员赚了 200 多元，请同学吃肯德基庆祝，当时我们明确提出批评，但现在，已经不会干涉这种行为了；再比如换工作，早几年也是不支持的，我们希望队员能将一份工作坚持做下去，现在越来越多的学生想尝试更多，你很难去说谁对谁错，我们现在更多的是顺其自然。总之，最基本的一个原则是希望大学生能多接触、观察、融入这个社会。"

二、培养多元文化的心智

（一）了解多元文化：拓宽思维

多元社会文化的存在必然要求在我们的职业生活中培养多元文化经验心智，习惯用多元文化的思维思考问题。融入社会的多元文化经验心智的培养首先要以开阔的胸怀了解、认识和接纳不同国家、不同地区、不同地域的人们的行为、信仰、价值观念、审美观念、语言文字和生活习惯，多视角、多层面地对不同文化的了解影响着我们在职业生活中从事管理、营销、产品以及与人对话交流等工作的方方面面。例如，语言文字是文化差异最显著的体现，而跨国商务活动的顺利开展和成功与否，很大程度上受语言交流的影响，对于一个从事海外贸易的职业工作者而言，熟悉一到两门通用外语便于工作的开展；在营销上，如果一个产品销往欧洲某个使用多种语言的国家，如瑞士，在商品包装上如果能同时印有德、法、意三国文字，受众群体会更广；20 世纪 Coca Cola 公司为了打开中国市场，研究了 4 万个汉字，最好确定了发音相近、读音悦耳、寓意精妙的"可口可乐"四个字，使这产品在中国家喻户晓。

不同国家、不同民族对自然、艺术和社会生活等各方面都有不同的审美标准，如白色在摩洛哥被认为象征贫困、在远东的一些地区被认为是丧事，而在西方文化中则代表纯洁，因此在对外交往中，与不同文化背景的人们打交道时，衣服颜色的选择也要很讲究；不同的文化对时间、变革、物质财富、风险等都有不同的价值观念和态度，从而影响人们的消费行为和消费方式，如西方人大多喜欢追求个人生活的最大自由，注重现实生活的感官享受，喜欢超前消费，而东方人则视节俭、朴素为美德，为未来的考虑往往超过对现实生活的考虑，风险意识较强，而在中国，年青一代和年老一代的消费观念与人生风险意识也有很大的差异；不同文化背景下的风俗习惯也千差万别，国际和地区间的商务活动的开展，也要了解对方的风俗习惯，如商务礼仪、信仰等。

了解不同文化中人们的行为方式，有利于我们更好与他们交往。北美文化具有个人主义的特点，以色列、阿拉伯国家、日本和中国文化则是集体主义文化的典型，在英国、美国、荷兰，经理们鼓励个人奋斗，相反，在中国和日本，集体主义风格的经理鼓励内部和谐，他们还在员工内部鼓励这种集体行为。不同文化对权力的理解是不一样的，印度、法国和日本是一个高集权的国家，老板往往会被赋予很高的权力，经理和雇员之间界限分明，日本公司上下级之间的差别是很大的，下级必须服从上级，在法国高层主管享受特权并不奇怪。而在丹麦、澳大利亚等低集权的国家，提倡彼此更多的信任，这些公司经理和雇员彼此很接近，如为了落实工作，雇员和老板之间可以灵活地处理问题。[1]

---

① 丁建勇. 国际营销战略的文化差异研究[D]. 上海：华东师范大学，2006：21.

（二）相互尊重与人格平等：不卑不亢

经济全球化把人类社会看成一个整体，把不同国家、地域的人们紧紧地联系在一起，促进了资源流动与共享、文化的交流的同时，也带来了文化的碰撞，这表现在价值领域、意识形态领域和宗教领域等。在全球化的背景下，西方文化与东方文化的冲突依然存在，国与国之间的、地区与地区之间的利益矛盾依然存在，对于处于弱势地位的民族来说，其独立性特别是它的文化价值、文化传统和民族尊严也遇到了挑战。这意味着处于多元文化环境下国际化经营的职业环境中，不同主体之间的相互依赖关系和相互交往关系在人格与尊严中应该是互相尊重和相互平等的。

联想并购 IBM 个人电脑业务时，最让联想高层头疼的事情就是两者之间的文化融合问题；可口可乐在百余年的发展史上，在跨国经营和拓展海外业务时，也一直注重在保证产品品质基础上的文化本土化运作；惠普与康柏业务合并时专门成立企业文化工作组，调研分析两者之间的文化特点，为企业高层决策与文化融合奠定基础。在企业的国际化经营中，既要保证自身的原则，要也尊重对方的文化特点，跨国企业的经营，要有不卑不亢的心态。联想并购 IBM 个人电脑业务时，由于联想集团注重军人命令式的强势执行文化，而 IBM 文化更加注重员工的自主性与主动性，注重结果而不干涉工作过程，这就使两者之间产生强烈的文化冲突，这种文化冲突既有中美文化背景的因素，也有企业文化的因素，为此，联想集团及时提出了"尊重、坦诚、妥协"文化融合原则缓和了这种文化的冲突。[①]

互相尊重还意味着当我们身处异质文化时，对异质文化的融入和尊重。我们国家有一些国有企业和民营企业在中东、非洲、南美洲等地有一些国际经营项目，海外贸易也比较普遍，当我们和这些国家的人们交往时，也要彼此尊重各自的文化，如在中东、北非等伊斯兰国家开展业务工作时，最基本的是要尊重对方的生活、饮食等文化观念；在贸易领域，除了要遵守在贸易领域的全球性国际准则之外，在具体的一个国家和地区的贸易活动中，也必须尊重对方的相关制度、规则，这也体现出国际领域里国与国之间相互尊重、平等对待的规范标准。例如，我们要和欧盟进行贸易合作，就必须尊重欧盟的有关经贸准则；我们要出口加工的农产品给日本，就必须尊重日本关于加工农产品不得使用任何添加剂的法律标准。反而言之，如果我们在跨国外资企业任职，也应协助外方人员遵守我国的相关法律、法规及产业政策和行业管理规定，协助外资企业更好融入本土文化。

扩展阅读

福耀集团跨国经营中遭遇的文化差异[②]

福耀集团在进入美国市场的跨国经营中遇到了因中西文化差异带来的经营难题：

语言障碍和沟通方式的差异。在跨国经营中，首先是语言障碍导致的沟通不畅。在福耀俄亥俄工厂一线工作的美国工人约翰·威斯罗对这一点深有感触。在他工作的夹层车间，既有美国员工，也有从中国来传授技术的师傅。师傅和徒弟之间的交流虽然有时靠人工翻

---

① 周子云. 跨文化：跨国企业多元文化管理的战略与战术[J]. 现代企业文化，2010（8）：38-40.
② 黄伟东. 跨国经营遭遇文化冲突怎么破[J]. 清华管理评论，2017(9)：63.

译，但大多数情况下只能依赖手机上的翻译软件。威斯罗说："碰上紧急情况，我们需要中国师傅告诉我们哪里出了问题，但语言不通成为我们之间顺畅沟通的极大障碍。"为消除语言障碍、促进合作，福耀工厂内部开展了"一带一"项目，即一个美国人和一个中国人组成学习小组，在相互学习语言的同时进行技术交流。这些项目有助于相互了解和建立良好的工作关系，提高效率和效益。

沟通方式与沟通习惯的差异所造成的误解与冲突。美国工人约翰·威斯罗说，他的中国同事都是玻璃制造专家，在工作中如果遇到问题，往往采取先解决问题、事后才告知美国同事的方式。而这种沟通作风完全不同于美国人沟通在先做事在后的习惯和风格。威斯罗认为，虽然中国同事丰富的经验和高效的执行力很让人佩服，但他还是希望中国同事在修复问题之前能先与美国同事做一些沟通。其他差异还包括，中国人的沟通方式比较含蓄，也不喜欢表达一些负面的信息。而美国人总体喜欢直接，不管是正面还是负面的问题，都喜欢放在桌面上谈。正是由于双方不理解彼此的差异，在日复一日的合作中很容易产生各种各样的误解。为增进中美同事的相互理解，福耀不仅开展技能培训，还增加了文化融合的交流。2016年春节，福耀组织了十几名美国员工到中国参观福耀的姐妹工厂，学习交流经验。

价值观不同。价值观的差异体现在很多方面。例如在选人、用人方面，中国企业考核管理者时，对人品或德的要求很高。但中国社会对好人品和德的理解与西方却有不同之处。如牺牲精神和忠诚在中国社会里被认为是好人品和好员工的重要标准。一个人不能为企业作出点牺牲，对企业不忠诚，企业老板难以委以重任。在欧美企业里，雇主与雇员之间是雇佣与被雇佣的关系，谈不上谁对谁忠诚，更不存在谁为谁牺牲，维系双方雇佣关系的是合同或者契约，双方有责任严格遵守并履行合同或契约规定的各项条款，彼此之间谁也不期待对方有超越合同或契约规定的行为发生，因此员工没有责任对企业忠诚和为企业牺牲。类似这样的差别还有，在中国企业里，员工比较遵循等级制，相对来说下级比较顺从上级。但在欧美企业里，员工则比较期待平等和共享式的管理方式。

走向世界的中国企业家和管理者需要了解这些差异，并学习如何化解和协同这些差异，避免产生误解和冲突。

（三）尊重文化差异：和而不同

随着经济的发展与技术的进步，经济全球化和国际化进程加快，国内区域间经济的一体化，使我们的职业生活免不了面临着多元文化差异的难题，文化的冲突不仅影响到企业内部的沟通与协作，影响到企业的经营管理方式和制度建设，也影响着我们工作的思维方式和人和人之间的相处之道。多元文化并存的职业环境需要我们放下强势文化中心的眼光和视角，重视不同文化的特殊性和差异性，而不是简单地由某一文化的思维、行为和习惯代替另一种文化的思维、行为和习惯，在工作中彼此相互尊重，和而不同。

孔子在《论语·子路》中有云，"君子和而不同，小人同而不和"，所谓"和"，表明的是不同事物之间的和谐、统一与平衡，"同"是指把相同的东西，简单地增加或同一。在这里，孔子所主张的"和"，"不是无原则的迁就，无根据的吸收，或不加分析的苟同"，而是"坚守自己，包容百家，兼收并蓄的开放思想体系"[①]，体现的是中国儒家传统文化思想的

---

① 王长纯. 和而不同——比较教育的哲学沉思[M]. 北京：首都师范大学出版社，2002：126.

开放心态和宽阔胸怀。和而不同，指的不仅是民族间、地区间的文化差异，也包含着个体在不同文化背景下成长过程中形成的兴趣、个性、价值观、生活观念等微观层面的差异。

对于一个大型的企业，很有可能会涉及不同的产业，企业的管理跨越多个文化区域是正常的现象，因此企业集团处于不同地区的下属单位会从不同的角度理解企业的文化，这都会在企业内部形成文化多元的现象。例如在中国，东西地区、南北地区有明显的文化差异，在企业的标准化制度的制定与执行过程中可能就要考虑到文化的差异。就上班时间来说，不同生活习惯影响着上班时间的具体时刻，南方人夜生活比较丰富，习惯睡得晚，而北方人因气候原因往往南方人还在消夜时就进入梦乡；而白天，精力充沛的北方人中午午休往往只有一个小时，而南方人因睡眠不足需要更多的休息时间。而如果有些企业与香港地区或欧美国家有业务往来，在工作时间上，还需要配合它们的国家或地区的节假日的时间。工作制度的制定与执行考虑到文化的差异，尽可能找到双方能达成一致的最佳平衡点，使企业的人际关系和制定建设更充满人文关怀。①

和而不同首先在于双方的平等协商和真诚沟通。不同文化背景的组织和个人都有表达自我思想、观点、好恶、情感和愿望的同等权利，彼此没有高低贵贱之分，没有真诚的沟通，就没有对话和达成共识的可能。其次，和而不同在于双方的宽容和理解。多元文化的对话要在承认彼此文化观念客观存在的前提下，理解对方行为和习惯存在的合理性，不是以自我为中心，而是以宽阔的胸怀接受异于己的思想和观点。最后，和而不同在于文化差异下的对话和交流。面对文化的差异，不能以一方取代另一方，也不能以一方同化另一方，而是在坚守自我前提下平等对话，摒弃偏见，寻找双方最佳的利益契合点。

扩展阅读

文化差异在团队管理中的体现和运用：以阿联酋项目为例②

为了扩大市场规模，寻求全球的发展机遇，很多中国企业走出国门参与国际竞争。为了在全球经济市场上占有一定的份额，在激烈的竞争中取胜，中国企业积极实施了当地化、属地化管理，以适应国际市场竞争和企业管理的需要。与此同时，也遇到了母国文化与东道国文化、中国企业内部员工与外籍雇员间的文化冲突。

作为企业经营者而言，为了避免文化间的冲突，在决策进入东道国的同时，应该首先熟悉东道国文化，了解东道国的传统习俗、宗教文化、礼节禁忌及法律法规等，并对参与企业经营的内部员工进行相应的培训，以尊重东道国文化为前提，开展企业经营的各项活动，避免与东道国之间产生文化冲突。其次，企业应加快文化间的整合，加强团队管理，以团队的凝聚力和向心力，感染外籍员工。同时，在东道国国家及国际节假日时，举办相应的活动，邀请本国员工与外籍员工共同参与，加强员工间的沟通交流与合作，使外籍员工尽快融入整个团队中。

以 P 公司在阿联酋的某工程项目为例，阿联酋位于阿拉伯半岛东部，是典型伊斯兰国

① 周子云. 跨文化：跨国企业多元文化管理的战略与战术[J]. 现代企业文化，2010（8）：39.
② 刘圆圆. 论多元文化环境下的团队管理[J]. 现代商业，2012（7）：182-183.

家。人口大约 750 万，本地居民只有 100 万左右，占总人数的 13%，其余的 87% 分别来自英国、德国、印度、巴基斯坦、菲律宾等国家，人口结构相对复杂。

P 公司于 2008 年承揽了阿联酋国家的某工程项目，该项目现场的管理人员共 50 人左右，其中 45% 为中方员工，55% 是外籍雇员，分别来自印度、巴基斯坦、菲律宾、英国、土耳其等国家，是典型的多元文化环境的团队。如何能让占有多数的外籍雇员发挥优势、为项目出谋划策，是该项目现场管理者所面临的挑战之一。

经过现场管理层的精密分析与部署，制订了相应的团队管理方案，加强了团队的凝聚力和向心力，为项目的顺利完工提供了强有力的保障。

首先，在项目总部的规章制度指导下，团队设立了该项目现场的共同目标，参与建设的所有雇员都为这个目标而努力，并制订了相应的嘉奖措施。在项目年度考核中，外籍雇员也参与其中，表现优秀的外籍雇员可获得项目的杰出员工或优秀员工称号，并给予一定的物质奖励。

其次，针对项目现场中方员工缺乏管理经验，对能力较强的外籍雇员委以重任，让其竭尽所能，发挥优势。该项目现场设立了机械组、土建组、HSE 组、QC 组和计划控制组等几个专业组，每组的负责总监均由外籍雇员担任，现场经理对总监的工作进行监督和考核。这样的工作分工让外籍雇员感觉到中方雇主的认同感和信任感，更有利于其融入团队中。

最后，尊重外籍雇员的宗教文化，在项目的工地现场专门设立了祈祷室和清真餐厅，解决了穆斯林兄弟们的朝拜及用餐困难，大大激发了外籍雇员的工作积极性，更好地服务于工程项目。另外，在项目驻地的活动室，配备了健身器械、乒乓球及台球等设施，感兴趣的中方员工与外籍雇员可在下班后进行切磋。同时在中秋节、圣诞节及新年等节日到来之际，项目现场通过举办聚会晚会的形式，邀请所有中方及外籍员工参加，加强员工间的沟通交流与合作。

上述这些措施，使外籍雇员在工作之余慢慢熟悉中国的文化，逐渐融入企业组织中，更好地为项目服务。同时中方员工学习外籍雇员丰富的管理经验和理念，填补了中方员工管理经验的欠缺，为公司培养了大批的管理型人才。

核心概念

角色转变　融入专业　融入组织　融入多元文化

客观题

自学自测　扫描此码

第十章

就业政策与法规——切实保障自身权益

【本章导读】

就业路上，与法同行①

2012年10月，华南师范大学大四女生温语轩（化名）在"智联招聘"上发现了"广州宝勒商贸有限公司销售职位"的招聘广告。她兴奋地发现自己的专业与招聘职位对口，却看到招聘广告中赫然写着"只招男性"。

"但销售人员，并不是只能男性担任的工种。我在大学时也有兼职销售的工作经历，专业也适合，我觉得自己完全可以胜任这份工作。"温语轩还是投递了自己的简历。等了几天，企业的回复始终没有来。于是她拨通了该公司人事部的电话，虽然一再向对方解释，对方仍然没有更多的理由，只是一句："本公司的销售职位只招男生。"

"这样的遭遇不光是我，我身边的很多同学都经历过。为什么因为我是女生，就要被拒绝？"温语轩的问题，没有得到用人单位的解答。面对大多数受害者都会选择沉默的性别歧视，温语轩认为"这是关系到我们切身利益的事，可是大多数人都选择沉默，情况就不会变。我必须站出来维权。"她毅然走上维权之路。

2013年1月，用人单位向温语轩公开道歉、赔偿，成为全国首例成功获赔的同类案件，而更与众不同的是，温语轩并没有告到法院，她究竟是如何成功维权的？这个案例也许能给很多遭遇维权困扰的同学一点启示。

事实上，温语轩的维权之路并不平坦，刚开始她就面临了一个巨大障碍。她找到了广东律师庞琨，但律师坦率地告诉她："我们也代理过这类案件，想通过司法途径解决，但法院都没有立案。法院基本不支持对用人单位在招聘时的性别歧视判决赔偿损失。"

究其原因，是因为虽然我国多部法律均明文规定"妇女享有与男子平等的就业权利"。如《中华人民共和国妇女权益保障法（修正）》第23条、《中华人民共和国劳动法》第13条都明文规定，在录用职工时，除国家规定的不适合妇女的工种或者岗位外，用人单位不得以性别为由，拒绝录用妇女或者提高对妇女的录用标准。但是这些规定都过于宽泛，对司法实践的指导不够。而且性别歧视中，女生得不到受雇机会，因此存在着损失程度难以量化的司法实践中的难点。所以，就业性别歧视引发的纠纷很难通过司法途径解决。

温语轩在律师的建议下，越过了艰难的走司法程序，找到了一条新路径。2012年11月6日，温语轩来到广州市越秀区人力资源和社会保障局，向其投诉了企业的性别歧视行为。接到投诉后，广州市越秀区人力资源和社会保障局劳动监察大队展开了调查。了解事

---

① 案例整理改编自庄庆鸿，张轶婷. 性别歧视案首次成功获赔[N]. 中国青年报，2013-01-31（3）.

实后，劳监队介入该投诉案件。

经过 71 天的"拉锯战"，2013 年 1 月 15 日，在越秀区人力资源和社会保障局劳动监察大队的调解下，广州宝勒商贸有限公司和温语轩达成了最终协议。

处理结果是："广州宝勒商贸有限公司就招聘过程中存在性别歧视问题，在其公司首页和智联招聘网上向温语轩刊登道歉信。支付温语轩在投诉过程中所花费用共 600 元，并赔偿精神损失费 1 元。"

温语轩的成功，被视为个人的一小步，就业歧视维权的一大步。而广东行政机关在事件中作为的意义不仅在于这 601 元钱，还能激励更多当事人站出来保护自己的权益。

每一个大学生就业过程中发生的案件背后都折射出大学生法律知识匮乏、维权意识淡薄，社会经验欠缺而导致权益屡遭侵害的现状。就业路上，有灿烂的阳光，也有风、有雨，不仅有严格的招聘考核、激烈的上岗竞争，还有庞杂的政策体系、陌生的法律规定、鱼龙混杂的职位信息、层出不穷的招聘陷阱……本章将以就业权益保障为视角，探讨就业路上大学生需要关注的国家大学生就业政策和法律规定。帮助同学们学会在遭遇虚假招聘、就业歧视、恶意违约等非法行为时，向学校、身边人求助之外，还可以勇敢地拿起法律的武器维护自己的就业权益。

第一节　就　业　政　策

大学生就业政策是国家颁布实施的各种就业政策中的一项重要内容，是针对大学生就业问题特别制定的规章制度的总称，用来规范大学生就业工作，营造良好的社会就业环境。[①]本节将梳理目前国家重要的相关政策，其中为了便于说明和理解，选取了某些地方政府、高校和学生的案例。

一、鼓励引导高校毕业生面向基层、中西部地区以及民族地区、贫困地区和艰苦边远地区就业

（一）主要政策

1. 优惠政策

国家鼓励毕业生到基层就业的主要优惠政策如下。

（1）完善工资待遇进一步向基层倾斜的办法，健全高校毕业生到基层工作的服务保障机制，鼓励毕业生到乡镇特别是困难乡镇机关事业单位工作。

（2）对高校毕业生到中西部地区、艰苦边远地区和老工业基地县以下基层单位就业、履行一定服务期限的，按规定给予学费补偿和国家助学贷款代偿。

（3）结合政府购买服务工作的推进，在基层特别是街道（乡镇）、社区（村）购买一批包括大学生村官、支教、支农、支医、乡村扶贫，以及城市社区的法律援助、就业援助、

---

① 肖海琴，李玉雄. 大学生就业问题的社会控制：就业政策述评与反思[J]. 广西教育学院学报，2013（2）：56.

社会保障协理、文化科技服务、养老服务、残疾人居家服务、廉租房配套服务等公共管理和社会服务岗位，优先用于吸纳高校毕业生就业。

（4）落实完善见习补贴政策，对见习期满留用率达到50%以上的见习单位，适当提高见习补贴标准，允许就业见习补贴用于见习单位为见习人员办理人身意外伤害保险以及对见习人员的指导管理费用。

（5）将求职补贴调整为求职创业补贴，对象范围扩展到已获得国家助学贷款的毕业年度高校毕业生，以及贫困残疾人家庭、建档立卡贫困家庭高校毕业生和特困人员中的高校毕业生。

（6）艰苦边远地区基层机关招录高校毕业生可适当放宽学历、专业等条件，降低开考比例，可设置一定数量的职位面向具有本地户籍或长期居住生活的高校毕业生。

2. 鼓励措施

国家对在基层工作的高校毕业生职业发展的鼓励政策措施主要有以下几方面。

（1）在干部人才选拔任用机制上，进一步强化基层工作经历的政策导向，向在基层工作的优秀高校毕业生倾斜。

（2）自2012年起，省级以上机关录用公务员，除特殊职位外，按照有关规定一律从具有2年以上基层工作经历的人员中考录。

（3）地市级以上机关应拿出一定数量职位面向具有基层工作经历的公务员进行公开遴选。

（4）省、市级所属事业单位面向社会公开招聘时，应拿出一定数量岗位公开招聘有基层事业单位工作经历的人员。有条件的地区，可明确具体公开遴选或招聘的比例。

（5）鼓励国有大中型企业建立健全人力资源管理激励机制，将在基层生产和管理一线表现优秀的高校毕业生纳入后备人才队伍，加大从基层一线选拔任用中层干部的力度。

（6）具有基层工作经历的高校毕业生在研究生招录和事业单位选聘时实行优先。

（7）在中西部地区和艰苦边远地区县以下基层单位从事专业技术工作的高校毕业生申报相应职称时，可不参加职称外语考试或放宽外语成绩要求。充分挖掘社会组织吸纳高校毕业生就业潜力，对到省会及省会以下城市的社会团体、基金会、民办非企业单位就业的，所在地的公共就业人才服务机构要协助办理落户手续，在专业技术职称评定方面享受与国有企事业单位同类人员同等待遇，对于吸纳高校毕业生就业的社会组织，符合条件的可同等享受企业吸纳就业扶持政策。

（8）对到农村基层和城市社区从事社会管理和公共服务工作的高校毕业生，符合公益性岗位就业条件并在公益性岗位就业的，按照国家现行促进就业政策的规定，给予社会保险补贴和公益性岗位补贴。

3. 学费补偿和助学贷款代偿政策

学费补偿和助学贷款代偿是国家给予高校毕业生（含全日制本专科、高职生、研究生、第二学士学位毕业生）到中西部地区、艰苦边远地区和老工业基地县以下基层单位就业、履行至少3年的服务期限的一项非常重要的优惠政策，也是同学们普遍比较关心的一项。

（1）适用的就业地域范围。

①西部地区：西藏、内蒙古、广西、重庆、四川、贵州、云南、陕西、甘肃、青海、

宁夏、新疆12个省（自治区、直辖市）。

②中部地区：河北、山西、吉林、黑龙江、安徽、江西、河南、湖北、湖南、海南10个省。

③艰苦边远地区：由国务院确定的经济水平、条件较差的一些州、县和少数民族地区（详情可进一步查询：http：//www.gov.cn）。

④基层单位：以上地区的县以下机关、企事业单位，包括乡（镇）政府机关、农村中小学、国有农（教、林）场、农业技术推广站、畜牧兽医站、乡镇卫生院、计划生育服务站、乡镇文化站、乡镇劳动就业服务站等；地处以上地区县以下的气象、地震、地质、水电施工、煤炭、石油、航海、核工业等中央单位艰苦行业生产第一线。

（2）标准和年限。本专科生每人每年最高不超过8 000元，研究生每人每年最高不超过12 000元。本科、专科（高职）、研究生和第二学士学位毕业生补偿学费或代偿国家助学贷款的年限，分别按照国家规定的相应学制计算。在校学习时间低于相应学制规定年限的，按照实际学习时间计算；高于的，按照学制规定年限计算。每年代偿学费或国家助学贷款总额的1/3，3年代偿完毕。

（3）如何申请。中央部门所属高校毕业生只需在办理离校手续时向学校递交《学费和国家助学贷款代偿申请表》和就业协议。地方所属高校毕业生需要向学校所在地政府有关部门进行查询办理。

（二）大学生基层就业项目

案例思考

基层就业对大学生的意义体现在哪里

北京80名任职期满的大学生"村官"手捧中国邮政储蓄银行北京分行录取聘书非常激动。一名"村官"说："邮储银行的新岗位为我们服务'三农'提供了更大的舞台，许多当'村官'时的创业想法有了新的着力点，搞畜牧养殖、种反季节蔬菜、尝试订单农业，通过信贷支持让村民尽快尝到靠新观念务农、新技术种田、新产业致富的甜头。"曾任京郊延庆县永宁镇西山沟村党支部书记助理的北京农学院学生胡一萍，被乡亲们亲切地称为"葫芦妹"。她在短短的3年内，把一个普通的山村建设成了远近闻名的"葫芦村"，村民们手里的葫芦条由原来的每斤10元提高到25元。出色的业绩和组织能力让她任职期刚满就被延庆县委宣传部看中，专门负责全县文化创意产业的引进宣传，成为大学生"村官"再就业的突出代表。据北京市委组织部与人力资源和社会保障局介绍，截至2009年底，北京市2006年签约的首批3年合同期满的大学生"村官"中共有1792名走上新的工作岗位，占全部任职期满"村官"的92%，实现了大学生"村官"既"下得去、待得住、干得好"，又"流得动"的良性循环

思考：

1. 你是否想过到基层去，到祖国最需要的地方去建功立业？

2. 文中所说的"大学生村官"属于哪个基层就业项目？

3. 服务基层大学生再就业享受了什么优惠政策？

近年来为引导鼓励大学生面向基层就业，国家陆续推出了一系列具有志愿服务性质的大学生就业项目（表 10-1）。这些项目为大学生了解基层，积累基层工作经验，在实践中明确职业价值观、合理调整就业观念起到了积极的作用。基层是个广阔的天地，任何人的成功都是从最平凡、最基础的工作做起，大学生也不例外，在基层创造的工作业绩，既是再就业的王牌，也是事业腾飞的起点。

表 10-1　志愿服务项目一览表

项目名称	开始年份	实施单位	专题网站
大学生志愿服务西部计划	2003	团中央、教育部、财政部、人力资源社会保障部	"大学生志愿服务西部计划"专题网站：http://xibu.youth.cn/
"三支一扶"（支教、支农、支医和扶贫）计划	2006	中组部、人力资源社会保障部、教育部	@高校毕业生关于"三支一扶"这些知识你需要知道：https://www.ncss.org.cn/tbch/szyf/index.shtml
农村义务教育阶段学校教师特设岗位计划	2006	教育部、财政部、人力资源社会保障部、中央编办	
选聘高校毕业生到村任职工作计划	2008	中组部、教育部、财政部、人力资源社会保障部	
农业技术推广服务特设岗位计划	2013	农业部、人力资源社会保障部、教育部	

参加中央部门组织实施的基层就业项目、服务期满的高校毕业生享受以下优惠政策。

1. 公务员招录优惠

每年拿出公务员考录计划的一定比例，专门用于定向招录服务期满且考核合格的服务基层项目人员，同时也可报考其他职位。

2. 事业单位招聘优惠

鼓励在项目结束后在当地就业，参加各基层就业项目相对应的自然减员空岗，全部聘用服务期满的高校毕业生。从 2009 年起，到乡镇事业单位服务的高校毕业生服务满 1 年后，在现岗位空缺情况下，经考核合格，即可与所在单位签订不少于 3 年的聘用合同。同时，各省（自治区、直辖市）县及县以上相关的事业单位公开招聘工作人员，应拿出不低于 40% 的比例，聘用各专门项目服务期满考核合格的高校毕业生。

3. 考学升学优惠

服务期满后 3 年内报考硕士研究生初试总分加 10 分；同等条件下优先录取；高职（高专）学生可免试入读成人本科。

4. 国家补偿学费和代偿助学贷款政策

符合条件的可享受相应的学费补偿和代偿助学贷款。

5. 创业优惠

服务期满自主创业的，可享受税收优惠、行政事业性收费减免、小额贷款担保和贴息等有关政策。

6. 其他

各基层就业项目服务年限计算工龄。服务期满到企业就业的，按照规定转接社会保险关系。

二、鼓励大学生应征入伍服义务兵役

案例思考

大学生携笔从戎都有哪些途径呢

2013年5月，一条鲜红的横幅映入正在济南大学念书的隋彬的眼帘。"莘莘学子携笔从戎，参军报国建功立业"，一个念头从他脑中萌生：何不到绿色军营闯荡一番？回忆起当兵的第一年，隋彬说起这么一件事："我们在外面驻训，下午在搞体能，准备投手榴弹，活动活动身体，把身上装具卸下后就开始做俯卧撑。班长说：'数一做一，不行就打报告出列。'那天太阳还特别大，做着做着就有人陆续起来了。最后就剩下我们四个新兵还在坚持着，谁也不肯先起来。那时候，已经做到200多个俯卧撑了……后来才知道，我们四个都是大学生士兵。"2013年，全国征兵时间统一由冬季调整到夏秋季。这一年，一大批大学生携笔从戎，参军入伍。那一年，"大学生士兵"是一个时髦的名词。[①]

思考：

1. 你知道大学生入伍的条件吗？

2. 你了解国家鼓励大学生应征入伍都有哪些优惠政策吗？

在大学生中提到参军入伍，很多同学都是满腔热血，跃跃欲试。近年来，国家鼓励大学生应征入伍，相应地出台了一系列的优惠政策，有兴趣的同学可以通过全国征兵网（https://www.gfbzb.gov.cn/）进行详细了解。

（一）需要具备的条件

只要是根据国家有关规定批准设立、实施高等学历教育的全日制公办普通高等学校、民办普通高等学校和独立学院，按照国家招生规定录取的全日制普通本科、专科（含高职）、研究生、第二学士学位的应（往）届毕业生、在校生和已被普通高校录取但未报到入学的学生都能以"大学生"的身份应征入伍服两年的义务兵役。

应征必须通过政治条件的审查和按照国防部颁布的《应征公民体格检查标准》满足一定的身体条件。

年龄上男生在校生需为18～22周岁，毕业生高职（专科）生可放宽至23周岁，本科

---

① 资料来源洪文强：《参军入伍，这些大学生士兵有话说》，中国军网微信公众号2017年4月27日。

及以上学历可放宽至 24 周岁。女生在校生为 18～20 周岁，毕业生可放宽至 22 周岁。

扩展阅读

大学生应征入伍的基本身体条件

身高：男性 160cm 以上，女性 158cm 以上。

体重：男性不超过标准体重的 30%，不低于标准体重的 15%；女性不超过标准体重的 20%，不低于标准体重的 15%。标准体重=（身高－110）kg。

视力：裸眼视力右眼不低于 4.6，左眼不低于 4.5。屈光不正，准分子激光手术后半年以上，无并发症，视力达到相应标准的视为合格。

内科：乙型肝炎表面抗原呈阴性。

（二）"四个优先"政策

1. 优先报名应征

报名由县级兵役机关直接办理。夏秋季征兵开始前，县级兵役机关通知其报名时间、地点、注意事项等。确定为预征对象的高校毕业生，持《应届毕业生预征对象登记表》直接到学校所在地或户籍所在地县级兵役机关报名应征。

2. 优先体检政考

体检由县级兵役机关直接办理。夏秋季征兵体检前，县级兵役机关通知其体检时间、地点、注意事项等。确定为预征对象的高校毕业生，未能在规定时间内在学校参加体检的，本人持《应届毕业生预征对象登记表》可在征兵体检时间内报名直接参加体检。

3. 优先审批定兵

优先审批体检政审合格的高校毕业生入伍。高职（专科）以上文化程度的合格青年未被批准入伍前，不得批准高中文化程度的青年入伍。

4. 优先安排使用

在安排兵员去向时，根据高校毕业生的学历、专业和个人特长，优先安排到军兵种或专业技术要求高的部队服役；优先安排到适合的岗位，充分发挥其专长。

（三）国家资助政策

国家对应征入伍的大学生，在入伍时对其在校期间缴纳的学费实行一次性补偿；获得校园地生源地国家助学贷款的实行代偿；应征入伍前正在高校就读的学生（含按国家招生规定录取的新生），但是在校期间已免除全部学费的学生，定向生、委培生和国防生，其他不属于服义务兵役的学生不享受学费补偿和国家助学贷款代偿政策。服役期间按国家有关规定保留学籍或入学资格，退役后自愿复学或入学的实行学费减免。

以上国家资助，本专科生每人每年最高不超过 8 000 元，研究生每人每年最高不超过 12 000 元。

（四）退役后可享受的优惠政策

（1）高职（专科）学生入伍经历可作为毕业实习经历。

（2）退役大学生士兵入学或复学后免修军事技能训练直接获得学分。

（3）设立"退役大学生士兵"专项硕士研究生招生计划。专门面向退役大学生士兵招生，指标在全国研究生招生总规模中单列下达不得挪用。

（4）鼓励高校结合本校具体情况，将在校期间（含高校新生）服兵役情况纳入推免生遴选指标体系。在部队荣立二等功及以上的退役人员，符合研究生报名条件的可初试免试。

（5）退役人员退役后3年内，在校生（含高校新生）完成本科学业后3年内参加全国硕士研究生招生考试的，初试总分加10分，同等条件下优先录取。

（6）退役大学生士兵专升本实行招生计划单列。具体比例由各省根据本地实际和报名情况确定，可在现有30%基础上适度扩大。

（7）放宽退役大学生士兵复学转专业限制。

（8）具有高职（高专）学历的，退役后免试入读成人本科，或经过一定考核入读普通本科；荣立三等功以上奖励的，在完成高职（高专）学业后免试入读普通本科。

（9）参加政法干警招录培养体制改革试点考试时教育考试笔试成绩总分加10分。

三、鼓励支持大学生自主创业

案例思考

如何讲好大学生创业的"中国故事"

"我们做的东西就这么没市场吗？"

"不好意思，你们中国的研发不行，你们提供的设备只能按斤卖。"

2013年的一场美国石油展上，当时已经创业开办了一家石油机械公司的田雅琼在推销自己公司的产品时，与美国客户之间发生了上述对话。

这句话深深地刺痛了她，从那一刻起，她决定回国到西南石油大学读博，重新开始，研究几十年来卡住无数中国油气井"脖子"的深井探测技术。

在2018年第四届中国"互联网＋"大学生创新创业大赛金奖争夺赛的会场，THROLL全参数地层快测仪项目创始人田雅琼说起这段往事时，声音有些颤抖。

再次创业的田雅琼并非一帆风顺。"国外服务一次收费100万元，我们的一次收费15万元。"对于油田企业，这是一道再简单不过的选择题，就算如此，田雅琼获得第一笔订单也是无比的艰难。

以新疆为例，打一口油气井的费用少则数百万元，多则上千万元，田雅琼团队的快速测井平台是便宜，但是油田却不敢用。如果设备失灵出故障，维修成本更是天价，他们宁愿多花点钱选择国外巨头的技术。

靠着无懈可击的实验数据，田雅琼终于获得测试的机会，最终拿下了500万元的订单。

思考：

1. 你知道国家对大学生创业都提供了哪些鼓励措施和优惠政策吗？

2. 你是否听说过中国"互联网＋"大学生创新创业大赛？

对于走上中国"互联网＋"大学生创新创业大赛这个舞台上的很多大学生创业者来说，这项比赛似乎无关乎输赢，对于他们来说，这关乎每一个掷地有声的梦想，更关乎对国家荣誉的坚守。国家鼓励大学生创业的意义也正在于此，为此国家出台了一系列的优惠政策和鼓励措施。

（一）优惠政策

1. 税收优惠

高校毕业生持人社部核发的《就业创业证》在毕业年度内（指毕业所在自然年，即从1月1日至12月31日）创办个体工商户、个人独资企业的，3年内按每户每年8 000元为限额依次扣减其当年实际应缴纳、城市维护建设税、教育费附加和个人所得税。创办小型微利企业的按国家规定享受相关税收支持政策。

2. 创业担保贷款和贴息支持

符合条件的可以在创业地按规定申请创业担保贷款，贷款额度为10万元。鼓励金融机构参照贷款基础利率，结合风险分担情况，合理确定贷款利率水平，对个人发放的创业担保贷款，在贷款基础利率基础上浮3个百分点以内的，由财政予以贴息。

3. 免收有关行政事业性收费

毕业2年以内的普通高校毕业生从事个体经营（除国家限制的行业外）的，自其在市场监督管理机关首次注册登记之日起3年内，免收管理类、登记类和证照类等有关行政事业性收费。

4. 享受培训补贴

各地人力资源社会保障部门已经有一些成熟的创业培训模式，如"GYB"（产生你的企业想法）、"SYB"（创办你的企业）、"IYB"（改善你的企业）。对高校毕业生在毕业学年（即从毕业前一年7月1日起的12个月）内参加创业培训的，根据其获得创业培训合格证书或就业、创业情况，按规定给予培训补贴。

5. 免费创业服务

可免费获得公共就业和人才服务机构提供的创业指导服务，包括政策咨询、信息服务、项目开发、风险评估、开业指导、融资服务、跟踪扶持等"一条龙"创业服务。各地在充分发挥各类创业孵化基地作用的基础上，因地制宜建设一批大学生创业孵化基地，给予政策扶持，对基地内大学生创业企业要提供培训和指导服务，落实扶持政策，努力提高创业成功率，延长企业存活期。

6. 取消落户限制

允许高校毕业生在创业地办理落户手续，直辖市按有关规定执行。

（二）高校对创业大学生提供的条件

（1）学生参加创新创业、社会实践等活动以及发表论文、获得专利授权等与专业学习、学业要求相关的经历、成果，可以折算为学分，计入学业成绩。具体办法由学校规定。学校应该鼓励、支持和指导学生参加社会实践、创新创业活动，可以建立创新创业档案、设置创新创业学分。

（2）学校可以根据情况建立并实行灵活的学习制度，允许保留学籍休学创新创业，对休学创业的学生，可以单独规定最长学习年限，并简化休学批准程序。休学创业后复学的学生，因自身情况需要转专业的，学校应当优先考虑。

（3）建设一批大学生创业示范基地，继续推动大学科技园、创业园、创业孵化基地和实习实践基地建设，高校应开辟专门场地用于学生创新创业实践活动，教育部工程研究中心、各类实验室、教学仪器设备等原则上都要向学生开放。

（4）各高校要优化经费支出结构，多渠道统筹安排资金，支持创新创业教学，资助学生创新创业项目。健全创新创业教育课程体系，组织学科带头人、行业企业优秀人才联合编写具有科学性、先进性、适用性的创新创业教育试点教材。加快创新创业教育优质课程信息化建设，推出一批资源共享的慕课、视频公开课等在线开放课程，并建立学习认证和学分认定制度。

（5）促进专业教育和创新创业教育有机融合，调整专业课程设置，改革教学方法和考核方法，广泛开展启发式、讨论式、参与式教学，扩大小班化教学覆盖面，推动教师把国际前沿学术发展、最新研究成果和实践经验融入课堂教学，注重培养学生的批判性和创造性思维，激发创新创业灵感。

（6）强化创新创业实践。高校要加强专业实验室、虚拟仿真实验室、创业实验室和训练中心建设。各地区、各高校科技创新资源原则上向全体在校学生开放。鼓励各地区、各高校充分利用各种资源建设大学科技园、大学生创业园、创业孵化基地和小微企业创业基地。完善国家、地方、高校三级创新创业实训教学体系。举办全国大学生创新创业大赛。支持高校学生成立创新创业协会、创业俱乐部等社团。

扩展阅读

中国"互联网+"大学生创新创业大赛

中国"互联网+"大学生创新创业大赛是我国深化创新创业教育改革的重要载体和平台，大赛为大学生实现创新创业梦想打开了一扇美丽的天窗。自2014年举办首届以来，先后在吉林大学、华中科技大学、西安电子科技大学、厦门大学、浙江大学五所大学举办了五届比赛。经过五年的发展，"互联网+"大赛已经成为国家"创新驱动发展战略"重要支撑，在大赛中，看到越来越多院士、长江学者、杰出青年的身影，看到越来越多国家重点实验室与工程中心的研究成果，看到越来越多青年学子，走出实验室、走向产业，实现科研成果价值最大化。行业龙头企业高度关注"互联网+"大赛，目前大赛已经成为深化产教融合、促进产业转型升级的重要平台。第三届增加的"青年红色筑梦之旅"，深入贯彻总书记回信精神，促使大学生扎根中国大地，了解国情民情，坚定理想信念，锤炼意志品质，助力精准脱贫扶贫和乡村振兴。使得大赛不仅成为目前国内顶级的大学生双创大赛事，而且在大学生中开办了一堂最大的思政课、一堂最大的国情课。关于赛事的具体情况可以登录专题网站全国大学生创业服务网（https://cy.ncss.org.cn/）进行了解。

四、支持大学生到国际组织实习任职

案例思考

大学生就业如何走出国门

2017年4月的一天，复旦大学国际关系与公共事务学院研究生周闻看到微信群闪现一条消息：联合国来学校招募实习生。她心动了，并投出中英文简历。几天后，周闻接到面试电话。"就像聊天一样"，联合国新闻部一位负责人听她做自我介绍，问她有没有媒体经验，能不能独立采、编、播，还问她有没有去过美国，对联合国是否了解。这个岗位，已有多位复旦在校生去实习过，主要负责打理联合国的各个社交媒体，如微博、微信。一直对新闻感兴趣的周闻辅修了新闻学，自学口译，还在联合国教科文组织世界遗产培训与研究中心上海分中心实习过，凭借语言能力、采编能力和实习经历，让她叩开了通向联合国的大门。近年来，赴联合国实习的中国大学生越来越多，而且90后占很大部分。这些远渡重洋的年轻人，在异国他乡，过了把"国际公务员"的瘾。

思考：

1. 你知道国内大学生应聘"国际公务员"都有哪些渠道吗？

2. 除了联合国，你还能说出哪些国际组织的名称？

教育部2017年明确了200家国际组织和400余条岗位信息向高校学生开放。这意味着能像周闻一样到联合国这样高大上的国际组织去实习乃至工作的机会越来越多，想必，这样的机会对于每一位大学生都有很大的诱惑。那么，同学们就很有必要了解一下与此有关的一些知识和政策。

（一）国际组织是什么以及有哪些职位可向大学生开放

国际组织是具有国际性行为特征的组织，是两个或两个以上国家（其他国际法主体）为实现共同的政治经济目的，依据其缔结的条约或其他正式法律文件建立的有一定规章制度的常设性机构。国际组织分为政府间组织和非政府间组织，也可分为区域性国际组织和全球性国际组织。同学们比较熟悉的政府间国际组织有联合国、欧洲联盟、世界贸易组织等，非政府间的国际组织有国际奥委会、国际红十字会等。

以联合国为例，联合国的国际公务员主要分为三种：D（director）类、G（general）类和P（professional）类。D类是高级管理人员，属于领导类职务，部分是在联合国内部一级一级晋升上去的。另外一部分来自各国直接派遣，如我国各部委派驻到联合国的工作人员。G类是一般事务人员，属于基础性岗位，大多是行政、秘书等辅助性雇员，一般从机构所在国当地招聘。P类是技术人员，是联合国的中坚力量，是我国大学生想加入联合国的主要面向类别，应聘最常规的渠道是通过参加联合国的 YPP 考试（青年专业人员考试）。

扩展阅读

联合国青年专业人员（YPP）考试

　　YPP 是 2012 年联合国对原国家竞争考试（NCRE）改革后的考试项目，是联合国招聘工作人员的主要方式之一。YPP 的考试对象是初级业务官员（P1/P2 级），由联合国秘书处每年根据各会员国占地域分配的理想员额幅度情况，邀请无代表性、代表性不足或即将变为代表性不足的会员国参加考试。会员国同意参加后，其国民可通过联合国网站报名参加本年考试。联合国将对申请参加考试的人员进行初步网上筛选，确定最终参加考试人员名单。考试一般分为笔试和面试两个测试阶段，通过选拔的人员将进入联合国后备人员名单，当出现职位空缺时由联合国从后备人员名单中进行选聘。

（二）国家对大学生到国际组织实习任职提供的指导服务

　　国家为大学生到国际组织实习任职和参加志愿者活动提供信息、咨询、培训等服务，开放了"高校毕业生国际组织实习任职服务平台"（http://gj.ncss.org.cn/）。鼓励有条件的高校结合国际组织人才需求开展培养推送高校毕业生到国际组织实习任职工作，将国际组织基本情况、招聘要求、职业发展路径等内容纳入大学生就业指导教材和课程。

　　国家留学基金委员会从全国优秀应届毕业生中选派实习生前往联合国教科文组织、国际民航组织及国际电信联盟进行为期 3～12 个月的实习，并可提供奖学金资助，有兴趣的同学可进一步通过教育部留学基金委网站（http://www.csc.edu.cn/）进行了解。

（三）大学生到国际组织实习任职需要具备的能力

　　"Do you have:

A university degree as well as a postgraduate specialization in a health- or management-related field, relevant to WHO's work?

Experience at the national and international levels in your area of expertise?

Good analytical skills, an understanding of policy issues and a keen interest in public health?

A proficiency in English and good working knowledge of a second UN language (Arabic, Chinese, French, Russian, Spanish)?

Effective teamwork and communication skills?"[1]

　　这是世界卫生组织对应聘者提出的能力需求，很容易就会发现对于要进入国际组织工作的大学生，主要需求的是以下两方面的能力。

1. 语言能力

　　联合国有英语、法语、西班牙语、阿拉伯语、俄语和汉语六种官方工作语言，其中以英语和法语使用最为广泛，所以同时熟练掌握这两门语言的同学进入国际组织将具有天然

---

① 资料来源：世界卫生组织官方网站 https://www.who.int/careers/who-we-need/requirements/en/.

的优势。联合国的很多机构在招聘时都要求应聘者能使用两种或两种以上的语言进行交流。除了能做到基本的"四会"（听说读写），更要求能实际运用语言开展协商谈判、做口头报告、在公众面前演讲、撰写报告和文件等工作。同时联合国要求员工必须能与不同的对象进行交流，做到有效、清晰、简洁、准确可信，能阐释复杂问题并且有吸引力，方便沟通对象理解。

因此，有意进入国际组织实习任职的大学生在大学期间一定要注重外语能力的培养，努力熟悉掌握听说读写的技能，要充分锻炼使用外语进行口头交流和书面交流的实际运用能力。有条件的话可以参加托福、雅思等在国际上被广泛承认的语言水平考试，取得的成绩对申请国际组织的实习、志愿者项目、正式工作项目都有帮助。

2. 综合能力

国际组织对聘用的公务员，不单纯是技术性、专业性的要求，更为看重在职场中普遍需要的沟通能力、管理能力等综合能力。尤其强调国际组织跨文化工作所需要的某些能力，如伙伴关系、团队精神、协同配合、互动、相互尊重与理解、有效行为等。

世界卫生组织有一个全球能力模板（global competency model），分为核心能力、管理能力、领导能力三大类共 13 项内容，反映了对国际公务员各方面能力的总体要求，对大学生具有比较大的参考价值。

五、鼓励和引导大学生到重点地区、重大工程、重大项目、重要领域就业

案例思考

国家重大战略和大学生就业有什么关联

据新华社北京 2019 年 9 月 29 日电　近年来，中国与"一带一路"沿线国家双向投资不断深化。商务部副部长钱克明 29 日说，如今中国企业对沿线国家的投资累计已超过 1 000 亿美元，沿线国家对中国的投资也达到 480 亿美元。

思考：看到这样的新闻，你会怎么将它和自己未来的就业联系起来呢？

2015 年 3 月，国家发展改革委、外交部、商务部联合发布了《推动共建丝绸之路经济带和 21 世纪海上丝绸之路的愿景与行动》，"一带一路"的互联互通项目将推动沿线各国发展战略的对接与耦合，发掘区域内市场的潜力，促进投资和消费，上文中看到的投资数字必将越来越大，创造了大量的需求和就业机会。

除"一带一路"以外，"长三角一体化发展""京津冀协同发展""粤港澳大湾区建设"等国家重大战略为大学生提供了大量的岗位需求。高校毕业生要主动对接人才需求，积极到重点地区、重大工程、重大项目、重要领域去就业。要抓住实施"互联网+"行动计划等契机，到先进制造业、现代服务业和现代农业等领域就业创业。

由高校、科研机构和企业所承担的民口科技重大专项、973 计划、863 计划、科技支撑计划项目以及国家自然科学基金会的重大重点项目等，可以聘用高校毕业生作为研究助理

或辅助人员参与研究工作。此外的其他项目，承担研究的单位也可聘用高校毕业生。吸纳对象主要以优秀的应届毕业生为主，包括高校以及有学位授予权的科研机构培养的博士研究生、硕士研究生和本科生。

与大学生就业相关的政策内容庞杂而细致，以上的五个部分无法全部囊括，还有一些没有涉及的，其中比较重要的有：鼓励中小企业、微型企业吸纳毕业生的有关政策；关于稳定灵活就业大学生的相关政策。尤其值得同学们重点关注的是就业见习的相关政策。

就业见习指的是各级人力资源社会保障部门根据离校未就业高校毕业生本人意愿，组织其到经政府认定的就业见习单位进行见习锻炼、积累工作经验、提升就业能力的一项就业促进措施。人力资源社会保障部门通过公共就业、人才服务机构以及电视、网络、报纸等媒体，多渠道地发布就业见习信息，公布见习单位名单、岗位数量、期限、人员要求等有关内容。也会组织开展见习单位和高校毕业生的双向选择活动，帮助离校未就业高校毕业生和见习单位对接。未就业回到原籍的高校毕业生可与当地人力资源社会保障部门及当地团组织联系，主动申请参加就业见习。就业见习期限一般为 3~12 个月，就业见习活动结束后，见习单位对高校毕业生进行考核鉴定，出具见习证明，作为用人单位招聘和选用见习高校毕业生的依据之一。在见习期间，由见习单位正式录（聘）用的，在该单位的见习期可以作为工龄计算。高校毕业生在见习期间享受人身意外伤害保险、基本生活补助、免费办理人事代理以及期满未被录用将继续享受就业指导与服务等政策和服务。

对于文中所有的政策都可以在表 10-2 中找到更为具体的依据，除此以外一些零散的政策规定有兴趣的同学也可以在列表中关注相关的政策文件。

表 10-2　大学生就业主要政策文件列表

文题	文号
国务院关于做好当前和今后一段时期就业创业工作的意见	国发〔2017〕28 号
中共中央办公厅　国务院办公厅印发《关于进一步引导和鼓励高校毕业生到基层工作的意见》的通知	中办发〔2016〕79 号
国务院关于进一步做好新形势下就业创业工作的意见	国发〔2015〕23 号
国务院办公厅关于做好 2014 年全国普通高等学校毕业生就业创业工作的通知	国发〔2014〕22 号
国务院办公厅关于做好 2013 年全国普通高等学校毕业生就业创业工作的通知	国办发〔2013〕35 号
国务院关于进一步做好普通高等学校毕业生就业工作的通知	国发〔2011〕16 号
人力资源社会保障部关于公布第一批基层社会管理和公共服务岗位目录的通知	人社部函〔2009〕135 号
财政部　人力资源社会保障部关于进一步加强就业与专项资金管理有关问题的通知	财社〔2011〕64 号
关于调整完善国家助学贷款相关政策措施的通知	财教〔2014〕180 号
财政部　教育部关于印发《高等学校毕业生学费和国家助学贷款代偿暂行办法》的通知	财教〔2009〕15 号
财政部　教育部　总参谋部关于印发《高等学校学生应征入伍服义务兵役国家资助办法》的通知	财教〔2013〕236 号
财政部　教育部　民政部　总参谋部　总政治部关于实施退役士兵教育资助政策的意见	财教〔2011〕538 号
关于对直接招收为士官的高等学校学生施行国家资助的通知	财教〔2015〕462 号
关于实施农村义务教育阶段学校教师特设岗位计划的通知	教师〔2006〕2 号
关于印发《关于选聘高校毕业生到村任职工作的意见(试行)的通知》	组通字〔2008〕18 号

续表

文题	文号
关于组织开展高校毕业生到农村基层从事支教、支农、支医和扶贫工作的通知	国人部发〔2006〕16号
关于继续做好高校毕业生三支一扶计划实施工作的通知	人社部发〔2011〕27号
关于实施大学生志愿服务西部计划的通知	中青联发〔2003〕26号
关于实施基层农技推广特设岗位计划的意见	
关于统筹实施引导高校毕业生到农村基层服务项目工作的通知	人社部发〔2009〕42号
国务院关于进一步支持小型微型企业健康发展的意见	国发〔2012〕14号
关于做好2013—2014年国有企业招收高校毕业生工作有关事项的通知	国资厅发分配〔2013〕37号
关于进一步加强流动人员人事档案管理服务工作的通知	人社部发〔2014〕90号
流动人员人事档案管理暂行规定	
国务院关于完善企业职工基本养老保险制度的决定	国发〔2005〕38号
国务院关于建立城镇职工基本医疗保险制度的决定	国发〔1998〕44号
失业保险条例	国务院令第258号
工伤保险条例	国务院令第586号
企业职工生育保险试行办法	劳部发〔1994〕504号
国务院办公厅关于鼓励服务外包产业加快发展的复函	国办函〔2010〕69号
人力资源社会保障部 商务部关于加快服务外包产业发展促进高校毕业生就业的若干意见	人社部发〔2009〕123号
关于促进普通高校毕业生到国际组织实习工作的通知	教学〔2017〕6号
科技部 教育部 财政部 人力资源社会保障部 国家自然科学基金委员会关于鼓励科研项目单位吸纳和稳定高校毕业生就业的若干意见	国科发财〔2009〕97号
人力资源社会保障部办公厅关于重大科研项目单位吸纳高校毕业生参与研究工作签订服务协议有关问题的通知	人社厅发〔2009〕47号
国务院办公厅关于深化高等学校创新创业教育改革的实施意见	国办发〔2015〕36号
教育部关于做好2016届全国普通高等学校毕业生就业创业工作的通知	教学〔2015〕12号
普通高等学校学生管理规定	教育部令第41号
人力资源社会保障部关于实施高校未就业高校毕业生就业促进计划的通知	人社部发〔2013〕41号

第二节　就业协议与劳动合同的法律规定

就业协议和劳动合同的签订是就业法律保障的重中之重，是每位大学毕业生在正式工作之前都要经历的过程，这一部分将介绍就业协议和劳动合同的相关政策和法律规定。

一、就业协议与劳动合同的区别

案例思考

就业协议和劳动合同可以混为一谈吗

小冯是某高校会计与审计专业的一名大三学生。2017年7月，他从网络招聘上了解到某财务公司招聘财务外勤，于是带上个人简历与《四川省普通高等学校毕业生就业协议书》前往公司面试，并顺利得到这个工作岗位。财务公司负责人黄总与小冯口头协商约定了使用期限及试用期工资待遇，鉴于小冯还没毕业，只能算是实习期，实习工资为底薪 1 500 元，每月根据具体表现还有绩效提成，每月 10 日至 15 日会定时发放工资。随后，小冯被派遣到公司的一家代理公司提供会计服务。三个月后，小冯作为高校学生与财务公司签订了《四川省普通高等学校毕业生就业协议书》，约定在小冯报到后双方签订劳动合同，高校招生就业处在小冯基本信息栏盖章确认。2018 年 6 月 18 日，小冯大学毕业，取得了财会相关初级资格证书，他继续回到这家财务公司上班，黄总每月通过转账方式向小冯支付劳动报酬，却未为他缴纳社保。

当试用期过了以后，财务公司迟迟不和小冯签订正式的劳动合同，这可急坏了小冯。几个月来，小冯三番五次想找公司签订正式合同，都被黄总人刻意回避，小冯想与公司解除合同，又担心因违约承担赔偿责任，在了解到公司的行为是违法行为后，小冯先与财务公司协商未果后，2018 年 10 月 25 日，小冯向区劳动人事争议仲裁委员会申请仲裁。①

思考：

1. 你是否清楚知道就业协议和劳动合同各自的含义？

2. 就业协议和劳动合同是可以互相替代的吗？

3. 如果不是的话，你知道它们之间的差异吗？

这个案例的焦点在于对就业协议法律性质的认定，以及就业协议与劳动合同之间的区别和联系问题。就业协议，是由学校作为鉴证，毕业生与用人单位签订的一份意向性协议，具有法律效力。就业协议具有三个特性：唯一性，也就是说每位毕业学生只有一份就业协议书；时效有限性，就业协议书在毕业生报到用人单位后，其法律效力即告终止；签订主体的特殊性，签订主体是毕业生本人和用人单位，培养学校以鉴证人的身份出现。就业协议书的作用体现在两个方面：一是作为用人单位调取毕业生档案的凭证，但不是确定劳动关系的凭证；二是它是一种预约合同，约定双方当事人在毕业生报到后要缔结劳动合同。

劳动合同作为劳动者与用人单位之间确定劳动关系、明确双方权利义务的一种协议，与就业协议书在功能、属性等各方面都存在重大差异。

1. 法律依据不同

劳动合同适用《中华人民共和国劳动法》、（以下简称《劳动法》)、《中华人民共和国劳动合同法》(以下简称《劳动合同法》)及劳动人事部门颁布的有关劳动人事方面的规章。而就业协议目前无法可依，只能使用教育部颁发的《普通高等学校毕业生就业工作暂行规定》和有关政策。

2. 纠纷处理机关不同

就业协议的纠纷处理机关没有明确规定；而对于劳动合同的纠纷由劳动仲裁机构和人民法院处理。

---

① 盖丹阳. "就业协议" 你真懂吗？大学生毕业求职，别走这些弯路！[N]. 法治成都，2019-10-22. https://www.toutiao.com/a6750610043567079949/.

3. 签订内容不同

就业协议书主要是毕业生和单位的工作约定，主要包括毕业生如实介绍自身情况，并表示愿意到用人单位就业、用人单位表示愿意接受毕业生，学校同意推荐毕业生并列入就业方案等内容。劳动合同是学生和单位就从事的具体工作和享受何种待遇等权利与义务的约定，内容更为具体，劳动权利义务更为明确。

4. 签订时间不同

一般来说就业协议书签订在先，劳动合同签订在后（一般是学生到单位报到后）。如果毕业生与用人单位就工资待遇、住房等有事先约定，亦可在就业协议书备注条款中予以注明，日后订立劳动合同对此内容应予认可。

5. 签订目的不同

就业协议书是对毕业生就业基本情况的认定，是确定学生工作意向、用人单位愿意接收、学校编制就业计划和进行毕业生派遣的依据。劳动合同是劳动者和用人单位明确劳动关系中权利义务关系的协议。

6. 签订主体不同

《高校毕业生就业协议书》是由教育部或各省、自治区、直辖市就业主管部门统一印制，由毕业生、用人单位和学校三方签署，明确三者在毕业生就业中的权利义务的书面协议。就业协议书经毕业生和用人单位签字盖章即具有法律效力，学校鉴证后列入就业方案。而劳动合同是劳动者与用人单位之间确立劳动关系的协议，只要双方当事人协商一致，符合国家的法律、行政法规，无欺诈、胁迫等手段，经双方签字盖章，合同即生效。在劳动合同里，已经不再有学校的参与，其既不是劳动合同的主体，也不是劳动合同的鉴证方。

7. 适用的人员不同

就业协议适用的人群相对单一，只适用于高校毕业生、毕业研究生等。而劳动合同可以适用于各类人员。凡是中华人民共和国公民只要有劳动能力并符合法律规定的条件经过供需见面，双向选择，一经录用都可以与用人单位签订劳动合同。

8. 时效性不同

就业协议的效力始于签订之日，终于学生到工作岗位报到之时。就业协议的作用仅限于对学生就业过程的约定，一旦毕业生到用人单位报到，就业协议的使命也就完成了。就业协议不能替代劳动合同，不是确定劳动关系的凭证。毕业生就业时必须签订《全国普通高校毕业生就业协议书》，在毕业生到单位报到与单位签订劳动合同后，就业协议书同时失效。而劳动合同的有效期由毕业生和用人单位双方协商约定。

除了以上八个方面的差异，就业协议书与劳动合同之间也存在一定的联系：就业协议书主要是毕业生和单位的工作约定。但可以在备注中就服务期、试用期、基本收入、福利、违约金等涉及劳动关系存续期间的权利义务进行约定，且这些约定在毕业生到单位报到后，可以作为双方订立劳动合同的依据，但这些条款必须列入劳动合同，在双方都认可后，正式签订劳动合同后才可以继续生效。

因此小冯的案件仲裁委经审理查明,《四川省普通高等学校毕业生就业协议书》是供普通高等学校应届毕业生在与用人单位正式确立劳动人事关系前使用,由甲方用人单位和乙方高校毕业生在双向选择基础上共同签订;小冯和财务公司按照国家关于高校毕业生就业的相关政策,本着诚实守信原则,在双向选择的基础上签订了本协议。当小冯毕业后到财务公司报到,双方须按照国家有关规定签订劳动合同。劳动合同签订后,本协议自动终止。当小冯试用期满后,如无被证明不符合聘用条件、严重违纪违章及因违法被追究刑事责任的情况,则应转为正式员工。按国家有关规定,财务公司应为小冯缴纳社会保险,并提供与工作岗位相关的福利待遇。根据双方签订的《四川省普通高等学校毕业生就业协议书》约定,财务公司应当在小冯报到后完成书面劳动合同的签订,逾期应当支付未签劳动合同双倍工资不足部分。

二、签订就业协议的注意事项

很多大学生在签订就业协议的时候内心并没有充分意识到签订就业协议是一种典型的合同行为,就业协议中的内容在发生纠纷时是签约双方意志的体现,为此双方都要负担法律责任。建议大学生在签订就业协议时要注意做到以下几个方面。

1. 查明用人单位的主体资格

签订就业协议的当事人必须具备合法的主体资格,一般而言用人单位必须具有从事各项经营或管理活动的能力,单位应有录用指标和录用自主权。大学生可以通过查验营业执照或资格证书来确认用人单位是否具备用工主体资格。值得注意的是用人单位的分支机构的用工资格问题,2008年公布实施的《中华人民共和国劳动合同法实施条例》对此作出了明确规定,根据第4条规定,"劳动合同法规定的用人单位设立的分支机构,依法取得营业执照或者登记证书的,可以作为用人单位与劳动者订立劳动合同;未依法取得营业执照或者登记证书的,受用人单位委托可以与劳动者订立劳动合同"。按照此项规定,用人单位分支机构具有一定的用工资格,但同时受到一定的限制。关键是分支机构是否已经依法取得营业执照或登记证书,如果是则可以独立地招用员工,订立劳动合同;如果没有则只有在获得用人单位授权的情况下才能够招用劳动者,不能独立地作为用人单位订立劳动合同。

2. 按规定的程序签订协议

毕业生凭学校发放的就业协议书,在与用人单位签约后严格按照各学校的相关规定交回学校的就业管理部门。

3. 有关条款的内容必须明确

在与用人单位签订就业协议时,尽量采用示范条款,尤其对于备注内容要予以明确。要懂得违约金和其他的一些备注内容都属于协议书的一部分,具有法律效力。当内容需要更改或者增加时,一定要在协议书上注明。

4. 注意与劳动合同的衔接

广东某大学学生小王在大四时到一家广告公司实习。由于实习表现突出,小王与该公司达成就业意向，并签订了就业协议。双方约定，服务期为 3 年，如果小王提前解约必须赔偿公司 1 万元。至于协议中的待遇、福利等条款暂为空白，公司人事部门让他先签名，具体条款过几天再补上。小王觉得自己是经熟人介绍来的，不好意思提待遇的事。"找个工作不容易，不敢要求太多。反正别人有啥咱有啥呗，差了不多少。"小王便在协议上签上了自己的名字。正式上班后，公司与他签订了劳动合同，合同的有效期仅 1 年，而且也没有提解除合同的赔偿条款。由于待遇与其他员工相差比较大，小王在工作第二年向公司提出辞职。公司提出，必须按就业协议的规定赔偿 1 万元。

由于毕业生就业协议签订在先，为避免像小王这样就业协议与劳动合同出现不一致的信息、就业协议书上信息不完整等情况，应尽可能将劳动合同的主要内容①体现在就业协议的约定条款中，如工资福利待遇、工作期限（包括见习期）、违约责任等，并明确表示在今后订立劳动合同时将予以确认。

5. 对合同的解除条件做事先约定

毕业生就业协议一经订立，就对当事人具有约束力，不得随意解除，否则应承担违约责任。

就业协议的解除一般而言分为单方解除和双方解除。单方解除，包括单方擅自解除和单方依法或以协议解除。单方擅自解除属违约行为。单方依法或以协议解除，是指一方解除就业协议有法律上或协议上的依据，此类单方解除，解除方无须对另一方承担法律责任。双方解除是指毕业生、用人单位，经协商一致，取消原订立的协议，使协议不发生法律效力。双方均不承担法律责任，但须征求学校同意。

对于各类就业协议解除的情形要做事前的规定，尤其是有关于违约金的规定要明确。至于违约金的数额并没有规定上限，2009 年上海曾经出台政策，首次规定了违约金的上限为不超过毕业生一个月的工资。

三、签订劳动合同的注意事项

每年的 7 月，刚刚经历了紧张求职的毕业生们走进职场，很快就要面对一份繁杂的劳动合同，职场的新人们签署时又要注意些什么呢？

---

① 《中华人民共和国劳动合同法》第十七条规定：劳动合同应当具备以下条款：

（一）用人单位的名称、住所和法定代表人或者主要负责人；

（二）劳动者的姓名、住址和居民身份证或者其他有效身份证件号码；

（三）劳动合同期限；

（四）工作内容和工作地点；

（五）工作时间和休息休假；

（六）劳动报酬；

（七）社会保险；

（八）劳动保护、劳动条件和职业危害防护；

（九）法律、法规规定应当纳入劳动合同的其他事项。

劳动合同除前款规定的必备条款外，用人单位与劳动者可以约定试用期、培训、保守秘密、补充保险和福利待遇等其他事项。

（一）查明必备条款

根据劳动合同法中的劳动合同的必备条款的相关规定，重点要确认和查明其中的以下条款。

（1）了解用人单位的名称、住所和法定代表人或者主要负责人。

（2）了解工作内容和工作地点，以防止日后用人单位不合理地调岗和变更工作地点。

（3）了解工作时间和休息休假，确保自己定额内及定额外的劳动均可获得法定对价。

（4）了解劳动报酬及社会保险，防止日后在劳动报酬、休假工资、经济补偿金基数计算等方面，陷入举证不利。

（5）了解劳动保护、劳动条件和职业危害防护，对已有或潜在人身危险及风险有足够把握。

（6）了解法律、法规规定应当纳入劳动合同的其他事项。

（二）看清劳动纪律

根据相关法律①规定，劳动者严重违反用人单位的规章制度的，用人单位可以解除劳动合同。但何谓"严重违反用人单位的规章制度"，法律法规均未作出具体规定和细化，而是要求用人单位在企业规章制度中加以明确和界定。因此，不同的用人单位对"严重违纪"的界定多多少少会存在不同，尤其是一些特殊行业或企业，往往对内部员工存在一些特殊的行业或企业要求。因此，大学生们在准备好迈入一家新的用人单位之前，首先应对其纪律要求有清晰、明确的认识，避免出现在不知晓内容的情况下，莫名其妙即背负上了"违纪"之名，极为被动。

（三）关注"试用期"条款

目前试用期条款的约定已经成为纠纷的多发点，学生要对试用期的期限、试用期间的培训、试用期的违约处理等约定重点关注。一般而言，试用期条款中容易出现以下四种违法情形。

（1）用人单位要求签订所谓试用期合同。用人单位要求以试用期合同与劳动合同剥离的形式签约，按照我国目前的相关法律规定，此种试用期合同不发生法律效力。根据《劳动合同法》相关规定，试用期应当包含在劳动合同期限内。劳动合同仅约定试用期的，试用期不成立，该期限为劳动合同期限。因此，用人单位与劳动者约定试用期条款的前提首先是同时约定了长于试用期期限的劳动合同期，小雯大学毕业后被上海某企业"相中"，签

---

① 《中华人民共和国劳动合同法》第三十九条规定：劳动者有下列情形之一的，用人单位可以解除劳动合同：

（一）在试用期间被证明不符合录用条件的；

（二）严重违反用人单位的规章制度的；

（三）严重失职，营私舞弊，给用人单位造成重大损害的；

（四）劳动者同时与其他用人单位建立劳动关系，对完成本单位的工作任务造成严重影响，或者经用人单位提出，拒不改正的；

（五）因本法第二十六条第一款第一项规定的情形致使劳动合同无效的；

（六）被依法追究刑事责任的。

约时，劳动合同上的内容却让她疑惑：劳动合同为期一年，试用期居然也是一年！[①]这就是明显的违法约定，即使小雯签订了这份协议，该约定也不会生效，反而一年的试用期会被认定为劳动合同期限，在这个例子中，视作小雯与用人单位签订了两年的劳动合同。

但现实生活中，大学生们往往无法说服企业直接签订劳动合同，建议大学生通过谈判的形式来签订试用期合同，在试用期合同中一定要写明应享有的劳动保障与福利，并且把"转正"的要求条件写入条款。

（2）试用期的期限。对此问题，劳动合同法有明确的规定：劳动合同期限三个月以上不满一年的，试用期不得超过一个月；劳动合同期限一年以上不满三年的，试用期不得超过两个月；三年以上固定期限和无固定期限的劳动合同，试用期不得超过六个月。以完成一定工作任务为期限的劳动合同或者劳动合同期限不满三个月的，不得约定试用期。按照此规定，目前关于试用期的上限应该为六个月，并且试用期期限包括在劳动合同期限当中。

（3）试用期期间的工资待遇。根据劳动合同法相关规定，劳动者在试用期的工资不得低于本单位相同岗位最低档工资或者劳动合同约定工资的 80%，并不得低于用人单位所在地的最低工资标准。否则用人单位要承担"未足额发放劳动者劳动报酬"的法律责任。

（4）试用期"不符合录用条件"而被解除劳动合同。根据劳动合同法的相关规定：在试用期间被证明不符合录用条件的，用人单位可以解除劳动合同。但是要注意的是，根据此条规定，用人单位以劳动者试用期不符合录用条件为由解除劳动合同的要满足两项前提：一是用人单位与劳动者约定了合法有效的试用期；二是劳动者正处于试用期。二者缺一不可。

（四）关注违约责任条款

所谓违约责任，指的是劳动合同的当事人，即用人单位和劳动者，违反了劳动合同的约定，不履行或不完全履行劳动合同从而产生的法律上应承担的责任。劳动合同违约的基础必须是存在一个有效的劳动合同，因为劳动合同的不成立、无效，以及解除劳动合同后所引发的责任一般不是劳动合同的违约责任，而是劳动合同的缔约过失责任或其他赔偿责任。但是，一份无效的劳动合同中如果有当事人约定的违约争议条款，该条款不会因为劳动合同的失效而失效，仍然可以发挥作用。

1. 劳动合同违约的情形

劳动合同的违约根据劳动法和劳动合同法的规定分成用人单位违约和劳动者违约两种情形。

（1）用人单位违约情形。

①劳动合同文本中未载明必备条款或者用人单位未将劳动合同文本交付劳动者，给劳动者造成损害的，应当承担赔偿责任。

②用人单位未在用工一个月内与劳动者签订劳动合同。法律规定，用人单位自用工之日起超过一个月不满一年未与劳动者订立书面劳动合同的，应当向劳动者每月支付两倍的工资。

③试用期违规约定，应支付赔偿金。

---

① 摘自中国教育新闻网整理文章《试用期毕业生如何维权》http://www.jyb.cn/zt/jyzt/t20061116_49468.htm。

④用人单位违规扣押劳动者居民身份证等证件的，应限期退还劳动者。

⑤未按照劳动合同的约定或者国家规定及时足额支付劳动者劳动报酬、加班工资及补偿金的，应限期支付，否则加付补偿金。

⑥用人单位违反规定解除或者终止劳动合同的，向劳动者支付两倍的赔偿金。

⑦用人单位使用强迫手段给劳动者身心健康造成损害的，应当承担赔偿责任。

（2）劳动者违约情形。劳动者违反规定解除劳动合同，或者违反劳动合同中约定的保密义务或者竞业限制①，给用人单位造成损失的，应当承担赔偿责任。除此以外，用人单位不得与劳动者约定由劳动者承担违约责任。

案例思考

什么时候应该支付违约金

2004年4月，华中科技大学学生小程以应届毕业生的身份与比亚迪股份公司签订了毕业研究生就业协议书。同年6月2日，小程到上海比亚迪公司工作签订了为期3年的劳动合同。2005年11月9日，小程提出辞职。在上海比亚迪公司的要求下，小程在离职时支付了违约金等2万元。②

思考：根据以上提到的劳动合同法的相关规定，小程是否应当支付违约金？

事实上，在这个案例中小程只是提前离职，并没有法律当中所提到的承担违约责任的情形，他不应当支付任何违约金。真实生活中的小程在了解了相关法律规定后，要求比亚迪公司退还已支付违约金，案件经过二审，上海市第一中级人民法院终审判决支持小程讨回2万元违约金。

2. 违约责任的举证

对于用人单位的违约责任，只要劳动者能够举证违约事实的存在就能推定用人单位需要承担该责任，不论其主观上是故意或者过失。除非有不可抗力、劳动者存在故意或重大过失等免责事由。而对于劳动者的违约责任必须要由用人单位进行举证，证明其有违约行为和过错的存在，劳动者在违约事实当中主观上一定要有故意或者过失，换言之，劳动者只要没有过错就不能追究劳动者的违约责任。劳动者的免责事由规定也相对宽泛，包括不可抗力、意外事件、用人单位的过错、第三人过错及其他合理原因等。

---

① 分别是《劳动合同法》第二十二条第一款和第二款规定："用人单位为劳动者提供专项培训费用，对其进行专业技术培训的，可以与该劳动者订立协议，约定服务期。劳动者违反服务期约定的，应当按照约定向用人单位支付违约金。违约金的数额不得超过用人单位提供的培训费用。用人单位要求劳动者支付的违约金不得超过服务期尚未履行部分所应分摊的培训费用。"第二十三条规定："用人单位与劳动者可以在劳动合同中约定保守用人单位的商业秘密和与知识产权相关的保密事项。对负有保密义务的劳动者，用人单位可以在劳动合同或者保密协议中与劳动者约定竞业限制条款，并约定在解除或者终止劳动合同后，在竞业限制期限内按月给予劳动者经济补偿。劳动者违反竞业限制约定的，应当按照约定向用人单位支付违约金。"

② 摘自周斌. 劳动合同违约金焦点透析（上）[N]. 中国人才市场报，2010-08-07（A17）.

3. 违约责任的承担

（1）违约金责任。在违约金责任上，针对劳动者违约而约定的违约金是赔偿性违约金，赔偿额以劳动者可预见的损害作为上限并且考虑劳动者的基本工资收入和经济状况；而针对用人单位违约而约定的违约金则可以是惩罚性违约金，也可以是赔偿性违约金，赔偿额以实际的损失额为标准。

（2）损害赔偿责任。在违约责任的损害赔偿方面，对于用人单位的违约造成的违约损害，用人单位应当以赔偿劳动者的实际损失为原则，包括直接损失和间接损失，还包括非财产性损失的赔偿及精神损害赔偿等。对于劳动者的违约造成的违约损害，劳动者只赔偿直接的损失，并且以劳动者可预见的标准为上限，同时考虑劳动者的工资收入水平和家庭经济状况。

（五）明确无效劳动合同的种类

无效或不合理的劳动合同在现实生活中五花八门，不胜枚举，文中收集列举了一些常见的类型，大学生可以重点关注。

（1）口头约定的合同。有些用人单位，以外资企业、私营企业和集体企业居多，在招聘时不与求职者订立劳动合同，仅做一些简单的口头约定。《劳动法》第十九条明确规定："劳动合同应当以书面形式订立……"口头约定合同在我国是没有任何法律效力的。

（2）显失公平的合同。部分用人单位与劳动者订立的劳动合同，其约定条款明显倾向用人单位一方，前面很多案例中出现的不合理条款都会导致合同成为显失公平的合同。大学生在订立劳动合同时，一定要逐条审查，尤其是重要条款，对不合理、显失公平的内容应坚决拒绝。

（3）胁迫的合同。一些用人单位招工时，强迫劳动者交纳巨额集资款、风险金，并胁迫劳动者与其订立所谓的自愿交纳协议书，企图以书面协议掩盖其行为的违法性。《劳动法》第十七条规定，订立劳动合同，应当遵循平等自愿、协商一致的原则，不得违反法律、行政法规的规定。

（4）附带保证的合同。部分用人单位为约束劳动者的行为，在与劳动者订立劳动合同时，硬性规定另签一份"保证书"，其内容是强迫劳动者接受一些不合理的规则和条件，并把该保证书作为劳动合同附件来约束劳动者。

（5）真假合同。某些用人单位，以外资企业、私营企业或集体企业比较常见，为应付劳动仲裁部门的监督管理，与劳动者签订真假两份合同。以符合有关规定的"假合同"应付劳动管理部门的检查，实际上却用按自己意愿与劳动者订立的不规范甚至违法劳动合同来约束劳动者。

（6）抵押性质的劳动合同。部分用人单位为防止劳动者"跳槽"，在订立劳动合同时，要求劳动者将身份证、档案、现金等做抵押物，甚至扣留劳动者应得的福利或工资，一旦劳动者"跳槽"，用人单位便将抵押物扣留。这种做法违反了国家有关政策规定，严重损害劳动者权益。

（7）无保障的劳动合同。一些用人单位与劳动者订立的劳动合同中，不具备病、伤、残、死亡补助和抚恤等内容，或虽有此条款但不符合国家法律规定。劳动者一旦发生病、伤、残、死亡等情况，企业或者以较低的金额给予一次性补助，其额度远低于实际发生的医疗费和国家有关的法定标准，使劳动者权益无法得到保障。

总而言之，大学生在签订劳动合同时切忌程序化，只履行程序，不注重内容。且要多留意相关的法律知识和宣传，提高法律素养，学会做一个有心人。

第三节　就业实习期的法律权益保障

一、大学生实习的制度现状

目前，我国保障大学生实习的法律政策包括三个层次。

第一，《中华人民共和国教育法》（以下简称《教育法》）、《中华人民共和国职业教育法》（以下简称《职业教育法》）中明确了各级政府、企事业单位、学校承担学生实习的责任和义务。如《教育法》第四十八条明确规定："国家机关、军队、企业事业组织及其他社会组织应当为学校组织的学生实习、社会实践活动提供帮助和便利。"

第二，我国规范大学生实习问题的政策正逐步深化。从1961年教育部颁布《高等学校学生生产实习暂行规程（草案）》开始，陆续颁布了《关于部属高等学校生产实习问题的通知》（1980年）、《普通高等学校、中等专业学校学生生产实习经费开支办法》（1982年）、《国务院批转国家教委关于改进和加强高等学校生产实习和社会实践工作的报告的通知》（1987年）、《关于加强高等学校本科教学工作提高教学质量的若干意见》（2001年）、《关于进一步加强高等学校本科教学工作的若干意见》（2005年）。

第三，地方政府为破解大学生实习难题，在实习立法和制度建设方面进行探索。如广东省为解决大学生实习问题，通过人大立法建立了地方性法规，2010年颁布了《广东省高等学校学生实习与毕业生就业见习条例》，对接收单位、校企双方责任和义务、实习经费保障、学生权益保护等作出了规定。该条例已于2010年3月1日起正式施行。

由此可见，我国现行的政策法规规范了大学生实习过程中各级政府、企事业单位、学校的责任和义务，尤其是一些地方政府先行一步，出台了更加细化的政策法规。但当前除了《教育法》《职业教育法》以及《广东省高等学校学生实习和毕业生就业见习条例》以立法的形式规范大学生实习问题之外，《高等教育法》只是对校企合作办学、技术研发、为学生设立奖学金等方面有一些鼓励性规定，并没有提及大学生实习问题，也没有对《教育法》所涉及的学生实习的内容进行进一步细化，显然有所缺憾。另外，其他文件多数是部门规章和政策，所具有的约束力还是比较有限的。尤其是从1987年至今30多年来，没有出台专门解决大学生实习问题的政策和文件，正如现实和许多专家学者呼吁的那样，教育主管部门对实习的重视程度还有待于进一步加强。

二、大学生实习权益保护的制度保障

案例思考

大学生实习期必须发工资吗

武汉理工大学英语专业学生杨婧研2018年寒假在省里一家事业单位实习，"我一周上五天班，单位没发任何补贴，但可以在食堂免费就餐。"杨婧研说。同样是实习，武汉软件工程职业学院计算机专业的刘程就拿到了 3 000 元/月的实习工资。2018 年上半年，刘程经人介绍进入光谷一家企业实习，担任实习软件开发工程师。公司没有食堂，也无餐补，刘程早餐、午饭基本靠外卖解决。"午休只有短短一个小时，有时会忙得晕头转向。" 3 000 元/月的实习薪资，刘程说有点意外，实习报酬比正式聘用的工程师要低一些。

除上面两种情况外，还存在一种实习，不仅没有报酬，还需交一定费用。陈洁是华中科技大学的一名学生，根据学校安排，实习在大四下半学期进行。为提高动手能力，2017 年寒假，她在父母的帮助下，到武汉地区一家事业单位实习，其间要交 200 元/月的实习指导费。陈洁说，由于实习岗位少，大部分同学都自愿不拿实习工资，她实习 3 个月，没拿到任何工资或生活补助，自己承担交通费和生活费，每月花销在 1 500 元左右。[1]

思考：

1. 大学生实习是否应该发放工资？

2. 法律对大学生实习期间发放工资是否有规定呢？

要从法律的角度来解释上述案例，首先要明确实习学生与企业之间关系的性质。实习大学生的身份是学生还是劳动者？不同的身份导致法律后果相差甚远，如果界定为劳动者，则相对于用人单位处于弱势地位，享受我国《劳动法》的特殊保护；否则，只能在双方地位平等的前提下，给予实习学生与用人单位同等的法律保护。在学生从事实习劳动过程中，一般都没有和实习单位签署聘用（劳动）合同。实习大学生虽受实习单位管理，但对其没有人身依附性，其在身份归属上更依附于学校，在司法实践中，劳动行政管理部门、仲裁机构和法院也不把学生实习视为事实劳动关系。因此可见，大学生实习期间与实习单位建立的关系在法律上不属于劳动关系，在身份上也不是劳动者。所以，劳动法中并没有对实习期工资进行约束，实习期工资并不受最低工资标准约束。现实中有些单位会给予实习学生一定的报酬，但这并不是工资，其性质是实习生从用人单位得到的一种补贴或补助（如交通补贴、饭贴等），这是用人单位自愿给的，并不能强制要求。

根据我国现有的法律规定和司法实践，一般把实习学生与实习单位之间视为一种劳务关系，通过《中华人民共和国民法通则》和《中华人民共和国合同法》进行规范与调整，像广东省已进行地方立法的，就可以按照其中的实习协议的相关规定对实习单位、学校以及学生三方的协议关系进行调整。实习大学生在劳动过程中产生的权益侵害，实习单位将在受益的范围之内进行一定的补偿；当然，如果在工作过程中，受单位的指示和要求操作，实习单位存在过错造成的损害，单位要承担责任。

至于学生与学校之间的教育关系并不受到影响，实习期间的权益保护依然可以使用《教育法》《职业教育法》《中华人民共和国高等教育法》以及教育部颁布的《学生事故处理办法》等规定。大学生实习期间，学校和实习单位之间存在受托关系，可以通过学校与实习单位之间的约定实现对学生实习期间权益的保护。

可以看到，在目前的政策环境下，大学生实习期间的权益保护并不是空白区，可以通过多种方式得到解决，国家进一步加强指导、地方政府也进行了有益的探索和尝试。2019

---

① 章鸽，黄晶晶. 有人月薪 3 000 有人几乎白干！大学生实习该不该给工资？ [N]. 长江日报，2018-06-12.

年教育部下发了《教育部关于加强和规范普通本科高校实习管理工作的意见》（教高函〔2019〕12 号），其中对于学生实习相关保障提出了比较明确的指导意见。根据该意见规定，高校在确定实习单位前须进行实地考察评估，确定满足实习条件后，应与实习单位签订合作协议，明确双方的权利、义务以及管理责任。未按规定签订合作协议的，不得安排学生实习。严格遵守工作时间和休息休假的规定，除临床医学等相关专业及实习岗位有特殊要求外，每天工作时间不得超过 8 小时、每周工作时间不得超过 44 小时，不得安排加班和夜班。要保障顶岗实习学生获得合理报酬的权益，劳动报酬原则上不低于相同岗位试用期工资标准的 80%。要保障未成年人的合法权益，不得安排未满 16 周岁的学生顶岗实习。高校和实习企业要为学生提供必要的条件及安全健康的环境，不得安排学生到娱乐性场所实习，不得违规向学生收取费用，不得扣押学生财物和证件。实习前，高校应当为学生购买实习责任险或人身伤害意外险。

但总体来讲，大学生实习还缺乏具有针对性的法律保障，尤其是对于实习期间大学生的事故伤害的保障。2013 年 1 月人力资源社会保障部向社会公开征求意见的《关于执行〈工伤保险条例〉若干问题的意见（征求意见稿）》中对于大中专学生实习期间遭遇的事故伤害明确其不属于工伤。此征求意见一出，引起社会的热议。同时，教育部虽然于 2012 年 5 月下发了《关于实施全国职业院校学生实习责任保险统保示范项目的通知》，通知地方各级教育行政部门加快建立和完善职业院校学生实习安全和风险管理制度，争取统保率达到 50%以上。2008 年开始推进的实习责任险由于我国责任保险整体发展的不完善以及自身调研时间的仓促，在具体制度的设计上存在先天不足，保险制度落实情况并不乐观。大学生的实习权益保障体系仍需完善。

第四节　就业权益保障

2012 年，人才招聘网站英才网进行了就业招聘的 3·15 特别调查。调查显示：有近八成的求职者在求职过程中遭遇骗局。被骗后，有 50%的求职者选择了"忍"，因为"维权成本高"，仅有 20%的求职者选择"报案""投诉"或"向法院起诉"。[①]这项调查一方面说明了求职过程中遭遇包括求职陷阱在内的违法现象并不少见，需要引起大学生的关注和重视；另一方面也提醒大学生需要掌握一定的方法才能在遇到问题时切实维护自己的合法权益。本部分将就大学生的就业权益保护的各类问题展开探讨。

一、劳动争议

劳动争议又称劳动纠纷，是指劳动关系当事人之间因劳动权利与义务发生的争执。目前，根据《中华人民共和国企业劳动争议处理条例》第 2 条规定，我国劳动争议的范围主要包括以下四类情形：一是因企业开除、除名、辞退职工和职工辞职、自动离职发生的争议；二是因执行国家有关工资、保险、福利、培训、劳动保护的规定发生的争议；三是因履行

---

① 数据来源于黄晶晶. 3·15 调查：近 8 成网友遇过求职骗局，半数不维权. 英才网联. http://news.cnithr. com/1331604888/101725/1/0.html.

劳动合同发生的争议;四是法律、法规规定应当按照本条例处理的其他劳动争议。

发生劳动争议，处理程序有协商、仲裁和诉讼三种，《劳动法》第 79 条[①]对劳动争议的处理程序进行了规定，通常也用"一调一裁两审"制来进行概括，即发生劳动争议后，当事人除先进行协商外，可以申请劳动调解，调解不成，或者不愿意调解的，当事人可以向劳动争议仲裁委员会申请仲裁;对仲裁裁决不服的，可以向人民法院提起诉讼，其诉讼程序按照民事诉讼法的规定，实行两审终审制。

"一调一裁两审"的制度将仲裁作为诉讼的一个前置程序，不经仲裁，当事人不能直接向人民法院提起诉讼。因此大学生有必要对劳动争议的仲裁程序有个基本的认识。

处理劳动争议仲裁程序的法律依据是国务院发布的《中华人民共和国劳动争议调解仲裁法》、原劳动部制定的《劳动争议仲裁委员会办案规则》等。

劳动争议仲裁机构对劳动争议受理的范围包括：因确认劳动关系发生的争议；因订立、履行、变更、解除和终止劳动合同发生的争议；因除名、辞退、辞职、离职发生的争议；因工作时间、休息休假、社会保险、福利、培训以及劳动保护发生的争议；因劳动报酬、工伤医疗费、经济补偿或者赔偿金等发生的争议；法律法规规定的其他劳动争议。在劳动争议处理工作中，涉及大量的事实劳动关系形成的劳动争议。事实劳动关系是指劳动者事实上已成为企业、个体经济组织的成员，并为其提供有偿劳动。事实劳动关系亦有可能构成开除、除名、辞退和工资、解雇争议，处理这类争议，适用劳动法律法规。

劳动争议当事人应当自劳动争议发生之日起一年内，以书面形式提起劳动争议仲裁。当事人超过规定的时效，仲裁机构不予受理，但是经仲裁委员会认定因不可抗力或者有其他正当理由的，应当受理。当事人对仲裁委员会作出的裁决不服，应当在收到裁决书之日起 15 日内向人民法院提起诉讼；不服一审判决的，应收到判决书之日起 15 日内向人民法院提起上诉。

劳动争议处理工作，依据的是劳动法律法规的权益标准，对劳动争议作出是非判断。劳动权益标准，主要由《劳动法》、国务院行政法规、原劳动部发布的行政规章，以及地方法规、规章和大量的规范性文件等进行规定。

二、社会保险

案例思考

高薪可以替代社会保险吗

某一从事计算机软件开发的外商独资公司，高薪聘用了一位博士毕业生赵某担任副总经理。当时，公司董事长在谈到工资待遇时，对赵博士说："董事会给你定的工资为 12 000 元。不过，丑话要说在前头，我们是一家外资公司，之所以工资定得这么高，是因为除了工资

[①] 中华人民共和国劳动法第七十九条：劳动争议发生后，当事人可以向本单位劳动争议调解委员会申请调解；调解不成，当事人一方要求仲裁的，可以向劳动争议仲裁委员会申请仲裁。当事人一方也可以直接向劳动争议仲裁委员会申请仲裁。对仲裁裁决不服的，可以向人民法院提起诉讼。

以外，再没有其他福利待遇了。像什么医药费报销、养老等问题都得自己解决，公司概不负责。"听了董事长这番话，赵博士心里盘算开了："这个公司给我的工资的确是够多的，可就是将来万一得了什么大病，或者老了怎么办呢？"但他转念又一想："我刚 30 多岁，一般也不会有什么大病，至于养老问题，现在考虑还为时过早。倒不如趁年轻多挣些钱，实惠。"

工作以后，赵博士为了解除自己的后顾之忧，每月从工资中拿出 1 000 元，向保险公司投了一份养老保险。几个月后，由于赵博士与董事长在公司的经营管理等重大问题上，产生了分歧，被董事长炒了"鱿鱼"。赵博士不服，双方为此打到了劳动争议仲裁委员会。

在劳动争议仲裁委员会，赵博士提出了公司未给他缴纳养老保险的问题，他认为，这也是侵犯他合法权益的行为。但公司董事长抗辩道："不为你缴纳养老保险，是事先跟你讲好的。你要是不同意，当时可以不干嘛。你既然干了，就说明咱们的协议已经达成，你现在无权反悔。再说，你不是自己已经向保险公司投了养老保险了吗？"[①]

思考：

1. 你关注过我国社会保险的构成吗？

2. 你认为社会保险和商业保险有没有区别呢？

3. 在就业过程中，社会保险会否成为你选择单位的考虑因素之一呢？

其实，赵博士的想法在毕业生当中有一定的普遍性，自恃还年轻，只要薪酬够高，并不在乎单位是否提供社会保险。还有一些大学生虽然很关注用人单位是否能提供社会保险，可是关注并不意味着了解，大部分大学生对自己具体要交哪些保险以及这些保险应该如何使用并不清楚。

（一）社会保险与商业保险的区别

案例中赵博士自己向保险公司投了一份商业养老保险，他认为自己购买商业保险也是一样的。事实上，大学生应该意识到社会保险与商业保险的区别，社会保险是更为优质的一种保险。

社会保险是国家不以营利为目的而开展的全民福利保障事业，而商业保险是要盈利的，总体来说商业保险收费比同等规格的社会保险要高不少；社会保险保障的内容比一般的商业保险要更多一些，商业保险一般只保医疗或养老，而社会保险一般可以同时保五个险，尤其在医疗方面，社会保险的优势非常突出；社会保险的标准每年都在不停提高，国家每年 7 月初都会按照职工基本工资进行社保基数调整。

（二）社会保险的缴纳及使用

既然社会保险具有如此大的优势，那么如果赵博士再就业的时候该如何建立自己的社会保险体系呢？目前我国社会保险体系有六类，即常说的"五险一金"，分别是养老保险、医疗保险、失业保险、工伤保险、生育保险和住房公积金。其中"五险"是法定的，住房公积金不是法定的社会保险。

---

① 摘自高薪可否替代保险[N]. 国际金融报，2001-03-23（7）.

1. 社会保险的缴纳比例

按照国家规定，社会保险由单位缴纳一部分，个人也要缴纳一部分，至于社会保险的构成和缴纳比例，各省市都有自己的标准，表10-3所列的是以广州市为例的社会保险构成及缴纳比例。

表 10-3　广州市社会保险构成及缴纳比例[1]　　　　　　　单位：%

类别	养老保险	失业保险	生育保险	工伤保险	医疗保险
单位缴纳比例	14	0.8、0.64、0.48	0.85	0.2、0.4、0.7、0.9、1.1、1.2、1.3、1.4	7
个人缴纳比例	8	0.2	0	0	2

可以看到广州市的社会保险由养老保险、失业保险、生育保险、工伤保险和医疗保险构成，此外还有重大疾病和补充医疗。可是五险的构成在各省市有所不同，所以毕业生首先要搞清楚所在单位到底为自己缴纳了哪些保险以及是否缴纳非法定的社会保险住房公积金。需要说明的是，2019年3月6日，国务院办公厅印发《关于全面推进生育保险和职工基本医疗保险合并实施的意见》，决定全面推进生育保险和职工基本医疗保险合并实施，各省（自治区、直辖市）要加强工作部署，督促指导各统筹地区加快落实，2019年底前实现两项保险合并实施。生育保险与职工医保合并实施，并非取消生育保险，"五险"不会变"四险"，而是和职工医保统一参保登记、统一基金征缴和管理、统一医疗服务管理、统一经办和信息服务，不增加单位和个人缴费负担，参保人待遇不变，手续更加简化。

除了单位能为职工缴纳社会保险，其实没工作但有收入的大学生或者有单位但单位不交社会保险的大学生也可以自己缴纳社会保险，但是个人只能缴纳养老保险和医疗保险，除此以外的三种社会保险必须要有单位或者要由单位申请进行缴纳。

2. 社会保险的缴纳基数

明确每个月的单位和个人缴纳比例之后，如何确定社会保险费用呢？这涉及社会保险的缴纳基数问题。

各省市每年都会在7月初发布一个"社会保险最低缴纳基数"，这个基数是根据上一年度当地职工的平均工资、福利以及各种补贴等费用经过统计和计算以后确定的。广州市人力资源和社会保障局2018年公布的各类社会保险的最低缴纳基数如表10-4所示。

表 10-4　广州市本地户口 2018 年社会保险最低缴纳基数[2]　　　　　单位：元

类别	养老保险	失业保险	生育保险	工伤保险	医疗保险
最低缴纳基数	3 170	1 895	4 455	1 895	4 455

最低缴纳基数的意义是，当你的月收入低于最低基数时，单位也必须按照最低基数为你缴纳社会保险。社保同时还有最高缴纳基数，在最低和最高缴纳基数之间的收入，以实

---

① 资料来源：2018年最新广州社保缴费基数（2017.7.1—2018.6.30）http://gz.bendibao.com/gzsi/201273/si100910_2.shtml.

② 资料来源：2018年最新广州社保缴费基数（2017.7.1—2018.6.30）.

际申报收入作为缴纳基数。超过最高缴纳基数的收入则以最高基数进行计算。因此大学生要警惕部分单位会不按实际收入而按照最低缴纳基数来申报缴纳社会保险，在估算自己每个月单位应该缴纳的社会保险费用后，如果发现明显偏差，可以向当地的人力资源和社会保障部门投诉。在 2011 年 7 月《中华人民共和国社会保险法》（以下简称《社会保险法》）实施后，单位为此将受到严重的处罚。[①]

3. 社会保险的使用

下面简单介绍一下各类社会保险的使用。

（1）养老保险。个人缴费至少满 15 年到退休的时候才能终生享受养老金，如果到退休年龄交养老保险不满 15 年的国家将个人缴纳的 8%全部退还，剩余单位缴纳部分将会进入国家的养老统筹基金。按月领取的养老金包括基础养老金和个人账户养老金[②]，基础养老金月标准为省（自治区、直辖市）或市（地）上年度职工月平均工资的 20%。个人账户养老金由个人账户基金支付，月发放标准根据本人账户储存额除以 120。个人账户基金用完后，由社会统筹基金支付。其中基本养老金每年 7 月根据各省市公布的方案实施年度调整。职工按月领取养老金必须达到法定退休年龄，并且已经办理退休手续；所在单位和个人依法参加了养老保险并履行了养老保险的缴费义务；目前中国的企业职工法定退休年龄为：男职工 60 岁，从事管理和科研工作的女干部 55 岁，女职工 50 岁。

（2）医疗保险。所有用人单位，包括企业（国有企业、集体企业、外商投资企业和私营企业等）、机关、事业单位、社会团体、民办非企业单位及其职工，都要参加基本医疗保险，城镇职工基本医疗保险基金由基本医疗保险社会统筹基金和个人账户构成。基本医疗保险费由用人单位和职工个人账户构成。基本医疗保险费由用人单位和职工个人共同缴纳。用人单位所缴纳的医疗保险费一部分用于建立基本医疗保险社会统筹基金，这部分基金主要用于支付参保职工住院和特殊慢性病门诊及抢救、急救。发生的基本医疗保险起付标准以上、最高支付限额以下符合规定的医疗费，个人也要按规定负担一定比例的费用。个人账户资金主要用于支付参保人员在定点医疗机构和定点零售药店就医购药符合规定的费用，个人账户资金用完或不足部分，由参保人员个人用现金支付，个人账户可以结转使用和依法继承。参保职工因病住院先自付住院起付额，再进入统筹基金和职工个人共付段。参加基本医疗保险的单位及个人，必须同时参加大额医疗保险，并按规定按时足额缴纳基本医疗保险费和大额医疗保险费，才能享受医疗保险的相关待遇。

（3）工伤保险。工伤保险作为抗御职业危害的保险制度适用于所有职工，使用时实行无过错责任原则。无论工伤事故的责任归于用人单位还是职工个人或第三者，用人单位均应承担保险责任。工伤保险待遇相对优厚，标准较高，但因工伤事故的不同而有所差别。具体的规定可以参照《工伤保险条例》，该条例也在不断的修改当中，例如 2010 年 12 月

---

① 《中华人民共和国社会保险法》第八十六条明确规定："用人单位未按时足额缴纳社会保险费的，由社会保险费征收机构责令限期缴纳或者补足，并自欠缴之日起，按日加收万分之五的滞纳金；逾期仍不缴纳的，由有关行政部门处欠缴数额一倍以上三倍以下的罚款。"

② 基础养老金 = 各省市上年度在岗职工月平均工资 × （1 + 本人平均缴费指数）÷ 2 × 缴费年限 × 1%，

个人账户养老金 = 个人账户储存额 ÷ 个人账户养老金计发月数。

20 日，国务院第 136 次常务会议通过了《国务院关于修改〈工伤保险条例〉的决定》。该决定对 2004 年 1 月 1 日起施行的《工伤保险条例》作出了修改，扩大了上下班途中的工伤认定范围，同时还规定了除现行规定的机动车事故以外，职工在上下班途中受到非本人主要责任的非机动车交通事故或者城市轨道交通、客运轮渡、火车事故伤害，也应当认定为工伤。2015 年 7 月 22 日，人力资源社会保障部、财政部发布了《关于调整工伤保险费率政策的通知》（人社部发〔2015〕71 号），自 2015 年 10 月 1 日起调整原有工伤保险费率政策，按照《国民经济行业分类与代码》（GB/T 4754—2011）对行业的划分，根据不同行业的工伤风险程度，由低到高，依次将行业工伤风险类别划分为一类至八类。

（4）生育保险。生育保险制度是国家或社会对生育的职工给予必要的经济补偿和医疗保健的社会保险制度，国家通过立法，保障妇女劳动者在怀孕和分娩暂时中断劳动时，由国家和社会提供医疗服务、生育津贴和产假待遇。我国生育保险待遇主要包括两项：一是生育津贴；二是生育医疗待遇。人社部《生育保险办法（征求意见稿）》从 2012 年 11 月 20 日起面向社会公开征求意见。意见稿明确，生育险待遇将不再限户籍，单位不缴生育险须掏生育费。享受生育保险的一般是女职工，男职工在一定范围内可以享受生育保险相关待遇。职工享受生育保险的待遇依据各地的政策会有一定的差异，如关于社保缴纳时间的要求，北京市要求连续缴纳社保 9 个月，广州市要求累计缴纳社保 1 年，上海市则要求生产当月在缴纳社保即可，因此具体需要了解保险缴纳地的相关政策规定。

（5）失业保险。失业保险是社会保障体系的重要组成部分，是社会保险的主要项目之一。根据《中华人民共和国社会保险法》等有关规定，从 2016 年 5 月 1 日起，将阶段性降低失业保险。根据《失业保险条例》（国务院令第 258 号）有关规定，失业人员同时具备以下条件，即可享受失业保险待遇：按规定参加失业保险，所在单位和个人已按规定履行缴费义务满 1 年的；非因本人意愿中断就业的；[①] 已办理失业登记，并有求职要求的。失业保险累计缴费时间满 1 年不满 5 年的，最长可领取 12 个月的失业保险金；累计缴费时间满 5 年不满 10 年的，领取失业保险金的期限为 18 个月；累计缴费时间满 10 年以上的，领取失业保险金的期限为 24 个月。

（6）住房公积金。住房公积金是指国家机关、国有企业、城镇集体企业、外商投资企业、城镇私营企业及其他城镇企业、事业单位、民办非企业单位、社会团体及其在职职工缴存的长期住房储金。我国住房公积金实行专款专用，存储期间只能按规定用于购、建、大修自住住房，或交纳房租。职工只有在离退休、死亡、完全丧失劳动能力并与单位终止劳动关系或户口迁出原居住城市时，才可提取本人账户内的住房公积金。2013 年部分城市出台办法，允许患有重大疾病的职工或其直系亲属提取公积金救急。住房公积金政策经过多年的发展也有不少的变化，如从 2016 年 2 月 21 日起，职工住房公积金账户存款利率调整为统一按一年期定期存款基准利率执行，上调后的利率为 1.50%。从 2017 年 7 月 1 日起，全国所有住房公积金管理中心将按照住建部发布的《全国住房公积金异地转移接续业务操

---

① 以下人员属于非因本人意愿中断就业的人员：①终止劳动合同的；②被用人单位解除劳动合同的；③被用人单位开除、除名和辞退的；④因用人单位以暴力、威胁或者非法限制人身自由的手段强迫劳动，与用人单位解除劳动合同的；⑤因用人单位未按照劳动合同约定支付劳动报酬或者提供劳动条件，与用人单位解除劳动合同的；⑥法律法规另有规定的。

作规程》要求，通过平台办理住房公积金异地转移接续业务。全国所有住房公积金管理中心将"联网"，通过统一的平台办理住房公积金异地转移接续业务。据不完全统计，目前，北京、上海、福州、广州等 20 多个城市已经接入全国住房公积金异地转移接续平台。

大学生毕业后要根据自己就业单位的情况关注自己的社会保险体系的建立。有用人单位的，应督促所在用人单位按规定为自己办理参保缴费手续，建立社会保险关系；灵活就业的，本人可到当地社会保险经办机构办理参保缴费手续。与用人单位解除劳动合同关系后，要注意社会保险的转移和接续，要按当地政府的规定，到社会保险经办机构办理社会保险关系的中断或转出等事宜；在新单位重新确立劳动合同关系后，要办理社会保险关系的转移和接续手续。想要了解更为详细的社会保险的事宜，可以通过详细阅读《社会保险法》，并关注工作所在地政府的有关规定等获取最新的信息。

三、就业歧视

国际劳工组织《1958 年就业和职业歧视公约》中对就业歧视做了如下界定："基于种族、肤色、性别、宗教、政治见解、民族血统或社会出身等原因，具有取消或损害就业或职业机会均等或待遇平等作用的任何区别、排斥或优惠视为歧视。"具体来讲这个概念有三层含义：一是在就业和职业过程中，用人单位不得采取法律禁止的差别对待，从而对劳动者就业和职业的机会平等造成损害，否则认定为歧视。二是法律禁止歧视的主要领域有种族、民族、宗教、性别、社会出身等。三是如果用人单位出于工作职业本身的内在需要作出的区别或优惠就不是歧视。目前我国大学生求职过程当中的就业歧视常见的有以下几种。

（一）性别歧视

性别门槛仍是女大学生就业的"拦路虎"，女大学生就业性别门槛主要有两种：一是显性门槛，即很多用人单位在招聘条件上明确标明"仅限男性""男性优先"，或者在录取过程中，对女性结婚生育等特殊生理状况作出要求限制，迫使很多女大学生"知难而退"；二是隐性门槛，即在招聘时虽不明确拒绝女性应聘者，但女性的录取率明显低于男性。

中国人民大学国家发展与战略研究院 2014 年发布的一份报告称，投递简历后，男性大学生接到面试通知的次数比同等情况的女性高约 42%。虽然在不少用人单位看来，女性大学生业务能力等并不输于男性，但女大学生毕业走上工作岗位后，将面临怀孕、生育等一系列问题，尤其是二孩政策的提出更是加重了用人单位对"性别亏损"[①]的担忧。一些岗位工作条件艰苦，需要经常出差、应酬，不太适合女性；此外，传统的男女分工观念也仍在影响用人单位。以上这些问题都会导致现实中对女大学生就业的性别歧视。

性别歧视在就业当中最大的尴尬是很难通过法律的途径得到保护，因为所谓的"歧视"证据很难保全，用人单位往往会找出各种各样的借口，掩盖其歧视本质。因此，对于性别歧视，女同学们应该结合社会观念和背景，结合男女性别角色和所承担的社会责任来客观地认识与对待，减少一些极端的或是带有偏见的认识。

---

① 指用人单位在女职工怀孕、生产、产后休假等期间除照常支付在此期间的工资及福利待遇以外，需要另外聘请工作人员，以及女职工当其产假期满回到岗位上后，公司必须解决新聘员工的岗位问题等产生的额外支出。

（二）年龄歧视

2003 年 4 月，广西区人事厅在全区范围招录一批区直机关公务员。刘家海兴奋地登录广西区人事网，选择了报考单位"广西区政府办公厅"后开始报名，然而填写相关资料后，网上弹出一个小框："对不起，你已经超龄了。"刘家海仔细一看，发现人事厅公布的报考简章规定报考者年龄资格条件为 35 岁以下，即为 1968 年 4 月 13 日后出生，而他的登记出生时间为 1968 年 4 月 12 日，正好超过广西人事厅规定年龄的日期时间 1 天。[①]

因为超龄一天被拒之门外，刘家海为此进行了长达 8 年的行政诉讼，他成为广西挑战公务员招录歧视条件的第一人。刘家海所遇到的事情其实并不少见，很多单位在招录条件当中都有年龄的限制，这被人们戏称为中国特色的 35 岁"退休"现象。

对很多本无所谓年龄的工作岗位而言，这一现象的出现众说纷纭，用人单位解释：年轻人肯干好使唤。那当有一天大学生也如刘家海般被这些所谓的年龄限制挡在门外时，又该如何面对呢？刘家海拿起了法律的武器，而他一败再败的诉讼过程也说明了如性别歧视一样，现实生活中的年龄歧视或许是更难说清道明的尴尬问题。对此，大学生要心态平和地面对，在简历当中突出自己的优势、经验，也要注意保持自己年轻、旺盛的工作状态。

（三）健康歧视

2017 年 5 月，李某应聘长沙某公司人力资源专员职位，并顺利通过初试、复试。复试后，公司当场表示录用李某，并告知李某基本工资情况、福利待遇状况等。随后，李某前往公司指定的医院进行了入职体检。在这次体检中，李某被查出携带乙肝病毒，随后被公司拒绝录用。李某认为公司以自己患有乙肝小三阳为由而拒绝录用，是对乙肝病毒携带者的就业歧视，并因此给自己造成了一定的经济损失。为了讨回应有的权利和尊严，李某起诉到长沙市岳麓区人民法院讨公道。[②]

李某的遭遇在 2007 年卫生部、劳动部联合制定专门政策保护乙肝携带者的就业权利之前是很常见的故事。根据国家卫生部公布的数据， 2018 年全国乙肝新发病人数为 122.59 万人。我国《病毒性肝炎防治方案》中明文确定，肝功能正常的乙肝携带者可以照常工作和学习（除不能献血及从事保育工作外）。近些年，随着乙肝注射疫苗等工作的逐步深入，乙肝携带者人群数量有所下降，但仍然是个庞大的群体，有人说肝病在中国就是一种"社会病"。李某最后与用人单位达成庭外和解，用人单位补偿李某各项损失 5 000 元。但是就业当中仍屡屡出现将并没有传染性的乙肝携带者拒之门外的健康歧视。

消除乙肝健康歧视之路从 2007 年以来就一直在铺设。2007 年 5 月 17 日劳动保障部发布了《关于维护乙肝表面抗原携带者就业权利的意见》中规定，"用人单位在招、用工过程中，可以根据实际需要将肝功能检查项目作为体检标准"。2007 年 11 月 7 日劳动保障部颁布的《就业服务与就业管理规定》第十九条规定，用人单位招用人员，不得以传染病病原携带者为由拒绝录用。2008 年 1 月 1 日起正式施行的《中华人民共和国就业促进法》第三

---

① 韦静，韦富辉. 刘家海先生谈行政公益诉讼的理念和方法. 法治论坛，http://bbs.chinacourt.org/index.php?showtopic=256598.

② 何淼玲，常研. 就业遭"乙肝歧视" 求职者获补偿5000元[N]. 湖南日报，2017-08-10.

十条明确规定用人单位招用人员，不得以是传染病病原携带者为由拒绝录用。2010 年人社部、教育部、卫生部共同起草了《进一步维护乙肝表面抗原携带者入学和就业权利的意见（征求意见稿）》，向社会公开征求意见。征求意见稿提出，在就业体检中，取消"乙肝五项"检测项目，强调用人单位在招工、招聘体检中，不得将"乙肝五项"检查列入体检标准，也不得要求应聘者提供"乙肝五项"检测报告。还特意提出，各级医疗卫生机构不得在就业体检中提供"乙肝五项"检查服务。2011 年，卫生部下发了《卫生部办公厅关于进一步规范乙肝项目检测的通知》，各级各类医疗机构在就业体检中，无论受检者是否自愿，一律不得提供乙肝项目检测服务。也就是说，单位体检不能要求员工检查乙肝两对半，只能检查肝功能。

尽管如此，对于乙肝病毒携带者，乃至艾滋病毒携带者等健康歧视一直未能真正在就业过程中得到禁止，许多单位在录用过程中，仍会通过设置一定的体检标准来限制录用。对此，同学们一定要明确相关法律法规，必要时也可以像李某一样拿起法律的武器来维护自己的合法权益和尊严。

扩展阅读

乙肝和艾滋病入职体检的相关法律法规

人社部《就业服务与就业管理规定》明确，用人单位将乙肝病毒血清学指标作为体检标准的，由劳动保障行政部门责令改正，并可最高处一千元罚款；对当事人造成损害的，将承担赔偿责任。《艾滋病防治条例》规定，任何单位和个人不得歧视艾滋病病毒感染者、艾滋病病人及其家属。艾滋病病毒感染者、艾滋病病人及其家属享有的婚姻、就业、就医、入学等合法权益受法律保护。一般的职业在入职时不检测 HIV 抗体，如果用人单位违背法律规定自行决定检测 HIV 抗体，劳动者有权拒绝。当然，也有需要体检的例外规定。例如，艾滋病人和感染者不能担任公务员、不得入伍。部分地区的法条规定，某些职业如药品从业人员等在入职前，需要检测。

此外，根据国务院卫生行政部门的有关规定，传染病病人、病原携带者不得从事易使传染病扩散的工作，主要有以下几类：

- 饮用水的生产、管理、供应等工作；
- 饮食服务行业的经营、服务等工作；
- 托幼机构的保育、教育等工作；
- 食品行业的生产、加工、销售、运输及保管等工作；
- 美容、整容等工作；
- 其他与人群接触密切的工作。

除了以上这三种以外，在就业过程中还有外貌歧视、经验歧视、户籍歧视、学历歧视等，但由于大部分的就业歧视并没有在我国法律当中得到明确的规定，我国法律关于就业歧视的规定，只有性别、宗教信仰、民族、种族和身体残疾五个方面，除此以外的大部分歧视情形并不能在法律上获得支持。随着就业竞争的进一步增大，还出现了姓氏歧视、血型歧视等离奇古怪的现象。究其根本，就业歧视背后的原因就在于：一是国家相关的劳动就业政策、法规不完善，法制建设依然滞后；二是激烈的就业竞争带来的不正当择人现象；三是长期以来人们在认知上形成的一些偏见；四是许多地方政府把外来劳动力看作城镇职工的竞争对手，从而制定了一系列排斥和歧视外来人口就业的政策，限定外地人在当地就业的工种，利用户籍等条件限制外地人融入本地。

了解这些就业歧视的林林总总，大学生要学会的是积极应对，正视现实，做好充分的心理准备和思想准备。当真的遭遇就业歧视时，不要怨天尤人，要有执着应对、不轻言放弃的精神。此外，还要学会转变态度，多种途径解决自身的就业问题，要不等不靠、发挥优势、积极争取属于自己的人生道路。最后，大学生要熟悉法律规定，必要时要拿起法律武器维护自身权益，争取就业的公平。

四、招聘陷阱

在大学生求职的过程中，一些用人单位利用大学生缺乏社会经验和就业心切的心理，在招聘时编织美丽的谎言引其上钩，从中牟利。目前社会上流行的招聘陷阱有如下几种。

（一）粉饰岗位

中山大学毕业生吴春在人才市场看到广州某传媒公司招聘经理助理的信息，月薪1 800元，对工作经验没什么要求，唯一要求是大专以上学历。吴春报名后被告知，无须面试三天后直接接受培训。当吴春三天后赶到培训现场时，发现前来培训的有二三十人。再三询问下，吴春才知道"经理助理"变成了业务员，主要销售保险和保健品，工资待遇是一个月800元。[①]

吴春遇到的就是粉饰岗位的招聘陷阱，大学生阅读招聘广告和了解招聘流程的时候要仔细分辨，像吴春遇到的这种岗位名称看上去很美，但是招聘过程却如此儿戏的就一定要留意了，求职的时候一定要弄清楚求职岗位的工作内容，要仔细分析，询问工作细节。某些用人单位因担心某些岗位如业务员、推销员、代理员等招不到人，就在招聘广告中把职位美化成"某部经理"或助理等好听的头衔，以此来诱惑求职者，但是却又强调无须经验，这里面肯定大有文章。有一些招聘单位虽在招聘广告中列出要招聘的多种职位，其实这些职位都是做业务的，甚至是没有底薪的业务。现在大多数毕业生都会选择把个人资料公开在各大招聘网站上，在扩大自己的求职范围的同时也给一些别有用心的招聘单位制造了"机会"，因此，大学生要提高警惕，尤其是那种在工作初期就许诺高收入的单位一定要留意。

（二）占用成果

应届毕业生小张，初试合格后进入某软件公司招聘程序员的笔试阶段。小张了解到公司经营状况良好，看起来工作环境整洁，招聘流程正常，岗位提供的薪酬符合市场价位，一切都符合常理。笔试内容是上机编写一段程序，使用规定的编程语言，时间不限，可以上网查询相关资料，但不能相互交流，只要能完成目标。一个教室里，8个求职者，每个人的试题不同，几个年轻人无意中发现，看似八段程序，其实恰巧能整合成一个项目……

① 摘自倪光辉. 大学生求职擦亮眼[N]. 河南日报（农村版），2010-03-09（4）.

结果可想而知，8人无一人被该公司录用。[①]

包括小张在内的8位求职大学生遇到的是较为"新鲜"的占用成果招聘陷阱，有些用人单位以招聘为幌子，收取简历、组织面试，窃取着应聘者殚精竭虑做出的一份份计划书、策划创意和科研成果。求职者丢了无形资产——程序设计、广告设计、策划方案、文章翻译等创意，甚至知识产权，却没得到工作，而用人单位却乐得吃上一顿营养丰富的"免费午餐"。这种堂而皇之地占有他人劳动成果的行为，性质极为恶劣。在不能判断招聘单位真实意图，又想取得工作的情况下，同学们需要对自己的劳动成果进行保护。提交劳动成果时要准备两份，一份提交，一份自己留存，在留存份上要求招聘单位签字确认，以便将来能够证明劳动成果内容。附上《版权申明》，申明"任何收存和保管本成果各种版本的单位和个人，未经作者同意，不得使用本成果或者将本成果转借他人，亦不得随意复制、抄录、拍照或以任何方式传播。否则将可能承担法律责任"，并要求招聘单位签收。

（三）口头约定

陈姗（化名）毕业于广州大学社会工作专业，2017年和某地产公司签了三方协议，"签之前谈的薪资水平我觉得比较合理，签之后才被告知谈好的工资是试用期工资，正式工资反而比试用期工资要少一半。"面对这样只是口头承诺的薪资，陈姗无奈地表示："我的三方协议已经签了，又有违约金，现在只好等机会再跳槽了。"2018年中国青年报社社会调查中心联合问卷网，对1 986名参加过校园招聘的受访者进行的一项调查显示，最常见的问题是招聘公司口头承诺签约却不兑现，以及招聘信息与实际工作内容相差大。"不能轻易相信招聘者的口头承诺和企业的招聘宣传，最好能向了解企业的学长学姐请教实际情况。"吃一堑长一智的陈姗这样建议大学生朋友们。[②]

陈姗的建议无疑是一种避免口头约定招聘陷阱的方法，除此以外，应对带有很大的不确定性的口头约定，大学生一定要牢记，任何的口头约定都不具有法律约束力，要保持理性，不要盲目相信招聘者的承诺。熟悉劳动合同法，签约时详细浏览合同，对于单位的口头承诺要落实到书面约定，必要时对HR的承诺进行录音，作为证据。问清楚目标企业的截止日期，不要随便签约、毁约。多参与相关招聘和实习，积累经验等。

关于口头约定，用人单位的口头录用在求职时会大量遇到，通常原因是用人单位在发放正式书面录用通知时，需要先走内部的录用审批流程，流程需要花费几天或者一周以上，耽误的时间都比较久，用人单位担心这段时间由于候选人没有收到明确的录用信息会流失，如候选人去面试其他单位，为了降低流失的风险，先口头承诺候选人。同学们对此可能会产生疑问，那这种口头约定的效力又如何呢？首先，口头的录用没有任何法律上的意义，也就是说，从法律上来讲，口头录用是无效的，最终还是要以书面录用为准。一个规范的公司，书面录用是关键，也是劳动关系确定的基础。那是否要接受口头的录用呢？建议大学生首先考虑自己的意愿，如果对单位满意想接，那么就要求对方在限定的时间内给到书面的录用（邮件或者纸版文件），要让对方也知道你的态度：你是一定要在截止时间前拿到

① 资料来源时时拍案说法/360度拍案说法原创文章.劳动成果无偿被占，求职广告噱头唬人，2018 劳动不易.https://www.toutiao.com/a6613528558167917069/.

② 杜园春，顾凌文. 校招季，招聘公司口头承诺不兑现成常见问题[N]. 南方工报，2018-11-06.

正规录用通知的。如果对单位并不满意，可以结合自身情况权衡，如果还有别的选择可以拒绝。

（四）虚假信息

2017 年 8 月 2 日，有自媒体报道东北大学 2016 届毕业生李文星疑陷"招聘骗局"殒命，引发舆论哗然。回顾李文星的悲剧历程，事件的源起于李文星通过互联网招聘平台 Boss 直聘平台投递求职简历。最终，他拿到了一家名为"北京科蓝公司"的 offer，不过所谓的"北京科蓝公司"是一家冒名招聘涉及传销的"李鬼"公司。①

李文星事件中有两个热门的词汇：一是互联网招聘平台，二是传销。一提到非法传销组织，很多人都感到深恶痛绝也知道深陷其中的危险，但是大学生因为求职而不小心陷入非法传销组织的案例却屡见报端。原因就在于传销组织极大地借助了互联网招聘平台的审核漏洞发布虚假信息，极力美化公司形象，用"财富、梦想、荣耀、成功"等词语诱骗涉世未深的大学生求职者。李文星事件后，以 Boss 直聘为代表的网络招聘平台深陷舆论风口，网聘平台上虚假信息泛滥，早已成了求职者的痛点和危害行业发展的毒瘤。尤其是大学生求职者，更习惯于使用互联网招聘平台，又缺乏对于平台发布信息的甄别能力，因此找工作面试前一定要通过各种方式查一查公司的真实性，建议在得到公司面试通知后，先核查其公司资料、地址等信息，确认其为实质正规的公司再前往，以免遇到"李鬼"公司。有些传销组织做得比较严密，可能刚开始并没有很大可疑，但这类型组织在入职公司后，可能会安排很多的非正常的培训课，或者辗转多地开会，但是培训或会议的内容一概都跟公司产品没有任何关系，甚至是没有实质性的公司经营项目和产品，只是一味吹嘘如何发财享受，如何拉拢亲朋好友交钱入会。求职时要多与亲人朋友联系，让大家知道你的行踪。

（五）套路贷款

2016 年 11 月，当时就读于郑州成功财经学院的周凯在两家网络招聘平台上投递求职简历后，一家培训公司的工作人员以公司招聘内训生的名义，让周凯前去面试。面试后这家公司称贷款参加培训后，可以无限制推荐面试机会，并且保证月工资 4 500 元以上。随后，周凯和同班两名同学参加了这家公司的贷款培训。所谓贷款培训，就是让周凯等人提供身份证、银行卡、学籍资料，并要求他们拿着身份证拍照，一共向网贷平台贷款 18 870 元，当中 11 800 是贷款，剩下的全是利息。贷款从 2017 年 9 月开始还，分 15 期还清，一个月还 1 258 元。整个借贷过程是培训公司帮周凯等人办理的，贷款事后直接都打给了公司。3 个多月的培训结束后，公司让学生们制作假简历，除了名字和电话，其他信息都是假的。尽管如此，周凯等 20 名参加培训的人也没有一个获得原来培训公司承诺的工作，而且还背负了数目不小的贷款。培训公司则换了一个名称继续招收贷款培训的大学生。②

应聘不成，凭空多出了一笔贷款，虽然这样的骗术并不高明，但受过高等教育的大学生们却频频上当。近年来，套路贷款利用大学生求职心切的心理大量出现，培训贷、美容

---

① 资料来源综合《新京报》、财新网、澎湃等. 大学毕业生李文星离奇溺亡[N]. 华商报，2017-08-04.
② 赵丽，韩朝阳. 受骗求职者披露"贷款培训"内幕[N]. 法制日报，2017-08-17.

贷、整形贷花样繁多。这当中，最常见的形式是表面上为学生设计各种培训计划，作出提供兼职、实习、内推就业、接受"培训"后直接安排就业等虚假承诺，实际上在培训协议中嵌入贷款合同，但并未提供实质性的培训内容。所以在求职应聘时，要保持头脑清醒，不轻信天花乱坠的宣传，细心识别不法机构精心设置的诱饵。要通过学校等正规渠道寻找实习兼职或求职机会，对社会培训机构的资质和培训内容要进行深入了解和确认。特别是在签订相关合同时，要仔细阅读相关条款内容，弄清楚实际资费标准，不要随意出借自己的身份证件、不要在未"吃透"合同条款的情况下轻易签字。要多了解熟悉金融常识，遇到不清楚的问题时，多咨询请教老师、家长和学长，提高自己对套路贷款的甄别和抵制能力。

除以上列举的招聘陷阱外还有很多，且随着时代的变化也产生了很多新的"坑"，但是不管是哪种招聘陷阱，都有一个共同点：就是用人单位利用大学生期待过高、求职心切、经验不足的特点，通过各种手段榨取钱财和劳动力。因此，为了避免陷入招聘陷阱，给同学们提出以下几点建议。

1. 警惕用人单位在招聘时出现以下情形

（1）巧立名目收取抵押金、服装费、产品押金、风险金、报名费、培训费等。
（2）要求抵押身份证、学位证、毕业证等重要证件。
（3）面试地点是临时租借来的宾馆等地。
（4）招聘单位只有手机单一联系方式。
（5）晚上预约面试。
（6）招聘面试在偏远的地方。
（7）谨慎到外地工作。

2. 需要特别注意的环节

（1）在填写个人简历时，不要随意在规定的表单以外的地方填写自己的联系方式，否则会使所有人都看到你的联系方式，从而导致不安全的情况发生；强烈建议求职者只留本人联系电话并保持畅通，勿长时间关机，若非必要最好不留家庭电话和其他亲人、朋友的电话。

（2）在应聘前要多方面、多渠道详细了解用人单位情况及背景，看看该单位是否正规，业务是否合法，是否拥有合法的营业执照和经营许可证，是否有不良记录等。

（3）无论哪种形式的面试或预约，尤其是独自前往的情况下，在出门前，一定要给家人或亲朋好友、宿舍同学等留下要去招聘单位的详细地址和联系电话（包括固定电话），以防万一，以备查用。

（4）在接到用人单位的面试通知时要特别注意：务必核实一下用人单位的资料；必须索取对方的固定电话；认真确认面试地点，警惕前面所说的以租用房间作为应聘地点的单位；此外绝大多数招聘单位不会主动派车去接求职者；应聘时勿与陌生人到偏僻地方。

（5）通过网上求职时要注意选择信誉度比较高的招聘类平台，选择自己比较喜欢的某一个招聘类的网站，然后寻找一些看起来非常完整，而且是写得比较详细的招聘信息。

3. 要了解相应的救济途径

（1）如果遇到无证照或证照不全的黑职介，应及时向相关的劳动部门或公安部门反映，劳动部门可以根据有关管理条例规定对其进行处罚，所收职介费可退还。遇到职介发布虚假招工信息（广告），信息中所列的待遇、报酬与实际情况严重不符合的，应向劳动部门反映，请求查处，对职介所收的相关费用以及造成的其他损失，都可以按照有关规定获得赔偿。

（2）对于因职介机构责任造成求职者求职不能或职介收取一定职介费用后搬迁消失的情况，如是正规职介，可向劳动部门投诉，如果是黑职介，则可向所在地公安部门报案，由公安部门查实。

（3）用人单位以收取培训费、押金、保证金、担保金作为录用条件的，其行为违反了《劳动法》的相关规定，可及时向劳动部门反映请求查处，要求退还所交费用。

（4）用人单位以招聘推销员为名，订立推销员不可能完成的任务，致使推销员不能获取报酬的，其行为系以欺诈手段建立的劳动关系，违反了《劳动法》的有关规定，如果其行为触犯刑律，可由相关部门追究刑事责任。

总而言之，大学生就业时不仅要主动和多尝试，还要多与有经验的人交流，要办理正规书面手续来维护自己合理的利益，不要抱有"中彩"心态去轻信那些"太好"的招聘职位。这样，绝大部分求职陷阱都可以轻松躲避。

五、就业权益保护的方法和途径

在当今的就业市场上，由于就业法规、就业市场本身和大学生自身素质等方面的不完善，大学生还是相对处于弱势的一个群体。虽然目前在权益受到侵害的时候有一定的救济途径，比如说劳动仲裁等方法，可是事后的补救都会有其弊端，不如防患于未然。例如申请劳动仲裁可能会花费一定的时间和金钱，这对正处在找工作紧张状态中的毕业生来说，显然是不大实际的。因此，给大学生的建议是：要想切实保障自己的就业权益，还是要以预防为主。

首先，在就业准备过程中，要主动了解就业法律法规，切实增强自身法律意识。

其次，对来自不同招聘渠道的信息，要有不同的处理方法。一般来自学校就业网站和校园招聘会的信息是最可信赖的，但学校就业部门毕竟只能起一道"防火墙"的作用，要真正甄别真假，还要自己多了解；对信息量最大的网上招聘不能轻信，真正比较权威的网站应该是与政府人事部门、教委有链接的官方网站；对社会上举办的招聘会不能"漫天撒网"，应该有的放矢，否则会有让自己的简历落入非法中介机构手中的风险；在得到应聘机会时，要注意从多方面了解应聘单位是否合法规范，如可从市场监督管理机关注册管理网站上查找该单位的信息，从已就业的学长那里了解该公司的声誉，在参加面试时观察该单位的工作氛围、人员素质，等等。

尤为重要的是，大学生一定要端正自己的就业态度。求职不应低三下四、任人摆布，更不应怨天尤人、听天由命，而应积极主动，有尊严、有信心地与招聘单位进行平等交往。求职与招聘是一个双向选择的过程，双方是平等的，只有双赢，才真正有利于双方。

核心概念

就业协议　劳动合同　试用期　劳动争议　社会保险　就业歧视

客观题

自学自测

扫描此码

教学支持说明

▶▶ 课件申请

尊敬的老师：

您好！感谢您选用清华大学出版社的教材！为更好地服务教学，我们为采用本书作为教材的老师提供教学辅助资源。该部分资源仅提供给授课教师使用，请您直接用手机扫描下方二维码完成认证及申请。

任课教师扫描二维码
可获取教学辅助资源

▶▶ 样书申请

为方便教师选用教材，我们为您提供免费赠送样书服务。授课教师扫描下方二维码即可获取清华大学出版社教材电子书目。在线填写个人信息，经审核认证后即可获取所选教材。我们会第一时间为您寄送样书。

任课教师扫描二维码
可获取教材电子书目

清华大学出版社

E-mail: tupfuwu@163.com	网址：http://www.tup.com.cn/
电话：010-83470158/83470142	传真：8610-83470107
地址：北京市海淀区双清路学研大厦B座509室	邮编：100084